HISTOIRE

DE LA

RÉVOLUTION DE 1848

I

PARIS. — IMP. SIMON RAÇON ET COMP., RUE D'ERFURTH, 1.

HISTOIRE

DE LA

RÉVOLUTION

DE 1848

PAR DANIEL STERN

[Marie d'AGOULT]

...... et futurorum præsagia
læta, tristia, ambigua, manifesta.
TACITE.

TOME PREMIER

DEUXIÈME ÉDITION
REVUE PAR L'AUTEUR

PARIS
CHARPENTIER, LIBRAIRE-ÉDITEUR
QUAI DE L'ÉCOLE, 28

1862

Tous droits réservés.

PRÉFACE

DE LA SECONDE ÉDITION

Ce n'est pas sans émotion que, après un intervalle de dix années, je revois, pour une édition nouvelle, l'*Histoire de la Révolution de* 1848.

Ce livre, il faut le dire, est pour moi plus ou moins qu'un livre. Il n'a pas été médité dans le recueillement, ni composé à loisir, comme doit l'être toute œuvre véritablement littéraire. Je l'ai écrit sous l'impression vive des événements, au milieu d'une très-grande agitation politique. Souvent, je prenais la plume au sortir d'une séance parlementaire où d'orageux débats avaient jeté le trouble dans ma pensée; d'autres fois, j'écrivais pendant que l'émeute grondait dans la rue; à plus d'une reprise, mon travail a été suspendu par le bruit des armes, par les angoisses, par les cruels déchirements de nos guerres civiles. Écho vivant d'un temps qui n'est plus, ce livre en garde l'accent passionné. Je crois sentir encore, en le parcourant, quelque chose de l'électricité dont l'atmosphère alors était chargée et qui se communiquait aux âmes les plus froides. J'y retrouve des mots dont nous avons perdu le sens. L'amour de la patrie et l'amour de la liberté y parlent un langage que nous n'entendons plus.

Aussi ai-je hésité avant de me résoudre à publier, pour la seconde fois, cette histoire, et plus d'un sage avis m'en est-il venu dissuader. « Qu'allez-vous faire, m'at-on dit, et quelle erreur est la vôtre, si vous croyez nous intéresser en rappelant des souvenirs importuns, des sentiments hors de mode, des choses et des gens qui n'ont pas réussi ! A quoi bon venir parler encore d'une révolution avortée ? Ne voyez-vous donc pas combien ceux qui l'ont faite en paraissent embarrassés, et comme ils s'entr'accusent en des apologies où chacun rejette sur autrui la part qui lui revient à lui-même dans la commune disgrâce ? Laissez plutôt dans l'ombre un livre inutile et qui ne viendrait point à son heure. Trop éloigné ou trop proche des événements, il portera la peine de ce double défaut. Passionné pour des idées qui ne passionnent plus personne, désintéressé entre des rivalités rétrospectives qui cherchent des panégyristes et non des juges, il ravivera des piqûres d'amour-propre et des colères mal éteintes, mais il ne saurait ressusciter des convictions mortes, ni soulever le poids de l'indifférence publique. »

A ces prévisions chagrines, s'ajoute l'expérience, acquise à mes dépens, de ce qu'il en coûte d'écrire l'histoire contemporaine, quand on veut le faire librement, sans subir la loi des partis.

Lorsque parut, en 1851, le premier volume de cette histoire, on voulut bien, il est vrai, rendre hommage à mes intentions droites; on alla jusqu'à dire que j'avais « l'héroïsme de l'impartialité; » mais on m'obligea, plus que je ne l'aurais souhaité, d'être héroïque, les uns, en m'attaquant avec une extrême violence, les autres, en ne me défendant pas, ou bien en me défendant avec une extrême froideur : d'où j'aurais dû conclure à une désapprobation générale, si des marques de sympathie venues de loin, une à une, mais d'année en année plus vives et plus nombreuses, ne m'avaient fait sentir que je n'étais pas, en réalité, aussi seule que je pouvais le paraître.

Dans cet accueil, dans cette douteuse et lente fortune d'un livre qui n'a pas mis moins de dix années à faire son chemin, je ne saurais voir, pour une publication nouvelle, de grands sujets d'espérer ce qu'on appelle le succès. Écrite d'une plume inquiète, au plus fort de la mêlée, l'*Histoire de la Révolution de* 1848 ne répond plus, d'ailleurs, à mes propres exigences et ne satisfait plus ma conscience d'écrivain, devenue plus sévère avec les années. Pourquoi donc en vouloir ou en permettre la réimpression? Par un motif qui semblera bizarre à plusieurs : le devoir; le devoir, tel qu'il m'apparaît pour chacun de nous, plus impérieux à mesure qu'il devient plus difficile, de solliciter, par tous les moyens et sans trop consulter ses forces, l'attention publique à l'examen des vérités contestées; de protester, aussi haut qu'on le peut, contre l'indifférence en matière de politique et de dire résolûment ce que l'on croit juste, à ceux-là même qui font profession de n'estimer que ce qu'ils croient utiles. C'est aussi parce que j'ai l'assurance, qu'aucun des récits publiés par les acteurs ou par les spectateurs de la révolution de 1848 n'a pu être écrit dans un ensemble de circonstances aussi propices à l'indépendance complète des vues et des jugements. Mais ceci demande explication.

Lorsque éclata la révolution de Février, mon attention, mes vœux étaient depuis longtemps tournés vers le progrès des idées démocratiques. L'intérêt que je prenais à la chose publique était vif, mais il n'avait rien de personnel. Quelle que dût être l'issue d'une révolution prochaine, je n'avais pas beaucoup à en craindre, je n'avais absolument rien à en attendre pour moi-même. Mon sexe, sous tous les régimes, m'interdisait les ambitions politiques; la convoitise féminine du pouvoir pour mes amis ne m'était pas permise davantage; car, si j'étais étrangère au parti que la Révolution allait confondre, je n'appartenais pas non plus à celui dont elle préparait le triomphe. Bercée dans mon enfance aux légendes des guerres vendéennes, attachée par des liens de famille à la branche aînée des Bourbons, mais ne gardant des princes de la maison d'Orléans que le souvenir d'un accueil aimable, l'étude, la calme étude des idées, non la haine des personnes, m'avait conduite à des opinions différentes de celles des miens. L'influence d'une éducation très-chrétienne m'inclinait vers les humbles, vers ceux qui souffrent, mais on ne m'avait point enseigné les formules du socialisme. J'admirais, dans l'histoire, le génie des républiques italiennes et l'héroïque liberté de la république batave, mais je connaissais peu la démocratie contemporaine et j'ignorais ses grands hommes. A l'exception de M. de Lamennais et de M. de Lamartine, je n'avais fréquenté ni les républicains qui formèrent le gouvernement provisoire, ni les républicains qui tentèrent de le renverser. Les rivalités du *National* et de la *Réforme* me touchaient aussi peu que les rivalités du *Constitutionnel* et du *Siècle*. Ce fut seulement après l'élection du prince Louis-Napoléon Bonaparte que mes travaux historiques me mirent en relations suivies avec le parti vaincu.

Je n'étais donc influencée, en retraçant la suite

des événements, par des préjugés d'aucune sorte ; je n'avais à me disculper ni à me venger d'aucun tort. C'était là un état d'esprit très-favorable à la recherche pure et simple de la vérité ; c'est pourquoi j'ai cru devoir l'entreprendre ; c'est pourquoi, après tant d'années, je me sens autorisée à remettre sous les yeux du public, un livre, à d'autres égards, extrêmement défectueux.

J'aurais pu, j'aurais dû, sans doute, désirant le faire agréer, le refondre entièrement dans un ordre meilleur, dans une composition plus savante. Je ne l'ai pas voulu. Il m'a paru que, à ce remaniement, s'il gagnait quelque mérite, il perdrait sa valeur principale, son caractère de sincérité spontanée et de vivant témoignage. Je me suis donc bornée à rectifier les inexactitudes de détail ; j'ai supprimé des anecdotes contestées, qui ne valaient pas une nouvelle enquête ; j'ai effacé des épithètes échappées à l'improvisation ; j'ai tâché de faire disparaître quelque disproportion dans l'importance relative de certains personnages, vus, ceux-ci, dans le feu de leur propre narration, ceux-là, dans le miroir trop complaisant de l'amitié, d'autres enfin avec ma prédilection propre pour le courage de l'esprit et du caractère.

Telle qu'elle est, avec tous ses défauts, je soumets au lecteur, en 1862, cette *Histoire de la Révolution de* 1848. Mais, dans mon intention, ce lecteur n'est plus aujourd'hui le même qu'il y a dix années. Ce n'est plus aux personnes qui ont fait ou qui ont subi la République que mon livre s'adresse. Je considère qu'il leur serait inutile ou fâcheux. A de rares exceptions près, cette génération est fatiguée; elle a visiblement besoin de repos. Quelques-uns, les plus stoïques, le demandent à la solitude; d'autres l'ont su trouver au sein de la famille; la science, les arts, l'industrie en ont distrait ou consolé plusieurs. Inviter des âmes tristement résignées, bienfaisantes à leur manière et dont j'honore le renoncement, à étudier avec moi les causes de nos désastres passés, ou les moyens de préparer un avenir meilleur, ce serait, sans raison, y ramener le trouble : tel n'est pas mon dessein. C'est à une autre classe de lecteurs que je voudrais offrir mon livre, dans l'espoir qu'il lui pourrait être de quelque utilité.

Depuis la chute de la République, une génération nouvelle est venue. Entrée à peine dans la vie publique, appelée à son tour à prendre part aux affaires, à voter dans les comices, à siéger dans les assemblées, à exercer les professions libérales et les droits civiques, cette génération, un peu déconcertée par la fréquence et la contradiction de nos changements politiques, se demande, à cette heure, ce que l'on doit entendre chez nous par le droit et la liberté. Dans le brusque passage de la royauté à la république, de la république à l'empire, qu'elle a vu s'accomplir avant l'âge où elle eût été engagée d'honneur sous l'une ou l'autre bannière, la jeunesse, sans opinions préconçues, sans passions, mais aussi sans préjugés, cherche un enseignement pratique. N'étant point compromise encore par son passé, elle écoute les leçons de l'histoire. Elle interroge les hommes et les événements.

C'est de cette génération studieuse et impartiale que j'attends une appréciation définitive de l'*Histoire de la Révolution de* 1848.

Si, comme on semble le croire, nos espérances d'alors devaient la faire sourire; si la générosité trompée d'un peuple qui croyait donner sa vie à la liberté, lui fournissait matière à raillerie; si elle ne voulait tirer de nos crises révolutionnaires qu'une leçon de prudence égoïste; si les grands pressentiments, *ambigus* ou *manifestes*, de ces temps agités ne lui causaient nulle émotion, j'aurais manqué mon but : mais je ne crains guère, je l'avoue, un semblable mécompte.

Malgré des différences très-sensibles dans l'inspiration et dans la discipline des esprits, on n'est pas, au déclin du dix-neuvième siècle, moins révolutionnaire qu'on ne le fut en ses commencements : on l'est seulement d'une autre manière.

La Révolution a quitté le monde souterrain des conjurations, des sociétés secrètes; elle a cessé, dans le même temps, d'agiter la place publique. Elle n'exalte plus les imaginations; elle ne parle plus par la voix des sybilles et des prophètes; le trépied est renversé; l'oracle se tait; les ténèbres et les mystères sont évanouis. C'est au grand jour de la raison publique que la Révolution s'avance à pas comptés, à visage découvert. C'est dans les réalités palpables, dans la science, dans l'industrie, dans la rigueur mathématique des vérités positives qu'elle a trouvé sa force et fondé sa puissance.

La science, au dix-neuvième siècle, est profondément révolutionnaire, car elle a établi dans l'infinité des mondes le règne de la loi; et, vengeant Galilée, elle a chassé des conseils de l'éternelle sagesse les oppresseurs insolents de la raison humaine.

L'industrie, comme la science, est acquise à la Révolution, car ses intérêts lui commandent la liberté : avec la liberté, l'émulation du travail, d'où naissent la sollicitude pour la vie du travailleur et le respect du génie populaire.

La politique aussi, l'antique droit des gens, se transforme au souffle magique de la Révolution ; elle invoque le vœu des nations; elle reconnaît, en des pactes solennels, les faits accomplis, contre la volonté des rois, par la volonté des peuples.

La Révolution, enfin, occupe les hauteurs, elle est maîtresse des positions stratégiques de la civilisation. Calme et grave, elle est venu s'asseoir dans le conseil des rois; elle a parlé dans le congrès des nations; elle y a dit, à son tour, d'une voix assurée : « L'État c'est moi. Hors de moi, point de salut. »

On le sent, on commence à le comprendre, la Révolution, qui fut, en 1792, un essor héroïque de la nation, en 1830, un calcul hardi de la bourgeoisie, en 1848, un élan des classes populaires, est, en 1862, la nécessité même des choses. Les assises morales de la société ancienne sont irréparablement ébranlées. Au sein d'un ordre apparent, chaque jour voit s'aggraver le trouble des esprits. Plus de lien, plus de tradition; entre hier et aujourd'hui, entre aujourd'hui et demain, rien qu'incertitude et désaccord; entre les générations qui se suivent, rien que malentendu, méconnaissance mutuelle.

La jeunesse, que l'on accuse d'indifférence, souffre de ce malaise beaucoup plus qu'on ne le sait. Elle le supporte d'autant plus impatiemment qu'il est plus contraire à ses instincts. Isolée, refoulée dans l'âge de l'expansion, saisie, avant toute expérience, d'un désabusement prématuré, elle s'attriste, beaucoup plus que nous ne le croyons, de cet esprit de critique qui la possède; et c'est très-injustement qu'on le lui reproche, puisqu'il n'est, après tout, qu'une peine subie pour des fautes qu'elle n'a pas commises.

Quant à moi, si je dois dire toute ma pensée, loin de considérer comme un mal les dispositions présentes de la jeunesse, je serais tentée plutôt d'y applaudir. Loin de m'inquiéter, ce doute sérieux et sincère qu'elle porte sur toutes choses me rassure. Il m'apparaît, non comme un ennemi, mais comme un auxiliaire de la Révolution. J'y trouve, plus sûrement que dans certains enthousiasmes, une garantie contre la durée de ces réactions extrêmes qui suivent, d'ordinaire, nos grands élans politiques. Il me semble y voir l'impossibilité d'un retour vers l'ordre ancien, vers ces droits de mystérieuse origine qu'invoquent encore tout bas de prétendus croyants, au mépris du progrès de la raison humaine.

L'esprit de critique et d'examen qu'est-ce autre chose, en effet, que la nécessité révolutionnaire qui, de Descartes à Condorcet, de Calvin à Voltaire, n'a cessé, depuis trois siècles, d'agiter et de pousser en avant la pensée française?

A Vous donc, jeunes esprits sceptiques, j'oserai dédier ici un livre plein de foi. Je me persuade que vous ne dédaignerez pas d'y lire l'histoire d'une révolution à laquelle vous devez cet affranchissement complet, cette prédominance exclusive de la raison qui vous semble à charge, à cette heure, comme une richesse sans emploi, mais qui, vienne le jour de la maturité, aura, sans que vous l'ayez senti, accru en vous l'intelligence du vrai et la volonté du bien.

Je m'assure que vous saurez honorer, chez vos devanciers, des passions qui vous sont étrangères, mais que vous regrettez peut-être de n'avoir pas connues. J'ai l'espoir que, pour exalter moins vos âmes, la patrie et l'honneur, s'ils étaient en péril, ne vous trouveraient pas moins fidèles, et que vous diriez, vous aussi, avec le moraliste, si le choix vous était offert : « Quand tous les périls seraient dans la liberté, toute la tranquillité dans la servitude, je préférerais encore la liberté ; car la liberté, c'est la vie ; et la servitude, c'est la mort. »

Paris, 1ᵉʳ avril 1862.

AVANT-PROPOS

DU PREMIER VOLUME

DE LA PREMIÈRE ÉDITION

Le volume que j'offre en ce moment au lecteur ne comprend qu'une partie des événements dont je me propose de raconter la suite sous le titre d'*Histoire de la Révolution de* 1848.

Des considérations particulières me déterminant à différer la publication de la totalité de mon travail, je crois pouvoir en détacher un fragment complet en soi, puisqu'il conduit jusqu'au dénoûment de la lutte des trois journées de Février, par la proclamation de la République à l'Hôtel de Ville.

L'esprit de parti qui s'attaque à cette heure avec tant d'arrogance et d'acharnement à la révolution populaire devant laquelle il s'était courbé si bas, me fait un devoir de publier, sans plus attendre, une étude consciencieuse, que je crois de nature à jeter un jour vrai sur des hommes et des choses étrangement défigurés.

J'ai apporté dans mes recherches, avec la plus scrupuleuse bonne foi, un sincère désir d'impartialité. Si, comme il n'est que trop probable, des erreurs sont échappées à ma plume, je puis du moins affirmer qu'elles n'ont rien de systématique, et je m'estimerai heureux, à mesure qu'elles me seront signalées, de les faire disparaître.

C'est tout ce que j'ai à dire d'un livre qui, selon toute apparence, m'attirera plus d'une inimitié ; car il n'est guère possible d'écrire l'histoire contemporaine sans irriter beaucoup d'amours-propres et sans blesser même beaucoup d'esprits délicats auxquels la vérité nue semble une inconvenance qui les offusque toujours et souvent les scandalise. Un maître dans l'art d'écrire l'histoire le savait bien :

« Io mi sono ingegnato, in queste mie discrizioni,
« non maculando la verità, di sodisfare a ciascuno, e
« forse non arò sodisfatto a persona. Nè quando questo
« fusse, me ne maraviglierei : perchè io giudico che
« sia impossibile, senza offendere molti, discrivere le
« cose de' tempi suoi, » dit Machiavel.

Paris, 24 février 1850.

INTRODUCTION

La vie des peuples, comme la vie même du globe où s'accomplissent leurs destinées, n'est qu'une perpétuelle métamorphose. Sans s'arrêter jamais, cette puissance insaisissable que nous appelons la vie opère dans la société, comme elle le fait dans toute la nature, un travail simultané de formation et de dissolution, soumis, malgré les apparences fortuites qu'y produit l'intervention de la liberté humaine, à des lois mystérieuses au sein d'un ordre invariable. Crises violentes de la nature sociale, les révolutions ne font autre chose que précipiter tantôt le travail de dissolution, c'est-à-dire la décadence d'un peuple, tantôt le travail de formation, c'est-à-dire le progrès de ce même peuple dans la civilisation qui lui est propre.

La révolution de 1848, que je me suis proposé de raconter ici, va nous montrer dans un même moment cette double action de deux forces contraires. Essentiellement transformatrice, elle tend à décomposer et à recomposer, à dissoudre et à constituer; elle est critique et organique, ou, pour emprunter les termes par lesquels l'instinct populaire a, dès le premier jour, exprimé son caractère complexe avec sa signification véritable, elle est *politique* et *sociale*. Ses convulsions annoncent tout ensemble l'agonie d'une force épuisée et l'avénement d'une force nouvelle que la société moderne renferme obscurément dans son sein. De là les vagues terreurs et les espérances plus vagues encore que la révolution de 1848 a suscitées dans les esprits. Selon qu'ils étaient plus ou moins frappés par l'un ou par l'autre de ces aspects, selon qu'ils appartenaient plus ou moins intimement au passé ou à l'avenir, à ce qui finissait ou à ce qui allait commencer d'être, on les a vus, en proie à un trouble extraordinaire, signaler dans les moindres faits, ceux-ci les symptômes effrayants d'une ruine complète, ceux-là le présage assuré d'une complète rénovation de l'ordre social. Il n'est pas très-aisé, à cette heure où le pays semble avoir entièrement oublié cet étrange moment de son histoire, de se rendre un compte exact d'une telle confusion d'idées. C'est pourquoi, avant d'entrer dans le récit des événements, avant de suivre le cours rapide d'une révolution si diversement comprise, je crois utile de remonter à son origine, afin de mieux marquer sa nature et de rendre plus sensible cette double action politique et sociale qu'il ne faut pas perdre un seul instant de vue, si l'on veut embrasser dans son ensemble et juger selon les règles d'une saine et calme critique la métamorphose complète qui s'accomplit en France depuis un siècle, et dont la révolution de 1848, bien que ses effets immédiats n'aient point paru répondre à ses promesses, demeure à mes yeux l'une des phases les plus importantes et les plus décisives.

L'état républicain démocratique proclamé le 24 février par l'accord spontané et en quelque sorte involontaire du peuple et de la bourgeoisie[1], n'était point, comme on l'a trop répété, le résultat d'un accident et d'une surprise, d'un coup de main que le hasard avait bien servi. Il était la conséquence naturelle de cette double initiative du dix-huitième siècle, qui conquit à la fois pour les classes lettrées la liberté de penser et pour les classes laborieuses la liberté d'agir. Il était le terme où devait aboutir, dans un temps plus ou moins proche, le mouvement philosophique, critique, rationnel, libéral ou révolutionnaire, comme on voudra le nommer, qui, parti des hauteurs de la société, avait ébranlé une à une toutes les croyances sur lesquelles s'appuyait l'autorité de droit divin dans l'état féodal catholique et monarchique. On le peut considérer en même temps comme la manifestation la plus complète jusqu'ici de ce mouvement instinctif qui, agitant confusément les masses

---

[1] Je me sers à regret de ces deux termes dans le sens étroit et inexact qu'on leur a donné en 1848, estimant qu'on ne pourrait les remplacer par des termes plus justes sans ôter en quelque sorte l'accent vrai du temps où ils étaient dans toutes les bouches.

populaires, s'efforce, depuis 1789, de les faire entrer dans l'état démocratique, de procurer par l'association libre des citoyens un ordre égalitaire capable de suppléer l'ancienne hiérarchie féodale, de reconstituer au moyen du suffrage universel l'autorité sur la raison commune, de substituer au droit divin le droit humain, en un mot d'organiser la démocratie.

Ce serait un travail trop étendu et qui m'entraînerait hors de mon sujet, de rechercher par quelle relation secrète, par quelle nécessité cachée les attaques répétées de la philosophie du dix-huitième siècle contre l'institution de l'église chrétienne atteignaient à leur insu l'institution politique ; comment la négation de la révélation, du péché originel, de l'expiation, de la rédemption par les souffrances d'un Dieu entraînaient à des négations de même nature dans l'ordre social, et devaient offenser, jusque dans le principe même de son existence, une société qui n'était pas même imaginable sans la souffrance et la résignation du plus grand nombre. Il serait intéressant, à coup sûr, de montrer comment des hauteurs de la spéculation métaphysique l'esprit des encyclopédistes descendit dans la réalité, pénétra nos assemblées politiques et par suite toutes les classes de la société française ; mais sans rattacher ainsi le mouvement de 1848 à ses causes les plus éloignées, il suffira, pour s'en former une idée juste, d'expliquer ses causes prochaines et de rappeler dans son caractère général le règne du roi Louis-Philippe.

II

L'avénement de la branche cadette des Bourbons, qui, dans l'ordre politique, avait un sens très-simple, compris de tous; le retour à l'esprit libéral et l'influence prépondérante de la classe moyenne sur le gouvernement des affaires politiques, trouvaient la France dans un état social plus difficile à définir et qui échappait encore aux regards du plus grand nombre. Cet état très-récent, mais dont s'inquiétaient déjà les esprits attentifs, était produit par l'accroissement excessif d'une fraction importante des masses populaires qui, par un concours de circonstances en quelque sorte fatal, en était venue à former comme une classe à part, comme une nation dans la nation, et que l'on commençait à désigner sous un nom nouveau : le prolétariat industriel. L'existence de ce prolétariat ne datait pas de loin ; il était né chez nous avec la liberté du commerce et de l'industrie. Pendant de longues années son développement avait été presque insensible, et les décrets de l'Assemblée constituante, qui, en abolissant les corporations, les jurandes et les maîtrises, avaient détruit une organisation incompatible avec le nouvel ordre social, ne s'étaient fait sentir que par leurs résultats heureux. Sous les guerres de la République, du Consulat et de l'Empire, les bras avaient manqué au travail plutôt que le travail aux bras. Rien n'avait provoqué l'antagonisme du maître et de l'ouvrier, qui trouvaient dans des gains suffisants l'équité naturelle des rapports. Mais à la paix continentale les choses changèrent d'aspect. Avec la sécurité publique et l'accroissement de la population, la vie industrielle prit un essor rapide. De vastes ateliers, des usines immenses s'ouvrirent où, à l'aide de procédés nouveaux et de machines merveilleuses, on multiplia les produits avec une célérité, une économie, une perfection inconnues jusque-là. La prompte fortune des fabricants étonna, éblouit ; elle éveilla une émulation désordonnée. Le salaire des ouvriers, porté à un taux énorme par cette émulation des fabricants, attira dans les grands centres manufacturiers une population enlevée aux campagnes et poussa de plus en plus vers la production excessive. La consommation bientôt ne répondit plus à une telle multiplication des produits ; la disproportion entre l'offre et la demande devint sensible ; l'encombrement se fit ; l'équilibre fut rompu. La concurrence étrangère et la concurrence intérieure entre les entrepreneurs, les chefs d'ateliers et les ouvriers amenèrent le chômage en même temps qu'elles nécessitaient la baisse des salaires. Une lutte acharnée s'engagea, et cette lutte eut pour effet une misère d'une espèce nouvelle qui, en frappant une classe très-active, très-intelligente et très-énergique de la population, la poussait convulsivement de la souffrance à la révolte, de la révolte à une souffrance plus grande, et la faisait ainsi descendre jusqu'à la plus irrémédiable détresse.

« Aucune jouissance n'est plus attachée à l'existence de ces classes malheureuses : la faim, les souffrances étouffent en elles toutes les affections morales. Lorsqu'il faut lutter chaque heure pour vivre, toutes les passions se concentrent dans l'égoïsme, chacun oublie la douleur des autres dans la sienne propre, les sentiments de la nature s'émoussent. Un travail constant, opiniâtre, uniforme, abrutit toutes les facultés. *On a honte pour l'espèce humaine de voir à quel degré de dégradation elle peut descendre, à quelle vie inférieure à celle des animaux elle peut se soumettre.* »

Ainsi s'exprime, en parlant de la classe ouvrière, l'un des écrivains les plus véridiques et les plus autorisés de ce siècle, M. de Sismondi[1]. Et cette vie *inférieure à celle des animaux*, cet état exceptionnel et en quelque sorte *sous-humain* du prolétariat industriel devenait chaque jour plus haïssable, parce qu'il formait chaque jour un contraste plus sensible avec le niveau ascendant du bien-être général, avec le principe d'égalité qui régnait partout dans la loi française. Les droits du travail, solennellement proclamés dans nos assemblées, le peuple déclaré souverain, ne permettaient plus d'ailleurs de parler au prolétaire de résignation ou d'humilité. L'ironie de l'égalité légale

---

[1] On pourra, si l'on veut concevoir quelque idée d'un état dont aucun tableau ne saurait exagérer les désolations, consulter les ouvrages suivants, écrits sur des documents officiels :

Villermé, *Tableau de l'état physique et moral des ouvriers.*
Buret, *De la Misère des classes laborieuses.*
Frégier, *Des Classes dangereuses.*
Blanqui, *Rapport à l'Académie des Sciences morales et politiques.*
De Morogues, *Du Paupérisme.*
Dupont-White, *Essai sur les relations du travail avec le capital.*

au sein des inégalités réelles, l'ironie plus forte encore de la souveraineté populaire criant la faim et gisant sur le grabat, apparaissaient sous le plus triste jour. Les temps étaient passés où le malheureux accablé sous l'injustice du sort en appelait silencieusement, le front dans la poussière, à la miséricorde divine et à la vie future. Debout et impatient, il allait désormais demander raison de sa souffrance à la société. Il voulait sa part ici-bas. Il ne l'implorait plus au nom de la pitié, il l'exigeait au nom de la justice. On conçoit que ces besoins nouveaux du prolétariat industriel, trop légitimes et trop impérieux pour être indéfiniment négligés, étaient cependant de telle nature qu'on pouvait encore moins les satisfaire immédiatement, et c'était là pour le gouvernement, quelle que fût sa forme politique, l'embarras, la difficulté, le péril véritable. Mais au moment où Louis-Philippe monta sur le trône, ce péril était à peine entrevu, et aucun des hommes d'État que la révolution de 1830 portait au pouvoir ne s'en formait, il faut bien le dire, la moindre idée.

Cependant, depuis plusieurs années déjà, deux esprits éminents, qui devaient donner leur nom à deux systèmes d'économie sociale devenus célèbres, avaient fait de ce sourd conflit entre les classes supérieures et les classes inférieures le sujet de leurs méditations; et tous deux, bien qu'inconnus l'un à l'autre, différents d'origine, d'éducation, de génie, ils avaient entrepris une œuvre analogue : la critique radicale de tous les rapports sociaux actuellement existants, et la réformation complète de ces rapports selon des lois nouvelles en harmonie avec le degré de civilisation où l'humanité était parvenue.

Rétablir sur les ruines de l'autorité catholique un pouvoir religieux qui dirigeât tous les progrès de l'industrie, de la science et de l'art vers ce but suprême : *l'amélioration la plus rapide possible du sort de la classe la plus nombreuse et la plus pauvre*, telle était en substance la conception de Saint-Simon.

En publiant le *Nouveau Monde industriel et sociétaire*, Charles Fourier s'attaquait plus spécialement à la *fausse industrie* et au *commerce mensonger;* mais il n'hésitait pas plus que Saint-Simon devant la nécessité d'un renouvellement complet de la société et d'une entière transformation de notre civilisation prétendue, qu'il qualifiait de honteuse et abominable barbarie. Ces deux hommes s'étaient vus de leur vivant raillés et bafoués. Esprits intuitifs, absolus, d'une excentricité que l'orgueil égara jusqu'à l'hallucination, et qui confondaient perpétuellement le monde des réalités avec le monde des chimères, trop en dehors du milieu social pour y pouvoir être compris, Saint-Simon et Fourier étaient morts dans l'isolement; mais leur parole n'était point morte avec eux. Elle avait été recueillie par des disciples pleins de zèle. Elle s'était répandue lentement d'abord, puis avec une rapidité toujours croissante. Elle avait donné naissance à des doctrines, à des théories, à des systèmes divers et souvent contradictoires en apparence, mais d'accord néanmoins sur les points essentiels. Toutes ces doctrines protestaient contre l'excès de la liberté et contre les abus du droit individuel, auquel elles opposaient le principe de l'association, de la solidarité des individus, des classes et des peuples. Comprises vingt ans plus tard sous le nom collectif de socialisme, elles appelaient toutes l'intervention de l'état dans les relations commerciales et industrielles ; elles posaient avec une effrayante audace le problème que la philosophie du dix-huitième siècle, en ruinant dans les consciences les assises morales du monde chrétien, avait légué sans le savoir, et peut-être sans le vouloir, à la science et à la politique modernes.

Ce problème, qui n'était autre au fond que celui de l'organisation démocratique, il fallait bien du temps pour l'étudier, l'élaborer, le dégager de ses obscurités, pour le faire passer des vagues théories aux solutions pratiques.

C'était la tâche et c'eût été la gloire du roi Louis-Philippe de favoriser ce travail pendant son long règne. Tout semblait le convier à une œuvre si sage. L'indépendance de son esprit, l'humanité de ses sentiments, son éducation, son expérience, la connaissance personnelle qu'il avait acquise dans les épreuves d'une fortune variable, des relations de classe à classe et de peuple à peuple, l'occasion et les moyens de son élévation au trône, ses rapports difficiles avec les souverains étrangers, bien des voix éloquentes et plus d'une menace, tout en lui et autour de lui appelait son attention sur ce grand malentendu entre la liberté et l'égalité, sur ces dissentiments entre les premiers et les derniers-nés de la révolution qui rendaient précaire son pouvoir et douteux l'établissement de sa dynastie. Fils d'un royal régicide, élevé par la philosophie enthousiaste du dix-neuvième siècle au sein d'une génération passionnée, soldat d'une république, Louis-Philippe ne devait-il pas sentir couler avec son sang dans ses veines les espérances et les angoisses de son temps et de son peuple? Quel scrupule pouvait le détourner d'une réforme sociale qui ne rencontrait dans sa pensée aucune croyance, aucune tradition, aucun préjugé contraires?

Poser les seuls fondements solides d'une égalité véritable en mettant en pratique le système d'éducation nationale dont la Convention avait tracé le plan; améliorer, relever l'existence des classes laborieuses, leur faire une part plus large dans les bienfaits d'une civilisation à laquelle elles apportent un concours si actif; les initier peu à peu à la vie politique; multiplier, resserrer les liens de la France avec les nations étrangères; prévenir, par une insensible transformation économique, la violence soudaine des révolutions politiques; intéresser à cette noble entreprise l'orgueil des classes supérieures; y convier les hommes d'État; associer enfin, au lieu d'opposer l'une à l'autre, les forces vives de la nation, que l'on eût ainsi arrachées aux ennuis d'une paix prolongée et consolées du prestige perdu de la gloire militaire : certes, c'était là une tâche assez haute et faite pour tenter une ambition vraiment royale. Louis-Philippe ne semble pas l'avoir entrevue[1]. Il s'en est donné une autre inférieure, in-

---

[1] Le règne de Louis-Philippe ne vit pas même importer en France et accommoder à nos mœurs d'excellentes institutions en pleine vigueur chez d'autres peuples : la justice gratuite pour les pauvres établie en

grate, impossible, et qui, pour lui avoir été trop facile en apparence, tournera dans l'histoire à sa confusion. Il a voulu retenir une nation magnanime au niveau d'une bourgeoisie parvenue, qui, dans ce qu'elle avait de plus étroit et de plus égoïste, lui fournissait le type et, pour ainsi parler, la matière de son gouvernement. On a reproché à ce prince d'avoir manqué de grandeur; mais ce n'est point assez : l'histoire sévère doit l'accuser aussi d'avoir manqué d'amour. Non assurément qu'il ne fût porté par nature à la bonté, à la tolérance, à une sagesse toujours inclinant au pardon; mais sagesse et bonté demeuraient en lui stériles, parce qu'elles n'étaient point animées de cette chaleur généreuse qui fait les rois pères du peuple. Louis-Philippe n'aima point les classes laborieuses. Il les considérait comme une force aveugle dont on ne de-

Piémont, les banques agricoles de l'Allemagne, les cités ouvrières, etc. Il a été constaté que, de 1830 à 1848, tout l'effort du gouvernement pour résoudre les questions d'amélioration sociale s'est borné à trois circulaires relatives au paupérisme, adressées par le ministre de l'intérieur aux préfets et restées dans les cartons de l'administration.

Quant à la loi sur l'enseignement primaire, promulguée sous le ministère de M. Guizot et si vantée à son apparition, elle paraît bien timide et bien insuffisante si on la rapproche des livres de Condorcet et des idées émises au sein de la Convention (voir le rapport de Lakanal, 26 juin 1795). En ne la donnant pas gratuite et en ne la rendant pas obligatoire, M. Guizot annulait de fait cette éducation populaire dont il posait le principe avec solennité. Les instituteurs primaires, rejetés en dehors de la hiérarchie universitaire, à peine rétribués, sans aucun avancement, sans retraite assurée, se voyaient placés dans des conditions si infimes qu'il leur devenait impossible d'exercer l'influence et de remplir la mission auxquelles on semblait les appeler. Dans la discussion à la Chambre des députés, M. Salverte fit sentir une autre lacune de cette loi en demandant qu'on ajoutât au programme de l'instruction primaire la connaissance des droits et des devoirs du citoyen.

vait attendre que le désordre. Il n'aima pas non plus cette bourgeoisie à laquelle il s'efforçait de complaire, car il s'employa sans relâche à l'asservir en l'avilissant, et se fit un jeu de tromper le vieil esprit parlementaire et municipal qui vivait encore en elle, en masquant, sous l'appareil des formes représentatives et du langage républicain, un gouvernement qu'il voulait exclusivement dynastique et personnel. Indévot, indifférent à la philosophie, il assista passivement aux luttes de l'Église et de l'Université, et livra, sans en prendre souci, à la direction contraire de ces deux puissances hostiles, l'esprit déconcerté de la jeunesse française. S'attachant obstinément à maintenir la paix, sans tirer de la paix autre chose qu'une prospérité et un repos mensongers; s'infatuant de la médiocrité de ses pensées à mesure qu'il la voyait plus généralement partagée; se félicitant de sa sagacité à mesure que le pouvoir et l'expérience lui montraient les hommes plus aisément corruptibles; se riant de tous les conseils, s'isolant dans le sentiment exagéré d'une autorité que la vieillesse avait rendue jalouse, ce malheureux prince finit par devenir totalement étranger à son siècle et à son pays. Par un jeu cruel du sort, il devait trouver sa perte dans ce qui faisait le sujet de son contentement. Cette bourgeoisie qu'il avait façonnée à sa guise, ces intérêts inférieurs, ces égoïsmes qu'il avait tournés à ses fins, ces passions basses dont il avait tiré si bon parti, en rendant son gouvernement très-facile, ne donnaient à son règne aucune base solide. Quand vint le jour de la lutte, lorsqu'il eût fallu faire appel au dévouement, au courage civique, aux convictions désintéressées, il sentit, à je ne sais quoi de tiède et de mou dans l'atmosphère morale, combien un tel appel éveillerait peu d'échos. Il avait abaissé les caractères, il avait raillé les vertus, il avait refoulé, éteint dans les âmes ces sentiments élevés, ces nobles passions qui l'eussent sauvé, ou tout ou moins glorieusement défendu. En méprisant les hommes, il les avait rendus dignes de mépris. Et, pour parler le langage de la Bible, il avait semé la corruption, il recueillit la pourriture.

Entre les circonstances principales qui contribuèrent à entretenir la confiance exagérée que nourrissait Louis-Philippe dans ses propres lumières, il faut compter en première ligne le concours de plusieurs hommes d'une rare capacité dont il était parvenu à faire des instruments diversement, mais presque également dociles. Depuis la mort de Casimir Périer, brisé dans la lutte qu'il avait osé entreprendre contre le gouvernement personnel du roi, MM. Guizot, Thiers, Molé, de Broglie, appelés simultanément ou tour à tour au conseil, selon l'opportunité d'une attitude inflexible ou conciliatrice, n'avaient opposé aux volontés royales qu'une faible résistance et des vues à peine divergentes, se préoccupant uniquement du soin intéressé de retenir ou de ramener dans leurs mains les fils de l'intrigue parlementaire, et persuadés, d'ailleurs, avant tout examen, du danger ou de l'impossibilité de la moindre réforme sociale. Entre ces quatre figures qui représentaient différemment la monarchie de 1830, il en est une surtout qu'il nous importerait de bien connaître, parce qu'elle représente plus particulièrement encore que les autres l'esprit du gouvernement de juillet; mais c'est aussi la plus difficile à reproduire avec exactitude, tant les traits qui la composent semblent se heurter ou s'exclure. Je veux parler de François Guizot.

A voir cette vaste tête, trop pesante pour ces épaules chétives, se rejeter avec effort en arrière comme pour ressaisir le commandement qui lui échappe; à regarder ce pâle et austère visage, ce grand front sillonné, cette bouche fine et fière, les tons bilieux de ces tempes amaigries, cet œil où brille un feu contenu, on croirait qu'après une longue lutte le principe du bien est demeuré vainqueur dans cette âme superbe et règne seul sur les mauvaises passions domptées. Mais, dès qu'il parle, l'homme sans conviction se trahit. Sous ses formules impératives, un scepticisme invétéré transpire et se communique à vous. On hésite, on reste en suspens; on éprouve un insurmontable malaise, soit qu'on refuse à regret son estime à l'orateur, soit qu'on lui accorde une admiration consternée.

Noble esprit enchaîné à des ambitions subalternes; simplicité, intégrité, grandeur même dans la vie privée, et qui force de s'arrêter au seuil du foyer domestique l'indignation soulevée par l'esprit corrupteur de l'homme d'État; éloquence magistrale défendant des ignominies; opiniâtreté dédaigneuse et provocatrice de la parole perpétuellement démentie par les défaillances de la volonté; discipline sévère cachant à autrui et peut-être à soi-même l'absence de toute doctrine religieuse ou sociale, telles sont les lignes anguleuses et contradictoires sous lesquelles nous apparaît la personne hautaine, impérieuse et passionnée de l'homme d'État aux mains de qui périt la royauté dont je vais raconter la chute.

Un tel homme, par ses défauts et par ses qualités, par la nature même de ses ambitions et de ses talents, semblait prédestiné à perdre la monarchie. Bourgeois par le hasard de la naissance, il avait été aisément amené à l'adoption du système appelé de juste-milieu, par lequel il prenait son point d'appui dans la classe d'où il sortait. Mais ce système, il n'aurait pu le soutenir qu'à la condition de l'étayer sur les vertus, et non pas, comme il le fit, sur les vices de la bourgeoisie. Au lieu d'exciter dans son sein le patriotisme, l'ardeur du bien public, il y sollicita l'intérêt individuel et l'intérêt de classe, croyant ainsi opposer une barrière plus solide aux progrès des classes populaires vers la vie politique. Au rebours des véritables hommes d'État, qui embrassent d'une même vue les destinées d'une nation, M. Guizot concevait le pouvoir comme une force indépendante, ayant en soi sa raison d'être et vivant d'une vie séparée, en butte aux attaques perpétuelles d'un ennemi qui n'était autre, à ses yeux, que la masse du peuple. Résister, toujours résister, c'était là, suivant lui, tout le devoir et tout le génie d'un bon gouvernement. Le système parlementaire plaisait à M. Guizot, parce que cet équilibre un peu artificiel semblait conseiller l'intrigue où il excellait, parce qu'il y fallait un talent oratoire que peu de gens lui pouvaient disputer.

Le besoin de la domination joint au goût de la

discussion libre, voilà ce qui rend raison des anomalies d'une politique qu'il a définie lui-même avec un accent de réprobation inimitable, en l'attribuant, il est vrai, au cabinet de M. Molé en 1838 : « Politique sans principe et sans drapeau, toute d'expédients et d'apparence, qui exploite, fomente, aggrave cette mollesse des cœurs, ce défaut de foi, de consistance, de persévérance et d'énergie, qui fait le malaise du pays et la faiblesse du pouvoir. » Ses adversaires, en 1847, ne s'exprimaient pas différemment.

Les travaux historiques et littéraires de M. Guizot sont nombreux et estimables, mais ils s'effacent devant sa gloire d'orateur. A la tribune, M. Guizot ne fut point surpassé. La sobre et lumineuse ampleur de ses improvisations philosophiques, l'art si rare de composer par masses, de généraliser les idées et de trouver la beauté dans l'abstraction sans le secours de l'image, un calme dédain d'accent, une puissance concentrée de geste et de regard qui dominait les plus violents tumultes, le rendaient à peu près invincible dans les luttes parlementaires. Cependant, chose bizarre, cet homme, si longtemps maintenu au pouvoir par la volonté du roi et l'appui du pays légal, était antipathique à tous les deux. Louis-Philippe était trop bourbon, sous son écorce bourgeoise, pour ne pas goûter singulièrement les allures de gentilhomme ; et jamais M. Guizot ne réussit à dépouiller le professeur, le genevois, le calviniste. Son port, sa démarche, son sourire même, et jusqu'à ses complaisances retinrent toujours une sorte de hauteur apprise, une morgue de lettré souverainement répulsive au prince qui se servait de lui et au pays qui se laissait conduire. Tout, dans ce partisan opiniâtre de la paix et de l'alliance anglaise, blessait le génie de la France. En acceptant sa domination elle subissait en quelque sorte un joug étranger.

Ce fut la supériorité et la fortune de M. Thiers, pendant sa longue lutte avec M. Guizot, d'être éminemment français par l'esprit, par le cœur, par l'instinct et par la volonté. Les allures libres et souples de sa personne, de son intelligence, de son talent forment avec le dogmatisme et la roideur de ce dernier un frappant contraste. A la tribune, comme dans les conseils, M. Thiers ne s'imposait pas, il s'insinuait. Il y a de la volonté mais point d'autorité dans les lignes carrées de son visage. Un front ouvert, un œil vif et doux, les lignes fines d'une bouche qu'effleure au moindre propos le sourire d'une malicieuse bonhomie, la mobilité expressive d'une physionomie bienveillante, un débit animé, une phrase limpide, une verve naturelle et soutenue, exerçaient un charme d'une nature particulière, mais dans lequel il n'entrait ni admiration ni respect. M. Thiers a des ouvertures d'esprit si faciles que chacun, croyant le pénétrer tout à l'aise, se laissait, sans défiance, pénétrer par lui. Un don merveilleux, qui parfois supplée le génie, lui livrait en quelque sorte la pensée d'autrui; il s'en emparait, se l'appropriait, la rendait sienne. Son activité infatigable et sa promptitude de conception lui avaient d'ailleurs fait parcourir presque en entier le cercle des connaissances acquises à notre époque.

L'ascendant de Talleyrand, que M. Thiers subit dans

sa jeunesse, avait sans doute, plus que toute autre cause, incliné aux ambitions politiques sa vie encore incertaine. Porté d'instinct à je ne sais quel fatalisme insouciant, M. Thiers se pénétra sans peine de cette adoration du succès qui tenait lieu à son illustre patron de principes et de conscience. Le respect du droit se subordonna chez lui à l'importance du fait. Il apprécia plus volontiers les hommes et les choses dans leurs rapports avec les nécessités du moment que selon les règles immuables du juste et de l'injuste. Aussi, à cause de ce vice essentiel qui devait à la fois fausser ses jugements historiques et ses conceptions politiques, quelques esprits sévères, refusant également à M. Thiers la gloire de l'homme d'État et celle du grand historien, ne consentent-ils à applaudir en lui que le mieux informé, le plus habile, le plus sagace et le plus disert des journalistes. L'apologie de la Convention, l'éloge de Danton, protestation hardie contre les opinions reçues à cette époque, avaient fait la fortune de l'*Histoire de la Révolution française*, livre écrit de verve et dont une certaine flamme de jeunesse échauffe encore le scepticisme caché. Grâce au produit des éditions qui se multipliaient, M. Thiers, de concert avec M. Mignet et Armand Carrel, avait fondé le *National*, dont la critique acerbe, funeste au gouvernement de la branche aînée, contribua puissammment à l'élévation de la maison d'Orléans.

Jeté dans les régions du pouvoir par la révolution de juillet, successivement conseiller d'État, député, secrétaire général au ministère des finances, ministre de l'intérieur et des travaux publics, M. Thiers mit fin à la guerre civile de la Vendée en soudoyant un traître et en divulguant les faiblesses d'une femme. Cet homme sans fiel ni haine fit de la répression à outrance et du terrorisme constitutionnel, bien plutôt par fatuité d'énergie que par violence de tempérament ou par rigueur systématique. Les échecs de son ministère, auquel on a donné le nom de ministère du 1er mars, lui aliénèrent néanmoins et pour longtemps la confiance du parti conservateur.

Si M. Thiers a paru très-différent de M. Guizot, par certaines opinions particulières, par le côté extérieur du talent et par les habitudes du style, il lui est absolument semblable quant au principe et à la fin de la science politique. Également consommé dans l'intrigue et s'y plaisant comme à un exercice utile à l'élasticité de son esprit, insensible autant que M. Guizot à la passion du bien public, quoique plus aisément saisi, non par le côté grand, mais par le côté brillant des choses, le ministre du 1er mars a, sur son rival, l'avantage de posséder une fibre plus révolutionnaire et, sous ses cheveux gris, une sorte de juvénilité persistante qui charme souvent et désarme parfois ses adversaires. Il s'irrite et s'indigne au souvenir de Waterloo; les traités de 1815 l'ont toujours trouvé rebelle. C'est par là qu'il encourait fréquemment la disgrâce du roi, mais c'est par là aussi qu'il séduisait et ramenait à lui l'opinion publique.

Quand les richesses lui sont venues, M. Thiers s'est pressé d'en jouir en homme qui a longtemps pâti. Aussi a-t-il laissé approcher de sa vie privée des critiques que la simplicité de mœurs de M. Guizot a su toujours tenir à distance. Mais le tort principal de son cœur, devenu l'erreur de son esprit, c'est qu'oubliant trop vite son origine il n'a pas songé, dans l'exercice du pouvoir, à ce peuple dont il est sorti. L'amélioration du sort des classes pauvres n'a point occupé sa pensée. Le progrès qui l'amenait aux honneurs lui semblait le progrès définitif de l'esprit humain. L'égalité et la liberté qui l'avaient fait puissant et riche lui ont paru suffire au bonheur du monde.

C'est aux deux ministères de M. Guizot et de M. Thiers que revient la plus grande part de responsabilité dans les événements, dans les lois, et même, jusqu'à un certain point, dans les mœurs qui donnent au règne de Louis-Philippe un si triste sens historique. Ni M. Molé, ni M. de Broglie n'eurent à beaucoup près la même influence. Le premier, ancien ministre de Napoléon Bonaparte, dont le génie lui inspirait une admiration excessive, partisan de l'autorité à ce point de n'avoir jamais refusé à aucun gouvernement le concours de ses lumières, avait fourni, depuis la révolution de juillet, une carrière politique assez heureuse; mais ses différents passages au pouvoir n'eurent pas un sens très-déterminé et se rattachaient presque uniquement à des questions de personnes. M. Molé, homme de l'ordre ancien, ne pouvait ni ne voulait comprendre le génie des temps nouveaux; il n'exerça point d'action sérieuse, et, si nous trouvons son nom à l'heure suprême de la royauté, ce sera comme un témoignage de plus de l'incurable aveuglement dont elle était frappée.

Quant au rôle de M. de Broglie, il parut moins actif encore. Élève de Voyer d'Argenson, libéral à la façon dont on l'entendait alors, il professait la haine du despotisme, ce qui ne l'avait point empêché de le servir. Sous la Restauration, il avait donné des marques de courage politique. A la Chambre des pairs, où il était entré en 1814, il avait soutenu seul l'incompétence de la cour dans le procès du maréchal Ney. Et, seul aussi, dans les années suivantes, il avait appuyé les rares motions favorables à la liberté qui avaient osé se produire. Mais cette générosité des jeunes années s'abaissa peu à peu à la froide température de la coterie doctrinaire. Peu goûté du roi qu'il n'aimait guère, il n'en fut pas moins, par aversion pour la démocratie, le défenseur opiniâtre de la politique conservatrice et s'efforça maintes fois, mais en vain, de rapprocher M. Guizot et M. Thiers, dont il considérait le bon accord comme le salut de la monarchie constitutionnelle. Dans les dernières années du règne de Louis-Philippe, M. de Broglie semblait avoir abdiqué toute ambition et vivait retranché derrière les dédains systématiques de son intelligence hautaine.

Négligeant, oubliant, dédaignant ou redoutant le peuple, ces hommes considérables à plus d'un titre, unis en cela d'intention et de vues avec Louis-Philippe, s'étaient appliqués à former dans la grande nation française une petite nation de *juste-milieu*, seule admise, par la loi du cens électoral, à la vie politique, et qu'ils appelaient le *pays légal*. Ce pays légal manifestait ses opinions et sa volonté par le corps des électeurs, par les deux chambres législatives, par la garde nationale, par la presse, par le jury et par la magistrature. Sous ces formes diverses, malgré quelques paroles frondeuses, quelques dissidences passagères, quelques actes de dépit dirigés contre tel ou tel ministre, ou plus volontiers en ces derniers temps contre le roi, il prêtait aux cabinets successifs auxquels était remise la conduite des affaires un appui intéressé et qui paraissait solide.

La bourgeoisie était prépondérante dans le corps électoral. Alanguie par la prospérité et par l'action continue d'un gouvernement qui la voulait soumise et non puissante, elle ne montrait plus aucune trace de cette vertu politique qui l'avait poussée à la glorieuse révolte de 1789. En conquérant le pouvoir, les dignités, la fortune, elle avait comme perdu le sentiment du droit. Le but atteint, son premier soin avait été de construire des barrières qui le rendissent inaccessible au reste des hommes. La classe moyenne, si sage en apparence, essayait une œuvre insensée : elle voulait arrêter à elle le mouvement de la liberté. Elle ne voyait plus dans le peuple qu'un compétiteur incommode, un ennemi qu'il fallait repousser à outrance dans les bas-fonds de la société, sous peine de se voir ravir par lui des biens dont elle voulait la possession exclusive.

Les deux chambres législatives secondaient de leur mieux ces instincts égoïstes. Frappée d'un coup funeste à son indépendance par l'abolition de l'hérédité, composée, suivant les besoins ministériels, de légitimistes ralliés, de nobles de l'Empire, de révolutionnaires de 1830, la Chambre des pairs n'en présentait pas moins, malgré ces éléments hétérogènes, une immense majorité conservatrice [1], plus étroitement unie, il faut le dire à la honte du cœur humain, par l'intérêt et la peur, que ne le sont souvent les hommes de bien par les traditions communes et par l'amour de la patrie. Sous la présidence d'un homme dont le seul principe politique était de n'en avoir point, on voyait au Luxembourg la représentation solennelle de toutes les passions serviles et de toutes les palinodies. Abritant sous les mots vénérés de religion, famille, ordre et morale, les cupidités les moins respectables, sans élan, sans fierté, sans honneur politique, la Chambre des pairs demeurait imperturbable dans son inertie; et s'il arrivait qu'une parole généreuse, isolée, s'égarât dans cette enceinte, elle n'obtenait des mieux disposés qu'un sourire de compassion.

Au Palais-Bourbon, le pouvoir rencontrait bien une opposition, mais c'était une opposition sans caractère. M. Thiers, lorsqu'il passait du banc des ministres à son banc du centre gauche, et même M. Odilon Barrot, le chef de l'opposition appelée dynastique, ne se montraient guère soucieux d'autre chose que d'un succès de tribune. Ni l'un ni l'autre, absorbés qu'ils étaient dans le jeu compliqué de la tactique parlementaire, n'avaient pris le temps d'étudier la transformation qui s'opérait, depuis 1830, au sein des masses. Ils songeaient à peine au peuple, ou du moins, s'ils y songeaient, c'é-

[1] Jamais expression ne fut plus détournée de son acception vraie. Le parti conservateur ne conservait rien que des apparences. Les dogmes, il ne s'en souciait point; les traditions, il les avait oubliées; la hiérarchie, il ne savait plus où la prendre. Il ne défendait que le *fait accompli*, et ce n'est certes pas là un principe en vertu duquel une société puisse être *conservée*.

tait tantôt comme à un soldat que l'on pousserait au premier jour vers le Rhin pour s'y faire tuer, tantôt comme à un nécessiteux que l'on tiendrait facilement en repos au moyen de quelques aumônes parcimonieuses. Le génie populaire était muet pour eux. Ce fut leur perte au jour de la lutte ; ce sera leur condamnation dans l'histoire.

Les idées démocratiques, radicales, révolutionnaires, n'étaient représentées à la Chambre des députés que par un très-petit nombre d'hommes, parmi lesquels M. Ledru-Rollin jouait, depuis 1841, le rôle principal. Le pouvoir redoutait peu cette opposition discréditée dans le pays par un ton violent de menaces restées depuis longtemps sans effet, et par des attaques mal concertées. Accoutumées à leur rôle subalterne, les majorités, d'ailleurs, ne voulaient point être éclairées. Elles votaient coup sur coup toutes les lois répressives souhaitées par le pouvoir, sans songer à trouver étrange cette législation purement négative [1] d'un peuple que l'histoire nous montre toujours impatient d'agir, courant plutôt que marchant à la tête de la civilisation européenne.

Les journaux subventionnés par le gouvernement servaient avec zèle tantôt les pensées intimes du roi, tantôt sa politique officielle, toujours les intérêts du

---

[1] Depuis 1830 on compte sept lois répressives votées par des majorités considérables : loi du 29 novembre, qui punit les offenses contre le roi et les chambres; loi du 8 avril 1831, relative aux délits de presse; loi du 10 avril 1831, contre les attroupements; loi du 16 février 1834, contre les crieurs publics; loi du 10 avril 1834, contre les associations; loi du 24 mai 1834, contre les détenteurs d'armes; loi du 9 septembre 1835, contre la presse et le jury.

pays légal. Le *Journal des Débats*, fondé sous le Consulat par les frères Bertin, et qui devait une grande importance à la supériorité de sa rédaction littéraire, la *Revue des Deux Mondes*, où s'exerçaient à la polémique de jeunes écrivains chargés de louer les médiocrités en crédit et de rabaisser les renommées que soutenait un caractère incorruptible, étaient, le premier avec plus d'expérience et d'autorité, la seconde avec plus d'ardeur et de fantaisie, les organes accrédités de la politique conservatrice, de l'esprit libéral et universitaire. Écrire dans le *Journal des Débats* ou dans la *Revue des Deux Mondes*, c'était se créer un titre à toutes les faveurs et s'ouvrir toutes les carrières. Le *Constitutionnel* et la *Presse* avaient aussi, bien qu'à un moindre degré, leur part dans les largesses ministérielles. Quant au *Siècle*, sous l'influence des orateurs de ce que l'on nommait alors la gauche dynastique, il restait dans une mesure d'opposition tempérée qui portait peu d'ombrage et peu de préjudice au pouvoir.

Les journaux qui défendaient les intérêts populaires et l'esprit de la Révolution n'avaient qu'une publicité restreinte; ils ne pouvaient se soutenir que par des sacrifices pécuniaires considérables et par une abnégation complète des plus légitimes ambitions chez quiconque leur prêtait le concours de sa plume.

Ainsi le pays légal et le gouvernement semblaient prendre à tâche de se préserver de toute vérité. Le roi ne nommait à la Chambre des pairs que ses créatures; le corps électoral envoyait de préférence à la Chambre des députés des fonctionnaires publics; les tribunaux ruinaient par des procès et des amendes la presse libre;

la garde nationale, pour avoir montré quelque déplaisir de la marche imprimée aux affaires par M. Guizot[1], n'était jamais convoquée. On en arriva à ce point que personne dans les rangs élevés de la société ne connut plus l'état vrai du pays. Quelques-uns entendaient bien parler confusément d'écoles et de sectes nouvelles, mais on ne savait trop de quoi il s'agissait. A peine retenait-on un ou deux noms voués au ridicule. Et si plusieurs conservaient quelque appréhension du communisme dont la menace grondait dans le lointain, au lieu de se rapprocher du peuple pour en apprendre la signification, mesurer le péril et le conjurer, ils pensaient agir sagement en évitant de songer à des choses qui leur étaient importunes.

On aurait pu croire que le clergé, plus en rapport avec les classes souffrantes par les écoles et les autres institutions de la charité chrétienne, pénétrait mieux l'âme populaire. Loin de là, les prêtres et leurs adhérents nourrissaient à cet égard d'étranges illusions. Ils se plaçaient toujours au point de vue étroit de l'aumône; et, comme ils avaient à distribuer un fonds inépuisable fourni par la charité des fidèles, ils se flattaient d'exercer sur le peuple une influence croissante. Les uns se bornaient à lui prêcher par état la résignation; les autres, les habiles, l'abbé de Genoude en tête, demandaient dans leurs journaux la liberté d'enseignement et le suffrage universel comme deux

[1] En 1840, dans une revue de la garde nationale passée à l'occasion du retour des cendres de Napoléon, les cris de : *A bas Guizot!* retentirent dans les rangs. Depuis cette époque, Louis-Philippe ne passa plus de grandes revues, et l'on augmenta considérablement l'effectif des régiments casernés dans Paris.

moyens assurés de manifester aux yeux de tous l'esprit catholique et légitimiste de la nation.

Active, retentissante, riche en connaissances exactes et en observations de détail, une école d'économistes célèbres s'occupait, il est vrai, des moyens d'améliorer les conditions de la vie commune, mais elle tournait aussi, sans méthode et sans ensemble, dans un cercle de doctrines impuissantes. Aux yeux de ce libéralisme scientifique dont M. Guizot avait été, dans ses cours sur la civilisation moderne, l'organe le plus éloquent, le peuple illettré, dépourvu de sens politique, devait être amené par des progrès strictement mesurés, non pas à faire jamais ses propres affaires, c'eût été le comble de la démence[1], mais à jouir de quelque loisir et, par suite, de quelque culture intellectuelle qui profiterait aux développements de l'agriculture et de l'industrie.

Les principaux économistes de cette école, hommes de savoir et de bonnes intentions pour la plupart, en étaient restés aux questions qui avaient préoccupé leurs devanciers, sans se rendre compte de la différence des temps et de la marche de l'esprit humain. Absorbés dans leurs calculs de statistique et dans leurs recherches sur la production et la consommation, ils négligeaient une partie importante de la science sociale, dont ils ne voulaient voir que le côté matériel; ils ne saisissaient pas le lien qui, dans une société moderne, rattache le bien-être des classes laborieuses

---

[1] « Il n'y a pas de jour pour le suffrage universel, avait dit M. Guizot, pour ce système absurde qui appellerait toutes les créatures vivantes à l'exercice des droits politiques. »

aux plus hauts intérêts de la civilisation générale. Hostiles par principe à toute intervention de l'État dans les transactions commerciales et dans la législation industrielle, tout en l'admettant par nécessité dans certains cas, ils ne proposaient aucun moyen efficace de remédier aux dangers d'une liberté illimitée, et semblaient ne pas croire qu'on peut constituer une action sociale, indépendante du pouvoir politique, exercée par tous au profit de tous, corrigeant la liberté par la solidarité, la rivalité par l'association, et l'abus du droit par une justice supérieure[1].

L'aveuglement était partout. Science aride, ignorances dédaigneuses, sagesses rétrogrades, railleries provoquantes, voilà ce qui faisait grand bruit de paroles à la surface du pays, dans les sphères du pouvoir, dans les salons, à la Bourse, au Parquet, à la table des riches. Transportons-nous ailleurs ; laissons pour un moment au tourbillon de ses plaisirs et de ses affaires cette France à l'entendement épaissi, aux entrailles muettes. Il n'y a là que le mensonge de la vie. C'est dans d'autres régions que nous sentirons la vie véritable, la passion sous toutes ses formes, l'amour et la haine, le sentiment du droit et l'instinct de la vengeance, les convoitises sauvages et les nobles

---

[1] On peut se former une idée de l'esprit qui anime cette école par une parole échappée à M. Blanqui à propos des misères du peuple : *On en parlait bien moins alors qu'il en existait davantage*, dit-il dans son *Rapport à l'Académie sur la situation des classes ouvrières pendant l'année* 1848 ; méconnaissant ainsi le progrès même du sentiment humain qui veut guérir les maux et non plus les supporter, accusant implicitement la liberté de la parole qui porte à la connaissance de tous les plaintes jusque-là étouffées dans le silence.

dévouements, la foi surtout dans les principes, l'enthousiasme pour les idées, le pressentiment de l'avenir.

Ce peuple que le gouvernement et les classes supérieures ne voulaient point appeler à la vie nationale, qu'ils ne voulaient pas même y préparer; ces travailleurs qui ne se sentaient ni aimés ni honorés; ces pauvres devenus capables de réfléchir sur les causes de leur pauvreté; ces hommes de cœur et d'intelligence exaltés par le contact fiévreux de l'atelier, exaspérés par les détresses chaque jour croissantes de la famille, cherchaient avidement, en dehors des influences officielles, en dehors de l'instruction légale et de la charité privée si insuffisantes, un remède à leurs maux, un aliment à l'inquiétude de leur esprit. Il n'était pas difficile de prendre de l'empire sur de tels hommes. Également privés du pain du corps et du pain de l'âme, ils se précipitaient au-devant de la main qui leur apportait, ou seulement de la voix qui leur promettait l'un ou l'autre. Surpris, émus, reconnaissants, dès qu'on paraissait sensible à leur misère; enclins à une curiosité crédule qu'augmentait encore un système d'instruction inconsidéré; disposés par les conditions même de leur existence insalubre à une continuelle surexcitation nerveuse, les ouvriers des villes, oubliés par l'État, devaient se livrer sans réserve aux hommes ou aux partis qui, les premiers, comprendraient que là était la force de la société moderne, et que l'avenir appartenait à celui ou à ceux qui sauraient s'en emparer.

Le socialisme et le radicalisme entreprirent cette

tâche. La révolution de 1830, en jetant une grande perturbation dans le monde politique, la leur avait rendu aisée. Elle avait étendu le champ de la discussion libre et favorisait ainsi la prédication et la propagande de toutes les nouveautés. Aussi vit-on instantanément paraître au grand jour une multitude de doctrines et de systèmes religieux ou sociaux qui jusque-là étaient demeurés dans l'ombre, circonscrits dans un petit nombre de livres et médités en silence par un petit nombre d'hommes. Il se fit une véritable irruption d'idées, suivie d'un mouvement de polémique qui agita les esprits, comme au temps de la réformation, et qui entraîna dans son cours les plus nobles intelligences. La première impulsion de ce mouvement était partie, nous l'avons vu, de Saint-Simon et de Fourier; mais son action réelle, efficace, cette action qui remua jusqu'aux dernières couches de la société, et qui épouvanta plus tard les classes supérieures sous le nom de socialisme[1], ne s'exerça dans toute son extension et dans sa pleine liberté que sous le règne de Louis-Philippe. Nous allons essayer de la suivre dans ses directions diverses.

La première en date et en éclat de toutes les écoles socialistes fut l'école saint-simonienne. Dirigée depuis la mort de son fondateur, en 1825, par MM. Bazard et Enfantin, composée d'une jeunesse enthousiaste,

---

[1] Le nom collectif de *socialisme* n'a été donné aux différents systèmes de réformation sociale qu'après la révolution de 1848. Jusque-là on n'avait considéré les écoles et les sectes socialistes qu'isolément, sous le nom de babouvisme, de saint-simonisme, de fouriérisme, etc.; sans les rapporter à ce principe commun qui les a fait désigner depuis sous le terme général de socialisme.

studieuse et disciplinée, elle développa, en les exagérant, les idées contenues dans le *Nouveau Christianisme*[1]. Elle élabora une constitution théocratique qui prenait son point de départ dans une conception très-élevée de la nature humaine et la considérait, avec le dix-huitième siècle, comme indéfiniment perfectible. Selon cette constitution, un pouvoir nouveau, tout à la fois spirituel et temporel, juge du mérite et distributeur des récompenses, organisateur du travail et de l'industrie, comme le pouvoir ancien avait été organisateur de la guerre, recevrait la mission de maintenir dans la société l'ordre parfait fondé sur la parfaite justice et contenu tout entier dans cette formule célèbre : *A chacun suivant sa capacité, à chaque capacité selon ses œuvres.*

Relevant le sexe féminin de son incapacité civile et politique, le saint-simonisme lui accordait une égalité complète avec le sexe masculin, non-seulement dans la famille, mais dans l'État. Prêtresse et législatrice, la femme devait concourir activement à la transformation de la société. La famille, d'ailleurs, ainsi que

---

[1] Œuvre capitale de Saint-Simon. Le titre de ce livre et les prédications de la plupart des réformateurs font voir que le socialisme se présente volontiers comme l'accomplissement de la loi chrétienne : idée selon moi très-erronée ; car, s'il est vrai de dire que le socialisme semble au premier abord une extension du principe de fraternité apporté au monde par Jésus-Christ, il est en même temps et surtout une réaction contre le dogme essentiel du christianisme : la chute et l'expiation. On pourrait, je crois, avec plus de justesse, considérer le socialisme, dans son principe général, comme une tentative pour *matérialiser* et *immédiatiser*, si l'on peut parler ainsi, le paradis spirituel et la vie future des chrétiens. C'est peut-être là *accomplir la loi*, mais c'est l'accomplir en l'abolissant.

la propriété, subissait une altération profonde par l'abolition de l'hérédité et du mariage indissoluble.

Pendant quelque temps les prédications saint-simoniennes attirèrent la foule et gagnèrent à la doctrine de nombreux adeptes. Éloquentes et pénétrées d'une onction communicative, elles faisaient appel à la science, à l'industrie, à l'art, à la beauté sous toutes ses formes, promettant aux plus *aimants*, aux plus *capables*, un empire illimité et incontesté sur des âmes perpétuellement dilatées par le dévouement. En même temps de nombreux travaux d'examen historique et de vigoureuses attaques contre l'économie politique du libéralisme qui continuaient et dépassaient de bien loin la réaction commencée par M. de Sismondi dans son *Traité d'économie politique*, faisaient honneur à l'école et lui valaient l'estime des hommes sérieux [1]. Les dons affluaient et la propagande redoublait d'activité. Déjà l'on adoptait, pour les élever dans la foi saint-simonienne, des enfants de prolétaires, missionnaires futurs de la nouvelle doctrine, lorsqu'un schisme, longtemps étouffé par le commun effort des disciples, éclata entre les deux chefs du saint-simonisme et porta un coup mortel à leur apostolat. Enfantin, dont l'influence magnétique était toute-puissante sur ceux qui l'approchaient, aspira ouvertement au rôle de révélateur et voulut fonder une religion dont le principal dogme, la *réhabilitation de la chair*, conduisait à

---

[1] Voir la collection du *Globe*, revue passée des mains des doctrinaires sous la direction de MM. Michel Chevalier, Pierre Leroux et Jean Raynaud, et les travaux de MM. Buchez, Carnot, Charles Duverrier, Emile Barrault, Charton, Margerin, Rodrigues, Abel Transon, etc., etc.

des pratiques d'un sensualisme mystique qui épouvantèrent les moins timorés. Un grand déchirement se fit entre des hommes jusque-là tendrement unis. Il se passa entre eux des scènes inouïes, renouvelées des anabaptistes : des extases, des délires, des transports, qui inquiétèrent la morale publique vaguement informée. Poursuivie par la police et les tribunaux, huée par la foule, la *famille*[1] se dispersa; l'apostolat fut frappé d'interdit; la religion saint-simonienne s'évanouit avant même d'avoir existé. Mais les idées critiques de l'école restèrent acquises à la raison commune; chacun fit son profit de ses travaux multiples; les mots saint-simoniens de *réhabilitation*, d'*émancipation*, d'*organisation scientifique et industrielle*, de *solidarité*, etc., passèrent dans le langage de la presse quotidienne, influençant à leur insu ceux-là mêmes qui se disaient et se croyaient adversaires de la doctrine[2].

Même fortune, à peu près, échut au fouriérisme. Le bon sens français rejeta les extravagances de la cosmogonie de Fourier; il se divertit aux dépens du *phalanstère* et de l'*état harmonien;* mais il retint du système des vues très-justes et très-pratiques sur l'association, sur l'exploitation agricole, sur l'éducation;

---

[1] C'était le nom qu'avait pris le groupe peu nombreux, mais fervent, réuni autour du *Père Enfantin*, à Ménilmontant.

[2] Parmi les disciples de Saint-Simon devenus indépendants, il convient de citer au premier rang M. Auguste Comte, qui, dans son cours de *Philosophie positive*, a exposé une nouvelle méthode de classification des sciences et une théorie des développements historiques de l'humanité, sur laquelle il s'efforce de constituer la science sociale ou *sociologie*.

il se laissa même aller, sans trop de répugnance, avec les fouriéristes, à la réprobation d'un ordre social qui, pour se maintenir, avait eu besoin de diviniser et conséquemment de perpétuer la souffrance du plus grand nombre.

Les premiers disciples de Fourier, M. Just Muiron et M. Victor Considérant, élève distingué de l'école polytechnique, commencèrent en 1825 l'œuvre de propagande. Après la mort du maître, en 1837, M. Considérant, ayant groupé autour de lui des hommes de savoir et de talent, MM. Cantagrel, Vidal, Toussenel, Laverdant, etc., réussit à constituer définitivement l'école. Sous la direction de ces hommes moins enthousiastes, moins mystiques que les saint-simoniens, plus habiles par conséquent et plus portés aux concessions, l'école fouriériste, si elle n'eut point l'éclat de l'école saint-simonienne, s'établit sur de plus solides bases, parce qu'au lieu d'exagérer les doctrines du maître, à l'exemple des disciples de Saint-Simon, elle s'appliqua à les atténuer, à n'en présenter que le côté acceptable. Fourier avait été, dans les hallucinations de sa solitude, jusqu'à penser que le genre humain devait un jour achever de soumettre tous les éléments, et, changeant à son gré les conditions de l'atmosphère, contraindre la nature à produire des végétaux et des animaux supérieurs. L'école fouriériste se borna à enseigner que l'homme pouvait et devait changer le milieu social, et que, le principe vital de la société moderne étant l'industrie, c'était l'industrie qu'il lui importait de transformer, en substituant, dans les travaux agricoles et manufacturiers, l'*association* à l'*antagonisme*, en remplaçant la *commune incohérente* et *morcelée*, par le *phalanstère* qui cultiverait, d'après un plan bien combiné, une étendue commune, et serait administré par un conseil électif, chargé de la répartition des produits selon l'apport de chacun en *capital*, en *travail* et en *talent*. Le travail, selon la doctrine fouriériste, étant une loi naturelle que nul ne viole sans souffrance, devait, si notre éducation et notre vie sociales ne nous rendaient rebelles aux vues de Dieu, être toujours *attrayant* et *productif*. De cette conception fondamentale découlaient dans tous les ordres de la pensée, dans la science, dans les arts, une foule de combinaisons ingénieuses. Quant aux idées de Fourier sur les relations des sexes, comme elles étaient de nature à choquer tout autant et plus encore peut-être que la doctrine saint-simonienne, on les laissa dans l'ombre ; on ne les traita plus qu'entre initiés ; elles passèrent à l'état de questions *réservées*. Mais, tout en occupant avec le saint-simonisme une place considérable dans la publicité, le fouriérisme ne fut jamais non plus, à proprement parler, populaire. La hiérarchie théocratique de Saint-Simon et les combinaisons compliquées de l'arithmétique fouriériste ne pouvaient point saisir l'esprit des masses. Il y avait là beaucoup trop de doctrine et d'érudition. Le retentissement de ces deux écoles apprit aux travailleurs que des philosophes s'occupaient sérieusement d'améliorer leur sort ; mais la simplicité du génie populaire ne fut point touchée par des théories qui parlaient le langage de l'abstraction et de la science.

Vint enfin le communisme qui, s'adressant au sentiment et à l'instinct, laissant de côté toute notion philosophique ou scientifique, devait s'emparer aisément des âmes simples, d'autant plus qu'il prenait pour mot de ralliement, alors même qu'il dissimulait le moins ses projets spoliateurs, une parole émouvante, facilement comprise et retenue : fraternité !

Le communisme ne faisait point son entrée dans le monde. Dès l'origine des sociétés on le voit apparaître, et jamais il n'a cessé de tenir sa place dans l'histoire de la civilisation, soit à l'état de secte, soit même à l'état d'institution dans la législation des peuples. On en trouve des traces dans une partie des gouvernements de la Grèce antique, dans les doctrines platoniciennes, dans les commencements de l'Église chrétienne, chez les anabaptistes, dans les congrégations moraves, chez les *levellers*, parmi les compagnons de Penn en Amérique, dans les missions ou *réductions* des jésuites au Paraguay, dans l'organisation du village russe, dans les écrits des Morus, des Campanella, des Towers, des Filangieri, des Mably, des Morelly, etc. A quinze siècles d'intervalle, l'empereur Galien et le second Bourbon de Naples tentaient de réaliser, presque dans les mêmes lieux, les utopies communistes de Platon et de Filangieri. En 1795, la conspiration de Babœuf fit entrevoir à la France l'épouvantail d'un communisme sanglant. Le communisme de nos jours ne se différenciait de ses aînés dans l'histoire que par sa plus complète incompatibilité avec l'état de civilisation scientifique dont la société commence à avoir conscience et vers lequel elle progresse de plus en plus.

L'auteur du *Voyage en Icarie*, M. Cabet, l'apôtre moderne d'un communisme instinctif et populaire, et ses disciples avec lui, font gloire de ne tenir nul compte de cette civilisation au milieu de laquelle ils apparaissent comme un phénomène bizarre. S'autorisant des pratiques de la primitive Église, ils prêchent le retour à la pure morale évangélique, l'imitation du Christ, le renoncement volontaire aux richesses personnelles. Ils posent en principe l'administration par l'État de la fortune sociale, répartie à chaque membre de la société, non plus suivant sa *capacité*, mais suivant ses *besoins*, ce qui renverse de fond en comble la dernière des inégalités, celle qui résulte de la disproportion des intelligences entre elles, et s'attaque ainsi non plus seulement aux lois de la société, mais à celles de la nature.

L'apostolat de M. Cabet, éminemment pacifique, ne voulant agir que par insinuation et se fiant volontiers à l'avenir, se distingue du communisme matérialiste des sectateurs de Babœuf, en ce que ceux-ci veulent opérer immédiatement, sans transaction ni conciliation, par la violence s'il le faut, l'abolition de la propriété qui, dans l'*Icarie* de M. Cabet, subit de lentes transformations, à mesure que l'opinion y donne son assentiment. Vagues aspirations d'une sensibilité exaltée, ébauches confuses d'une société chimérique, les théories icariennes n'auraient nulle valeur si elles ne se présentaient comme un caractère symptomatique de la maladie morale qui mine la société moderne.

Toute protestation, si aveugle qu'elle paraisse, s'attaque à un vice réel. Le vice de la bourgeoisie parvenue, c'était, nous l'avons constaté, l'étroitesse du cœur, l'oubli du droit, l'indifférence religieuse et politique. Ce vice invétéré devait provoquer une réaction violente. Tout excès suscite inévitablement l'excès contraire. Le jour où l'indifférence égoïste de la bourgeoisie, personnifiée dans Louis-Philippe, parut triomphante, le fanatisme de la fraternité communiste eut sa raison d'être.

Sans grande action sur la population des campagnes où la propriété, devenue un fait presque universel depuis 1789, est inattaquable, les doctrines communistes furent avidement recueillies par les ouvriers des villes. Les plus intelligents employèrent leurs loisirs à l'étude et à la discussion des lois sociales. Encouragés par des écrivains célèbres qui vinrent se mêler à eux, ils fondèrent des écrits périodiques où pour la première fois on les vit poser eux-mêmes leurs principes, développer leurs idées, peindre en des essais littéraires imités des poëtes contemporains, leurs douleurs physiques et morales[1]. Le *Bon Sens*, sous la direction de MM. Cauchois-Lemaire et Rodde, ouvrit, dès cette époque, une large place dans ses colonnes aux travaux littéraires des ouvriers.

La Fraternité et le *Populaire*, en 1833, traitèrent les questions d'avenir au point de vue communiste.

---

[1] Une de leurs premières tentatives eut pour but de moraliser les réunions du dimanche dans les guinguettes, en substituant aux chansons obscènes qui égayaient ces réunions, des chansons d'un caractère plus élevé et d'une tendance socialiste. La société dite **des infernaux** s'y employa activement. Vinçard, Pierre Lachambaudie, Carle Supermann, Elisa Fleury, furent les poëtes les plus goûtés de la guinguette ainsi renouvelée.

D'autres feuilles également populaires, mais rédigées dans un esprit un peu différent, leur répondirent [1]. Un débat régulier s'engagea, où les lois de l'industrie et de la politique étaient confondues. Dès lors il devint aisé de comprendre qu'une force nouvelle surgissait dans le pays, que la direction de l'esprit public n'appartenait plus au pouvoir officiel, et que l'avenir de la France échapperait tôt ou tard aux mains de ceux qui la voulaient retenir à mi-chemin de sa carrière révolutionnaire.

En dehors du communisme proprement dit, on vit paraître vers la même époque, sous des noms différents, plusieurs systèmes dont le communisme était le but caché. Parmi ceux-ci l'on distingua bientôt le système de M. Buchez. L'un des fondateurs de la charbonnerie en 1821, M. Buchez, après avoir traversé le saint-simonisme, remontant au christianisme, s'efforça de le réconcilier avec le dix-huitième siècle, avec la Convention, avec le communisme moderne. Laborieux, persévérant, pénétré de la notion du devoir et du sacrifice, il fonda, avec l'aide de M. Roux-Lavergne, une école catholique-conventionnelle. Partant de Jésus-Christ pour arriver à Robespierre, cette école justifiait également l'Inquisition et le Comité de salut public, et concevait pour la société un idéal d'institution cénobitique qui séduisit dans les rangs populaires quelques hommes religieux et disposés à une sévère discipline morale. L'*Histoire parlementaire*, l'*Européen* et surtout l'*Atelier*, organes de l'école bu-

---

[1] Voir la *Ruche populaire*, l'*Atelier*, rédigé par MM. Peupin, Corbon, Danguy, Pascal, etc., en 1839.

chézienne, rédigés avec un grand talent, firent une sérieuse propagande d'idées socialistes; quant au système particulier d'organisation industrielle proposé par M. Buchez, il ne rencontra que des adhésions très-peu nombreuses[1].

Un autre chef d'école, également sorti du saint-simonisme à l'époque où MM. Bazard et Enfantin se séparèrent, M. Pierre Leroux, prit aussi rang parmi les réformateurs. Porté par nature aux contemplations synthétiques, doué d'une grande puissance d'intuition, M. Pierre Leroux s'absorba dans une sorte de panthéisme emprunté aux Indes et à l'Allemagne. Il prit aux philosophes des âges primitifs leur symbolique, à Pythagore sa métempsycose, au catholicisme sa conception ternaire, et tenta, au moyen de ces matériaux hétérogènes, d'édifier une philosophie religieuse de l'humanité[2]. La première exposition de ces idées revêtit des formes obscures et nuageuses. Peu à peu, dans des brochures et des livres écrits avec l'éloquence d'une âme tendre et expansive[3], M. Pierre Leroux s'efforça de dégager ses conceptions et de les condenser en un système d'organisation sociale et politique; mais il n'y parvint jamais entièrement, pas même alors qu'abandonné de ses premiers adeptes, il se vit libre et seul responsable des audaces de sa pensée.

Esprit vif et brillant, journaliste et historien en pos-

---

[1] Les essais de réalisation de ce système ne furent point heureux. Voir le rapport de M. Delessert, *Revue rétrospective*, n° 6, sur la *Société des industries unies* et le *Grand-Saint-Joseph*.
[2] Voir l'*Encyclopédie nouvelle* et la *Revue sociale*.
[3] Voyez *De l'égalité*, 1838; *Réfutation de l'éclectisme*, 1839; *Malthus et les économistes*; *De l'humanité*, 1840; *De la Ploutocratie*, 1848.

session d'une célébrité précoce, M. Louis Blanc, tout en jetant par son talent un grand éclat sur l'idée socialiste, rallia à son système particulier et passionna pour sa personne la partie la plus intelligente des ouvriers des villes. Dans un livre intitulé : *De l'organisation du travail*, il exposa l'ensemble de sa doctrine, dont les germes se trouvaient déjà épars dans l'*Histoire de dix ans*; doctrine fort simple au premier abord, car il s'agissait, sans plus, de supprimer les mauvais effets de la concurrence industrielle, en mettant aux mains de l'État l'industrie collective, organisée en ateliers nationaux, administrée par des conseils électifs, sous le régime de l'égalité des salaires. Le mobile de l'honneur collectif substitué à celui de l'intérêt personnel, une disposition présumée permanente au dévouement et à la fraternité, forment les assises morales de cet état industriel, ce qui revient à dire que l'organisation imaginée par M. Louis Blanc est une généreuse chimère; car le dévouement, cette magnificence de l'âme, ne pourra jamais, en aucun temps, quel que soit le perfectionnement de l'humanité, s'écrire dans une constitution sociale ; jamais il ne pourra se commander de par la loi. On conçoit cependant qu'une telle théorie, présentée aux imaginations populaires avec une verve et une abondance juvéniles, ait dû les séduire préférablement à toute autre. Aussi la retrouverons-nous bientôt portée par le flot révolutionnaire au gouvernement dans la personne de son auteur. Nous y reviendrons alors pour l'examiner non pas tant dans sa valeur propre que dans son action sur les masses.

Plus isolé par la nature de son esprit, de son caractère et de ses travaux, M. Raspail se consacrait aussi, avec un zèle persévérant, à la propagation des idées socialistes. Bien connu du peuple par les luttes de sa vie politique et par son action bienfaisante dans les faubourgs de Paris, où il exerçait gratuitement la médecine, nourri de fortes études, en renommée pour sa science, il s'était montré le constant défenseur des principes de la Révolution française, et poursuivait, comme le but suprême de ses études, l'amélioration du sort de la classe souffrante. L'abolition de la peine de mort, l'établissement du suffrage universel, qu'il considérait comme devant ouvrir la voie à tous les progrès des temps modernes, l'association agricole, la liberté de discussion, n'avaient pas d'apôtre plus courageux. Ses tendances étaient communistes, mais il n'avait pas de système formulé pour une application immédiate. Aucun des hommes qui ont embrassé la cause du peuple n'a été en butte à plus d'outrages et de persécutions. Par la hardiesse de ses opinions, par l'incorruptibilité de ses mœurs, par l'ironie de son langage, il avait irrité contre lui deux puissances implacables dans leur ressentiment : la médecine scolastique et la politique conservatrice.

Seul, bien plus seul encore, car il n'avait ni clients, ni émules, ni disciples, M. Proudhon parut dans l'arène socialiste avec une audace d'allures et une étrangeté d'accent qui frappèrent aussitôt les esprits, et, quand les circonstances le servirent, fixèrent l'attention publique sur sa personne et sur ses ouvrages. Né dans un village de la Franche-Comté, il fit à grand'peine, au prix des plus durs sacrifices, des études très-incomplètes. Avec la rude opiniâtreté des hommes de son pays, il tourna d'abord son esprit vers les questions religieuses et s'occupa de recherches sur les origines du christianisme. Mais bientôt ses travaux prirent un autre cours, et, en 1840, il adressait à l'Académie des sciences morales, un Mémoire dans lequel *ayant choisi*, ce sont ses propres expressions, *pour sujet d'expériences ce qu'il avait trouvé de plus ancien, de plus respectable, de plus universel, de moins controversé, la propriété*, il concluait à une négation absolue, devenue célèbre par sa formule : *La propriété, c'est le vol*. A cette première négation succédèrent coup sur coup, dans ses différents ouvrages, une série de négations comprises dans la négation générale de tout pouvoir, et conséquemment du pouvoir suprême de Dieu.

La hardiesse des propositions de M. Proudhon, mise en relief par une vigueur et une âpreté de style peu communes, ce défi jeté à toutes les croyances, à toutes les opinions reçues, excita une indignation violente. Difficile à comprendre, impossible à mettre d'accord avec lui-même, habile à manier le sophisme, consommé dans l'art du paradoxe et de l'ironie, M. Proudhon conquit subitement dans un cercle restreint d'abord, mais de plus en plus élargi, une renommée où la répulsion avait plus de part que la sympathie et qui se composait plus de scandale que d'admiration. Une sorte de terreur s'attacha à son nom et fit sa puissance. Étourdi par l'excentricité de la forme, le vulgaire, incapable de pénétrer plus avant, crut à une originalité profonde dans les idées de M. Proudhon.

Une lecture superficielle de ses ouvrages abusa même à cet égard un certain nombre d'esprits sérieux. On s'accorda à le considérer comme un philosophe, tandis qu'il n'était qu'un sophiste. On le redouta comme l'incarnation même du socialisme, tandis qu'il n'était qu'une superfétation bizarre de la séve révolutionnaire [1]. En effet, ce qui ressort de l'étude attentive des ouvrages de M. Proudhon, c'est précisément le contraire de ce qu'on y a vu jusqu'ici ; c'est, malgré les apparences d'une excentricité calculée, l'absence de toute originalité créatrice, ou du moins c'est l'écrasement volontaire d'une spontanéité qui n'était peut-être pas sans génie, sous le lourd fardeau d'une érudition scolastique. Esprit de pure souche gauloise, talent satirique dont la verve rappelle souvent Montaigne et Rabelais, parfois Voltaire, entraîné hors de ses voies et comme fasciné par les profondeurs entrevues de la métaphysique allemande, M. Proudhon se laissait enivrer en quelque sorte par les abstractions de Hegel, de Strauss, de Feuerbach [2], en même temps qu'il

---

[1] Une proposition jadis fameuse, mais oubliée de Brissot de Warville, contribua beaucoup à lui donner ce vernis d'excentricité auquel il dut, après que la révolution de Février l'eut mis en rapport avec les classes populaires, le retentissement de son nom. « La propriété, c'est le vol ! Il ne se dit pas en mille ans un mot comme celui-là — Je n'ai d'autre bien sur la terre que cette définition de la propriété ; mais je la tiens plus précieuse que les millions de Rothschild. » Ainsi s'exprime M. Proudhon. Restituons cet axiome à son possesseur légitime. Brissot de Warville avait dit, en 1780 : « La propriété exclusive est un vol dans la nature. Le voleur, dans l'état naturel, c'est le riche. » (*Recherches philosophiques sur le droit de propriété et le vol.*)

[2] Les *antinomies*, le *devenir*, *l'être en soi et pour soi*, toute cette terminologie de provenance étrangère, antipathique au génie de la langue française et dont M. Proudhon se plaît à obscurcir son style, a paru

remplissait sa mémoire d'hypothèses bizarres et de formules algébriques empruntées à son compatriote Fourier. Dans une solitude austère où il sevrait son imagination et son cœur de toute joie, hostile à la poésie, à l'art, concentrant toutes ses facultés dans d'abstruses recherches, il lut beaucoup, il lut avec fanatisme et s'identifia si bien avec ses lectures qu'il prit de très-bonne foi pour siennes les *nouveautés* qu'il découvrait chez ses auteurs de prédilection.

Ayant une vue plus nette des besoins de la civilisation moderne que le vulgaire des socialistes, M. Proudhon ne se lasse pas de répéter que c'est à la science seule qu'il appartient de guérir les plaies sociales. Mais, comme nous le verrons plus tard, la science de M. Proudhon, incohérente et sans méthode, mêlant tout, les questions de salaire et les théodicées, le prêt gratuit et les hallucinations bibliques, l'algèbre et le pot-au-feu, ne voulant voir l'univers que sous le grossier aspect de la *production* et de la *consommation*, ne devait aboutir qu'à un laborieux avortement et à une glorification de l'ironie[1].

A côté des sectaires et des apôtres que je viens de nommer, des écrivains brillants, des romanciers pleins de verve, employaient leur talent à vulgariser les idées, ou plutôt les tendances socialistes, dans la classe lettrée du peuple. L'un des plus célèbres, M. Eugène Sue, faisait parler à ses personnages la

---

aux lecteurs français, peu familiers avec la métaphysique allemande, l'indice certain d'une grande invention et d'une science profonde.

[1] Voir les statuts de la Banque du peuple et les *Confessions d'un révolutionnaire*, 1849.

langue du phalanstère, tandis que madame Sand, passionnée pour le communisme pur, pour ce qu'elle appelait *le sublime et terrible but du partage des biens*, revêtait de toutes les splendeurs d'un style magique les utopies de M. Pierre Leroux. Une autre femme, madame Flora Tristan, après avoir visité les réceptacles les plus abjects de la misère du peuple, entreprenait, non sans succès, de prêcher aux ouvriers l'association et le secours mutuel.

Ainsi qu'on peut s'en convaincre d'après cet exposé succinct, l'ensemble des doctrines comprises sous le nom de socialisme ne puisait sa force ni dans le génie de l'invention ni dans la science organisatrice; mais, comme il était né d'un besoin vrai et profond, comme il exprimait avec éloquence un état moral et physique qui ne se pouvait souffrir sans crime et que l'État laissait s'aggraver chaque jour, sans songer même à y chercher quelque palliatif, le peuple, qui n'avait ni le temps, ni les connaissances nécessaires pour analyser et critiquer les principes et les hommes, accourut et se rangea autour des nouveaux apôtres par curiosité d'abord, puis avec enthousiasme et reconnaissance. Il salua de ses acclamations, il honora de ses déférences et de sa docilité les chefs du socialisme. Une puissance considérable, hors de proportion avec leur génie, leur fut ainsi donnée sur l'opinion des masses.

Le radicalisme ou le républicanisme exclusif, qui, depuis 1793, n'avait pas cessé d'être en rapport avec le peuple et qui cherchait, comme le socialisme, son point d'appui dans les masses, perdait du terrain à mesure que le socialisme en gagnait. Depuis 1839, les hommes les plus énergiques de ce parti étaient découragés par les échecs constants de leurs tentatives à main armée. Barbès et Blanqui, les deux chefs de conspiration les plus actifs, étaient en prison. Pour échapper à la police, les sociétés secrètes avaient été forcées de se transformer de tant de manières que leur organisation, chaque jour affaiblie, n'exerçait plus d'action efficace. Elles se bornaient en ces dernières années à de vagues projets de complots et à une propagande subalterne. Le journal qui naguère avait été l'expression vive du républicanisme, le *National*, rédigé, depuis la mort d'Armand Carrel, par MM. Marrast, Thomas, Jules Bastide[1], Trélat, quoique toujours très-agressif dans la forme, inclinait sensiblement vers une entente avec l'opposition dynastique. Les républicains austères tenaient en grande suspicion cette coterie habile de républicains bourgeois (c'est le nom qu'on leur donnait), qu'ils accusaient d'intrigues et d'ambitions égoïstes. Le seul foyer ardent du républicanisme montagnard était la *Réforme*. Fondée en 1843 par MM. Flocon, Baune et Grandménil, dans le dessein formel de renverser la dynastie d'Orléans, la *Réforme*, qui comptait parmi ses rédacteurs MM. Godefroi Cavaignac, Ledru-Rollin, Louis Blanc, Ribeyrolles, Etienne Arago, Schœlcher[2], avait mieux

[1] M. Bastide s'était éloigné depuis quelque temps du *National* pour devenir le collaborateur de M. Buchez dans la *Revue Nationale;* mais la bonne intelligence n'était pas rompue néanmoins entre le voltairianisme de M. Marrast et le catholicisme de son ancien collaborateur

[2] La *Réforme* recevait l'impulsion d'un comité composé de MM. François et Etienne Arago, Baune, Dupoty, Flocon, Guinard, Joly, Lesseré,

compris que le National les tendances nouvelles du peuple, et, quoique la tradition jacobine fût le fonds de sa politique, elle ne repoussait ni ne raillait, comme le faisait le journal de M. Marrast, les idées socialistes; souvent même elle en admettait l'exposition dans ses colonnes. Par M. Louis Blanc, elle leur donnait un gage[1]. Aussi la Réforme devint-elle en peu de temps beaucoup plus populaire que le National, qui sentit avec dépit la direction du mouvement démocratique lui échapper. Il en résulta bientôt entre les deux journaux une polémique acrimonieuse et remplie de personnalités. La discorde les sépara en deux camps hostiles; l'intérêt d'une même cause à soutenir fut moins puissant que les rivalités d'une ambition pareille[2]. Nous retrouverons ces rivalités acharnées dans le moment même de l'action et surtout au lendemain de la victoire.

Le parti légitimiste et le parti demeuré fidèle au nom de Bonaparte concouraient aussi, le premier par une polémique ouverte, l'autre par des menées, des complots, des intrigues, à miner le gouvernement.

Il faut ajouter à ce travail combiné des sectes, des écoles et des partis socialistes et radicaux, l'influence des forces isolées qui concouraient les unes à exalter,

---

Lemasson, Louis Blanc, Pascal Duprat, Recurt, Schœlcher, Félix Avril et Vallier.

[1] M. Louis Blanc était parvenu en ces derniers temps à faire signer au comité de la Réforme un programme tout à fait socialiste. (Voir le texte aux documents historiques, n° 1.)

[2] « Je crains moins la différence de vos opinions que la ressemblance de vos ambitions, » disait, à ce propos, Béranger à M. Marrast, au lendemain de la révolution de Février.

les autres à éclairer le peuple. Des statistiques irrécusables, publiées en grand nombre, donnaient sur l'état des prisons, des bagnes, des maisons de prostitution et des hospices, des chiffres accablants, et faisaient maudire un gouvernement inhabile à guérir de telles plaies. Au-dessus du chœur encore étouffé des malédictions populaires, s'élevaient à intervalles toujours plus rapprochés des voix prophétiques. Les Paroles *d'un croyant*, en 1833, firent un effet immense. Sorti avec éclat de l'Église romaine, mais demeuré profondément chrétien par le cœur, l'abbé de Lamennais cherchait dans l'Évangile la condamnation de la race pharisienne qui gouvernait la France, et promettait, au nom du Christ, à la démocratie régénérée, l'ère prochaine de la justice et de la vérité. La charité ardente de sa grande âme blessée, sa vie solitaire, la fierté simple d'une pauvreté qu'il avait préférée à la pourpre, l'autorité même du sacerdoce restée empreinte sur sa personne et dans les habitudes de son langage, lui donnaient un grand prestige. Au Collège de France les cours de MM. Michelet [1], Quinet et Mickiewicz vivifiaient les traditions républicaines des écoles, répandaient dans la jeunesse des sentiments d'amour pour le peuple, de mépris pour l'Église et la société *officiel-*

---

[1] M. Michelet et M. de Lamennais étaient adversaires déclarés du communisme. L'un et l'autre défendirent avec éclat et énergie la famille et la propriété au plus fort de la tempête révolutionnaire (voir le *Peuple constituant*, n°ˢ des 28 et 29 mai 1848, et le 3ᵉ volume de l'*Histoire de la Révolution française*), à un moment où ceux qui les accusent aujourd'hui de tendances anarchiques baissaient la tête et gardaient le silence. A cet égard l'opinion publique est singulièrement abusée. Mais sur quoi ne l'est-elle pas à l'heure où je tiens la plume!

les, et préparaient de la sorte cette union des étudiants et des prolétaires qui devait se manifester sur les barricades. C'est ainsi que volontairement et involontairement, par une action lente ou rapide, par la résistance inintelligente autant que par l'attaque passionnée, tous concouraient à un travail révolutionnaire caché encore aux esprits inattentifs, mais qui se révélait de loin en loin par des signes terribles [1], et que le premier accident allait faire apparaître dans son effrayante étendue aux yeux de la société consternée [2].

On le voit, sous d'apparentes prospérités, la société française recélait dans son sein bien des éléments de perturbation, et le gouvernement de Louis-Philippe, au lieu de la soutenir dans ses efforts instinctifs vers un ordre supérieur, la livrait, par le plus triste calcul, à une désorganisation morale qui, si elle se fût prolongée, amenait, avec l'abaissement de son caractère et de son honneur, le rapide, l'irréparable déclin de son influence européenne. Car la politique du gouvernement de

---

[1] Entre autres la grande grève de 1840, la grève des charpentiers en 1845, les troubles de Buzançais, etc.

[2] Un rapport adressé par M. Delessert, préfet de police, au président du conseil, en date du 19 janvier 1847, constate que dans l'année 1846 les publications socialistes ont été encore plus nombreuses que pendant les années précédentes; que *la tendance vers les idées de rénovation sociale est plus vive que jamais et mérite une attention sérieuse.* Il signale parmi les ouvrages dangereux : les *Évangiles* avec des *notes et réflexions*, par Lamennais; le *Système des contradictions économiques*, par Proudhon; l'*Essai sur la liberté*, par Daniel Stern, etc., etc.; et termine par ces mots : « *Là est la véritable plaie de l'époque, et on doit reconnaître que chaque année elle fait de nouveaux progrès. Un pareil état de choses me paraît de nature à éveiller la haute sollicitude du gouvernement.* »

Juillet était aussi mesquine dans ses rapports avec l'étranger qu'elle se montrait aveugle dans la conduite des affaires intérieures. La pusillanimité du plus vulgaire égoïsme y faisait taire les hardies traditions et le grand instinct de la France. Dominé par un faux amour-propre dynastique et par un désir puéril d'obtenir l'amitié des royautés légitimes, la quasi-légitimité, c'est le nom qu'on donnait à la royauté issue des barricades, acceptait, en fait et en droit, l'équilibre européen tel que l'avait créé la solennelle injustice des traités de 1815. Elle écartait les sympathies, elle trahissait les espérances des nationalités sacrifiées au congrès de Vienne, et tantôt par son langage, tantôt même par ses actes équivoques, elle décourageait ses alliés naturels pour obtenir des princes absolus le pardon de son origine révolutionnaire. Pendant les sept années du ministère présidé par M. Guizot, la tendance de plus en plus marquée de la politique conservatrice fut de se rapprocher des puissances absolutistes, et d'abandonner, pour les bonnes grâces douteuses de l'Autriche et de la Russie, les principes et les traditions de 89, l'intérêt historique et politique de la France.

Ainsi, par son action diplomatique tout autant que par son action administrative, le gouvernement de Louis-Philippe allait manifestement à l'encontre des vœux du pays et de ses intérêts véritables. Les classes riches, chez qui la fierté nationale s'alanguit aisément dans la mollesse cosmopolite d'une civilisation très-compliquée, suivirent sans trop de répugnance la politique antifrançaise de la branche cadette des Bourbons. Mais l'instinct populaire ne fut point étouffé, et la portion non encore enrichie de la bourgeoisie, en exprimant, dans son opposition parlementaire, les sentiments confus des masses, leur donna une puissance inattendue. Les tendances rétrogrades du gouvernement, ses provocations multipliées avancèrent l'heure du conflit. Dans la lutte qui s'engagea, l'instinct l'emporta sur la science, le sentiment populaire fut plus fort que l'habileté politique. La France démocratique, dans un accès d'indignation, renversa le gouvernement de la France bourgeoise et se proclama libre sous un gouvernement républicain. C'était là un juste châtiment des erreurs de la bourgeoisie dynastique. Mais bientôt on s'aperçut que les circonstances avaient précipité un dénoûment auquel on n'était pas assez préparé. Républicaine avant l'heure, par la faute d'un pouvoir sans discernement, insuffisamment initiée à la vie politique, la démocratie révolutionnaire s'est trouvée tout d'un coup aux prises avec des difficultés de tous genres qu'elle avait à peine entrevues. Ni elle ne se connaissait bien elle-même dans ses éléments complexes, ni surtout elle ne se formait une idée exacte de l'état social, tout à la fois très-nouveau et très-ancien, où se trouvaient la France et l'Europe. De là les étonnements et les incertitudes des hommes portés au pouvoir par la faveur populaire. De là les oscillations, le prompt discrédit d'une politique qui, négligeant les réformes possibles, prêtant l'oreille aux utopies, applaudissant aux contre-coups de la révolution en Europe et rassurant les princes par des promesses de paix, parut tout à la fois, à l'extérieur comme à l'intérieur, prudente jusqu'à la faiblesse, hardie jusqu'à la témérité. Dans ces oscillations, la confiance enthousiaste des masses se retira d'un gouvernement qui ne savait qu'en faire. Leur désappointement tourna vite en irritation. Les souffrances matérielles inséparables d'une révolution qui inquiète les classes riches et suspend le travail, exploitées par les partis vaincus et par quelques sectaires, achevèrent de briser le lien qui rattachait le prolétariat des villes au gouvernement républicain. Le peuple demandait sans retard l'effet des promesses de la révolution, l'organisation du travail, exigence qui lui semblait très-simple, mais qui pourtant était formidable à cette heure où, pas plus dans les choses que dans les esprits, rien n'était prêt pour la satisfaire : la situation était grave et pleine d'obscurités. Rien ne pouvait s'ajourner et rien ne paraissait immédiatement possible. Entre ceux qui supposaient tout facile et ceux qui ne voyaient rien de praticable, quel milieu tenir? Comment, dans ce grand malentendu des esprits et des volontés, prononcer le mot décisif? Cependant le temps s'écoulait; chaque jour, chaque heure de retard accroissait le péril avec les exigences des prolétaires. De son côté, la bourgeoisie, craignant pour ses biens, en venait, par une sorte d'héroïsme de la peur, à les préférer à sa vie. Elle voulait tout risquer plutôt que de consentir à rien perdre. Bientôt les passions contenues quelque temps, par l'espoir chez les uns, par la stupeur chez les autres, se heurtèrent. L'explosion se fit. Divisée contre elle-même, la révolution courut aux armes : la république de 1848, comme la royauté de 1830, combattit le prolétariat révolté; elle pointa ses canons, elle tourna ses baïonnettes contre le désespoir populaire, et la révolution sociale fut vaincue. Mais la révolution politique était atteinte. A partir des néfastes journées de juin, elle ne fit plus que languir; épuisée par le sang répandu, chancelante en ses conseils, reniée par le peuple qui se croyait trahi, abandonnée, comme l'avait été la royauté, par une bourgeoisie ingrate et sans discernement à qui elle avait donné et demandé la force, isolée dans une politique indécise qui lui avait aliéné la sympathie des peuples sans lui gagner l'amitié des rois, elle entra dans un rapide déclin, et déjà elle n'existait plus que de nom, lorsqu'un second Bonaparte vint occuper sa place. Dans ce même palais d'où le peuple, en se jouant, avait ôté, comme un meuble inutile, le fauteuil d'un roi citoyen, Napoléon III fit remettre, avec l'appareil militaire et la pompe des cours, le trône impérial. Aujourd'hui, de la révolution de 1848, il ne reste plus qu'une seule institution, et c'est précisément l'institution qui a servi à la détruire : le suffrage universel. Aussi, par un grand nombre de gens, la révolution de février est-elle considérée comme une tentative déraisonnable, un accident, un contre-sens historique dont il serait souhaitable d'effacer jusqu'à la dernière trace. Telle n'est pas la conclusion à laquelle nous conduit, après un intervalle de quatorze années, l'examen nouveau de la suite des événements. Ce n'est point ici le lieu des conjectures et des prophéties. Cependant, malgré les apparences contraires, il est permis de penser que la révolution de 1848 n'a été définiti-

-vement vaincue ni en France ni en Europe. Les espérances qu'elle a fait naître, nous les voyons plus ardentes peut-être, plus profondes à coup sûr, et plus près de se réaliser, en Italie, en Hongrie, en Pologne, chez tous les peuples qui n'ont point conquis encore leur indépendance nationale, l'entière liberté de conscience, la parfaite égalité démocratique. Partout les gouvernements absolus paraissent plus haïs des populations et plus menacés qu'ils ne l'ont été jamais par l'esprit de la révolution française. Jamais non plus l'avenir de notre pays n'a été plus visiblement lié aux progrès de la démocratie. Cet avenir, par le suffrage universel, est aujourd'hui dans les mains du peuple. Il dépend tout entier de l'exercice intelligent de ce droit nouveau que la révolution de 1848 lui a remis; et ce droit, bien qu'il n'ait pas produit du premier coup tout le bien qu'on en devait attendre et qu'il ait paru se tourner contre ceux-là même qui l'avaient établi, n'en est pas moins l'assise véritable de la démocratie moderne. Il contient en soi, il rend nécessaires, inévitables, prochains même, *cette amélioration du sort de la classe la plus nombreuse et la plus pauvre*, cet ennoblissement du peuple par l'instruction et par le bien-être, qui furent le rêve des premiers réformateurs et qui sont la réalité sérieuse poursuivie, à travers mille chimères, par le socialisme moderne. Si le peuple aujourd'hui n'accomplissait pas pacifiquement cette grande transformation sociale dont les philosophes du dix-huitième siècle et les législateurs de la Constituante lui ont tracé les voies, il ne pourrait plus en accuser que lui-même, car il est devenu maître de ses destinées.

La révolution de 1848 et l'institution républicaine ne dussent-elles produire d'autre résultat immédiat que d'avoir procuré au peuple les moyens légaux de son émancipation, il les faudrait encore saluer du cœur et de l'esprit comme le gage certain d'une œuvre providentielle, d'une métamorphose ascendante qui s'opère dans le monde, en dépit des faiblesses, des fautes et des crimes, en dépit surtout de l'aveuglement des hommes.

HISTOIRE
DE LA
RÉVOLUTION DE 1848

PREMIÈRE PARTIE

CHAPITRE PREMIER

Les conservateurs et les réformistes.

Les élections de l'année 1846 apportaient au ministère conservateur, désigné dans le langage du temps sous le nom de cabinet du 29 octobre, une majorité considérable. Cette majorité se composait presque entièrement de fonctionnaires publics; il n'en entrait pas moins de deux cents à la Chambre : fait exorbitant, sans exemple depuis l'établissement du régime parlementaire et qui ne laissait que trop paraître l'abus des influences corruptrices exercées par le pouvoir sur le corps électoral. Jamais M. Guizot, qui présidait le conseil, et M. Duchâtel, qui, au ministère de l'intérieur, était plus spécialement chargé de mener à bien l'entreprise des élections, n'avaient remporté de victoire plus facile et plus complète; jamais ils n'avaient rencontré dans les mœurs moins d'indépendance et de vertu politique. Le goût des places et l'émulation d'un zèle servile semblaient devenus les seuls mobiles d'activité dans ce *pays légal* auquel seul ils avaient affaire et qui leur cachait l'autre. Aussi les deux premiers ministres ne concevaient-ils pas un doute sur l'heureuse issue de la session qui s'allait ouvrir, et tout en eux trahissait, avec la confiance la plus entière, l'extrême dédain que leur inspiraient presque également et les complaisances de leurs amis et l'inhabileté manifeste de leurs adversaires.

A ne considérer que le *pays légal*[1], en effet, la satisfaction des ministres était parfaitement motivée. La sécurité que donne un long état de paix, le bien-être qui s'y développe, entretenaient dans les classes aisées des dispositions favorables au pouvoir. La brillante alliance du duc de Montpensier avec l'infante d'Espagne, ce succès personnel des ambitions du roi, était présentée par la presse conservatrice comme un triomphe diplomatique remporté sur l'Angleterre. « Nous rentrons dans la politique de Louis XIV, » disaient les courtisans ; « la France se relève de ses abaissements, » répétaient les gens crédules. L'opposition d'ailleurs, dans la session précédente, avait été si molle et si mal conduite que, amoindrie comme elle l'était encore par les élections nouvelles, elle ne pouvait songer à une lutte sérieuse. La bataille parlementaire se bornerait, tout le faisait présager, à de légères escarmouches, dont viendraient aisément à bout l'éloquence de M. Guizot et les habiles manœuvres de M. Duchâtel. C'était la pensée de Louis-Philipppe et de tout ce qui l'entourait.

A la vérité, des émeutes très-graves, provoquées dans plusieurs départements par la cherté des grains, vinrent pour un moment troubler la sécurité du cabinet. La révolte des paysans de Buzançais et les exécutions qui en furent la

---

[1] C'est ainsi que, dans le langage parlementaire, on désignait l'ensemble des citoyens qui remplissaient les conditions du cens électoral.

suite, en rappelant les scènes analogues qui avaient signalé les commencements de la Révolution, jetèrent dans quelques esprits des appréhensions, des pressentiments fâcheux. Mais, les émeutes réprimées par la troupe, qui ne montra nulle part d'hésitation dans l'accomplissement du devoir militaire, et le danger de la disette conjuré par de nombreux arrivages, l'on n'y songea plus. Les débats de l'adresse furent pour le ministère l'occasion d'un éclatant succès.

Cependant quelques conservateurs de bonne foi, qui avaient pris au sérieux les promesses du ministère aux électeurs[1], élevaient la voix pour en réclamer l'accomplissement. Cette témérité déplut à M. Guizot. Enflé par le succès croissant de sa politique, il ne cacha pas son dédain pour ces honnêtes dupes et s'oublia jusqu'à les provoquer ouvertement à la défection. « Ceux qui ne sont pas contents de la marche du cabinet, dit-il, dans un débat relatif à une proposition de M. Duvergier de Hauranne sur l'abaissement du cens électoral, peuvent passer dans le camp de l'opposition. » Cette vive injure adressée à la plus complaisante des majorités fut l'origine d'une fraction dissidente, qui, très-peu considérable en nombre et même en force morale, car elle ne se composait guère, avec les hommes insignifiants et de bonne foi dont je viens de parler, que de frondeurs suffisants et frivoles, acquit néanmoins quelque importance par l'énergie, l'activité et l'habileté peu communes d'un homme dont elle désavouait à demi le concours : M. de Girardin[2]. Le rédacteur en chef de la *Presse* avait été

---

[1] « Tous les partis vous promettront le progrès, avait dit M. Guizot au banquet des électeurs de Lisieux, le 2 août 1846; seul le parti conservateur vous le donnera. »

[2] Cette petite fraction des *progressites*, à laquelle M. de Girardin suggérait des ambitions hors de proportion avec sa force, avait pour guide un jeune homme épuisé par la maladie et qui mourut bientôt (M. de Castellane). M. Guizot parlait fort dédaigneusement de cette coterie. « Nous sommes bien menacés, avait-il dit un jour, nous avons contre nous un impotent et un impossible. » — « Impossible, soit, répondit M. de Girardin, mais encore plus inévitable. » Je cite ces bons

froissé comme tant d'autres dans ses rapports personnels avec M. Guizot ; mais plus vindicatif et surtout mieux en mesure de donner cours à son désir de vengeance, il tendait vers ce but tous les ressorts de son esprit. Devinant bien que les promesses du banquet de Lisieux n'étaient qu'un leurre, il les avait inscrites en guise d'épitaphe en tête de son journal, et les rappelait en toutes circonstances à ses nombreux lecteurs. Le jour où M Guizot fit son imprudente sommation aux conservateurs, M. de Girardin, comme pour marquer l'indignation d'une confiance subitement déçue, effaça l'épigraphe de la *Presse* et lui en substitua une autre extraite d'un discours de M. Desmousseaux de Givré, dans la séance du 27 avril. « Qu'a-t-on fait depuis sept ans ? s'était écrié ce conservateur poussé à bout, *rien, rien, rien.* » Ces trois mots devinrent la devise ironique de la *Presse*. A partir de ce jour elle se posa en accusatrice du ministère, et ne lui laissa plus aucun dépit. Usant tantôt de ruses, tantôt de violence, M. de Girardin fut, pour M. Guizot, le plus dangereux des ennemis, parce que ayant longtemps servi sa politique, il en connaissait bien et en dévoilait sans scrupule les ressorts secrets.

Sans autorité dans la Chambre, sans ascendant sur les masses, M. de Girardin n'en était pas moins, par la vigueur de sa dialectique, par son habileté à tendre des pièges, par sa familiarité avec l'utopie, par une science de l'effet merveilleusement appropriée à l'état de nos mœurs, par la justesse acérée de son sens critique, un redoutable adversaire. Les blessures qu'il fit dans cette session au ministère conservateur furent des blessures mortelles ; mais on était loin encore de concevoir des inquiétudes sérieuses ; tout semblait, au contraire, justifier l'infatuation des ministres.

---

mots et j'en rapporterai d'autres, en leur place, parce qu'en France les bons mots et les quolibets font partie intégrante de l'histoire politique.

Battue dans la question des mariages espagnols, amoindrie par la défection de MM. Billault et Dufaure, deux des membres les plus influents de la Chambre, que suivirent aussitôt une trentaine de députés, humiliée, découragée, l'opposition brandissait d'une main débile sa vieille arme émoussée : la réforme. Ce n'était pas là chose bien formidable. M. Duchâtel ne s'en tourmentait guère; M. Guizot haussait les épaules; le roi riait sous cape de ces honnêtes niaiseries. Personne en France, non assurément personne, ne pouvait soupçonner le tour extraordinaire qu'allait prendre, à peu de temps de là, une discussion usée à l'avance par sa monotonie. Depuis quinze ans déjà, cette question de réforme électorale et parlementaire se reproduisait invariablement à chaque session. L'opposition répétait que le pays n'était pas représenté avec sincérité, et que l'indépendance de la Chambre n'était pas suffisamment garantie. Elle s'appuyait sur des considérations et des exemples d'une justesse incontestable ; mais, tout en signalant une partie du mal extérieur, elle se gardait bien de descendre jusqu'au vice essentiel de la constitution, jusqu'au principe immoral du cens qui subordonnait la capacité politique au privilége grossier de la fortune. On aura peine à comprendre un jour comment la nation la plus chevaleresque, la plus délicatement sensible du monde moderne, a pu laisser fausser son jugement à ce point d'admettre que la richesse, si souvent acquise aux dépens de la probité, soit non-seulement la plus sûre, mais la seule garantie de la capacité politique. On s'étonnera qu'un peuple élevé par une religion et une philosophie éminemment spiritualistes ait accepté comme modèle des gouvernements un système dont le matérialisme formait la base et se trahissait jusque dans le langage. Quelle pauvre idée ne concevra-t-on pas dans l'avenir d'une génération si promptement façonnée à considérer l'État comme une *machine,* ayant son *jeu,* sa *pondération,* ses *rouages;* à dire, en se désignant soi-même, la *matière* électorale; à ne se servir enfin, en parlant de ce qu'il y a de plus idéal au monde, le génie d'un peuple exprimé dans ses institutions, que de locutions empruntées à la mécanique ! J'ai la certitude de ne pas faire ici une observation puérile. Rien n'est puéril dans ce qui tient essentiellement à la vie d'une nation ; il n'entre pas de hasard dans la formation des langues ; l'idiome d'un peuple, c'est ce peuple lui-même.

Mais les vues de l'opposition n'allaient pas si loin. Nous verrons bientôt qu'elle ne se piquait pas de logique. M. Barrot et son parti, ne voulant point comprendre que la source de la moralité publique était empoisonnée, s'inquiétaient seulement de la voir un peu trouble à la surface, et s'occupaient avec une conscience puérile à lui rendre sa limpidité en la faisant passer par le filtre de la réforme. Quant à M. Thiers, un certain goût pour les aventures révolutionnaires, le plaisir vaniteux de s'imposer à un roi réputé pour ses habiletés, par-dessus tout l'intempérance remuante d'un enfant gâté de la fortune, le jetaient en avant, à tous hasards, à tous risques, à tous périls. De son côté, le pouvoir, par simple répugnance pour le mouvement quel qu'il fût, répondait sans se lasser, tantôt que la mesure était inopportune, tantôt qu'il la trouvait dangereuse ; toujours que les ministres donneraient leur démission si elle était adoptée.

Ayant perdu l'espoir d'obtenir un résultat quelconque dans la lutte parlementaire, les radicaux, en 1840, avaient essayé de faire appel à l'opinion du dehors. Ils étaient parvenus à réunir cent mille signatures au bas d'une pétition ferme et explicite ; mais c'est à peine si cette pétition avait été discutée à la Chambre, tant l'opposition modérée répugnait à une alliance aussi scabreuse. Cette année, deux hommes de conviction, appartenant l'un au radicalisme tempéré, l'autre à la gauche dynastique, tentèrent, sans s'être entendus, un rapprochement politique qui leur paraissait l'unique moyen d'arracher quelques concessions à l'obstination du pouvoir. M. Carnot, fils de l'illustre conventionnel, dans une brochure intitulée : *Les Radicaux et la Charte*, tout en confessant ses sympathies républicaines, exprimait le désir de se conformer à la volonté nationale attachée aux institutions de Juillet, et montrait que la réforme n'était aucunement en contradiction avec elles. « Insensé, disait-il, quiconque demanderait aux révolutions ce qu'il peut obtenir du simple vœu des électeurs. » Quant à M. Duvergier de Hauranne [1], esprit actif, désintéressé, d'une inattaquable probité politique, il conjurait tous les chefs de l'opposition de s'unir pour provoquer ce que l'on devait plus tard appeler la *pression du dehors*, c'est-à-dire une agitation extra-parlementaire, de nature à convaincre le pouvoir que le pays blâmait la politique conservatrice et voulait entrer dans les voies d'un progrès large et sincère.

Ces deux écrits non concertés, dictés par la conscience d'un état de choses où tout semblait perdu si l'on ajournait les résolutions hardies, facilitèrent le rapprochement des radicaux et des dynastiques. Depuis quelque temps, le comité central des élections y travaillait. Ce comité venait de remporter des succès signalés dans les élections municipales et dans celles de la garde nationale. A l'instigation de MM. Marrast et Duvergier de Hauranne, d'accord pour commencer l'attaque qui, dans la pensée du premier, devait ébranler la dynastie, tandis que, selon le programme du second, elle devait seulement renverser le ministère, on rédigea une pétition qui fut approuvée par les comités locaux, par les chefs parlementaires, et qu'appuya toute la presse libérale; on résolut d'organiser une manifestation imposante et de réveiller l'opinion engourdie en élevant une tribune libre en face de la tribune asservie du parlement : un banquet fut décidé.

Il n'y avait rien d'illégal, ni même d'insolite dans une telle réunion. Non-seulement dans les usages de l'Angleterre politique les banquets étaient considérés comme une

---

[1] *De la Réforme électorale et parlementaire.*

partie essentielle du gouvernement représentatif, mais, en France même, il n'était pas rare de voir les députés accepter de leurs commettants des ovations de ce genre. MM. Guizot et Duchâtel en avaient très-récemment donné l'exemple. Cependant le ministère vit avec déplaisir les préparatifs du banquet réformiste. Il n'était plus animé, à la fin de la session, de cette confiance superbe qu'il faisait paraître au commencement. Sans avoir éprouvé d'échec considérable, il se trouvait sensiblement affaibli par l'ensemble des débats. En ne préparant aucun projet de loi important; en repoussant ou négligeant les réformes les plus simples et les plus impérieusement réclamées par l'opinion : la réforme postale, la proposition de dégrèvement sur l'impôt du sel; en laissant à l'état de rapports des projets de loi sur le régime des prisons, sur le travail des enfants dans les manufactures, sur les livrets des ouvriers, etc., etc., il n'avait pas su tenir la majorité en éveil. Elle s'était relâchée de sa discipline, et, de temps à autre, s'amusait à des velléités d'opposition. La discussion sur l'expédition de Kabylie avait trahi la faiblesse du pouvoir devant l'attitude dictatoriale du maréchal Bugeaud. Dans les débats sur le budget on avait vu la fortune publique compromise. L'administration de la liste civile, les conditions d'un nouvel emprunt, de nouveaux avantages accordés aux compagnies de chemins de fer, tout cela excitait un mécontentement général. Enfin, des accusations de corruption, qui d'abord n'avaient rencontré que des dénégations hautaines, prenaient un caractère sérieux. Des faits jugés impossibles se précisaient, se prouvaient. Tantôt c'était la vente, dans le cabinet du ministre de l'intérieur, d'un privilége de théâtre, tantôt celle de la présentation d'un projet de loi, tantôt la protection accordée à un munitionnaire infidèle. Le scandale fut au comble, lorsqu'un acte d'accusation amena devant la cour des pairs un ancien ministre, M. Teste, président de la cour de cassation, grand officier de la Légion d'honneur, convaincu bientôt d'avoir reçu une somme considérable pour la concession d'une mine de sel gemme. Un lieutenant général, pair de France, M. Cubières, s'était fait l'intermédiaire de ce marché honteux. Les débats de ce procès mirent toute la France en émoi. La condamnation des accusés retentit jusque dans les profondeurs du pays. Le peuple prit en grand mépris un gouvernement et une société capables de telles turpitudes[1].

Que faisait cependant le cabinet pour parer ou pour atténuer de tels coups? Accusé des plus vils trafics, il refusait l'enquête et se faisait donner par la Chambre un bill d'indemnité. A la suite d'une discussion remplie de personnalités où M. de Girardin offrait de prouver que M. Guizot avait mis à prix une pairie, le ministre, par un discours d'une habileté perfide, et ne craignant pas de descendre dans ses récriminations jusqu'à la communication de lettres confidentielles, arrachait à une majorité de 225 voix un ordre du jour devenu célèbre, par lequel, entourée, pressée d'évidences ignominieuses, celle-ci osait encore braver la conscience publique et se déclarer *satisfaite*. Puis le cabinet tentait de se donner un peu de vie en sacrifiant trois de ses membres : MM. de Mackau, Lacave-Laplagne et Moline-Saint-Yon, battus dans la discussion sur les crédits extraordinaires, et en appelant à leur place trois nouveaux ministres d'une égale médiocrité politique : MM. de Montebello, Jayr, Trézel[2]. Puis, enfin, M. Duchâtel s'efforçait de faire avorter par des tracasseries de police la manifestation du banquet réformiste, devenue inquiétante en de semblables conjonctures. Par malheur, il ne trouvait point de prétexte à un refus officiel. On avait bien pu, naguère,

---

[1] Plusieurs faits antérieurs avaient préparé cette déconsidération des classes élevées dans l'opinion : un grand seigneur, fabricant de faux jetons; un aide de camp du roi, surpris en flagrant délit de tricherie au jeu; un pair de France, disparaissant à la suite d'un grave attentat étouffé par les soins de sa famille, etc., etc.

[2] Ces nominations ne furent faites que sur le refus blessant de plusieurs hommes politiques, qui ne voulaient point prendre la responsabilité des actes du cabinet.

interdire un banquet offert par les électeurs du Mans à M. Ledru-Rollin, dont le radicalisme séditieux épouvantait la bourgeoisie; mais comment avouer la moindre crainte au sujet d'une réunion à laquelle assisteraient MM. Odilon Barrot et Duvergier de Hauranne, réunion dont le caractère était si bien défini à l'avance que les radicaux extrêmes refusaient d'y prendre part [1]?

En effet, rien de moins subversif que les intentions des douze cents convives réunis, sous la présidence de M. de Lasteyrie père, le 9 juillet 1847, au banquet du Château-Rouge. Quatre-vingts députés, représentant l'ancien libéralisme, s'y trouvaient. On avait expressément réservé les opinions individuelles, « afin d'éviter, comme l'avait dit M. Duvergier de Hauranne, les querelles de ménage sur l'avenir de l'enfant à naître, avant de l'avoir mis au monde. » Dans ces vues conciliatrices, on avait, à dessein, omis le toast au roi sur la liste des toasts arrêtés à l'avance [2]; ce fut l'acte le plus significatif de la réunion. Les toasts portés par MM. Odilon Barrot, Marie, Gustave de Beaumont, Chambolle et Malleville, *A la révolution de Juillet*, *A la presse*, *A la réforme*, *A l'amélioration du sort des classes laborieuses*, etc., etc., exprimaient en termes si convenables des vœux si constitutionnels que les républicains regrettaient de s'y être associés. Cependant toute la presse de l'opposition dynastique célébra l'éloquence des orateurs du Château-Rouge. *La Réforme*, il est vrai, les railla amèrement; mais cela ne suffit pas à rassurer le *Journal des Débats*; il ouvrit, dès le lendemain, contre le banquet, un feu roulant de sarcasmes, de menaces, qui ne devait plus s'arrêter qu'à la veille des catastrophes. Un mois après, le 9 août, la session était close. « Elle n'a pas été bonne,

---

[1] M. Arago, quoique d'une opinion politique tempérée par la nature de ses travaux et par ses relations sociales, désapprouvait l'alliance et ne voulut point paraître au banquet.

[2] Cette omission fut le motif ou le prétexte de l'abstention de MM. Thiers, de Rémusat, Vivien et Dufaure.

disaient les *Débats;* la prochaine, si elle n'était meilleure, serait funeste[1]. » Et ils disaient vrai. Le mépris et la colère du peuple commençaient à monter à la surface. Au retour d'une fête donnée par le duc de Montpensier à Vincennes, les équipages armoriés des convives, en traversant le faubourg Saint-Antoine, avaient été hués. « A bas les voleurs ! » criait-on sur leur passage; et des pierres lancées dans les glaces des voitures donnaient à ces apostrophes un sens plus expressif. Aux obsèques du ministre de la justice, M. Martin (du Nord), des propos séditieux se proféraient à haute voix dans la foule. C'étaient autant de signes précurseurs d'une explosion prochaine. Elle fut hâtée par un événement tout à fait étranger à la politique, et qui n'avait aucune relation directe avec les causes générales de l'irritation populaire. Une femme encore belle et de mœurs irréprochables, fille d'un maréchal de France, fut assassinée avec une atrocité sans exemple par son mari, le duc de Praslin, qui n'échappa que par le suicide à la juridiction de la cour des pairs. Cet événement, longtemps inexpliqué, ce drame sanglant passionna le pays. Le nom de l'infortunée duchesse de Praslin courait de bouche en bouche et pénétrait jusque dans les campagnes les plus reculées. On s'abordait sans se connaître, sur les routes et sur les places publiques, pour se demander des éclaircissements et pour se communiquer une indignation qui ne se pouvait contenir. Le peuple, toujours si aisément ému par l'image d'une femme que sa faiblesse livre sans défense à la haine, se prit à maudire tout haut une société où se commettaient de tels forfaits. Il multiplia, il généralisa dans ses soupçons ce crime individuel. Cette tragédie

---

[1] Le gendre du duc de Broglie, M. d'Haussonville, conservateur zélé, l'un des 225 *satisfaits,* s'exprimait ainsi dans un article de la *Revue des Deux-Mondes* intitulé : *de la situation actuelle :* « N'avoir pas su la gouverner, cette majorité, tel est bien le tort réel du cabinet. Gouverner, c'est vouloir gouverner, c'est agir, c'est aussi faire les choses à propos et d'une façon qui les fasse valoir; c'est savoir parler au besoin à l'imagination des peuples. »

domestique prit les proportions d'une calamité nationale. Elle suscita des pensées sinistres dans tous les cœurs.

Quelque temps auparavant, un événement purement littéraire en apparence, une coïncidence que le hasard seul semblait avoir amenée, avait frappé les esprits comme un présage. La publication presque simultanée de trois histoires de la Révolution française, par trois écrivains célèbres, MM. Michelet, Louis Blanc, Lamartine, causa une émotion générale.

De ces histoires, écrites toutes trois dans un sentiment d'admiration pour ce grand moment de notre vie nationale, les deux premières furent beaucoup lues à Paris et discutées par les esprits sérieux ; la troisième eut un retentissement en quelque sorte électrique dans la France tout entière. La splendeur du style, le pathétique des récits, la sensibilité poétique qui débordait dans ce livre prodigieux, entraînant avec elle la sévérité du juge, l'impartialité de l'historien, la logique même et trop souvent la vérité, lui donnèrent une puissance inouïe. Partout, dans tous les rangs de la société, dans tous les partis, on lut, on dévora ces pages tracées avec du sang et des larmes. Des enthousiasmes excessifs et des indignations bruyantes formèrent en se choquant une clameur immense qui porta le nom de Lamartine au-dessus de tous les noms contemporains. En vain aurait-on essayé d'apprécier avec calme l'*Histoire des Girondins*. Tout éloge mesuré, toute critique impartiale semblaient suspects. La passion seule parlait pour ou contre cette œuvre de poëte. Assurément, entre les causes immédiates qui ont fait éclater au dehors la révolution accomplie déjà dans les cœurs, l'*Histoire des Girondins* a été l'une des plus décisives, en ranimant soudain, par un don d'évocation véritablement magique, les ombres des héros et des martyrs de 89 et de 93, dont la grandeur semblait un reproche muet à nos petitesses, dont les ardentes convictions venaient réveiller notre assoupissement et faire honte à notre inertie.

CHAPITRE II

Les banquets. — MM. de Lamartine, Odilon Barrot,
Ledru-Rollin, Louis Blanc.

Cette agitation des esprits, très-favorable en apparence aux manifestations réformistes, n'avait pas néanmoins une grande profondeur. Dans les provinces, la plupart des banquets furent moins une affaire de principes qu'une révolte d'amour-propre. Chaque ville voulut avoir son banquet présidé par un député en renom.

Le premier en date, offert à l'auteur de l'*Histoire des Girondins* par sa ville natale, le banquet de Mâcon, eut un caractère particulier, quelque chose de recueilli, d'attendri comme une fête de famille, malgré un concours de convives et de spectateurs tel que cela s'était vu seulement en nos meilleurs jours de joie civique ; quelque chose aussi de saisissant pour l'imagination et de prophétique, lorsqu'aux derniers grondements du tonnerre, à la vue d'un ciel sombre sillonné d'éclairs, sous une tente battue par l'ouragan, on entendit, dominant le craquement des charpentes, le sifflement du vent dans les toiles déchirées, le bris des tables, des bancs, des vaisselles et le tumulte d'une foule en désordre, la voix sévère d'un poëte prédire la chute du trône et le renversement de la monarchie.

Il est temps que nous nous occupions de M. de Lamartine. Les événements vont se presser et nous emporter avec eux. Profitons d'un moment de répit pour étudier cet homme qui, tout à l'heure, va jouer un rôle si considérable et si étrange. Ne craignons pas de nous approcher bien près pour lire sur son visage et pour pénétrer dans son âme. Si nous y rencontrons des inconséquences, des faiblesses, du moins n'y découvrirons-nous rien qui ne soit ennobli par l'aspiration à la grandeur, par la générosité, par le courage.

Né à Mâcon, en 1790, d'une de ces familles nobles de province qui conservent inaltérées les pieuses traditions et la simplicité des anciennes mœurs, Alphonse de Lamartine passa toute son enfance au sein des campagnes de la Bourgogne, dans un village appelé Milly, où ses parents possédaient une maison modeste, entourée de vignobles.

Entré au collége de Belley en 1801, il y montra de rares aptitudes. Les mathématiques exceptées, pour lesquelles il éprouvait une répugnance invincible, il apprenait et devinait en quelque sorte toute choses avec une facilité prodigieuse. Son caractère ouvert et généreux, la douceur qui se conciliait chez lui avec une volonté prononcée, lui gagnaient, à Belley comme à Milly, les cœurs les moins aisément touchés. En 1814, il entra dans la maison militaire de Louis XVIII. Le bruit et la dissipation du monde semblent n'avoir fait qu'accuser davantage, par un brusque contraste, ses penchants rêveurs. Un voyage en Italie acheva de donner l'essor à sa verve poétique. Le volume des *Méditations*, publié en 1820, obtint un succès inouï. La jeunesse tout entière, hommes et femmes, l'enfance même, lut ce livre et redit ces vers écrits au pied du crucifix et d'où s'exhalait pourtant je ne sais quelle mélancolie de la volupté.

A partir du jour où parurent les *Méditations*, M. de Lamartine dut se sentir aimé de la France et de l'Europe, comme il l'avait été à Milly et à Belley. On peut dire que sa gloire ne fut qu'une première extension d'amour ; le pouvoir auquel il devait parvenir un jour en fut une autre. Afin que ses prospérités fussent complètes, la richesse aussi lui vint avec la gloire par le mariage et par des héritages opulents. De 1820 à 1830, tout en suivant la carrière diplomatique, M. de Lamartine publiait des poésies dont la beauté fut plus contestée, mais dont le caractère était en affinité intime avec l'état des esprits durant cette période. Ce qu'on y peut regretter en fermeté de contour, en correction, en sobriété, en rapport parfait de l'expression avec la pensée, contribuait à les faire mieux goûter d'une jeunesse agitée alors d'aspirations confuses, en proie à ce *vague des passions* qui voulait se laisser bercer dans les régions du rêve et répugnait à toute discipline. Mais autant par leurs défauts ces poésies appartenaient à l'époque fugitive qui les a vues éclore, autant par leurs qualités essentielles elles se rattachent aux essors impérissables de la nature humaine

Après la révolution de Juillet, M. de Lamartine demeura quelque temps à l'écart, puis il écrivit une brochure politique[1] dans laquelle, sans dissimuler les regrets de son cœur, il expliquait et légitimait aux yeux de la raison l'événement qui venait de porter au trône la branche cadette. Dès les premières pages de cette brochure on voit que la politique de M. de Lamartine jaillira, comme sa poésie, de source chrétienne. Il la définit lui-même en des termes que Fénelon n'eût pas désavoués : « La politique, dont les anciens ont fait un mystère, dont les modernes ont fait un art, n'est ni l'un ni l'autre : il n'y a là ni habileté, ni force, ni ruse ; à l'époque rationnelle du monde, dans l'acception vraie et divine du mot, la politique, c'est de la morale, de la raison et de la vertu. » Et il pose aussitôt les points essentiels de cette politique qui est la sienne : le suffrage universel, l'enseignement donné gratuitement à tous par l'État, l'extinction de toute aristocratie héréditaire, l'abolition de l'esclavage et de la peine de mort, la séparation complète de l'Église et de l'État, la paix européenne et

---

[1] *De la politique rationnelle.*

l'assistance publique. Tels sont les principes qu'il puise dans le spiritualisme religieux qui fait le fond de sa nature et subsiste invariablement, malgré les inconséquences fréquentes auxquelles il s'est vu entraîné, comme tous les hommes d'imagination quand ils ne donnent point pour lest à leurs opinions spontanées la science réfléchie.

La première marque de sympathie politique fut donnée à M. de Lamartine deux ans après la publication de sa brochure par les électeurs de Berghes (Nord), qui le nommèrent député en 1833. Il reçut cette nouvelle à Jérusalem. Elle abrégea un voyage en Orient entrepris avec sa femme et sa fille unique, qu'il perdit à Beyrouth. M. de Lamartine avait voulu voir dans la vivante réalité cette nature grandiose qu'une bible imagée, donnée par sa mère, avait rendue familière à son enfance. Au sommet du Liban, dans l'enceinte crénelée d'un ancien couvent de Druses, sous des berceaux d'orangers, de figuiers, de citronniers, la voix d'une moderne sibylle lui avait annoncé de hautes destinées. « Vous êtes l'un de ces hommes de désir et de bonne volonté dont Dieu a besoin comme d'instruments pour les œuvres merveilleuses qu'il va bientôt accomplir parmi les hommes, » lui avait dit lady Stanhope [1]. Étrange et poétique rencontre qui, on peut le croire, ne contribua pas faiblement à exalter les ambitions d'un homme si accessible aux séductions de la poésie.

En arrivant à la Chambre, M. de Lamartine s'assit aux

[1] On sait que lady Esther Stanhope était la nièce de M. Pitt. Longtemps initiée aux secrets de sa politique, elle n'avait pu supporter, après sa mort, l'ennui d'une existence devenue trop inoccupée pour son imagination ardente, et elle était venue demander à l'Orient d'autres émotions, d'autres grandeurs. La rare perspicacité de son esprit, surexcitée par la solitude, lui faisait voir les choses à venir avec une lucidité qui semblait un don prophétique. « L'aristocratie, bientôt effacée du monde, disait-elle un jour à un voyageur français, M. de Marcellus, qui ne partageait point cette opinion, y donne sa place à une bourgeoisie mesquine et éphémère, sans germe ni vigueur. Le peuple seul, mais le peuple qui laboure, garde encore un caractère et quelque vertu. Tremblez! s'il connaît jamais sa force. »

bancs des conservateurs. Depuis 1834 jusqu'à 1843, il jugea les hommes et les choses d'un point de vue très-peu juste, qui lui faisait considérer les formes politiques comme d'importance médiocre pour le progrès social. C'est à cette erreur qu'il faut attribuer en majeure partie le peu d'accord de ses votes entre eux. Tantôt, trouvant le pouvoir trop faible et ne comprenant pas encore qu'il manquait de force parce qu'il n'émanait pas du sein même de la nation, il appuyait la loi contre les associations et soutenait, avec le ministère Molé, la prérogative royale; tantôt il combattait les lois de septembre, la dotation et les fortifications de Paris. Ces oscillations produites par la mobilité naturelle de son esprit, par les espérances et les désappointements de son ambition personnelle, mais aussi par un vrai désir de conciliation entre les pouvoirs anciens et la liberté moderne, s'arrêtèrent subitement et se fixèrent dans le discours du 27 janvier 1843. Il y motivait son vote contre l'adresse par ces paroles sévères, inattendues dans sa bouche : « Convaincu que le gouvernement s'égare de plus en plus, que la pensée du règne tout entier se trompe; convaincu que le gouvernement s'éloigne de jour en jour, depuis 1834, de son principe et des conséquences qui devaient en découler pour le bien-être intérieur et la force extérieure de mon pays; convaincu que tous les pas que la France a faits depuis huit ans sont des pas en arrière et non des pas en avant; convaincu que l'heure des complaisances est passée, qu'elles seraient funestes, j'apporte ici mon vote consciencieux contre l'adresse, contre l'esprit qui l'a rédigée, contre l'esprit du gouvernement qui l'accepte, et que je combattrai avec douleur, mais avec fermeté dans le passé, dans le présent et peut-être dans l'avenir. »

Jusque-là, nourri dans la tradition catholique et royaliste [1], M. de Lamartine s'en était éloigné à regret, et pour

[1] C'est à cette tradition qu'il faut rapporter les solutions incomplètes de M. de Lamartine à plusieurs questions essentielles de la vie mo-

y revenir de loin en loin; en ce jour, la séparation fut complète et parut devoir être définitive [1]. « Lamartine est une comète dont on n'a pas encore calculé l'orbite, » disait, au sortir de la séance du 27 janvier, un savant illustre [2]. Les applaudissements unanimes de la presse démocratique saluèrent cette conversion. Le parti conservateur, qui avait toujours raillé M. de Lamartine comme un rêveur sans consistance, mesura d'un œil chagrin l'étendue de sa perte.

Elle était grande, en effet; à la tribune, M. de Lamartine compte peu de rivaux. Son improvisation abondante et colorée, éclatante jusqu'à l'éblouissement; la mélopée sonore de sa diction qu'accompagnent un geste et un air de tête pleins de noblesse; l'enroulement de ses périodes, qui se déploient et retentissent, dans leur majestueuse monotonie, comme les vagues sur la falaise, font de lui un orateur aux proportions grandioses. Rarement il se passionne, plus rarement encore il descend au ton familier. Ni la vivacité de la repartie, ni le droit de représailles, ne lui ont arraché jamais une personnalité, une parole amère, ou seulement un sarcasme. Sa pensée habite les régions sereines. La nature de son esprit est étrangère à l'ironie [3]. On pourrait même dire que le sens critique n'existe pas chez lui, et qu'il éprouve à un très-faible degré le besoin de la certitude. Son génie tout lyrique comprend à peine le scep-

---

derne. Son système de charité sociale, entre autres, cette organisation de l'aumône, ne peut s'expliquer autrement.

[1] Le voyage en Orient eut, à cet égard, une influence sensible sur l'âme de M. de Lamartine. Il en rapporta et laissa depuis lors percer dans tous ses écrits un sentiment de vague panthéisme, très-conforme à son génie. Le christianisme, même tel qu'il l'avait conçu, dépouillé de tout dogme et de toute logique, était encore beaucoup trop précis dans sa morale et dans ses solutions pour cette nature essentiellement ondoyante.

[2] M. de Humboldt.

[3] Tout ce côté de la nature humaine et du génie français en particulier lui est absolument étranger. Il n'a jamais lu Aristophane, il déteste Rabelais, il ne comprend ni Montaigne ni la Fontaine.

ticisme et ne saurait pas le convaincre. Ce qu'il veut, ce qu'il obtient sans efforts, c'est enchanter, ravir par la beauté de l'inspiration et par des accents magiques.

Les formes extérieures de M. de Lamartine sont en parfait accord avec les idées et les sentiments dont il s'est fait l'organe. Sa taille est haute, son attitude calme, son profil d'une grande noblesse. Il y a de l'autorité dans le large développement de son front. Tout en lui décèle l'élévation, le courage. On sent là comme une native familiarité avec la grandeur.

Doué d'une clairvoyance qui tient de l'intuition plus que de l'observation et du jugement, c'est lui qui a prononcé tous les mots qui, depuis quelques années, ont caractérisé la situation du pays et prophétisé l'avenir. « *La France s'ennuie*, » disait-il en 1839. « Dans votre système, il n'est besoin d'un homme d'État, *il suffirait d'une borne.* » Et, enfin, à ce banquet de Mâcon, où nous venons de le voir entouré de si vives sympathies, c'est lui qui lance l'anathème sous lequel, six mois plus tard, la monarchie de Juillet va s'abîmer. « Si la royauté, disait-il en se servant par nécessité de la forme conditionnelle, trompe les espérances que la prudence du pays a placées, en 1830, moins dans sa nature que dans son nom ; si elle s'isole sur son élévation constitutionnelle ; si elle ne s'incorpore pas entièrement dans l'esprit et dans l'intérêt légitime des masses ; si elle s'entoure d'une aristocratie électorale, au lieu de se faire peuple tout entier ; si, sous prétexte de favoriser le sentiment religieux des populations, le plus beau, le plus haut, le plus saint des sentiments de l'humanité, mais qui n'est beau et saint qu'autant qu'il est libre, elle se ligue avec les réactions sourdes de sacerdoces affidés pour acheter de leurs mains les respects superstitieux des peuples ;... si elle se campe dans une capitale fortifiée ; si elle se défie de la nation organisée en milices civiques et la désarme peu à peu comme un vaincu ; si elle caresse l'esprit militaire à la fois si nécessaire et si dangereux à la liberté dans un pays continental et brave comme la France; si, sans attenter ouvertement à la volonté de la nation, elle corrompt cette volonté et achète, sous le nom d'influence, une dictature d'autant plus dangereuse qu'elle aura été achetée sous le manteau de la constitution;... si elle parvient à faire d'une nation de citoyens une vile meute de trafiquants, n'ayant conquis leur liberté au prix du sang de leurs pères que pour la revendre aux enchères des plus sordides faveurs;... si elle fait rougir la France de ses vices officiels et si elle nous laisse descendre, comme nous le voyons en ce moment même dans un procès déplorable, si elle nous laisse descendre jusqu'aux tragédies de la corruption;... si elle laisse affliger, humilier la nation et la postérité par l'improbité des pouvoirs publics; elle tombera cette royauté, soyez-en sûrs, elle tombera non dans son sang, comme celle de 89, mais elle tombera dans son piége! Et après avoir eu les révolutions de la liberté et les contre-révolutions de la gloire, vous aurez la révolution de la conscience publique et la *révolution du mépris !* »

C'est ainsi que M. de Lamartine, par une merveilleuse faculté d'assimilation, se pénétrait successivement des éléments variables de l'opinion publique, rendait sensible sous la forme la plus noble et personnifiait en quelque sorte l'attente universelle [1]. Sa voix puissante et douce tout ensemble familiarisait les esprits avec le mot terrible de

---

[1] A mesure que se dérouleront les événements qui ont porté M. de Lamartine au faîte du pouvoir pour l'en précipiter presque aussitôt, j'aurai à compléter, par de nouveaux traits, cette esquisse. J'aurai à juger comme homme d'action, comme homme d'État, celui qui n'est encore ici qu'un poëte politique. Me conformant à la méthode d'un illustre historien, je ne craindrai pas plus que M. Michelet de sembler me contredire en *datant*, comme il le dit si bien, *mes justices*, en *louant provisoirement* des hommes qu'il faudra blâmer plus tard. Les révolutions font apparaître, dans leurs plus brusques contrastes, les contradictions de la nature humaine; et, s'il veut être impartial, l'historien d'une révolution doit plus constamment que tout autre, dans l'appréciation qu'il fait des individus, avoir présent à la pensée le mot de Pascal : « Si on l'élève, je l'abaisse. Si on l'abaisse, je l'élève... »

révolution. Une révolution qui apparaissait dans les nuages dorés de la poésie, qui prenait dans les imaginations le nom de Lamartine, n'avait plus rien d'effrayant. On s'accoutumait à la voir sous un aspect idéal. De même que, dans les créations de sa jeunesse, Lamartine avait renouvelé la tradition chrétienne en la dépouillant de toutes ses rigueurs, de même, dans les inspirations de sa maturité, il renouvelait la tradition révolutionnaire en éloignant d'elle les images sanglantes.

Le banquet de Mâcon déplut au ministère, mais ne l'inquiéta pas. Il en fut de même de ceux qui suivirent, à Colmar, à Reims, à Soissons, à la Charité, à Chartres, etc. MM. Odilon Barrot et Duvergier de Hauranne continuant de régler la discipline de ces banquets, les apparences étaient sauvées; c'était assez pour qu'on n'osât pas montrer un mécontentement sérieux. Les railleries soutenues du *Journal des Débats*, la défense faite aux fonctionnaires publics d'assister aux banquets, le refus d'ouvrir aux réformistes les salles des municipalités, la condamnation de quelques gérants de la presse radicale, mille tracasseries de détail enfin témoignaient bien d'une mauvaise humeur qui, disait-on, venait surtout de Louis-Philippe; mais, de part et d'autre, on en était encore à la taquinerie politique, au dépit. L'intrusion des ultra-radicaux au banquet de Lille vint changer la face des affaires.

J'ai dit que jusque-là le parti radical s'était abstenu des manifestations réformistes. Ainsi que le ministère, il n'avait vu dans les premiers banquets qu'une fanfaronnade de l'opposition en goguettes. De ce grand bruit de paroles, pensaient les radicaux, il ne pouvait résulter qu'une modification dans les personnes, l'avénement d'hommes moins usés dans l'opinion que MM. Guizot et Duchâtel, et qui peut-être apporteraient au gouvernement, avec un peu plus d'initiative, une popularité nouvelle. Cependant, voyant l'agitation se perpétuer et s'étendre dans le pays, comprenant qu'il fallait profiter d'un concours de circonstances qui ne se reproduirait peut-être pas de longtemps, et tenter du moins un effort, les radicaux choisirent avec habileté le lieu et l'heure et parurent inopinément à la réunion de Lille (7 novembre 1847), au moment où M. Odilon Barrot achevait de régler le cérémonial du banquet. Assuré à l'avance d'une majorité considérable, M. Ledru-Rollin refusa le toast *à la réforme* tel que l'avait rédigé M. Barrot[1]. Le débat s'engagea, la lutte fut vive; M. Barrot et ses amis reconnurent, à leur grande surprise, qu'ils n'étaient pas les plus forts, et se retirèrent.

Cette retraite jeta l'alarme dans le parti conservateur. « Les girondins cèdent la place aux montagnards, » disait la presse ministérielle. Ni le refus de M. Dufaure, choisi pour présider à Saintes[2], ni l'abstention de MM. Thiers et de Rémusat, auxquels on laissait entrevoir depuis longtemps la possibilité prochaine d'un changement de cabinet, n'amoindrirent l'effet d'un échec aussi complet qu'inattendu. On commença d'avoir peur et de s'entre-regarder en se demandant s'il n'y aurait pas là autre chose en jeu que le ministère. Tant que M. Barrot avait semblé le maître, on avait été rassuré. Personne n'ignorait la sincérité de ses opinions dynastiques. On lui passait volontiers ses discours sonores et vides; l'indignation monotone de son froncement de sourcil ne causait aucun effroi. On ne s'inquiétait pas de voir la tribune souvent occupée par un orateur de cette trempe. M. Barrot était un adversaire précieux. Partisan déclaré de la *monarchie entourée d'institutions républicaines*, il n'avait pas dévié, depuis 1830, de ce fameux programme de l'Hôtel de Ville, qui convenait à la nature de son esprit. Jamais, même au plus fort de la jeunesse, aucune excentricité, aucune passion, aucun enthou-

---

[1] « *A la réforme électorale et parlementaire comme moyen d'affermir les institutions de Juillet.* » M. Ledru-Rollin exigeait la suppression de ce dernier membre de phrase.

[2] Le refus de M. Dufaure était conçu en ces termes : « Je regarde une manifestation nouvelle, dans la forme projetée, comme superflue et même nuisible au triomphe de nos principes. »

siasme ne l'avait entraîné au delà des strictes convenances dans la vie privée, au delà d'une légalité scrupuleuse dans la vie politique. Fils d'un conventionnel obscur, avocat distingué, M. Barrot aimait le gouvernement monarchique et ne combattit qu'à regret la Restauration. Ce fut lui qui, en 1830, contribua le plus à détourner la Fayette de l'établissement de la république. Après la mort de Casimir Périer, dont il avait attaqué avec persistance les tendances rétrogrades, il rédigea pour l'opposition un programme qui, sous le titre de *Compte rendu*, déclarait ouvertement la guerre à la politique personnelle du roi. Mais une fraction de son parti, effrayée par les émeutes des 5 et 6 juin, refusa de signer le *Compte rendu* et se rejeta dans les rangs ministériels, tandis qu'une autre fraction, excitée par cette défection subite, entrait résolûment dans les voies radicales. Dès lors M. Barrot demeura très-affaibli dans le parlement contre un parti compacte, fort de l'union de MM. Thiers et Guizot, fort surtout de la peur des insurrections. Ce ne fut qu'après la division survenue entre ces deux chefs, quand M. Molé eut pris en main les affaires, et quand, le danger passé, on commença d'ourdir des intrigues pour renverser le cabinet du 15 avril, que M. Barrot, caressé, flatté par ses adversaires, devint un homme important. Dès cette époque, il se laissa séduire par l'esprit insinuant de M. Thiers ; et, sans en avoir conscience, il servit, au détriment des siennes, les ambitions de l'adroit ministre. Toujours influencé, soit directement, soit indirectement, par MM Thiers et Duvergier de Hauranne, M. Odilon Barrot n'en jouait pas moins, avec un aplomb imperturbable, le personnage de chef d'opposition. Il se complaisait dans ce rôle de parade dont il ne sentait pas l'inanité. Son œil bleu et placide exprimait une grande quiétude. Son visage rond et plein, je ne sais quelle roideur bourgeoise qui vise à la solennité, sa parole emphatique, son air de tête, son port et jusqu'à sa main droite invariablement passée entre deux boutonnières de sa redingote bleue, tout, dans son honnête personne, caractérisait la satisfaction d'un esprit étroit et la consciencieuse gravité d'une importance qui s'abuse.

Ce dut être pour lui un étonnement extrême de voir la facilité avec laquelle M. Ledru-Rollin, dont la position à la Chambre n'avait rien eu jusque-là de bien inquiétant, le dépossédait au banquet de Lille de sa paisible dictature. La réunion de Dijon posa plus nettement encore la question. Elle déchira le tissu d'équivoques dont on s'était enveloppé un moment, et laissa voir au pays deux partis inconciliables, plus hostiles l'un à l'autre qu'ils ne l'étaient tous deux au ministère. On aperçut clairement deux volontés opposées, dont l'une prétendait affirmer la royauté en l'éclairant, dont l'autre visait droit et juste au renversement de la monarchie. A partir du banquet de Lille, M. Ledru-Rollin parla et agit comme chef de ce dernier parti, qui ne cacha plus ni ses tendances, ni même ses projets révolutionnaires.

Fils d'un honnête bourgeois dont la famille possédait à Fontenay-aux-Roses la maison qu'habita Scarron ; petit-fils d'un prestidigitateur devenu célèbre sous le nom de *Comus*, et qui avait gagné par ses talents une fortune assez considérable pour se voir dénoncé, en 93, comme détenteur de numéraire ; avocat paresseux, mais de verve facile, M. Ledru-Rollin, élu député du Mans, en 1841, à la suite d'un procès politique, était venu occuper, au sein du parti radical, la place de Garnier-Pagès. On ne savait trop encore à quoi s'en tenir sur ses opinions et son caractère. Le *National* ne se déclarait qu'à demi satisfait de ce choix. Cependant la profession de foi de M. Ledru-Rollin était explicite. « Pour nous, messieurs, y disait-il, le peuple c'est tout. Passer par la question politique pour arriver à l'amélioration sociale, telle est la marche qui caractérise le parti démocratique en face des autres partis. » Depuis ce jour jusqu'au banquet de Dijon[1], pendant six années de

---

[1] Au banquet de Dijon, M. Ledru-Rollin parlait ainsi : « Nous sommes des ultra-radicaux, si vous entendez par ce mot le parti qui veut faire

luttes parlementaires, M. Ledru-Rollin n'avait pas varié dans son langage. La nature semblait l'avoir préparé au rôle de chef populaire. Sa haute et forte stature, sa belle prestance, son œil noir et vif, son sourire aimable, toute une apparence robuste de jeunesse qui contrastait avec la contenance fatiguée des vétérans du radicalisme, le désignaient aux sympathies du peuple. Sa parole chaleureuse, parfois éloquente, était l'expression naturelle d'un tempérament révolutionnaire, plus encore peut-être que celle d'un caractère républicain. Ses ennemis voyaient alors, et ils ont vu longtemps en lui un terroriste. Ses amis l'accusaient plutôt de quelque mollesse. A leurs yeux, M. Ledru-Rollin était un homme de mœurs faciles et d'humeur nonchalante, aimant le bien-être, le luxe même, depuis qu'un mariage riche l'avait mis à sa portée, et un peu plus qu'il ne convient aux représentants de la démocratie. Ils reconnaissaient en lui un esprit capable d'activité, mais par intermittence, un cœur généreux, mais par élans, et ils déploraient des habitudes de laisser-aller et de désordres, dont sa réputation eut plus d'une fois à souffrir. Nous n'avons pas ici à juger ses actes. En ce moment, il ne faisait encore que des discours; mais ces discours poussaient en quelque sorte les événements et hâtaient la catastrophe.

- A ses côtés, au banquet de Dijon, on vit paraître un homme de toute petite taille et d'aspect enfantin, toujours riant et montrant ses belles dents blanches, toujours parlant et gesticulant, toujours promenant sur l'auditoire de grands yeux noirs brillants de hardiesse et d'esprit. C'était un jeune écrivain d'origine corse, déjà célèbre, c'était Louis Blanc, qui cherchait depuis longtemps, pour ses

entrer dans la réalité de la vie, le grand symbole de la liberté, de l'égalité et de la fraternité, sans se laisser annuler par les vieillis ou les corrompus, oh! oui, nous tous qui sommes ici, nous sommes des ultraradicaux. Les mots n'effrayent que les enfants. D'autres ont glorifié le nom de *gueux* en le conduisant à la victoire; peu nous importe celui qui nous y conduira. Et, comme les vengeurs de la liberté batave, d'un outrage faisons un drapeau. »

ambitions, un point d'appui solide dans l'amour des classes ouvrières, et que nous verrons bientôt disputer à ses aînés dans le radicalisme la première place.

Entré avec éclat dans la publicité par son *Histoire de dix ans*, où s'annonçaient des qualités d'esprit extrêmement goûtées en France, une certaine façon dégagée de raconter les choses et de juger les hommes, l'abondance, la verve, la clarté, M. Louis Blanc fut très-prôné, surtout par le parti légitimiste, dont il flattait les rancunes en rehaussant à plaisir quelques vertus de la branche aînée, par opposition aux défauts transformés en vices de la branche cadette. Enhardi par le succès d'une œuvre anecdotique et pittoresque où les traits heureux abondent, mais où le sens historique est souvent sacrifié à la rhétorique d'un système, M. Louis Blanc aborda cavalièrement les problèmes de la science économique, et publia son petit volume de l'*Organisation du travail*, qui eut quatre éditions coup sur coup, tant il arrivait à propos et répondait juste aux préoccupations du moment. Journaliste, orateur, écrivain toujours sur la brèche, M. Louis Blanc, par sa polémique, par ses discours, par ses livres, fomentait l'agitation des esprits ; il eut une part considérable d'influence dans le mouvement que nous allons voir tout à l'heure emporter le trône et la dynastie.

Le banquet de Châlons (18 décembre) dévoila plus complétement encore que ne l'avait fait le banquet de Dijon la pensée audacieuse du parti radical. Un toast *à la Convention*, longuement développé par M. Ledru-Rollin, la date de 1793, revendiquée par lui au nom de la France *sauvée du joug des rois*, montraient assez que l'on se préparait à une révolution et que l'on ne reculerait devant aucune de ses conséquences.

Qu'on ne se figure pas cependant que la manifestation réformiste, malgré l'extension qu'elle avait prise, eût encore aux yeux du pays, je ne dis pas un caractère séditieux, mais même une couleur d'opposition radicale. A compter du premier banquet du Château-Rouge, jusqu'au banquet de Rouen[1], le dernier qui eut lieu avant l'ouverture des Chambres, le mécontentement dont ces manifestations furent l'expression bruyante, sauf les violences accidentelles dont j'ai parlé, ne fut autre que le mécontentement de ce pays légal qui s'était laissé entraîner sans trop de peine à la corruption, mais qu'on avait contraint d'en rougir et qui, maintenant, indigné de sa propre indignité, voulait rentrer dans la décence du gouvernement parlementaire. L'erreur du ministère fut de croire la classe moyenne plus avilie qu'elle ne l'était. Une certaine fleur de probité était, à la vérité, flétrie chez elle, mais la racine n'était point atteinte. Au moment où on la croyait énervée et sans pudeur, la bourgeoisie se redressait et demandait compte de son honneur entaché à ceux qu'elle avait commis à sa garde. En exigeant la réforme, la bourgeoisie entendait surtout appeler au pouvoir des hommes intègres, assez énergiques pour résister aux volontés de ce roi qu'elle avait longtemps aimé comme l'expression fidèle de ses propres tendances, mais qui lui devenait suspect depuis qu'elle voyait les finances gaspillées, l'administration vénale, et le soin de l'intérêt dynastique l'emporter sensiblement sur l'intérêt national. Toutefois, il était loin de sa pensée de vouloir ébranler la monarchie; elle ne sentait pas derrière elle la force populaire qui la poussait ; son instinct politique engourdi ne l'avertissait pas. Elle ne se rappelait point cette logique révolutionnaire, si prompte et si invincible, dont notre histoire fournit tant d'exemples, et qui allait l'entraîner bien au delà du but très-rapproché que s'était proposé sa probité révoltée.

Quant au peuple, il était mû par le même sentiment que la bourgeoisie, et c'est ce qui fit leur accord momentané. Seulement, au lieu de concentrer son indignation et son mépris sur la personne du roi et de quelques ministres, il

---

[1] Ce banquet, présidé par M. Odilon Barrot, avait réuni 1,700 électeurs.

l'étendait à l'ensemble de la classe gouvernante. Toute richesse lui semblait mal acquise, toute prérogative injuste, tout pouvoir exercé à son détriment. Excité, comme nous l'avons vu, depuis plusieurs années, par la presse, il faisait des comparaisons de plus en plus menaçantes entre sa misère laborieuse et l'oisiveté insolente des parvenus. Beaucoup moins malheureux matériellement qu'aux époques antérieures, il souffrait cependant davantage, parce qu'il avait plus conscience de l'infériorité de sa position. Une culture encore bien imparfaite, et par cela même fatale à son repos, lui avait fait perdre la soumission stupide de la brute à des nécessités qu'elle ne saurait ni comprendre ni discuter ; la résignation chrétienne, ce sentiment plus noble, parce que du moins il fait appel à la justice divine de l'injustice humaine, était plus qu'ébranlée en lui par les interprétations nouvelles que le socialisme donnait à l'Évangile. Tout cela préparait de longue main le peuple des villes à la révolte, et minait non-seulement l'ordre politique, mais l'ordre social. On ne peut pas dire que le peuple fût précisément républicain. Il voulait moins ou plus que la République. Il était prêt à suivre quiconque ferait appel à son honneur, et lui promettrait une existence plus libre, plus noble, plus conforme à l'égalité et à la fraternité démocratiques. Voilà ce qu'ignoraient les hommes du pays légal. Tout se bornait pour eux à des questions de personnes. Les *passions aveugles* dont parla bientôt l'adresse régnaient en effet dans leur cœur. Ainsi que dans la poétique composition d'un artiste contemporain[1], c'étaient des morts qui combattaient des morts.

Au point de vue de leur propre conservation, les ministres avaient commis une faute énorme en tolérant les banquets réformistes. S'ils avaient mieux étudié le caractère de la nation, ils auraient compris que rien ne devait lui plaire davantage, ni entrer plus facilement dans ses mœurs ;

---

[1] La *Bataille des Huns*, par Kaulbach.

ils auraient compris qu'au bout de très-peu de temps, par une émulation de popularité, ces réunions retentissantes deviendraient frondeuses, agressives, et gêneraient le pouvoir dans tous ses mouvements. On a dit que le peuple français est un soldat ; cela est vrai, surtout si l'on ajoute que ce soldat est un rhéteur. Aucun sacrifice ne lui coûte, sauf celui de la parole. Dès qu'il ne croise plus la baïonnette, il lui faut croiser des épigrammes. Il y avait danger pour le cabinet à tolérer ce goût de discourir qui tourne si vite chez nous en passion. Il fallait que le roi et ses ministres eussent bien complétement perdu le sentiment de l'honnêteté politique pour ne pas prévoir qu'il devait se raviver dans l'agitation des banquets. Cependant, et j'insiste, parce qu'il serait aisé de se méprendre sur le sens véritable de la campagne réformiste, cette honnêteté soulevée ne menaçait encore que le ministère. La réforme, accordée au commencement de la session par M. Thiers, ou même par M. Molé, aurait pu retarder indéfiniment la chute du trône que la bourgeoisie n'entendait aucunement renverser. Ce fut en prolongeant le conflit entre elle et le pouvoir que l'on donna au peuple l'occasion de paraître en scène et de trancher, avec sa logique passionnée, le nœud inextricable de la politique parlementaire.

CHAPITRE III

Situation extérieure. — Famille royale.

Ainsi embarrassé, tenu en échec à l'intérieur par l'opposition réformiste, le ministère n'avait pas au dehors une situation beaucoup plus nette. L'alliance anglaise, toujours précaire et chèrement achetée, fortement ébranlée sous le ministère Thiers par les dissentiments sur les affaires d'Orient, n'existait plus, même en apparence, depuis le mariage du duc de Montpensier. En vain Louis-Philippe épuisait-il les petits artifices de sa diplomatie personnelle pour déjouer l'influence hostile de lord Palmerston et ramener à de meilleurs sentiments la reine Victoria ; en vain s'était-il efforcé, dans des lettres intimes, d'expliquer, de commenter, de justifier, pièces en main, les négociations de cette alliance espagnole qui offusquait si fort l'orgueil de l'Angleterre ; toutes ces condescendances étaient demeurées sans résultat. Lord Palmerston continuait à nous attaquer partout, en Italie, en Espagne, en Orient.

M. Guizot dépité se tournait vers l'Autriche, et faisait au prince de Metternich des ouvertures auxquelles le vieux ministre prêtait depuis quelque temps une oreille plus favorable. Quoiqu'il ne prévit pas des catastrophes immédiates, le prince de Metternich s'abusait moins que le cabinet français sur l'état de l'Europe, parce qu'il le connaissait mieux. Il voyait s'amasser les difficultés, se compliquer les événements ; il comprenait l'importance, pour l'Autriche, d'enlever l'appui de la France au mouvement révolutionnaire [1]. Ce fut le but de son rapprochement ; il eut bientôt à s'en applaudir. Au lieu de seconder en Suisse l'effort des radicaux pour créer un pouvoir central qui les mit à même de réviser le pacte fédéral, cette œuvre absurde du congrès de Vienne, M. Guizot soutenait, avec une opiniâtreté inconcevable, l'intégrité des traités de 1815, qu'il avait naguère, devant les Chambres, déclaré violés par l'occupation de Cracovie. S'éprenant d'un amour singulier pour les libertés cantonales, le protestant, le philosophe défendait avec véhémence les jésuites de Lucerne et la ligue séparée. Notre ambassadeur avait ordre d'encourager par tous les moyens la résistance, et de menacer la Diète en termes à la fois violents et ambigus, qui fissent croire à une intervention sans y engager, car on la savait chez nous impossible. La politique de Louis-Philippe, c'était de fomenter la guerre civile pour se donner le temps de concerter une médiation des cinq puissances [2] qui eût détruit l'indépendance helvétique. Triste dessein, conçu et conduit avec hésitation, avorté en quelques heures, par la faiblesse de ce parti dont on avait voulu enfler l'audace sans lui accorder d'autres secours que des promesses vagues et des envois d'armes clandestins ; mis à néant par la fer-

---

[1] M. de Metternich prévoyait dès lors les éventualités qui pourraient forcer le pape à quitter ses États. Il admettait, dans ce cas, l'occupation française comme plus prudente et moins antipathique aux Italiens que l'intervention autrichienne.

[2] M. Guizot était tombé d'accord avec M. de Metternich pour résoudre concurremment la question suisse. Il se flattait de renouer ainsi l'alliance continentale et de montrer à l'Angleterre qu'on pouvait se passer d'elle. Mais Louis-Philippe, malgré l'avis du duc de Broglie, alors ambassadeur à Londres, ne put se décider à courir la chance d'une rupture, et voulut absolument attirer lord Palmerston dans ces négociations. De là des lenteurs et des duplicités qui ne contribuèrent pas médiocrement au salut de la Diète helvétique.

meté de la Diète, qui, avertie par la diplomatie anglaise du peu qu'elle avait à redouter de nos velléités d'intimidation, termina, sans presque verser de sang, une lutte insensée [1] !

En Prusse, Frédéric-Guillaume, après avoir convoqué, par fantaisie d'imagination et désir de popularité, les États-généraux, refusait de leur accorder une charte, et, tout en lançant des épigrammes contre le régime constitutionnel de la France, il donnait à la sagesse, à l'énergie, à l'habileté avec lesquelles le roi éludait les conséquences fâcheuses de ce régime, des louanges qui n'étaient pas de nature à réconcilier Louis-Philippe avec les libéraux français.

En Italie, le pape Pie IX avait accordé des réformes auxquelles le pays tout entier applaudissait. De proche en proche, le saint-père, qui n'avait songé d'abord qu'à des réformes administratives, se voyait conduit à l'émancipation politique, et reculait effrayé, mais trop tard. L'esprit de liberté s'était ranimé soudain dans ces belles populations italiennes. Le royaume de Naples, la Toscane, le Piémont demandaient des constitutions. La Lombardie s'agitait. L'Autriche faisait avancer des troupes. Nos diplomates assistaient indécis à cette résurrection des nationalités ; ils parlaient un langage équivoque ; ils rendaient à M. Guizot, préoccupé de l'alliance autrichienne bien plus que de l'affranchissement de l'Italie, un compte si peu exact de la situation, que celui-ci, quarante-huit heures avant la révolution de Palerme, croyait encore la répression aisée et la cause des Bourbons hors de péril.

Pour se consoler de ses échecs et de l'indignation que soulevait, en France et à l'étranger, une politique si con-

---

[1] M. Guizot arrêtait au commencement de janvier, avec MM. de Radowitz et de Colloredo, envoyés de Prusse et d'Autriche, le texte de la déclaration à la Diète helvétique. La Russie attendait, disait-elle, pour entrer dans cette coalition, qu'on en vînt à des mesures plus décisives. Quant à lord Palmerston, il soutenait, plutôt par opposition à la politique de la France que par sympathie pour le radicalisme helvétique, la pleine indépendance de la Suisse dans son régime intérieur.

traire à nos traditions, à nos intérêts, à notre honneur, M. Guizot se berçait d'un vague espoir de rapprochement avec l'empereur de Russie. Depuis quelque temps, Nicolas se montrait, non pas plus gracieux, mais moins insultant envers le gouvernement français ; il avait imposé silence à cette verve sarcastique qui, depuis 1830, s'exerçait impitoyablement sur la personne de Louis-Philippe ; il venait d'acheter pour cinquante millions de rentes françaises. Enfin le grand-duc Constantin, autorisé à passer quelques heures à Toulon au retour d'un voyage en Afrique, échangeait des présents avec le duc d'Aumale. C'est sur d'aussi faibles indices de bon vouloir que M. Guizot, tout prêt à effacer seize ans d'injures, fondait l'espérance d'une alliance chimérique. C'est dans une situation telle, à l'extérieur et à l'intérieur, que sa présomption redoublait, et que le ministre ouvrait les Chambres par le discours le plus provocateur qui eût encore été prononcé depuis 1830.

Et cependant une tristesse pleine d'anxiété pesait sur les esprits. On ne prévoyait point encore, mais on pressentait quelque catastrophe. Les conservateurs murmuraient tout bas que Louis-Philippe vieillissait, qu'il voyait moins juste et s'opiniâtrait davantage dans ses erreurs. Le silence de M. Guizot accréditait une opinion qui le soulageait par moments d'une responsabilité incommode. On discutait, sans trop se gêner, les éventualités qui pourraient surgir à la mort du roi [1] ; on s'effrayait des troubles qu'amènerait une régence disputée. La mort subite de madame Adélaïde parut à chacun le présage de jours néfastes pour la dynastie. Personne n'ignorait la part considérable que cette princesse avait toujours eue dans les conseils du trône. Seule confidente des pensées intimes de Louis-Philippe, parce que seule, dans tout ce qui l'entourait, elle avait, par nature et par éducation, des ambitions

---

[1] « Je crains moins la mort que la caducité, » avait répondu l'un des ministres aux inquiétudes que lui exprimait un conservateur.

de même trempe que son frère, madame Adélaïde, depuis la révolution de Juillet, jouait un rôle important aux Tuileries. Femme d'habileté et de résolution, elle avait pris, lors de cette révolution, une initiative hardie dont Louis-Philippe était incapable. Ce prince lui savait gré de l'avoir, en quelque sorte, poussé au trône. Madame Adélaïde était, d'ailleurs, pour lui un négociateur officieux, un précieux intermédiaire dans ses rapports compliqués et délicats avec les hommes politiques. Elle laissait par sa mort une place vide que personne ne pouvait occuper. Comme elle ne comptait que quatre années de moins que Louis-Philippe, sa fin semblait un avertissement. L'existence du roi pesait d'un si grand poids dans l'opinion que toutes les craintes, toutes les espérances demeuraient suspendues et s'ajournaient après son dernier soupir [1].

Depuis quelque temps aussi l'on s'entretenait des rivalités qui divisaient la famille royale. L'attendrissement qu'avait causé, en 1830, à la bourgeoisie, le spectacle de cet intérieur où régnait alors la plus parfaite concorde, avait fait place à des observations malignes qui donnaient cours à mille bruits injurieux. Le roi, disait-on, surveillait ses enfants avec une défiance extrême; il redoutait de les voir devenir trop populaires, et les retenait, sans jamais se relâcher de sa rigueur, dans une dépendance détestée. Se souvenant de l'influence qu'avait exercée son *salon* sous le règne de Charles X, il voulait surtout éviter que les salons des jeunes princes devinssent des foyers d'opposition et de cabales. La dévotion de la reine servait, en cela comme en beaucoup d'autres choses, la politique d'un époux auquel

---

[1] Plusieurs fois, au bruit de sa mort, la Bourse baissa. Un jour M. de Rothschild envoya son fils au Château pour savoir ce qui en était. « Dites à votre père, lui dit le roi en l'abordant, que je n'ai été ni saigné, ni purgé. » Louis-Philippe, comme tous les vieillards, aimait à faire parade de sa santé et plaisantait volontiers sur la régence, qu'il comptait bien empêcher en vivant jusqu'à la majorité du comte de Paris.

elle vouait une admiration sans bornes et une soumission passionnée. Autour de la table à ouvrage de Marie-Amélie, une étiquette rigide rassemblait chaque soir de jeunes princesses que le bruit des fêtes et des plaisirs, les images lointaines d'une vie libre et joyeuse faisaient soupirer. Un ennui mortel glaçait ces réunions, d'où la gaieté était bannie comme une inconvenance. La duchesse d'Orléans pouvait seule, par le privilège de sa position, s'en exempter quelquefois. Assez mal vue du roi, qui la trouvait trop intelligente, objet d'un ressentiment caché de la part de la reine, qui attribuait à des alliances hérétiques, réprouvées par le ciel, la mort prématurée de ses deux enfants de prédilection[1]; peu recherchée des autres princesses à cause de ses goûts sérieux et des ambitions qu'on lui supposait, la mère de l'héritier du trône se tenait à l'écart. L'éducation de ses deux fils occupait le temps le plus considérable de son veuvage sévère. Le culte qu'elle consacrait à la mémoire de son mari remplissait les heures que les soins de la maternité n'absorbaient pas. Bien qu'observée et suspecte, la duchesse d'Orléans entretenait discrètement quelques relations politiques et cherchait avec mesure à se faire connaître du peuple. M. Molé exerçait de l'empire sur son esprit, tandis qu'elle montrait beaucoup de froideur à M. Guizot; celui-ci ne s'en troublait guère. Tenant en grand dédain ce que le roi et lui appelaient la rêverie germanique[2], la *Schwärmerei* de la princesse et les pressenti-

---

[1] La princesse Marie, épouse du prince de Wurtemberg, morte à vingt-six ans, avait, ainsi que le duc d'Orléans, par un mariage protestant, affligé et inquiété l'âme ardemment catholique de Marie-Amélie.

[2] Le passage suivant du testament de feu M. le duc d'Orléans semble indiquer qu'il ne croyait pas non plus l'intelligence de la princesse Hélène propre au maniement des affaires : « Si par malheur l'autorité du roi ne pouvait veiller sur mon fils aîné jusqu'à sa majorité, Hélène devrait empêcher que son nom ne fût prononcé pour la régence. En laissant, comme c'est son devoir et son intérêt, tous les soins du gouvernement à des mains viriles et habituées à manier l'épée, Hélène se dévouerait tout entière à l'éducation de nos enfants. »

ments de son cœur maternel, il demeurait avec elle dans une réserve polie[1]. « On me traite de jacobine, » disait la duchesse d'Orléans à une personne de son intimité, peu de jours avant le 24 février ; et ses appréhensions redoublaient avec sa sollicitude pour cet enfant débile, pâle et frêle, sous lequel elle sentait le sol trembler[2].

Si Louis-Philippe estimait trop la duchesse d'Orléans pour l'aimer, en revanche il estimait trop peu le duc de Nemours pour l'initier à sa politique. Le futur régent demeurait étranger aux choses par son manque d'initiative et aux hommes par une certaine timidité hautaine dont il ne se délivrait que dans des compagnies subalternes[3].

Malgré la beauté de son visage et de son port vraiment

---

[1] Un jour que la duchesse d'Orléans, en causant avec M. Guizot, lui reprochait sa politique contre-révolutionnaire : « Ah ! madame, lui répondit le ministre, quand le *National* ou la *Réforme* m'adressent ce reproche, j'y suis préparé ; mais il m'était permis de ne le point attendre de la bouche de V. A. R. »

[2] La fin lamentable de M. Bresson, qui, en arrivant à l'ambassade de Naples, s'était coupé la gorge, avait frappé, comme un mauvais augure, l'imagination de la duchesse d'Orléans, dont ce diplomate habile avait négocié le mariage. Il est curieux de voir comment s'exprimait à propos de cet événement le prince de Joinville : « La mort de Bresson m'a *funesté*... Bresson n'était pas malade : il a exécuté son plan avec le sang-froid d'un homme résolu. J'ai reçu des lettres de Naples, de Montessuy et d'autres, qui ne me laissent guère de doute. Il était ulcéré contre le père. Il avait tenu à Florence d'étranges propos sur lui ; le roi est inflexible, il n'écoute plus aucun avis, il faut que sa volonté l'emporte sur tout, etc., etc. On ne manquera pas de répéter tout cela, et on relèvera ce que je regarde comme notre grand danger, l'action que le père exerce sur tout, cette action si inflexible que lorsqu'un homme d'État, compromis avec nous, ne peut la vaincre, il n'a plus d'autre ressource que le suicide. » (Lettre du prince de Joinville au duc de Nemours, 7 novembre 1847.)

[3] Du vivant du duc d'Orléans, on attribuait à de la réserve et à une louable déférence cette froideur et ce manque d'initiative qui se trahirent dès qu'il eut à paraître au premier rang. Les légitimistes avaient été plus loin dans leurs interprétations chimériques. Si le duc de Nemours se montrait si peu aimable, c'est que l'usurpation de son père lui pesait. Si jamais, disait-on, il venait à monter sur le trône, ce serait pour en redescendre aussitôt et y appeler Henri V.

royal, malgré toute une apparence charmante de jeunesse, qui séduit si aisément lorsqu'il s'y joint, comme chez le duc de Nemours, une éducation excellente, ce prince, seul entre ses frères, ne jouissait d'aucune popularité; loin de là, l'antipathie des uns, l'indifférence des autres faisaient le vide autour de lui.

Le duc de Montpensier, le plus jeune des fils du roi, récemment uni à l'infante Louise, cherchait précisément ce que le duc de Nemours paraissait négliger ou dédaigner. Il poursuivait la popularité, mais sans discernement. Il en aimait l'éclat et le tapage plus que les avantages solides; protégeait avec ostentation, plutôt qu'avec goût, les artistes et les hommes de lettres, les journalistes surtout, qui payaient en flatteries hyperboliques les privautés inaccoutumées auxquelles ils se voyaient admis à Vincennes [1].

Plus studieux, mieux appliqué à ses devoirs, le duc d'Aumale, marié à une princesse napolitaine d'une grande intelligence, avait des partisans sérieux. Quant au prince de Joinville, il jouissait dans le pays, dans l'armée de mer surtout, d'une popularité véritable. En dépit d'une affectation de brusquerie qu'il jugeait nécessaire à son rôle de marin, la douceur paraissait sur son visage mélancolique. Son attitude ne manquait ni de fermeté, ni de noblesse. Les personnes qui l'approchaient assez pour le pénétrer disaient bien que le prince de Joinville cachait, sous des allures franches et simples, un charlatanisme héréditaire et un désir de l'effet qui l'entraîneraient en mille travers; mais le peuple, qui n'a pas ces finesses de discernement, se laissait aller aux apparences. La précoce surdité du prince le rendait intéressant. On aimait à voir à ses côtés cette belle Brésilienne, qu'il avait si cavalièrement épousée, et dont les grâces un peu sauvages charmaient les Parisiens. Enfin, on croyait savoir que le prince haïssait plus que ses frères

---

[1] Le duc de Montpensier commandait à Vincennes et y recevait une fois la semaine dans des appartements restaurés et ornés avec beaucoup de goût.

le despotisme intérieur du roi, qu'il blâmait sa politique, et qu'il affrontait souvent les colères royales par de véhéments reproches [1].

Reconnaissant en lui des qualités toutes françaises, le peuple accueillait, en les exagérant, tous les bruits favorables au prince de Joinville. Lorsqu'il alla rejoindre en Algérie le duc d'Aumale, nommé gouverneur à la place du maréchal Bugeaud, on dit hautement qu'il allait expier dans l'exil des vues trop justes, un langage trop sincère pour n'être pas importun; on ajoutait qu'une rivalité jalouse entre lui et le duc de Nemours, rivalité qui, malgré l'intervention de madame Adélaïde et de la princesse Clémentine [2], jetait le prince de Joinville dans le parti de la duchesse d'Orléans, avait rendu nécessaire son éloignement indéfini [3].

Ces ferments de discordes, ces passions contenues avec tant de peine par la main despotique du roi, présageaient au pays une régence orageuse. Le prestige du droit divin,

---

[1] Une lettre du prince de Joinville au duc de Nemours montre qu'en effet il attribuait au roi les dangers, très-nettement définis par lui, de la situation politique. (Voir aux *Documents historiques*, à la fin du volume, n° 2.)

[2] La princesse Clémentine, troisième fille du roi, avait épousé le prince de Cobourg, et résidait habituellement aux Tuileries. C'était une personne aimable et d'une intelligence cultivée.

[3] Il n'est peut-être pas sans intérêt de connaître l'opinion que feu M. le duc d'Orléans exprimait, dans l'intimité, sur ses frères et sur le rôle qu'ils joueraient au jour d'une insurrection populaire, toujours prévue au Château. « Nemours est l'homme de la règle et de l'étiquette, disait le duc d'Orléans; *il emboîte bien le pas*, et se tient derrière moi avec une attention scrupuleuse. Jamais il ne prendra l'initiative, mais on peut le charger de défendre les Tuileries; il se fera tuer avant d'en ouvrir les portes. D'Aumale est un brave troupier qui ne restera pas en arrière. Joinville a la passion du danger; il fera mille imprudences brillantes, et recevra une balle dans la poitrine à l'assaut d'une barricade. Quant au petit, ajoutait-il en désignant le duc de Montpensier, depuis que les cadets ne sont plus abbés, je n'imagine pas trop ce qu'on en pourra faire. » — « Nemours aurait dû naître archiduc, » disait Louis-Philippe.

effacé en 1830, montrait à nu les misères de ces familles royales. Ce prestige une fois disparu, les idées républicaines surgissent de toute part ; la république apparaît à la raison publique, comme une nécessité plus ou moins éloignée, mais inévitable.

CHAPITRE IV

Ouverture des Chambres. — Discussion de l'adresse à la Chambre des pairs.

Le jour de l'ouverture des Chambres approchait. Il fallait que le ministère prît un parti, qu'il se décidât nettement pour l'une ou l'autre politique : la politique de la résistance ou celle des concessions, celle du progrès libéral ou celle de l'immobilité prétendue conservatrice. Se conformer à l'esprit des institutions constitutionnelles en cédant à l'opinion vraie du pays, ou bien s'en tenir à la lettre du gouvernement parlementaire en s'appuyant sur la légalité factice d'un vote servile, telle était l'alternative qui se posait devant le pouvoir. Elle ne parut pas douteuse aux deux hommes qui dirigeaient les conseils de Louis-Philippe. Tous deux, sans balancer, résolurent de ne prendre en aucune considération un vœu manifeste, et de retenir la France, malgré elle, dans un état de stagnation et de malaise moral dont il lui tardait de sortir. Les mobiles qui déterminaient M. Guizot et M. Duchâtel à prendre un parti aussi opposé aux doctrines qu'ils avaient professées toute leur vie étaient de diverses natures. Fatigué d'une lutte ingrate contre la probité publique, pressé de jouir, loin du tracas des affaires, d'une fortune considérable, M. Duchâtel, depuis quelque temps, sollicitait le roi d'agréer sa démission ; et, retenu à contre-cœur par des instances qui ressemblaient à des ordres, s'il inclinait de plus en plus vers une résistance opiniâtre, c'était autant par impatience d'humeur que par conviction d'esprit. M. Guizot, au contraire, ne pouvait souffrir la pensée de quitter le pouvoir. Son ambition tenace [1] s'irritait, au lieu de se lasser, dans la lutte. Le succès des radicaux pendant la campagne des réformistes, et surtout la combinaison, préparée au sein de l'opposition modérée, d'un ministère qui devait, selon toute vraisemblance, se concilier bien des suffrages [2], en blessant son orgueil, l'excitaient au combat. Loin de les contenir, comme c'était son devoir, il ranimait les colères de Louis-Philippe. Pour se rendre plus nécessaire, il jetait ce vieillard circonspect et temporisateur dans tous les hasards d'une politique provoquante, sans rapport avec son passé, en contradiction avec le caractère de tout son règne.

Voici le langage que MM. Guizot et Duchâtel firent tenir au roi devant les Chambres réunies, le 27 décembre 1847 :

[1] Cette ambition se payait quelquefois de satisfactions très-puériles. Qui n'eût pensé qu'il devait être indifférent à un homme d'État en possession d'une prééminence réelle dans les conseils du roi d'en étaler à tous les yeux le signe extérieur? M. Guizot eut cette faiblesse. Pour obtenir du maréchal Soult qu'il lui cédât la présidence du conseil, il ne craignit pas d'exposer Louis-Philippe aux railleries du pays tout entier, en lui faisant ressusciter en faveur d'une vieillesse vaniteuse la dignité de maréchal général de France. Ce titre avait été créé pour le duc de Lesdiguières. Louis XIV l'avait renouvelé en faveur de Turenne. Depuis le maréchal Villars et le maréchal de Saxe, personne ne l'avait porté. Les prérogatives honorifiques auxquelles il donnait droit choquaient à tel point les habitudes d'esprit de la société actuelle qu'un rire général en accueillit le simple énoncé.

[2] Cette combinaison, dont M. de Girardin s'était fait l'instigateur, aurait amené au pouvoir, sous la présidence de M. Molé, MM. de Rémusat et Dufaure, qui, par leur refus d'assister aux banquets, avaient attiré l'attention bienveillante du roi. M. de Rémusat dans le conseil était un gage pour M. Thiers, qui, estimant peu viable un ministère dont M. Molé serait l'âme, consentait à attendre qu'il fût usé, et promettait de ne pas l'attaquer à la Chambre. Déjà plusieurs conférences avaient été ménagées entre M. Thiers et M. de Girardin chez une femme artiste, madame de Mirbel, qui faisait le portrait de l'un et de l'autre. Le journaliste n'emporta pas de ces entretiens une très-haute opinion de l'homme d'État. « Quand j'ai causé une heure avec M. Thiers, disait-il un jour, il me prend une irrésistible envie d'aller serrer la main à M. Guizot. »

« Messieurs les pairs, messieurs les députés,

« Je suis heureux, en me retrouvant au milieu de vous, de n'avoir plus à déplorer les maux que la cherté des subsistances a fait peser sur notre patrie. La France les a supportés avec un courage que je n'ai pu contempler sans une profonde émotion. Jamais, dans de telles circonstances, l'ordre public et la liberté des transactions n'ont été si généralement maintenus. Le zèle inépuisable de la charité privée a secondé nos communs efforts. Notre commerce, grâce à sa prudente activité, n'a été atteint que faiblement par la crise qui s'est fait sentir dans d'autres États. Nous touchons au terme de ces épreuves. Le ciel a béni les travaux des populations, et d'abondantes récoltes ramènent partout le bien-être et la sécurité. Je m'en félicite avec vous.

« Je compte sur votre concours pour mener à fin les grands travaux publics qui, en étendant à tout le royaume la rapidité et la facilité des communications, doivent ouvrir de nouvelles sources de prospérité. En même temps que des ressources suffisantes continueront d'être affectées à cette œuvre féconde, nous veillerons tous avec une scrupuleuse économie sur le bon emploi du revenu public, et j'ai la confiance que les recettes couvriront les dépenses dans le budget ordinaire de l'État qui vous sera incessamment présenté. Un projet de loi spécial vous sera proposé pour réduire le prix du sel et alléger la taxe des lettres dans la mesure compatible avec le bon état de nos finances.

« Des projets de loi sur l'instruction publique, sur le régime des prisons, sur nos tarifs de douanes, sont déjà soumis à vos délibérations. D'autres projets vous seront présentés sur divers sujets importants, notamment sur les biens communaux, sur le régime des hypothèques, sur le mont-de-piété, sur l'application des caisses d'épargne à de nouvelles améliorations dans la condition des classes ouvrières. C'est mon vœu constant que mon gouvernement travaille avec votre concours à développer en même temps la moralité et le bien-être des populations.

« Mes rapports avec les puissances étrangères me donnent la confiance que la paix du monde est assurée. J'espère que les progrès de la civilisation générale s'accompliront partout et de concert entre les gouvernements et les peuples, sans altérer l'ordre intérieur et les bonnes relations des États.

« La guerre civile a troublé le bonheur de la Suisse. Mon gouvernement s'était entendu avec les gouvernements d'Angleterre, d'Autriche, de Prusse et de Russie, pour offrir à ce peuple voisin et ami une médiation bienveillante. La Suisse reconnaîtra, j'espère, que le respect des droits de tous et le maintien des bases de la confédération helvétique peuvent seuls lui assurer les conditions durables de bonheur et de sécurité que l'Europe a voulu lui garantir par les traités.

« Mon gouvernement, d'accord avec celui de la Grande-Bretagne, vient d'adopter des mesures qui doivent parvenir enfin à rétablir nos relations commerciales sur les rives de la Plata.

« Le chef illustre qui a longtemps et glorieusement commandé en Algérie a désiré se reposer de ses travaux. J'ai confié à mon bien-aimé fils le duc d'Aumale, la grande et difficile tâche de gouverner cette terre française. Je me plais à penser que, sous la direction de mon gouvernement, et grâce au courage laborieux de la généreuse armée qui l'entoure, sa vigilance et son dévouement assureront la tranquillité, la bonne administration et la prospérité de notre établissement.

« Messieurs, plus j'avance dans la vie, plus je consacre avec dévouement au service de la France, au soin de ses intérêts, de sa dignité, de son bonheur, tout ce que Dieu m'a donné et me conserve encore d'activité et de force. Au milieu de l'agitation que fomentent les passions ennemies ou aveugles, une conviction m'anime et me soutient, c'est que nous possédons dans la monarchie constitutionnelle, dans l'union des grands pouvoirs de l'État, les moyens les plus assurés de surmonter tous ces obstacles, et de satisfaire à tous les intérêts moraux et matériels de notre chère patrie. Maintenons fermement, selon la Charte, l'ordre social et toutes ses conditions. Garantissons fidèlement, selon la Charte, les libertés publiques et tous leurs développements. Nous remettrons intact aux générations qui viendront après nous le dépôt qui nous est confié, et elles nous béniront d'avoir fondé et défendu l'édifice à l'abri duquel elles vivront heureuses et libres. »

Ce langage ne pouvait laisser subsister aucun doute. Il était bien expliqué, bien entendu, que le ministère ne céderait pas d'une ligne à l'opposition dynastique. La manifestation des banquets n'avait à ses yeux d'autre caractère que celui d'une bravade inconsidérée, presque factieuse ; il considérait comme un droit, comme un devoir de la flétrir et de dénoncer à la France les hommes qui n'avaient pas craint de s'y associer, c'est-à-dire une minorité imposante dans la Chambre et une partie notable de la classe la plus influente dans le pays. C'était pousser l'infatuation jusqu'à la démence.

De crainte qu'on ne s'y méprît, M. Guizot avait d'ailleurs le soin de dicter au *Journal des Débats* et à la *Revue des Deux-Mondes*, ses organes quasi-officiels, des commentaires encore plus provoquants que le discours du trône. « Le ministère a relevé publiquement le gant qui lui était jeté, disait la *Revue* du 1ᵉʳ janvier. Qu'il l'ait fait sous une forme tant soit peu agressive, nous ne lui en ferons pas un reproche ; nous trouvons au contraire merveilleux ceux qui accusent le gouvernement d'avoir fait du roi un chef de parti, comme si le roi n'avait pas, après tout, le droit d'être le chef de son parti.

« Si la question est ainsi posée, à qui la faute, sinon à ceux qui, dans les banquets, ont élevé ou laissé s'élever des partis contre celui du roi et de la Constitution? Depuis six mois, nous voyons des caricatures rétablir les autels de Robespierre et de Marat, et y sacrifier les lois en attendant qu'ils puissent y sacrifier autre chose, et le gouvernement n'aurait pas le droit de dire que la royauté a des ennemis! Depuis six mois, les chefs de l'opposition dynastique laissent impunément traîner la dynastie et la Charte dans la boue républicaine, et dissimulent honteusement leur drapeau devant celui des ennemis de la Constitution, et il ne serait pas permis de leur dire qu'ils sont *aveugles!* » Ce jour-là même le *Journal des Débats* disait, dans un article très-dédaigneux, en faisant allusion aux menaces du radicalisme : « Marchez sur le fantôme, il s'évanouira; fuyez, il grandira jusqu'au ciel. »

Cependant le discours du trône faisait baisser la rente. Plusieurs fois, sur son passage ou sous ses fenêtres, Louis-Philippe put entendre dans les rangs de la garde nationale les cris de *A bas la corruption! vive la réforme!* Trois élections hostiles ébréchaient la majorité conservatrice. La liste des candidats présentée au roi pour la nomination d'un maire du deuxième arrondissement portait exclusivement des noms connus dans l'opposition, et marquait ainsi, de la manière la moins équivoque, les dispositions frondeuses de l'un des quartiers les plus considérables de Paris. Enfin, le récit imprimé d'un honteux trafic de place, en entachant le président du conseil, personnellement épargné jusque-là, venait compléter la série de ces révélations ignominieuses par lesquelles le cabinet se voyait coup sur coup dépouiller du peu qui lui restait encore d'autorité morale [1]. C'étaient là de médiocres sujets de triomphe; mais les ministres

---

[1] Par des motifs qui furent diversement interprétés, M. Petit, receveur particulier à Corbeil, publiait, avec toutes les preuves à l'appui, la scandaleuse histoire d'une convention faite avec M. Guizot, par l'entremise de M. Génie, chef de son cabinet, et de M. Bertin, pair de France. Il résultait de ce récit que deux recettes avaient été échangées contre la démission d'un conseiller-maître à la cour des comptes, sur la charge duquel le ministre avait jeté les yeux pour récompenser une créature. M. Alem-Rousseau et M. Petit avaient négocié cette démission au prix de 15,000 francs d'argent comptant et d'une pension viagère de 600 francs.

avaient leur arrière-pensée. Ils trouvaient dans la tension même de cette crise dont chacun s'effrayait, des motifs de s'applaudir, parce que, selon leur conviction intime, à la première tentative d'émeute provoquée par les radicaux, le pays ouvrirait les yeux et retrouverait soudain, par la conscience du danger, le sentiment de l'ordre, c'est-à-dire une soumission absolue à la politique conservatrice. Nous allons voir de quelle manière ces prévisions furent déjouées par l'événement.

A la Chambre des pairs, c'est à peine si l'on put s'apercevoir que la situation du cabinet était empirée. L'adresse rédigée par M. de Barante reproduisait, selon la coutume, avec de légères modifications dans les termes, le discours du trône. Elle se montrait peu favorable à la réduction de l'impôt sur le sel et de la taxe des lettres. Le paragraphe relatif aux affaires de Suisse était d'une insignifiance calculée. Tout faisait présager une discussion sans franchise, engagée pour la forme seulement, afin de demeurer dans la fiction des trois pouvoirs, fiction sans laquelle la philosophie politique de l'école doctrinaire n'admet pas que l'on puisse gouverner un peuple.

Un conservateur éprouvé, M. Meynard, vint, il est vrai, demander compte au ministère de son inertie pendant la dernière session, en insistant, au nom de la majorité, pour qu'il fût donné satisfaction *au besoin légitime de progrès.* Les interpellations au sujet de ce que l'on appelait l'affaire Petit attirèrent bien aussi à M. Guizot, qui s'excusait en alléguant un usage fâcheux, des démentis de la part de MM. Molé, Passy, d'Argout; mais c'étaient là des nuages fugitifs. Quand M. de Boissy exprimait le désir de voir le ministère *passer bientôt du banc où il siégeait au banc des accusés,* affirmant que, *si l'on continuait de la sorte, les populations aviseraient comme elles avaient déjà avisé dans le passé,* on s'indignait. Quand une brusque interruption de M. de Béthisy défiait le général Jacqueminot de convoquer la garde nationale, dont celui-ci vantait l'esprit excellent, on dressait l'oreille ; mais la Chambre, après ces incidents importuns, rentrait avec bonheur dans la gravité magistrale sous laquelle elle déguisait sa servilité et son apathie.

Il fallut, pour l'en arracher, une voix vibrante, qui vint tout d'un coup, sans ménagement ni pitié, jeter sous les vieilles voûtes du Luxembourg un cri d'alarme, et, réveillant à la fois, dans ces âmes engourdies, la haine et la peur, les transportât hors d'elles-mêmes, dans un état d'exaltation qui tenait du délire.

Ce fut au sujet des affaires de Suisse. M. de Broglie les avait présentées sous le jour le plus favorable au ministère, et la Chambre semblait se ranger à son opinion, lorsque M. de Montalembert parut à la tribune. Il ne s'arrêta point à réfuter l'argumentation des précédents orateurs ni à examiner, dans tous ses détails, une négociation plus ou moins habile; il n'avait dessein ni de soutenir, ni d'attaquer le ministère. Emporté par une passion fougueuse, il laissa loin derrière lui le champ étroit de la polémique. Semblable à un guerrier qui brandit ses armes, plutôt qu'à un législateur qui expose ses idées, M. de Montalembert, signalant à la pairie un ennemi formidable, la fit pâlir au tableau des périls dont elle était menacée. Le radicalisme, suivant M. de Montalembert, était à la veille d'un infernal triomphe; le radicalisme envahissait le monde ; rien ne résistait à ses attaques; rien ne trouverait grâce devant ses fureurs. Et, d'une lèvre véhémente, le jeune orateur, répandant à dessein l'effroi dans les esprits, peignait à l'assemblée frissonnante ses biens dévastés, ses droits méconnus, son sanctuaire violé bientôt peut-être par de nouveaux barbares, qui la *contraindraient à payer, au prix de son patrimoine la rançon de ses votes et de ses arrêts*[1]. Puis, remontant à la cause première de ces maux, de ces désastres, de ces catastrophes imminentes, il lançait l'anathème au dix-

---

[1] Expressions textuelles du discours M. de Montalembert dans la séance du 15 janvier 1848.

huitième siècle, à la Révolution française, à Voltaire, à la Convention; il maudissait le génie même des temps modernes [1].

Comment peindre l'effet produit sur la Chambre par ce fanatisme du moyen âge? A chaque instant interrompu dans la fougue de sa parole par des acclamations frénétiques, l'orateur faillit, en descendant de la tribune, être étouffé dans le transport commun. De tous les bancs on se pressait sur son passage; le chancelier ne contenait plus son enthousiasme; sans égard pour des souvenirs de famille, le duc de Nemours, sortant de son caractère et de son rôle, s'avançait dans l'hémicycle, et venait serrer la main à M. de Montalembert. A partir de cette heure, de ce signal de détresse, la Chambre n'a plus qu'une pensée : écarter au plus vite tous les obstacles qui pourraient entraver le ministère dans sa lutte contre le radicalisme. Elle vote, sans presque les discuter, tous les paragraphes de l'adresse, s'arrête au paragraphe sur les banquets tout juste assez de temps pour fournir à M. Duchâtel l'occasion de déclarer sa résolution de ne point transiger avec l'opposition, rejette en courant un amendement de M de Boissy tendant à faire retirer les épithètes *aveugles et ennemies;* puis elle couronne par un vote de 144 voix contre 43 son œuvre conservatrice.

Depuis si longtemps le pays s'était accoutumé à regarder les décisions de la Chambre des pairs comme de pures formalités, qu'il ne prit pas la peine de censurer ce vote. Les

---

[1] Ancien disciple de l'abbé de Lamennais, M. de Montalembert avait conservé longtemps, de cette haute influence subie, la persuasion que les principes et les intérêts bien compris de l'Église catholique étaient dans une alliance étroite avec les principes et les intérêts de la liberté moderne. Mais, soit que l'expérience et la réflexion eussent à cet égard modifié ses idées, soit que, le fantôme de 93 lui étant apparu, il eût soudain abjuré au-dedans de lui les nouveautés dangereuses du catholicisme libéral, il ne sut plus trouver en ce jour de colère qu'invectives et sarcasmes pour tout ce qui s'inspirait de l'esprit démocratique.

esprits étaient ailleurs; tous les yeux se tournaient vers la Chambre des députés; on espérait, on attendait d'elle quelque acte de courage. Il semblait commandé par le danger même de la situation ; la prudence le conseillait autant que l'honneur; le courage, en de telles conjonctures, n'eût été qu'une prudence suprême.

CHAPITRE V

Discussion de l'adresse à la Chambre des députés.

La Chambre des députés était présidée, depuis 1839, par M. Sauzet, avocat de Lyon, qui avait acquis, en 1830, par la défense de M. de Chantelauze, quelque célébrité. Parvenu aux honneurs, M. Sauzet ne s'était pas montré à la hauteur de l'opinion qu'on avait conçue de lui. Il n'avait su prendre sur la Chambre aucune autorité. Il la présidait avec mollesse bien qu'avec une partialité marquée pour le parti conservateur. L'indolence de son esprit et de son caractère se trahissait dans toute sa personne et le rendait très-impropre, surtout dans les moments de crise, à l'importante fonction qui lui était confiée.

Sur les bancs de la gauche, où siégeaient l'opposition dynastique et quelques républicains, on distinguait MM. Odilon Barrot, Arago, Garnier-Pagès, Dupont (de l'Eure), Carnot, de Courtais, Bethmont, Crémieux, Ledru-Rollin. Malgré l'idée qu'on s'était faite au Château, aucun de ces hommes, si l'on excepte M. Ledru-Rollin, n'était dévoré de *passions ennemies*, ni même animé de l'esprit révolutionnaire. Les uns étaient des hommes réfléchis, trompés une fois déjà par la révolution de 1830, et qui ne croyaient plus guère aux programmes de l'Hôtel de Ville. Les autres siégeaient là par tradition de famille, par respect humain, par honneur, pour ne pas mentir à un passé trop engagé, pour ne pas abandonner une cause qui paraissait vaincue. Les vieux souhaitaient de finir en paix une carrière agitée ; les jeunes hésitaient à compromettre irréparablement un long avenir. Tous auraient voulu épargner au pays les malheurs d'une guerre intestine.

C'est de l'autre côté de la Chambre que siègent, bien que moins suspects au pouvoir, les ennemis véritables de la dynastie d'Orléans. C'est là qu'on voit l'abbé de Genoude, sophiste audacieux, d'une persévérance que rien ne détourne ni ne lasse ; M. de Falloux, ambitieux circonspect, attentif à l'événement, tout prêt à jeter ses idées royalistes dans la forme républicaine et à accommoder ses convictions catholiques aux exigences universitaires ; près de lui, l'héritier d'un nom chevaleresque, la Rochejacquelein, qui, sous l'apparence d'une bonhomie rustique, cache des finesses de courtisan et des habiletés de diplomate ; Benoit, Larcy, Béchard ; et, les effaçant tous de l'éclat de sa renommée, le grand virtuose de la légitimité, l'orateur aux larges poumons, à la parole sonore, au geste éloquent : Berryer.

A leurs côtés, mais non avec eux, Lamartine, calme et froid, reconnaît avec une indifférence apparente les dispositions du champ de bataille, préparé dans son for intérieur à jeter, au moment décisif, sa voix et sa vie dans la mêlée. Non loin de lui, mais seul aussi, dédaigneux, impassible, siège un homme dont le silence semble une menace et l'attitude un reproche : M. de Girardin.

Entre les deux extrémités de la Chambre, se groupent, autour de la masse des conservateurs, les fractions dissidentes : M. Duvergier de Hauranne, M. de Rémusat, le plus nonchalant, le plus sceptique, mais le plus bel esprit de France ; MM. Janvier, de Malleville, Billault, Dufaure, le seul orateur de la Chambre, peut-être, chez qui la solidité de l'argumentation, la précision des faits et la sobriété des développements soient parvenues à une perfection si rare qu'elle égale les dons les plus brillants de l'éloquence ; MM. de Tocqueville, Beaumont, Vivien ; M. Dupin, le rude et souple frondeur d'une dynastie qu'il aime. Nouveau venu dans une assemblée politique, on ne sait pas encore quelle position va prendre le général Lamoricière ; son œil brille d'une ardeur impatiente ; le soleil africain a-t-il mûri dans ce cerveau des idées politiques ou des talents parlementaires ? On n'en sait rien encore : ce que l'on sait du jeune chef d'armée, c'est sa bravoure ; ce que l'on devine, c'est son ambition ; ce que l'on soupçonne, c'est la mobilité de son caractère.

Au haut de ce que l'on appelle le centre droit, dominant toutes ces physionomies agitées et ce mouvement confus de voix et de gestes, la forte stature et la tête énergique du maréchal Bugeaud arrêtent le regard. Le commandement respire dans toute sa personne. Haï de la population parisienne depuis l'insurrection des 5 et 6 juin, *le massacreur de la rue Transnonain* [1], comme elle l'appelle, est également odieux au parti légitimiste qui se souvient de Blaye. Le roi redoute son caractère intraitable et lui sait peu de gré de son dévouement à la dynastie ; le ministère se plaint de ses façons despotiques, de son mépris des usages parlementaires [2] ; et cependant le duc d'Isly, aimé du paysan

---

[1] Cette calomnie de l'esprit de parti ne put jamais être effacée de l'imagination populaire. Il a cependant été mille fois démontré que le maréchal Bugeaud n'était pour rien dans l'horrible événement qu'on lui impute. Les forces militaires destinées à réprimer l'insurrection avaient été divisées en trois brigades ; le général Bugeaud en commandait une, mais il n'avait aucun ordre à donner dans les deux autres. La rue Transnonain ne se trouvait pas dans la circonscription de son commandement.

[2] M. Thiers, qui tenait en haute estime cette rare capacité militaire et ce grand bon sens, n'avait cependant pas osé l'employer pendant son dernier ministère, de peur de réveiller dans l'opposition de trop fortes antipathies. M. Guizot fut plus hardi ; mais les différends survenus à l'occasion de l'expédition de Kabylie, entreprise par le maréchal malgré une défense formelle du gouvernement, le firent remplacer par le duc d'Aumale. Le duc d'Isly fut mis à même, suivant l'expression de M. Guizot, *de venir jouir de sa gloire* et de se reposer dans ses terres, où il s'occupait avec passion d'agriculture théorique et pratique.

dont il a le bon sens rustique, chéri du soldat qu'il entoure d'une constante sollicitude, grandit chaque jour en importance et en autorité.

Au banc des ministres, M. Guizot, pâle, les traits contractés, paraît souffrir avec une égale irritation le concours inintelligent de ses amis et les attaques malhabiles de ses ennemis politiques. M. Duchâtel, soucieux, las, ennuyé, vient s'asseoir auprès de M. de Salvandy, dont la confiance superbe et le zèle retentissant ne semblent pas soupçonner un danger, même lointain. Près d'eux siègent M. Hébert, la menace à la bouche, le plus détesté des hommes de répression ; M. Trézel, que sa probité inattaquable a fait choisir malgré sa capacité médiocre, afin qu'il y ait du moins dans le ministère une administration à l'abri de l'injure ; M. de Montebello, disciple de la philosophie éclectique, assez surpris de se voir subitement appelé, d'une ambassade où il a paru inexpérimenté, à un ministère auquel il ne saurait prêter aucune force ; M. Cunin-Gridaine, habile industriel, orateur des plus nuls ; M. Dumon, homme appliqué aux affaires, d'une parole lucide, d'un jugement sain, mais sans initiative ; M. Jayr, ignoré du public. Telle est la représentation du pouvoir au sein de l'Assemblée. Il n'y a là que deux talents, deux volontés qui absorbent les autres, et qui elles-mêmes sont absorbées par la volonté royale. Louis-Philippe, trop jaloux de son autorité, trop confiant dans son propre génie, reste à découvert derrière cet appareil mensonger d'un gouvernement dont la France ne respecte plus ni le caractère moral, ni les actes politiques, et dont, tout à l'heure, elle va secouer avec indignation le poids inerte.

Presque chaque jour, pendant les débats de l'adresse, quelqu'un des membres de la famille royale assiste aux séances. Le plus souvent la duchesse d'Orléans, tristement attentive, regarde, écoute, contenant avec effort, sous un sourire bienveillant, son inquiétude secrète. Dans une tribune voisine, on voit deux belles jeunes filles dont le visage se colore de l'émotion du triomphe quand la voix de cet homme puissant, qui est leur père, affronte et réduit au silence les colères de ses ennemis : ce sont les demoiselles Guizot, aujourd'hui environnées de tant d'hommages, demain réduites à se cacher, à fuir.

Dans la tribune diplomatique, lord Normanby, ce représentant d'une aristocratie bien assise et versée depuis des siècles dans le maniement des grandes affaires, suit d'un œil observateur, et non sans quelque ironie, les hésitations, les inconséquences, les fautes sans nombre d'une démocratie encore inexpérimentée. Vis-à-vis, et comme pour faire contraste avec l'attitude réservée du corps diplomatique, les journalistes font retentir leur tribune de disputes bruyantes, de querelles, de défis. Là, se rencontrent MM. Chambolle, Pérée, Pascal Duprat, Eugène Pelletan. Là, M. Flocon, caractère probe, courageux, homme d'écorce rude, de langage peu choisi, observe d'un œil méfiant M. Marrast, l'*aristocrate du National*, que l'on devait bientôt appeler le *marquis* de la République. Jadis compagnon de captivité de Godefroy Cavaignac, intrépide champion de la cause républicaine, M. Marrast, raillant ses illusions de jeunesse, a visiblement renoncé à l'ambition du martyre. Sa verve épigrammatique semble obéir à je ne sais quelle secrète prudence. Tout en attaquant M. Thiers, on dirait qu'il l'envie. Il exprime parfois pour le ministre du 1er mars une admiration que son parti lui impute à crime.

Hélas! de tous les côtés, dans tous les rangs, en haut et en bas, à droite et à gauche, dans cette Chambre souveraine, que de scepticisme, d'hypocrisie! quelle confusion morale! Triste spectacle qu'une telle réunion d'hommes chargés des destinées d'une telle nation! Pour quelques caractères dont rien n'a pu altérer la vertu, combien sont devenus indifférents au bien et au mal, au juste et à l'injuste, n'ont souci que de leur fortune et n'estiment en toutes choses que le succès!

Deux faits honteux, signalés par l'opposition dynastique,

ouvrent de la manière la plus déplorable cette session si courte et qui devait être la dernière. Des fonds provenant d'une souscription de bienfaisance ont été détournés de leur destination et distribués arbitrairement par un préfet, dans l'intérêt d'un candidat ministériel[1]. C'est là un vol positif, sur lequel le débat qui s'engage avec assez de vivacité jette une lumière accablante. Mais la majorité, pressée de montrer au ministère qu'elle lui demeure invariablement fidèle, refuse d'ouvrir les yeux à l'évidence, et vote avec un accord affligeant cette élection plus que suspecte.

Ce vote était de bon augure pour M. Guizot; par malheur on ne lui laisse pas le temps de s'en réjouir. Dès le lendemain, M. Barrot monte à la tribune et l'interpelle au sujet de la scandaleuse histoire, qui, sous le nom d'*affaire Petit*, préoccupe et indispose tous les esprits. Les faits sont trop avérés, les dates trop précises, les contrats trop authentiques; le système des dénégations hautaines n'est plus applicable. Aussi M. Guizot donne-t-il un autre tour à la défense. Dans une confession renouvelée de Tartuffe, il s'accuse, et avec lui *toutes les administrations qui l'ont précédé depuis trente ans*, d'avoir laissé *un point de jurisprudence douteux*, d'avoir *toléré une pratique regrettable*, mais qui s'explique par *d'anciennes traditions* et par *l'empire d'une partie des lois actuelles*. « Mais ne croyez pas, ajoute le ministre, pris dans ce qu'il appelle un *petit dédale d'accusations et d'insinuations, que j'entende me prévaloir de ce que je rappelle ici pour soutenir et justifier le fait en lui-même. Je ne me paye pas de subtilités, et je ne me plaindrai jamais de voir se développer les susceptibilités et les exigences morales de la Chambre et du pays. Que la conscience publique devienne chaque jour plus difficile et plus sévère*, répète M. Guizot avec une merveilleuse assurance, *je m'en féliciterai, bien loin de m'en plaindre.* » Puis il certifie que, depuis deux ans, les faits de cette nature ont cessé de se produire, et annonce

---

[1] M. Richond des Brus, député de la Haute-Loire.

qu'un projet de loi, présenté par le garde des sceaux et incessamment soumis à la délibération des Chambres, va mettre un terme définitif à cette sorte d'abus.

Une pompeuse apologie de lui-même, de ses amis, de eur moralité politique, suivie de la menace habituelle de démission si le vote qui va suivre témoignait du *moindre affaiblissement dans la confiance de la majorité*, accompagne ce nouveau défi jeté à l'honnêteté publique. Mais le défi est relevé aussitôt par MM. Thiers et Dufaure qui repoussent avec indignation, comme l'avaient déjà fait MM. Molé, Passy et d'Argout, la solidarité de ces actes que le président du conseil appelle de *petits faits*, mais que M. Dupin qualifie de *stellionat* et de *simonie politique*. « Il y a longtemps, s'écrie M. Barrot dans cette discussion toute brûlante de personnalité, il y a longtemps que je savais que nous ne nous comprenions plus en politique ; mais je croyais que sur les choses de l'honnêteté nous nous comprenions encore. » Mais le parti pris de la majorité conservatrice est inébranlable. Elle rejette obstinément deux ordres du jour proposés par MM. Lherbette et Darblay afin de constater le mécontentement de la Chambre. Par l'adoption de l'ordre du jour de M. de Peyramont, elle renouvelle le pacte honteux qui l'asservit aux volontés de M. Guizot ; puis on passe à la discussion de l'adresse[1].

Le premier débat s'engage par un exposé complet de notre situation financière, dont M. Thiers signale les périls avec une clarté et une précision implacables[2]. Le

---

[1] La commission composée de neuf députés ministériels, ce qui ne s'était pas vu depuis le ministère de M. de Villèle, avait choisi M. Vitet pour son rapporteur.

[2] Le lendemain, 26 janvier, on lisait dans le *National* un commentaire effrayant du discours de M. Thiers : « Quel héritage, disait-on en s'adressant au ministère, laisserez-vous au pays ? Quel est le dernier terme prochain peut-être de votre système ? Il faut dire le mot, c'est la banqueroute. Avec la durée de ce qui est, il n'y a pas d'autre issue : la banqueroute par la paix, la banqueroute comme résultat presque infaillible de cette politique d'ordre. »

chiffre de la dette flottante dépasse de plus de deux cents millions celui que les plus alarmistes avaient osé supposer, et M. Thiers démontre qu'il est absolument impossible d'enrayer sur cette pente fatale. Il résume en ces termes la situation : « Un budget ordinaire en déficit soldé tous les ans avec les réserves de l'amortissement qui devaient suffire au budget extraordinaire ; un budget extraordinaire soldé avec des réserves futures et en attendant avec la dette flottante ; enfin la dette flottante que vous diminuez de temps en temps par un emprunt resté au-dessus des limites raisonnables, au-dessus des limites de la prudence. »

La Chambre, qui prête toujours une attention scrupuleuse aux paroles de M. Thiers, paraît frappée de ce tableau. L'inquiétude sur l'état des finances est la seule émotion dont la majorité soit encore susceptible. Elle se rencontre un instant sur ce point avec la minorité dans un sentiment de défiance pour le cabinet ; elle écoute avec incrédulité MM. Dumon et Duchâtel. Ceux-ci d'ailleurs, aux accusations de M. Thiers, ne peuvent opposer qu'un vague tableau des prospérités du pays, et ne persuadent personne. Les coups de M. Thiers ont porté juste. Les attaques d'un homme qui connaît les affaires pour les avoir longtemps pratiquées jettent l'alarme dans tous les partis et blessent par le côté le plus vulnérable le cabinet conservateur. A quelques jours de là, on peut s'apercevoir aussi que le vote de la majorité n'est plus suffisant pour absoudre le ministère et que la pression de l'opinion publique s'exerce avec plus de force, car elle oblige les députés à revenir encore sur cette honteuse *affaire Petit*, que M. Guizot et ses adhérents voudraient à tout prix étouffer. A propos du quatrième paragraphe de l'adresse, qui promet au roi le concours des Chambres pour adoucir le *sort de ceux dont le travail est l'unique ressource*, M. de Tocqueville, après un long tableau de la dégradation des mœurs publiques et privées, accuse de cette dégradation le gouvernement, et en particulier M. Guizot, qui a perdu, dit-il, depuis la révélation des trafics auxquels on se livre sous ses auspices, son *prestige d'austère probité*. Comme si les paroles de M. de Tocqueville n'eussent pas été assez explicites, M. Billault, reprenant le même thème, formule un acte d'accusation en règle et somme le ministre de confesser la part qu'il a dans cette affaire, ou bien de destituer son chef de cabinet, M. Génie.

M. Janvier répond à cette accusation par une apologie complète, très-hasardée en pareille circonstance, du ministère. Il vante, au milieu des rires et des interruptions les plus insultantes, l'élévation du caractère de M. Guizot et déclare que les conservateurs continueront à le soutenir, parce que *quelques fautes récentes* ne leur feront point oublier de si longs services rendus.

Ces louanges et ces attestations de moralité sont suivies d'un discours assez ambigu de M. Dufaure, qui adopte l'amendement de M. Billault comme un *avertissement conciliable avec l'estime*. Mais M. Duchâtel repousse même cet avertissement adouci, et la majorité rejette l'amendement. Les questions de probité ainsi écartées, on passe aux questions politiques.

Les affaires d'Italie sont portées à la tribune par M. de Lamartine. La plus grande fermentation continuait à régner d'une extrémité à l'autre de l'Italie. L'Autriche redoublait de rigueur en Lombardie; les prisons se remplissaient; des rixes continuelles entre les étudiants et la force armée ensanglantaient Milan et Pavie; les soldats se portaient aux plus graves excès et les proclamations brutales du maréchal Radetzki semblaient les y encourager. Ne pouvant encore se venger par une voie plus directe, la population milanaise essayait de tarir une des sources du revenu de l'Autriche en renonçant subitement à l'usage du tabac. Étrange conjuration, sérieuse sous une apparence frivole, qui montrait une unanimité redoutable dans la haine de l'étranger et faisait présager un soulèvement prochain. A Gênes, une émeute contre les jésuites inquiétait le gouvernement de Charles-Albert. Des manifestations du même genre avaient lieu à Rome et fournissaient à la faction des cardinaux des arguments contre la liberté dont l'esprit indécis et le caractère faible de Pie IX paraissaient très-troublés. Enfin Palerme s'était insurgée, et, après un bombardement de quarante-huit heures, le comte d'Aquila, renonçant à la réduire par la force, retournait auprès de son frère, le roi de Naples, et le décidait à faire des concessions.

C'est sous de tels auspices que s'ouvrait à la Chambre la discussion du paragraphe sur l'Italie. Les sympathies publiques étaient acquises à la cause italienne. M. de Lamartine leur prêta sa voix éloquente. Il accusa le gouvernement de s'être allié à tous les gouvernements absolus depuis sa rupture insensée avec l'Angleterre. « La France, entre vos mains, dit-il, en se tournant vers M. Guizot, devient gibeline à Rome et à Milan, sacerdotale à Berne, autrichienne en Piémont, et russe à Cracovie. » Puis il développa, avec un grand bonheur d'expressions, cette opinion, qui était au fond l'opinion de la France. La réponse de M. Guizot ne fut point habile. En insistant sur la religieuse observation des traités de 1815, en risquant l'éloge du prince de Metternich, il ranima un moment les susceptibilités nationales de la Chambre, et provoqua sur les bancs de l'opposition de violents murmures. Mais, suivant sa coutume, il attendit avec un tranquille dédain que la rumeur fût calmée et prononça alors ces paroles mémorables : « Il ne s'agit pas du tout, à l'heure qu'il est, de constitution dans les États italiens. De quoi il s'agira dans dix ans, dans vingt ans, je l'ignore. Je ne suis pas obligé de traiter à cette tribune les questions que mes successeurs y traiteront. »

Le même jour, on apprenait à Paris que l'insurrection de Palerme repoussait toutes les concessions du roi de Naples; la conséquence de ce refus était la promulgation d'une constitution, non-seulement à Naples, mais bientôt après à Florence, et l'insistance très-énergique des populations à Turin et à Rome pour en obtenir une semblable.

Toujours très-révolutionnaire en paroles et dans les choses de l'extérieur, M. Thiers ne manque pas de saisir une circonstance aussi favorable pour enlever les applaudissements de la gauche et embarrasser le ministère sans trop se compromettre. Il revendique pour la France l'honneur de protéger en Europe les progrès de la liberté. Il rappelle que la nation française a compté dans son sein les *plus grands agitateurs de la pensée humaine*: Descartes, Pascal, Voltaire, Montesquieu. Mais, tout en flétrissant les meurtres commis à Milan et le bombardement de Palerme, tout en lançant aux souverains coupables de ces forfaits les épithètes de tyrans et de bourreaux, l'ex-ministre reconnaît, en homme qui veut pouvoir rentrer aux affaires, la validité des traités de Vienne et prononce cette sentence, très-peu digne d'un esprit sérieux : *Il faut les maintenir, mais en les détestant.*

C'était faire beau jeu au cabinet. C'était fournir à M. Guizot une occasion précieuse de mettre à découvert la mauvaise foi ou la puérilité d'une opposition qui jouait sur des mots, et d'une politique réduite à équivoquer misérablement sur les principes. M. Guizot commence sa réplique en déclarant, avec une ironie peu voilée, qu'il est heureux de se trouver aussi *parfaitement d'accord* avec son adversaire. Ce que M. Thiers *dit*, le cabinet du 29 octobre l'a *fait*. Le cabinet a soutenu, comme il le devait, l'indépendance des États italiens ; il a réclamé contre le *fait irrégulier* de l'occupation de Ferrare et de Modène par les troupes autrichiennes ; il encourage à Rome et partout les réformes sages, modérées ; enfin sa politique est au fond semblable à celle de M. Thiers ; elle n'en diffère que dans la forme, ce qui est suffisamment expliqué par la différence des situations entre un homme qui, en dehors du pouvoir peut tout dire, et celui auquel des convenances supérieures commandent le silence. M. Guizot n'épargne pas non plus à M. Thiers un persiflage bien mérité sur les qualifications peu parlementaires de bourreaux et de meurtriers appliquées à des personnes royales et sur le merveilleux axiome qui enjoint de *détester* des traités que l'on trouve utile de maintenir. En descendant de la tribune, il peut voir qu'il a touché juste; les amis de M. Thiers sont visiblement mal à l'aise; quant aux radicaux, un peu surpris d'entendre ainsi solennellement proclamer la parfaite entente des deux hommes d'État, ils sentent renaître leurs scrupules et s'accusent tout bas d'avoir été dupes.

M. Odilon Barrot tente alors, mais sans succès, d'effacer l'impression que vient de produire le président du conseil. Ses déclamations vagues et froides n'ont pas d'écho; la majorité se retrouve tout entière pour approuver la conduite du cabinet dans les affaires d'Italie.

Le même spectacle, à peu de chose près, se reproduit dans la discussion sur les affaires de Suisse, elle recommence par une joute entre MM. Thiers et Guizot. Mais cette fois l'avantage reste au premier, parce que sentant le besoin de resserrer avec la gauche des liens qui se détendent, il fait beaucoup plus hardiment résonner la corde révolutionnaire. « Nos adversaires, dit M. Thiers, ne voient dans l'affaire de Suisse que le triomphe du radicalisme, triomphe qu'ils regardent comme très-dangereux pour l'Europe. Quant à nous, ce que nous y voyons, c'est la révolution et la contre-révolution en présence. » Des bravos partis de la gauche et de plusieurs tribunes accueillent cette manière franche et nette de poser la question. « Le gouvernement, reprend l'orateur, a épousé la cause de la contre-révolution avec une audace qui m'a confondu. Le droit des gens, l'intérêt, la dignité de la France ont été délaissés. » Et il fait suivre ce début d'un admirable résumé historique où il montre, en Suisse comme en France, depuis cinquante ans, une lutte obstinée entre l'ancien régime et le nouveau. Il compare le zèle du gouvernement français dans cette cause illibérale à la froideur qu'il montre en Italie, défend avec chaleur le parti révolutionnaire outrageusement calomnié dans l'autre Chambre par M. de Montalembert, défie e gouvernement de demander à la France un seul homme et un seul écu pour marcher sur Berne, et termine par ces paroles surprenantes qui trahissent son indestructible instinct de jeunesse persistant à travers tous les changements de l'âge mûr et tous les calculs de l'ambition : « Certes, je ne suis pas radical, mais je suis du parti de la révolution en Europe. Je souhaite que la révolution soit dans la main des modérés ; mais, quand elle passerait dans la main des hommes qui ne sont pas modérés, *je ne quitterais jamais pour cela la cause de la révolution.* »

Cette fougueuse harangue étonne, indigne, ravit. Les conservateurs restent atterrés[1]. La gauche, se sentant justifiée et voyant dans ces paroles un gage sérieux d'alliance, applaudit avec passion. Les rédacteurs du *National* donnent, dans la tribune des journalistes, les signes du plus vif enthousiasme. Le soir, tout Paris retentit de cette popularité reconquise. D'un bout à l'autre de l'Europe, un écho prolongé répète les promesses révolutionnaires d'un homme qui touche au pouvoir, et qui bientôt, sans aucun doute, va rendre le monde témoin de leur exécution hardie.

Il n'y avait plus moyen cette fois, pour M. Guizot, de se déclarer d'accord avec M. Thiers ; aussi eut-il recours à une autre tactique. Il opposa l'opinion de M. Thiers, député de l'opposition en 1848, à celle de M. Thiers, ministre des affaires étrangères en 1836, et donna lecture de deux dépêches adressées à cette époque à M. de Montebello, ambassadeur en Suisse. « Le parti radical, disait l'une de ces dépêches, est insensé de croire qu'il y ait pour lui possibilité de s'établir en Suisse, lorsque partout ailleurs ses adhérents en sont réduits à n'oser lever la tête en présence de la réprobation générale et du sentiment universel de répulsion dont ils sont devenus l'objet. » Et plus loin : « Cette faction se montre d'autant plus entreprenante, qu'en

---

[1] M. Molé surtout ne pouvait contenir son indignation : « Ce sont d'odieux sophismes, » répétait-il le soir dans son salon d'un ton irrité.

dépit de ses excès et des complications où sa conduite pourrait entraîner la Suisse, la France se trouverait engagée à la défendre contre toute action hostile ou répressive de l'étranger ; c'est une illusion qu'il importe de détruire. »

« Certainement, messieurs, continuait M. Guizot, en reprenant son accent gravement persifleur, je n'ai jamais tenu aux radicaux suisses un langage plus sévère que l'honorable M. Thiers. » Et les centres riaient, charmés de cette malice oratoire ; et la majorité frivole et inconsistante, sans plus s'inquiéter du fond des choses, s'empressait de voter le paragraphe sur la Suisse, comme elle avait voté le paragraphe sur l'Italie. Rien ne l'arrêtait plus dans son aveugle zèle ; rien n'était plus capable de la détourner de sa voie fatale.

Interpellé dans le débat relatif à la Pologne sur deux mesures récentes qui paraissent peu d'accord avec les assurances de sympathie renouvelées dans l'adresse : l'interdiction d'un banquet d'anniversaire chez le prince Czartoriski, et l'expulsion de M. Bakounine, au lendemain d'un discours hostile à l'empereur Nicolas, prononcé dans la réunion annuelle des Polonais, M. Guizot s'excuse sur des motifs graves qu'il ne peut sans inconvénient communiquer. Il use de la même réserve à l'endroit des affaires de la Plata, où, suivant les accusations de MM. Drouin de Lhuys, Lacrosse et Chambolle, notre gouvernement trahit, depuis sept ans que les négociations sont entamées, une faiblesse et une hésitation funestes aux intérêts français engagés à Montévideo. On passe ensuite à la discussion sur l'Algérie.

Une diatribe de M. Lherbette dénonce au pays les empiétements rapides du gouvernement personnel. L'orateur montre tous les grands commandements envahis par les princes, la faveur décidant seule de tous les avancements dans l'armée de terre et de mer ; il accuse M. Guizot de souffrir, contrairement au principe du gouvernement représentatif, la présence du roi au conseil. Cette accusation éveille chez le ministre une susceptibilité honorable. Il répond avec une animation singulière, et rectifie l'erreur où est tombé M. Lherbette en avançant que la présence du roi au conseil est contraire aux usages de l'Angleterre ; puis, repoussant dans un beau mouvement d'éloquence, l'idée honteuse, indigne de notre temps, que l'on ne saurait approcher des princes sans se soumettre à leurs caprices, il fait avec passion, avec vigueur, avec éclat, une profession de foi monarchique que la grande majorité de la Chambre et des tribunes est entraînée à applaudir. Le soir même, les ducs de Nemours et de Montpensier venaient exprimer au ministre leur gratitude. On est si sensible en France au prestige de la parole, qu'il semble, à la suite de ce beau morceau d'éloquence, que la dynastie vient d'acquérir une force nouvelle.

Après un long discours du maréchal Bugeaud sur la nécessité de conserver en Algérie des forces imposantes et sur le danger d'y développer prématurément des institutions civiles, M. Guizot est interpellé par M. de la Rochejacquelein sur la conduite qu'il compte tenir relativement à Abd-el-Kader.

Le ministère avait compté sur la nouvelle de la soumission de l'émir pour éblouir la Chambre, et déconcerter l'opposition. Mais il s'abusait encore. Cet événement, si longtemps espéré en vain, et qui, en d'autres circonstances, eût excité des transports de joie, ne détourna pas l'attention publique des scandales de l'administration ; il ne fit pas taire un murmure, et suscita même au gouvernement de graves embarras.

C'était le 1er janvier, le jour des félicitations et des vœux, que le télégraphe avait annoncé cette heureuse issue de la campagne conduite par le général Lamoricière. Cette preuve, ajoutée à tant d'autres, de l'étonnante fortune du roi, et l'éclat que ce succès faisait rejaillir sur l'un de ses fils furent salués par les courtisans comme le présage d'autres victoires, non moins souhaitables, sur les ennemis intérieurs ; mais bientôt, le rapport du duc d'Aumale et celui du général Lamoricière fournirent à la presse de l'opposition dynastique et radicale de nouvelles armes contre le gouvernement. Pour échapper aux forces marocaines, l'émir s'était, il est vrai, rendu à l'armée française, mais sous la condition qu'il serait transporté, lui et sa famille, à Saint-Jean d'Acre ou bien à Alexandrie. Arrivé à Toulon sur une de nos frégates à vapeur, il réclamait avec insistance l'exécution du traité.

Cependant, envoyer Abd-el-Kader en Égypte, d'où il pouvait si aisément, sous l'influence et avec l'appui de l'Angleterre, agir contre nous, c'eût été le comble de l'imprudence; le ministère le sentait bien, mais que faire? Désavouer le duc d'Aumale qui avait ratifié les conventions signées par le général Lamoricière? cela semblait impossible; manquer brutalement de parole à un si noble ennemi? que dirait l'Europe? Pour se donner le temps de réfléchir, et malgré les réclamations éloquentes qu'Abd-el-Kader adressait au maréchal Bugeaud et au roi lui-même, M. Guizot, au mépris d'une parole sacrée, le fit enfermer *provisoirement*, disait-il, au fort Lamalgue.

La nomination d'un fils du roi au gouvernement de l'Algérie, attaquée depuis longtemps dans les journaux, le fut à cette occasion à la Chambre des pairs. M. Guizot répondit, comme de coutume, par des atermoiements. Au sujet d'Abd-el-Kader, il dit que le gouvernement n'avait pas pensé que la parole d'un chef militaire dût l'engager politiquement, et que, d'ailleurs, on espérait trouver un moyen de concilier la parole donnée avec la sécurité de la France. La même réponse fut faite aux interpellations de M. de la Rochejacquelein et trouva la même docilité dans la Chambre des députés. Les questions les plus épineuses ainsi écartées, le ministère, triomphant sur tous les points, s'apprêtait à la dernière lutte avec un redoublement de confiance dans ses forces, et s'applaudissait à l'avance d'un succès qui serait sans doute disputé, mais qui lui semblait infaillible. On touchait enfin au paragraphe qui allait soulever la question du droit de réunion et des banquets.

Un incident, dont le caractère révolutionnaire n'échappa point aux esprits attentifs, était survenu pendant la discussion des précédents paragraphes. Par une de ces inconséquences si fréquentes dans la vie des hommes politiques de ce siècle, M. Guizot, qui avait dû une grande partie de sa popularité, sous la Restauration, aux persécutions d'un ministre illibéral, usait à son tour du pouvoir pour interdire la parole à trois professeurs illustres : MM. Mickiewicz, Quinet et Michelet. Leur enseignement à tous trois n'avait pas, il est vrai, la régularité des programmes académiques; un esprit supérieur animait leur parole et faisait sa puissance. Mickiewicz, le poëte-prophète, cherchait dans les origines de la race slave ses droits à la grandeur; il relevait les abattements de la captivité, consolait, ennoblissait l'exil. Évoquant l'ombre de Napoléon, il ravivait l'amour de la France pour la Pologne, et promettait à l'union des deux peuples les plus sympathiques du monde moderne je ne sais quel avenir religieux et guerrier. Dans un langage plein de feu, qui empruntait ses beautés au double génie des langues slave et latine, il prêchait une croisade énigmatique contre l'esprit du mal, annonçant la délivrance de l'humanité, arrachée enfin aux puissances de l'abîme. L'Italie, ce foyer des lumières et de la liberté modernes, aujourd'hui étouffé sous les cendres, inspirait à Quinet des regrets pathétiques, mêlés de malédictions et d'anathèmes. Il menait le deuil de ses grandeurs perdues; il lui suscitait des libérateurs. Quant à Michelet, il interrogeait l'histoire, pour rappeler à une jeunesse amollie les traditions d'honneur, de patriotisme et de liberté.

Tous trois, il le faut avouer, étaient de grands révolutionnaires, à une époque et sous un pouvoir qui n'aspiraient qu'au repos dans le bien-être, car ils réveillaient les nobles curiosités, agitaient les consciences et remuaient les cœurs. Ils osaient enseigner à la génération nouvelle la haine de l'injustice et stimuler en elle le sentiment de l'indépendance ; ils lui parlaient de Dieu, de patrie, de vérité : apostolat dangereux et qu'il importait d'interdire, sous un gouvernement dont un matérialisme grossier faisait toute la force.

Depuis six mois déjà, les cours de M. Mickiewicz et de M. Quinet étaient suspendus sous prétexte que les professeurs s'étaient écartés de leur programme. On n'avait point encore osé attaquer celui de M. Michelet, parce que, mieux sur ses gardes, l'illustre historien s'était tenu plus étroitement au sujet annoncé de ses leçons ; mais on épiait une occasion, et l'on trouva moyen de la faire naître. Le jour de l'ouverture au Collége de France, les étudiants, qui, en attendant l'arrivée du professeur, se livraient d'ordinaire à des passe-temps où la bienséance n'était pas toujours strictement observée, prirent pour thème de leurs joyeusetés le discours du roi aux Chambres ; ils en firent une lecture ironique, accompagnée de gestes moqueurs. Aussitôt des agents de police parurent dans la salle et la firent évacuer. Le lendemain, une affiche annonça que le cours d'histoire de France était suspendu. L'indignation et la colère des jeunes gens furent extrêmes. Le soir même, ils se rendirent en très-grand nombre devant la maison de leur professeur pour lui faire une ovation. Ne l'ayant pas trouvé, ils allèrent à l'Institut et en ébranlèrent les vieilles murailles aux cris frénétiques de *Vive Michelet!* Le lendemain, les journaux de l'opposition donnèrent le discours qu'ils avaient voulu prononcer, et dans lequel ils protestaient avec véhémence contre les actes despotiques d'un *pouvoir renégat issu des barricades*. M. Michelet se plaignit, par la voie de la presse, d'une mesure qui le rendait responsable de faits arrivés en son absence ; à quelques jours de là, n'ayant point obtenu de réparation [1], il publia *ses adieux à ses élèves*, adieux

---

[1] Les journaux ministériels se félicitaient au contraire de ce que le Collége de France avait enfin cessé d'être une école de scandale, de sédition et d'impiété.

éloquents, dernières paroles recueillies avec amour, qui exhortaient la jeunesse à se rapprocher du peuple, à imiter ses vertus, à plaindre ses maux, à se sacrifier au besoin pour lui.

Depuis ce jour, la fermentation avait été croissant dans les écoles; le 3 janvier, elle se produisit au dehors d'une manière qui importuna singulièrement les conservateurs. Trois mille étudiants environ, ayant rédigé une pétition aux députés, se rendirent à la Chambre pour demander justice au nom de la liberté violée et de l'indépendance de l'enseignement supérieur, atteint dans les personnes de MM. Mickiewicz, Quinet et Michelet. Après avoir déposé leur pétition entre les mains de M. Crémieux, ils allèrent successivement en bon ordre, mais avec une contenance fière et résolue, aux bureaux du *National*, de la *Réforme*, de la *Démocratie pacifique*. Là, MM. Thomas, Flocon et Cantagrel, rédacteurs de ces différents journaux, les félicitèrent de leur ardeur à défendre la liberté de la pensée et les grandes idées de la Révolution; ils annoncèrent l'heure prochaine d'un réveil formidable de l'opinion publique. Puis les étudiants se dispersèrent, sans avoir occasionné aucun désordre; mais l'impression n'en était pas moins produite sur la population parisienne. Une alliance tacite était conclue au nom des droits les plus saints. L'air se chargeait d'électricité.

CHAPITRE VI

Suite et fin de la discussion de l'adresse.

Tous les esprits étaient tendus vers cette lutte suprême. Il s'agissait d'un grand principe à maintenir, d'un droit sacré à défendre ; mais, on ne l'ignorait pas, de ce devoir courageusement accompli pouvait naître inopinément un péril pour la monarchie, car, derrière l'opposition légale et parlementaire, on sentait quelque chose de redoutable s'agiter. Par delà le bruit qui se faisait à la tribune, on entendait un silence plein de menaces. Le pavé des rues était brûlant, le travail taciturne ; les entretiens étaient mystérieux, les visages sombres. Les souvenirs de nos révolutions, si longtemps effacés, reparaissaient dans leur sinistre éclat; une ombre importune s'asseyait à toutes les tables. On pensait involontairement qu'il y avait dans Paris un peuple fort, spontané, capricieux, qui prenait son temps et ses heures pour visiter les Tuileries et pour coiffer ses rois du bonnet rouge.

Les banquets réformistes, radicaux et même communistes, s'étaient continués dans les départements, malgré la consigne de l'opposition dynastique, qui les avait déclarés sans objet du moment que la session était ouverte. Le ministère fermait les yeux sur ces agitations lointaines, accoutumé qu'on est à Paris à tenir peu de compte des opinions de la province. Mais l'annonce d'un banquet dans le douzième arrondissement parut une menace sérieuse, et le préfet de police répondit à l'avis qui lui en fut donné, conformément à la loi, par une défense formelle. A ce refus, la commission du banquet, composée de MM. Marie, Crémieux, Pagnerre, Garnier-Pagès, et qui avait pour président M. Boissel, député, pour vice-président M. Poupinel, lieutenant-colonel de la douzième légion, répondit à son tour par la déclaration suivante :

« Vu la sommation de M. le préfet de police ;

« La commission du banquet réformiste du douzième arrondissement s'est réunie, et, considérant que, en fait, nulle autorisation n'a été sollicitée, que M. le préfet a bien voulu confondre une déclaration pure et simple du lieu et du jour du banquet avec une demande en autorisation, qu'on n'avait ni à demander ni à refuser ; s'appuyant sur les lois de 1831 et 1834, qui ne prohibent point les réunions accidentelles, sur les déclarations formelles de l'orateur du gouvernement dans la discussion de ces lois, sur le récent arrêt de la Cour de cassation et sur la pratique constante du gouvernement;

« La commission décide à l'unanimité qu'elle regarde la sommation de M. le préfet de police comme un acte de pur arbitraire et de nul effet. »

La question se posait ainsi de la manière la plus explicite entre le *pays légal* et le gouvernement. Il n'y avait plus d'équivoque ni de temporisation possible. Aussi, à la Chambre des pairs, M. d'Alton-Shée ayant, dans la séance du 18, sommé le cabinet de dire si c'était avec l'autorisation du gouvernement qu'avait agi le préfet de police, M. Duchâtel répondit fièrement par l'affirmative. Il se fondait sur la loi de 1790, soutenait le droit du ministère d'autoriser ou de refuser, selon les circonstances, une réunion politique, déclarait que le pouvoir ne céderait point dans un moment où une telle réunion présentait des inconvénients graves, et qu'il la ferait disperser par la force si l'on avait la folie de braver une interdiction parfaitement légale.

De son côté, la commission du banquet publiait, le 24, une nouvelle déclaration qui dénonçait au pays les prétentions illégales du ministère, et persistait dans l'intention de donner le banquet. On vit cependant déjà quelque hésitation dans sa tactique, car elle ajoutait que, sur la demande de plusieurs députés retenus à la Chambre par la discussion de l'adresse, elle retardait la manifestation et qu'elle en ferait connaître ultérieurement le lieu et l'heure.

Dans l'origine, le lieu du rendez-vous, fixé au 19 janvier, était la rue Pascal, située au centre du douzième arrondissement, et dont la population effervescente paraissait très à craindre à tous ceux qui voulaient maintenir au banquet un caractère pacifique. C'était donc un premier symptôme de prudence dans les vues de la commission que de laisser indécis le lieu de réunion. Ceci n'échappa point au cabinet, et il se fortifia dans la pensée que, en demeurant inébranlable, il enlèverait le vote de la Chambre et verrait aussitôt s'évanouir, devant ce vote, des menaces d'enfants, d'autant plus bruyantes qu'elles partaient de cœurs moins affermis. Telle était la mésestime que le roi et ses ministres avaient au fond pour le pays légal. Une démarche du parti progressiste vint encore les confirmer dans leur sécurité dédaigneuse.

Une quarantaine de députés environ, appartenant à ce parti, ou plutôt à cette coterie, s'étaient constitués en comité, afin de mieux s'entendre sur la conduite à tenir dans la situation qu'allait créer à leur opposition ambiguë la discussion du paragraphe relatif au banquet. Une attitude franche et une résolution courageuse, pour des esprits de cette trempe, c'était une impossibilité de nature. Reconnaître le droit d'un côté ou de l'autre pour se ranger à sa défense n'était pas le sujet de leur perplexité. Il s'agissait pour eux simplement de tirer avantage des embarras du ministère et de mettre à bon prix leur concours.

Aussi, la veille du jour où devait s'ouvrir le débat, le 6 février, les progressistes députèrent à MM. Guizot et Duchâtel des commissaires chargés d'une proposition de transaction. Ils offraient de faire rejeter un amendement de M. Sallandrouze, qui eût entraîné la chute du cabinet, si l'on consentait à accepter un sous-amendement dont la forme bienveillante impliquerait néanmoins, pour le pouvoir, l'engagement d'une réforme parlementaire. A leur grande confusion, les émissaires progressistes furent congédiés par un refus catégorique. Au point où en étaient venues les choses, répondirent d'un commun accord MM. Guizot et Duchâtel, il n'y avait plus de transaction possible. *Plus tard, après la session*, on verrait, on s'occuperait de chercher une *combinaison propre à tout concilier*. Sur ces paroles ironiques, le comité progressiste se sépara, et personne ne mit en doute, tant l'opinion s'était peu abusée sur les secrets mobiles de son opposition, qu'il dût voter avec le ministère.

La discussion, ouverte le 7 février, vint mettre en lumière la mauvaise foi politique de M. Guizot; car ses adversaires tirèrent un de leurs meilleurs arguments des paroles qu'il avait prononcées en 1840. « Les citoyens ont le droit, avait dit alors M. Guizot, de se réunir pour causer entre eux des affaires publiques, et il est bon qu'ils le fassent. *Jamais je n'essayerai d'atténuer les sentiments généreux qui poussent les citoyens à se réunir, à se communiquer leurs sympathiques opinions.* » Et aujourd'hui, après avoir implicitement reconnu ce droit pendant les six mois qui venaient de s'écouler, après avoir souffert dans les départements, en l'absence des Chambres, des manifestations violentes, on prétendait supprimer tout d'un coup une réunion légale, présidée par un député, à laquelle devaient assister les personnes les plus notables du pays.

M. Duvergier de Hauranne n'eut pas de peine à rendre saisissante l'énormité d'une semblable prétention. Instigateur principal des banquets, il en avait fait un point d'honneur personnel; son discours le marquait assez. Un orateur du parti radical n'aurait pas été plus implacable et n'aurait certes pas porté de pareils coups; les amitiés infidèles ont seules de ces armes perfides et empoisonnées.

« Le ministère veut mettre la minorité en jugement, dit M. Duvergier de Hauranne, en faisant allusion à la phrase sur les passions aveugles et ennemies, mais qu'importe! La majorité ministérielle est libre de faire ce qui lui plaira; la minorité ne s'en préoccupe plus. Ce ne sera qu'une pièce de plus dans le grand procès qui se débat au sein de la Chambre, mais *dont le juge est ailleurs.* » Selon M. Duvergier de Hauranne, la loi ne donne aucun moyen, aucun prétexte au gouvernement de s'opposer à une manifestation de cette nature. Si l'on osait le tenter, il s'associerait sans hésiter à la résistance.

Expliquant ensuite l'omission du toast au roi dans plusieurs banquets : « Si c'est un avertissement, dit-il, il faut s'en prendre au cabinet, qui fait du souverain un chef de parti, dénature le gouvernement représentatif, abaisse et corrompt les mœurs, travaille à faire contre l'indépendance des peuples une *nouvelle sainte alliance.* Vous nous accusez d'être mus par des passions aveugles et ennemies, s'écrie l'orateur; nous, nous vous accusons de fonder sur les passions basses et cupides tout l'espoir de votre domination. Vous nous accusez de troubler, d'agiter le pays dans un misérable intérêt d'ambition ou de vanité ; nous, nous vous accusons de le corrompre pour l'asservir. » Et il termine par un défi : « Comme M. Guizot l'a dit si souvent, au delà, au-dessus de la Chambre, il y a le pays, près duquel la minorité est toujours en droit de se pourvoir. C'est ce que nous avons fait et c'est ce que nous continuons à faire. Que cela soit donc bien compris, bien entendu : nous ne venons pas ici plaider devant la majorité contre le ministère, nous venons plaider devant le pays contre le ministère et contre la majorité. »

Le radicalisme, perpétuellement accusé dans la presse ministérielle de travailler à détruire la famille et la propriété, et de vouloir établir en Europe le règne de la terreur, fut brillamment défendu à la tribune par M. Marie.

« S'il existait une fermentation dangereuse dans certaines couches de la société, dit l'orateur, c'était la faute du cabinet, qui avait brisé l'alliance intime, formée par la révolution de 1830, entre le gouvernement et le peuple, en écartant de la vie politique la masse de la nation, en se refusant à toutes les réformes. » Et il disait vrai. Si le pouvoir rencontre toujours en France une disposition frondeuse et un esprit railleur, c'est dans la classe privilégiée. Les classes laborieuses des campagnes et des villes, le peuple enfin, malgré une certaine verve moqueuse à la surface, est, au fond, porté à l'amour pour ceux qui le gouvernent. Son instinct est juste, sa patience presque inépuisable ; il sait se confier, attendre, pardonner beaucoup à ceux dont il se croit aimé.

Un débat vide d'idées, rempli de personnalités mesquines, recommence, après le discours de M. Duvergier de Hauranne, entre MM. Léon de Malleville et Duchâtel. Signalant les prétentions exorbitantes du cabinet, le premier invite les citoyens à n'en pas tenir compte, puis il reproche au ministre les injures qu'il adresse à un parti jadis caressé, flatté. « Si le temps des dangers revenait, dit-il d'un accent qui trahit la vanité blessée et l'espoir secret des représailles prochaines, je sais bien à quels dévouements on s'adresserait encore au besoin. Il n'est donc pas prudent d'insulter ceux dont la popularité serait d'un si grand prix aux jours de péril. »

A ces petitesses de l'esprit de parti, M. Duchâtel répond par d'autres petitesses. Il rappelle à son accusateur des lettres adressées, en 1840, du ministère de l'intérieur aux préfets, par lesquelles on interdisait formellement certains banquets politiques. « M. de Malleville étant à cette époque sous-secrétaire d'État au ministère de l'intérieur, il est à supposer, dit M. Duchâtel, qu'il approuvait ces lettres. Du reste, le gouvernement ne répondra pas à un défi par un autre défi, ajoute M. Duchâtel ; mais il ne cédera pas non plus d'une ligne dans cette question où non-seulement la loi, mais tous les précédents administratifs lui donnent raison ; » et le ministre conclut en justifiant complétement les expressions de l'adresse. « On ne pouvait pas, dit-il, passer sous silence un fait aussi considérable ; on pouvait moins encore ne pas signaler au pays comme hostiles les vœux antimonarchiques et antisociaux exprimés dans plusieurs banquets, ne pas qualifier d'entraînement aveugle la conduite de certains amis du gouvernement qui, non contents de s'asseoir à côté de ses ennemis déclarés, consentent encore, par une inexcusable faiblesse, à supprimer le toast au roi. »

A ce discours, fréquemment interrompu par les murmures de la gauche, M. Odilon Barrot répond en revendiquant le droit de réunion comme *un droit essentiel à l'usage de toutes les libertés*, et que la Restauration même, si défiante et si portée aux mesures de rigueur, n'a pas osé attaquer.

M. Boissel vient ensuite réclamer contre l'injure faite au douzième arrondissement en lui interdisant ce qu'on a permis dans toute la France. Le garde des sceaux explique cette apparente inconséquence du ministère. Il dit que les lois politiques doivent être appliquées avec ménagement, que pour être utiles les lois répressives doivent être appelées par l'opinion. Il établit, par des citations empruntées aux toasts des derniers banquets, qu'on a abusé de la tolérance du gouvernement, et finit en déclarant que cette tolérance ne peut plus se prolonger sans péril. Il espère d'ailleurs que l'opposition ne donnera pas suite à ce défi imprudent ; mais si, contrairement à cette espérance, elle persévère, *le gouvernement fera son devoir*. Ces dernières paroles sont le signal d'un tumulte. Des huées, des rires accueillent le ministre, qui descend de la tribune et retourne à sa place en jetant à la gauche un regard irrité.

Les députés du centre, intimidés par le tour violent qu'ont pris les débats, peu confiants dans leur droit et blâmant au fond les expressions de l'adresse qu'ils sont obligés de soutenir, laissent voir sur leur physionomie et dans leur contenance un malaise qui redouble l'audace de leurs adversaires. Enfin un peu de calme se rétablit; M. Ledru-Rollin monte à la tribune. Pour la première fois, peut-être, depuis qu'il siége à la Chambre, on l'écoute avec une attention sérieuse; pour la première fois aussi il s'élève à la hauteur des orateurs de nos grandes assemblées. Son argumentation est d'une logique serrée, son débit passionné mais contenu. Son éloquence emprunte à la cause qu'elle défend une force virile. « La faculté de se réunir est de droit naturel, imprescriptible, dit l'orateur; il ne saurait être entravé que par une défense catégorique, expresse. Or, non-seulement cette défense ne se rencontre nulle part dans nos lois, mais encore la Constitution de 91 garantit aux citoyens la liberté de s'assembler *paisiblement et sans armes*. On objecte que la Charte de 1830 est demeurée silencieuse, ajoute M. Ledru-Rollin, et qu'en dehors de ceux qu'elle octroie, il n'y a pas de droits. C'est là une bien triste et bien pauvre doctrine, sans élévation, sans grandeur, mais sans vérité surtout, et contre laquelle protestent la dignité de l'homme et la conscience humaine. » Puis, en comparant les textes, l'orateur s'attache à montrer que la Charte de 1830 n'a été qu'une *série de découpures faites dans celle de* 1814, qui n'était elle-même qu'un *octroi jaloux, parcimonieux, de provenance étrangère*. « Il est tout simple, dit-il, qu'elle ne parle pas du droit de réunion. Mais la loi qui permet aux citoyens de se réunir publiquement date de la Constitution de 1791, et le droit de s'associer, *du soir même de la prise de la Bastille*. » Après avoir fait sentir le vice de l'argumentation ministérielle : « Voyez où vous marchez, s'écrie M. Ledru-Rollin. De sophisme en sophisme, vous arrivez à nier toute espèce de droit en dehors des droits écrits, c'est-à-dire que vous portez atteinte à ce qu'il y a de plus vivace dans la moralité humaine, à ce qui seul ne peut pas se prescrire : le droit. Vous ébranlez ce qui est le plus profondément enraciné dans le cœur de l'homme, car il n'y aurait pas eu de sociétés si les droits naturels n'avaient vécu d'eux-mêmes. Et c'est vous qui osez parler de principes anti sociaux! »

Cette parole forte et pleine excite dans l'Assemblée un mouvement extraordinaire. L'émotion augmente quand M. Ledru-Rollin proteste, en son nom et au nom de ses amis, contre les conséquences possibles de l'opiniâtreté du ministre qui peut amener l'effusion du sang, et que, s'adressant à toutes les nuances de la gauche, il s'écrie : « Le gouvernement s'attaque à la plus vitale de nos libertés. Attachons-nous à elle par d'unanimes étreintes; environnons-la de nos bras comme un dernier autel qu'il faut maintenir debout. Tous, nous irons jusqu'au bout, et si nous sommes brisés dans la lutte, que le pays alors, comme en 1829, forme une vaste association pour le refus de l'impôt. »

La réponse du garde des sceaux soulève de nouvelles tempêtes. « Jamais, s'écrie M. Odilon Barrot en faisant un geste menaçant, ni Polignac, ni Peyronnet n'ont parlé ainsi. »

A ces mots, un grand nombre de députés se lèvent et quittent leurs bancs. On se lance des apostrophes injurieuses, on se menace du geste et du regard, on crie, on trépigne, on vocifère. M. Hébert, les bras croisés, dans l'attitude d'un homme préparé à tout, regarde fixement M. Barrot comme pour lui reprocher d'avoir donné le signal d'un tel désordre. Étourdi par le tumulte, troublé par la peur, le président quitte précipitamment son fauteuil sans songer à lever la séance. On le ramène au bureau; il prononce d'une voix éteinte la formule officielle et disparaît.

Depuis la Convention, on n'avait pas mémoire d'une séance pareille. Paris révolutionnaire en frémit de joie; les salons sont consternés. L'opposition demeure confondue devant son œuvre.

Le lendemain, 10 février, la discussion, terminée sur l'ensemble du paragraphe, reprend sur les amendements. M. de Genoude propose de remplacer la phrase ministérielle par une phrase qui demande, *pour calmer les esprits et raffermir l'édifice politique, le concours universel des citoyens à la nomination des députés.* Mais il ne parvient pas à se faire entendre ; la Chambre est impatiente de passer à la discussion sur l'amendement de M. Darblay. On pense que, s'il y a encore une conciliation possible, elle doit résulter de l'acceptation d'un amendement conçu en termes mixtes, de nature à rallier de part et d'autre les hommes prudents, avertis enfin par des signes manifestes que l'ouragan se rapproche.

« Si les agitations réformistes ont produit en quelques endroits des démonstrations hostiles à nos institutions et à nos lois, dit l'amendement de M. Darblay, elles ont aussi prouvé que l'immense majorité du pays, même dans les opinions dissidentes, leur est inviolablement attachée. »

Le parti conservateur attendait avec anxiété ce qu'allait faire l'opposition ; il espérait qu'elle saisirait cette occasion ou ce prétexte pour abandonner une lutte pleine de périls. Mais, soit que M. Odilon Barrot n'aperçût point encore tout le danger, soit que, vivement poussé par la presse radicale, il crût ne pouvoir reculer sans déshonneur, il déclare à la tribune que ni lui, ni ses amis, ne peuvent accepter l'amendement, parce qu'il consacre un principe que l'opposition repousse : le droit de la majorité à porter un jugement sur la minorité.

M. Blanqui paraît alors à la tribune. Au nom de son père le conventionnel, rappelant la cruelle et impolitique proscription des girondins par les montagnards, il conjure la majorité de ne pas abuser de la puissance du nombre en flétrissant une minorité dont le seul tort est de comprendre autrement qu'elle le dévouement envers la dynastie.

Le ministre des finances ayant essayé d'expliquer que les banquets devaient être considérés comme une attaque à la royauté et aux institutions monarchiques : « C'est vous, s'écrie M. Barrot avec feu, c'est vous qui êtes hostiles à nos institutions et aveugles aux dangers de l'avenir ! » Ces personnalités ramènent M. Guizot à la tribune pour rétablir la question de droit, et M. Guizot, à son tour, y ramène M. Thiers. Ce dernier déclare qu'il se croit d'autant plus obligé, par devoir et par honneur, de défendre les banquets, qu'il n'y a point assisté et se trouve conséquemment dégagé de toute solidarité personnelle avec ses amis en cette circonstance. Mais en dépit de ses efforts, soutenus jusqu'au dernier moment par M. de la Rochejacquelein à la tribune, et par M. de Girardin dans la *Presse*, la majorité, avec une opiniâtreté sans exemple et sans excuse, rejette l'amendement. Elle marchait rapidement, tête baissée avec une incroyable hâte, à sa perte.

Enfin, le 11 février, une dernière voie de salut lui est offerte par un amendement de M. Desmousseaux de Givré, qui retranche purement et simplement de l'adresse les épithètes offensantes pour la minorité. C'est le moment décisif, M. de Lamartine monte à la tribune. Un silence imposant succède aux cris et aux vociférations qui jusqu'alors ont étouffé la voix des orateurs. On écoute; on est dans l'attente de quelque chose d'imprévu. M. de Lamartine n'a point assisté aux banquets [1]. Que va-t-il dire? Est-ce l'historien révolutionnaire des girondins qui va parler? Est-ce le légitimiste ou le conservateur que l'on va entendre?

L'incertitude n'est pas de longue durée. Des circonstances accidentelles, s'il faut en croire M. de Lamartine, qui ne veut pas confesser qu'il a suivi la politique expectante de M. Thiers, l'ont empêché de prendre part aux banquets; mais il les approuve complétement. L'agitation qu'ils ont causée dans le pays a été une agitation honnête, salutaire, expression vraie d'un sentiment national, que l'opposition a contenu bien plutôt qu'elle ne l'a excité. La France, long-

[1] Le banquet de Mâcon, qui avait un caractère plutôt intime que politique, était le seul, en effet, auquel M. de Lamartine eût assisté. Il refusa, sous divers prétextes, toutes les invitations qui lui furent ensuite adressées.

temps patiente, a voulu protester enfin contre les scandales de la corruption, contre l'immolation de l'intérêt national à un intérêt de famille, contre l'abandon de ses alliances naturelles. « En dehors de la royauté, de la Chambre des pairs et de la Chambre des députés, dit l'orateur, il existe, dans les cas extrêmes, un juge, un arbitre souverain qui est le pays, et voilà ce que vous accusez, ce que vous menacez sans loi, ou, du moins, avec des lois équivoques. *Vous voulez mettre la main de la police sur la bouche du pays.* »

Un immense applaudissement interrompt cette parole si frappante dans son image hardie. « Supposez, continue M. de Lamartine après quelques minutes d'une agitation qui couvre sa voix, supposez qu'une partie de vos collègues persiste à penser que la loi qu'on leur impose est une loi dérisoire et qu'ils persistent glorieusement à défendre leurs droits... — Nous persisterons, s'écrie-t-on avec entraînement. — Souvenez-vous du Jeu de Paume. — Allons donc ! murmurent dédaigneusement les centres. — « Le *Jeu de Paume*, messieurs, reprend l'orateur avec un calme qui ajoute encore à l'effet de ses paroles et en accentuant fortement la voix, *c'est un lieu de réunion fermé par l'autorité, rouvert par la nation.* »

La Chambre est profondément remuée; l'anxiété se lit sur tous les visages. Le nombre des votants est de 413. Une première épreuve reste douteuse. Au banc des ministres, on n'est pas sans crainte. Enfin, au scrutin de division, une majorité de 228 voix contre 185 maintient les paroles fatales. Le cabinet triomphe; il n'a plus rien à redouter en effet : plus rien que la conscience du pays, la justice du peuple et la condamnation de l'histoire.

Le lendemain 12, M. Sallandrouze, riche fabricant appartenant à la fraction des conservateurs progressistes, apporte à la tribune le vœu d'une réforme parlementaire. C'était bien peu demander après des débats aussi orageux et de si vives attaques; mais c'était trop encore pour l'orgueil poussé à bout de M. Guizot. Après avoir annoncé dans un solennel exorde qu'il va faire connaître à la Chambre la pensée tout entière du gouvernement, le président du conseil développe, non sans habileté, son thème habituel : que décréter immédiatement la réforme parlementaire, c'était rendre indispensable la dissolution de la Chambre, acte imprudent au suprême degré dans les circonstances présentes. Prendre un engagement pour l'avenir serait plus imprudent encore, car ce serait détruire moralement ce qui existait sans le remplacer. M. Guizot établit ensuite qu'un gouvernement doit accomplir les réformes lorsqu'elles sont devenues nécessaires, mais qu'il ne les doit jamais annoncer à l'avance. Le cabinet, ajoute-t-il, tient compte de la disposition des esprits; il examinera à fond, avant la fin de la législature, ce qu'il y a à faire pour maintenir l'unité et la force du parti conservateur, règle de conduite invariable, idée fixe du ministère. Il fera ses efforts pour maintenir l'accord entre les diverses nuances; mais, si la transaction nécessaire à cet effet paraissait impossible, *il laisserait à d'autres le soin de présider à la désorganisation du parti conservateur et à la ruine de sa politique.*

Ce discours captieux, cette demi-promesse enveloppée de menaces, a pour résultat le rejet de l'amendement de M. Sallandrouze à la majorité de 222 voix contre 189. Puis on vote sur l'ensemble de l'adresse. L'opposition s'abstient; 3 voix seulement protestent contre 241.

Désormais, le combat en dehors des pouvoirs légaux devient inévitable. Il paraît imminent. Il ne s'agit plus d'établir de quel côté se trouve le droit, mais de constater de quel côté sera la force.

CHAPITRE VI

Préparatifs du banquet. — Imminence de la catastrophe.

Le rejet de tous les amendements conciliateurs, le maintien intégral, dans l'adresse, des paroles repoussées comme injurieuses par l'opposition jetaient M. Barrot et son parti dans de grandes perplexités.

A l'ouverture de la session, l'opposition dynastique, satisfaite de la dernière revue qu'elle avait passée de ses forces au banquet de Rouen, et craignant que le radicalisme ne prît l'avantage si l'on prolongeait la campagne, avait décidé qu'on s'en tiendrait là, l'agitation réformiste n'ayant plus, disait-elle, sa raison d'être pendant les débats de la Chambre. Mais le tour irritant de la discussion, l'attitude hautaine du ministère et le persiflage du Château, piquant au vif les amours-propres, provoquèrent au combat. Une fois le combat engagé, il ne fut plus au pouvoir de personne d'en diriger l'élan ni d'en prévenir l'issue.

Dès le 8 février, M. de Girardin, dont le journal devenait de plus en plus menaçant et annonçait hautement une crise prochaine, adressait à M. Odilon Barrot une lettre pleine à la fois de raison et de courage pour l'engager à donner sa démission dans le cas où le paragraphe injurieux serait voté. « Il est impossible, disait le rédacteur de la *Presse*, si vous donnez votre démission (et comment vous abstenir de faire ce qu'a fait M. Berryer en 1841 ?), que l'opposition tout entière ne suive pas votre exemple. Je n'en excepte ni M. Thiers, ni M. de Rémusat, ni M. Dufaure[1]. » En effet, aussitôt après le vote, cette question fut débattue dans la réunion des députés réformistes. En appellerait-on de la majorité parlementaire à la majorité électorale? Forcerait-on le pouvoir, par une démission en masse, de convoquer plus de cent colléges électoraux, et susciterait-on de la sorte dans le pays une agitation nouvelle infiniment plus sérieuse, plus profonde, d'un caractère plus révolutionnaire que ne l'avait été l'agitation des banquets? C'était l'avis des tempéraments irascibles, et particulièrement de ceux d'entre les députés dont la réélection était certaine. On en compta quinze sur cent quatre-vingts. L'avis contraire prévalut, et, le 14 février, M. de Girardin fut seul à donner sa démission en ces termes :

« Monsieur le président,

« Entre la majorité intolérante et la minorité inconséquente, il n'y a pas de place pour qui ne comprend pas :

« Le pouvoir sans l'initiative et le progrès, l'opposition sans la vigueur et la logique. Je donne donc ma démission.

« J'attendrai les élections générales.

« ÉMILE DE GIRARDIN. »

Pour se relever à ses propres yeux de cette première défaillance, l'opposition arrêta que nul d'entre ses membres

---

[1] La *Presse* publiait, le lendemain du rejet de l'amendement de M. de Givré, un excellent article dans lequel elle insistait sur la question *de légalité* restée douteuse aux yeux d'anciens ministres, de conseillers à la Cour de cassation, d'anciens bâtonniers de l'ordre des avocats et de cent quatre-vingts députés sur quatre cents. Elle conseillait au cabinet de saisir les pouvoirs législatifs d'un projet de loi qui déterminerait dans quelles circonstances et sous quelles réserves le droit de s'assembler pourrait être exercé ou serait interdit. (La *Presse* du 12 février.) C'était encore là, pour le ministère, une manière loyale et prudente de sortir du conflit; mais le cabinet, par un rare privilége, manquait presque également de prudence et de loyauté.

n'accepterait plus aucune invitation, ni chez le président de la Chambre, qui avait voté avec le parti conservateur, ni même aux Tuileries, et que, si le sort en désignait quelques-uns pour la députation chargée de présenter au roi l'adresse, ils s'abstiendraient. Puéril effort d'héroïsme, néanmoins encore au-dessus du courage civique de ces austères législateurs, car, au jour de l'exécution du serment, sur trois députés dont les noms étaient sortis de l'urne, un seul demeura fidèle à la résolution prise [1], et le roi, en recevant la députation, put se féliciter tout haut de la trouver plus nombreuse qu'il ne l'avait vue depuis bien des années. La plupart des conservateurs s'y étaient joints en effet, malgré leur mécontentement et leurs murmures. Ils auraient souhaité que le ministre, si gravement atteint par la discussion de l'adresse, donnât sa démission pour leur épargner l'embarras d'une fidélité devenue très-compromettante. Le cabinet, disaient-ils, durait depuis trop longtemps. Leurs regards se tournaient vers M. Molé. Celui-ci prenait entre l'opposition radicale et le ministère une attitude également sévère pour l'une et pour l'autre, et se ménageait avec MM. de Rémusat, Billault, Dufaure, des intelligences qui devaient le mettre à même de composer un cabinet de conciliation tout à la fois agréable au pays (du moins il le pensait ainsi) et moins blessant pour le roi que ne le serait l'entrée de M. Thiers aux affaires. Mais, en attendant que cette combinaison fût arrivée à maturité, les conservateurs voulaient garder les apparences et faire acte de soumission au Château.

En renonçant à l'agitation électorale, en décidant de rester à son poste, l'opposition se voyait engagée d'honneur envers les électeurs parisiens, la garde nationale et

---

[1] J'entre dans ce détail parce qu'il me paraît caractériser, mieux que bien d'autres plus importants en apparence, l'ostentation d'indépendance et la faiblesse réelle de l'opposition dynastique. Combien le roi et les ministres n'avaient-ils pas raison de tenir en grand dédain de pareilles bravades!

les écoles, dont les intentions devenaient de jour en jour moins douteuses, à poursuivre, par tous les moyens légaux, l'exercice du droit de réunion. Conséquemment il fut décidé que les députés flétris assisteraient en corps au banquet; mais ils se réservèrent d'en fixer à loisir, après mûre réflexion, le jour, le lieu, l'heure, le mode, le cérémonial et l'étiquette. Il régnait à cet égard très-peu d'accord parmi les réformistes. La crainte d'en faire trop ou trop peu, en les agitant diversement, les tenait en incertitude. Les jeunes gens des écoles, qui avaient dû organiser un banquet particulier, y avaient renoncé, afin de ne pas faire de diversion, et, non contents d'offrir, c'est-à-dire d'imposer à M. Barrot leur concours dans la grande manifestation que préparait l'opposition dynastique, ils demandaient à la commission des cartes d'admission pour un certain nombre d'ouvriers. Cette demande fut mal accueillie; mais, appuyés par le comité de la *Réforme*, les étudiants arrachèrent aux répugnances des chefs réformistes vingt cartes pour eux et douze pour les ouvriers. Sans s'arrêter à ce premier succès, la *Réforme*, toujours dans les mêmes vues, insistait pour qu'on se réunît, selon le premier projet, dans le douzième arrondissement, au faubourg Saint-Marceau, au sein d'une masse populaire en ébullition qui ne pouvait manquer d'entraîner la manifestation bien au delà des voies légales. L'intention était évidente. Aussi la réunion des députés écarta-t-elle tout d'abord cette proposition. On se mit à délibérer sur différents autres projets dont aucun ne paraissait offrir toutes les convenances désirables. Il s'en fallait bien, d'ailleurs, que la réunion fût aussi unanime que l'opinion publique. Tantôt M. Duvergier de Hauranne, tantôt M. Thiers, tantôt des avis un peu moins timides l'emportaient dans les conseils de M. Barrot, et, pendant ces oscillations, le temps s'écoulait. Les Parisiens, toujours amateurs de spectacles et d'émotions, s'impatientaient; les républicains semaient le soupçon dans le peuple et lui représentaient les lenteurs de

M. Barrot comme un jeu combiné avec la cour, comme une trahison. Chaque soir on voyait se former dans les rues des groupes animés. Au Théâtre-Historique, où l'on jouait *le Chevalier de Maison-Rouge*, drame de M. Alexandre Dumas, le chœur des Girondins (*Mourir pour la patrie*), devenu populaire, était redemandé à grands cris. Au théâtre de l'Odéon, fréquenté par les étudiants, retentissaient chaque soir des chants patriotiques; et le matin, en rapportant les débats scandaleux d'un procès de viol suivi d'assassinat, intenté au *frère Léotade*, les journaux démocratiques ravivaient dans le peuple le mépris pour le clergé et de tout ce qui pouvait, à un degré quelconque, être suspect d'aristocratie[1]. Chaque heure perdue par l'opposition réformiste était une heure gagnée par la révolution.

Cependant, malgré les dédains vrais ou affectés avec lesquels on parlait au Château du banquet et des *banquetistes*, comme, en dépit des prévisions, on touchait à une rupture ouverte, peut-être à une lutte armée, tout en plaisantant et en raillant M. Barrot et ses amis, ni la cour, ni le cabinet ne négligeaient les négociations et les entremises. M. Thiers s'y employait de tout son esprit; mais la difficulté n'était pas petite. Chaque jour rendait une retraite de l'opposition plus malaisée. Les adresses de félicitations, les exhortations à persévérer arrivaient en masse des départements. Les écoles se prononçaient, et l'on commençait à sentir, dans Paris, cette fermentation à laquelle se reconnaît l'approche des grands soulèvements populaires. Le *Journal des Débats* baissait de ton. Il n'insultait plus et promettait que la question de *réforme serait discutée à fond et définitivement résolue dans le cours de la législature actuelle*. Il ajoutait,

---

[1] L'attitude du parti clérical, en cette circonstance, avait été d'une insigne maladresse. Encouragé par la reine, il prenait hautement la défense de l'accusé, s'efforçant d'obscurcir l'évidence des faits. Les religieux de l'ordre apportaient de telles entraves à l'action de la justice par leurs faux témoignages ou leur silence, que le garde des sceaux crut devoir s'en plaindre officiellement à l'archevêque de Toulouse.

dans un langage énigmatique, que cette *question désormais ne dépendait plus des ministres, mais de la Providence.*

Enfin, le 17, après bien des tergiversations, le *National*, autorisé par la réunion des députés réformistes, annonçait qu'on s'était entendu sur le choix d'un local privé où le banquet aurait lieu le dimanche suivant. Ce local était un terrain vague, appartenant à M. Nitot et situé dans les Champs-Élysées. Un nombre considérable d'anciens députés de l'opposition, parmi lesquels on comptait MM. de Cormenin, Martin de Strasbourg, Taschereau, etc., et trois pairs de France, MM. le duc d'Harcourt, de Boissy, d'Alton-Shée, faisaient connaître en même temps leur intention formelle d'assister au banquet. Le bruit courait que les commandants supérieurs de la garde nationale, inquiets de ces dispositions, tenaient prêts des billets de service en blanc, au moyen desquels on improviserait une *garde nationale de choix, une fausse garde nationale,* disaient les journaux radicaux[1]. On affirmait aussi que M. le duc de Montpensier avait donné l'ordre, à Vincennes, où l'on travaillait nuit et jour à confectionner des munitions, d'expédier sur l'École militaire deux batteries d'artillerie de campagne, vingt caissons d'infanterie, des boîtes à mitraille,

---

[1] Ces bruits prirent si bien consistance, que le chef d'état-major de la garde nationale, M. Carbonel, crut devoir réclamer dans les journaux contre cette calomnie. Voici les réflexions dont le *Constitutionnel* accompagnait la lettre du général :

« Nous avons publié hier le procès-verbal d'une réunion extraordinaire des officiers et délégués de la 3ᵉ compagnie du 4ᵉ bataillon 10ᵉ légion, duquel il résulte que le sergent-major de la compagnie, chargé de composer un piquet de douze hommes pour une éventualité, a remis *directement* à l'état-major de la 10ᵉ légion douze billets de garde sans date et portant les noms de douze chasseurs qu'il est convenu avoir *choisis* sur le contrôle de la compagnie, sans observer, ainsi que c'était son strict devoir, l'ordre naturel des tours de service, et sans en avoir informé le capitaine.

« A propos de cette publication, M. Carbonel nous somme de reproduire la lettre suivante qu'il a adressée au *National*.

« Après avoir lu cette lettre, on s'apercevra aisément qu'elle ne détruit pas les assertions contenues dans le document que nous venons

des pétards et des flambeaux pour le service de nuit. Tout semblait donc hâter le conflit, mais ce n'était là qu'une apparence. Pendant qu'on amusait le public par de démonstrations extérieures, par des menaces, par des grands airs de courroux, les dispositions pacifiques du comité réformiste prenaient le dessus dans l'intimité des conseils; elles éclataient dans le choix même du lieu de réunion pour le banquet. Comment un mouvement populaire aurait-il pu prendre quelque consistance et résister au moindre déploiement de troupes, dans les larges avenues des Champs-Élysées, sur un terrain ouvert de toutes parts? La pensée n'en pouvait venir à personne. Mais ce n'était pas tout. A force de pourparlers et d'intrigues, M. Thiers, secondé par MM. Vitet et de Morny, avait fait accepter de part et d'autre des conventions qui achevaient de rendre la ma-

de rappeler, et qu'elle ne justifie point les irrégularités signalées dans les mesures prises par le sergent-major.

« GARDE NATIONALE DU DÉPARTEMENT DE LA SEINE.

« Paris, le 18 février 1848.

« Monsieur le rédacteur,

« Vous avez supposé que les lettres de service préparées dans la 10ᵉ légion, conformément aux précédents qui y étaient établis, l'avaient été par suite des instructions données par l'état-major général. J'affirme, au contraire, qu'aucun ordre semblable n'a été envoyé aux chefs de légion. Le colonel de la 10ᵉ a été seulement prévenu qu'en cas de troubles, le premier ordre qu'il recevrait serait de réunir le plus promptement possible, au chef-lieu de l'arrondissement, un piquet de réserve de cent gardes nationaux. Il a cru devoir, dans un esprit de justice, faire peser ce service dans toutes les compagnies de la 10ᵉ légion, si cette prise d'armes a lieu. Les gardes nationaux qui sont commandés seront certainement fort surpris de se trouver classés, par le *National*, comme des hommes *dépendants et d'une obéissance obligée*.

« De semblables choix fausseraient gravement en effet l'institution de la garde nationale. Ils ne seraient assurément autorisés ni par le commandant supérieur, ni par son chef d'état-major.

« Recevez, etc.

« *Le maréchal de camp, chef de l'état-major général,*

« CARBONEL. »

nifestation dérisoire. MM. Duvergier de Hauranne, de Malleville, Berger, Vitet et de Morny, représentant l'opposition et le parti ministériel, se réunirent dans un des bureaux de la Chambre. Voici, en substance, ce qui fut dit et convenu des deux parts : entre le gouvernement, qui prétend qu'une manifestation pareille est un délit prévu et défini par des lois existantes, et l'opposition, qui soutient que le fait ne tombe sous la juridiction d'aucune loi, il n'est qu'un moyen de décider qui a tort et qui a raison : que l'opposition commette le délit prétendu, que le gouvernement le laisse commettre, les deux partis en appelant ainsi à la décision du tribunal. En conséquence, l'opposition se rendra au lieu indiqué pour le banquet. Elle trouvera sur le seuil un commissaire qui ne l'empêchera pas d'entrer, le gouvernement garantit ce point, car enfin, si le commissaire barrait la porte, il faudrait la forcer, ce qui serait un bien autre délit que celui qu'on se propose de commettre, ou bien il faudrait quitter la place, ce qui serait pis encore, puisqu'il n'y aurait de délit d'aucune espèce. Le commissaire avertira l'opposition qu'elle commet un délit. L'opposition passera outre. Elle en fera tout juste assez pour que le commissaire puisse verbaliser. Alors le commissaire menacera de la force armée. M. Barrot déclarera qu'il ne cède qu'à la force. Il engagera les membres de la réunion à se retirer. En sortant, les députés annonceront à la foule qu'ils ont parfaitement atteint leur but. L'opposition s'engage à ne pas prononcer de discours, à empêcher autant que possible l'intervention irritante des journaux, à ne convoquer aucune réunion d'aucune sorte jusqu'à la décision du tribunal.

— Se couvrir de ridicule, tromper le pays, renier des principes soutenus depuis dix-sept ans avec une autorité de paroles, et, en dernier lieu, avec une véhémence de menaces qu'on allait qualifier de fanfaronnades, tel était le résultat certain de cette absurde mise en scène.

Les réunions présidées par M. Barrot, devenaient chaque jour plus confuses. Le parti de la prudence y était le plus nombreux, et, ne cherchant que des expédients dilatoires, ce parti faisait ajourner, quand il ne pouvait faire repousser les résolutions honorables. Ainsi, dès le lendemain du jour où le *National* avait annoncé le banquet pour le dimanche suivant, on lui faisait imprimer la note que voici : « Plusieurs renseignements inexacts ont été publiés par la presse quotidienne sur l'organisation du banquet du douzième arrondissement. Le changement de local, que l'importance de la manifestation a rendu nécessaire, en a seul retardé la réalisation.

« Le banquet aura lieu irrévocablement dans les premiers jours de la semaine prochaine.

« La commission du douzième arrondissement fera connaître l'heure et le lieu, dès que toutes les dispositions matérielles auront été définitivement arrêtées entre elle, le comité central et les membres des deux Chambres qui se sont engagés à prendre part à cette protestation essentiellement légale et pacifique. »

La vérité est que M. Thiers, qui prévoyait tout, redoutait une trop grande affluence d'ouvriers le dimanche, à cause de la suspension du travail. Il gagnait, d'ailleurs, quarante-huit heures à ce retard ; et, pour cet esprit fertile en combinaisons, gagner un peu de temps, c'était s'ouvrir mille chances nouvelles, mille éventualités favorables. Ignorant jusqu'à quel point la population parisienne était exaspérée, M. Thiers se complaisait dans d'infiniment petites ruses, aussi vaines que puériles. Il ne devinait pas, il avait oublié ce que peut, à certaines heures, l'élan d'une forte passion pour un grand droit.

Le *National* s'étonnait et disait : « Nous publions cette note telle qu'on nous l'envoie : nous ne déguisons pas qu'elle est fort loin de nous satisfaire. On aurait dû expliquer au moins par quelle suite d'incidents étranges et de malentendus répétés un local, trouvé la veille, échappait le lendemain, parce qu'on négligeait de prendre immédiatement les précautions légales qui devaient rendre inutiles toutes les influences en donnant aux promesses la validité d'un contrat.

« Nous regretterions plus vivement encore qu'on fût forcé de renoncer à faire le banquet un dimanche. C'était le vœu formel de la grande commission, et ce parti n'avait pas été pris à la légère et sans quelque motif sérieux. Il ne faut donc pas moins qu'un obstacle matériel et insurmontable pour déterminer à changer le jour de la manifestation. Selon nous cet ajournement serait très-fâcheux. Comme on n'en peut imputer la faute à personne, nous nous contenterons d'en gémir. »

Le 19, il publiait une nouvelle note conçue en ces termes : « La commission générale chargée de l'organisation du banquet du douzième arrondissement a décidé que la manifestation aurait lieu irrévocablement mardi prochain, 22 février, à midi.

« On indiquera plus tard le lieu de la réunion. »

On comprend combien le cabinet devait s'enhardir en touchant ainsi du doigt les faiblesses de l'opposition[1]. Après

[1] Cependant le *Constitutionnel* du 20 février parlait encore avec une certaine résolution; mais ce n'était qu'une retraite bien masquée. Voici comment il s'exprimait :

« Les députés de l'opposition se sont réunis de nouveau ce matin, afin de délibérer sur la part qu'ils doivent prendre à la manifestation qui se prépare pour le maintien du droit de réunion contesté et violé par le ministère. Après avoir entendu le rapport de sa commission, l'assemblée a reconnu, à l'unanimité, qu'il était plus que jamais nécessaire de protester par un grand acte de résistance légale contre une mesure contraire au principe de la constitution comme au texte de la loi. En conséquence, il a été résolu que, mardi prochain, on se rendrait en corps au lieu de la réunion.

« Une telle résolution est le plus bel hommage que les députés puissent rendre à l'intelligence, au patriotisme, aux sentiments généreux de la population parisienne. Les députés ne sauraient admettre, avec les ennemis de la liberté, qu'un peuple dont on méconnaît les droits soit condamné à choisir entre l'obéissance servile et la violence. Ils en sont donc certains d'avance, la population tout entière comprendra qu'une manifestation pour le droit contre l'arbitraire manquerait son but, si elle ne restait pas paisible et régulière. Paris a fait souvent des efforts héroïques, de grandes révolutions. Il est appelé aujourd'hui à les avis pusillanimes, les défections étaient venues, et M. Duchâtel se crut assez fort pour jeter bas toute espèce de masque. Il était las de ces négociations interminables; il lui tardait d'en finir. Le manifeste du comité du banquet, publié, le 21 au matin, dans tous les journaux, lui en fournit l'occasion. Il la saisit.

La rédaction de ce manifeste avait été confiée à M. Marrast. M. Barrot entendait que ce fût un simple programme de la cérémonie. M. Marrast en fit un véritable appel au peuple. Voici comment il s'exprimait :

« Comme il est naturel de prévoir que cette protestation publique peut attirer un concours considérable de citoyens, comme on doit présumer aussi que les gardes nationaux de Paris, fidèles à leur devise de *Liberté, Ordre public*, voudront en cette circonstance accomplir ce double devoir; qu'ils voudront défendre la liberté en se joignant à la manifestation, protéger l'ordre et empêcher toute collision par leur présence; que, dans la prévision d'une réunion nombreuse de gardes nationaux et de citoyens, il nous semble convenable de prendre des dispositions qui éloignent toute cause de trouble ou de tumulte :

« La commission a pensé que la manifestation devait avoir lieu dans un quartier de la capitale où la largeur des rues et des places permit à la population de s'agglomérer sans qu'il en résultât d'encombrement.

« A cet effet, les députés, les pairs de France et les au-

donner un autre exemple aux peuples, à leur montrer que, dans les pays libres, l'attitude calme et ferme du citoyen respectant la loi, défendant son droit, est la plus irrésistible comme la plus majestueuse des forces nationales. Deux grands résultats seront ainsi obtenus : la consécration d'un droit inhérent à toute constitution libre, et la preuve éclatante du progrès de nos mœurs politiques.

« Les députés de l'opposition comptent donc sur la sympathie et sur l'appui de tous les bons citoyens, comme ceux-ci peuvent compter sur leur dévouement infatigable et sur la fermeté de leurs résolutions.

« Séance tenante, il a été donné lecture d'une lettre par laquelle les députés acceptent l'invitation des commissaires du douzième arrondissement; quatre-vingt-sept députés l'ont déjà signée. »

tres personnes invitées au banquet s'assembleront, mardi prochain, à onze heures, au lieu ordinaire des réunions de l'opposition parlementaire, place de la Madeleine, n° 2.

« Les souscripteurs du banquet qui font partie de la garde nationale sont priés de se réunir devant l'église de la Madeleine et de former deux haies parallèles entre lesquelles se placeront les invités.

« Le cortège aura en tête des officiers supérieurs de la garde nationale, qui se présenteront pour se joindre à la manifestation ;

« Immédiatement après les invités et les convives, se placera un rang d'officiers de la garde nationale ;

« Derrière ceux-ci, les gardes nationaux formés en colonne suivant le numéro des légions ;

« Entre la troisième et la quatrième colonne, les jeunes gens des écoles, sous la conduite de commissaires désignés par eux ;

« Puis les autres gardes nationaux de Paris et de la banlieue, dans l'ordre désigné plus haut.

« Le cortège partira à onze heures et demie et se dirigera, par la place de la Concorde et les Champs-Élysées, vers le lieu du banquet.

« La commission, convaincue que cette manifestation sera d'autant plus efficace qu'elle sera plus calme, d'autant plus imposante qu'elle évitera même tout prétexte de conflit, invite les citoyens à ne pousser aucun cri, à ne porter ni drapeau ni signe extérieur ; elle invite les gardes nationaux qui prendront part à la manifestation à se présenter sans armes ; il s'agit ici d'une protestation légale et pacifique, qui doit être surtout puissante par le nombre et l'attitude ferme et tranquille des citoyens.

« La commission espère que, dans cette occasion, tout homme présent se considérera comme un fonctionnaire chargé de faire respecter l'ordre ; elle se confie à la présence des gardes nationaux ; elle se confie aux sentiments de la population parisienne, qui veut la paix publique avec la liberté, et qui sait que, pour assurer le maintien de ses droits, elle n'a besoin que d'une démonstration paisible, comme il convient à une nation intelligente, éclairée, qui a la conscience de l'autorité irrésistible de sa force morale et qui est assurée de faire prévaloir ses vœux légitimes par l'expression légale et calme de son opinion. »

Grande fut la stupeur dans les rangs du parti conservateur et de l'opposition constitutionnelle à la lecture de ce manifeste. Presque aussitôt le ministère y répondit en faisant afficher sur les murs :

1° Une proclamation aux habitants de Paris pour les inviter à s'abstenir de toute manifestation ;

2° Un arrêté qui invoquait la loi de 1790 et interdisait le banquet ;

3° Une ordonnance contre les attroupements ;

4° Une proclamation du général Jacqueminot, qui rappelait les articles 234 et 258 du Code pénal aux gardes nationaux agissant comme tels sans convocation légale.

Puis M. Duchâtel accourut à la Chambre des députés, déterminé à renvoyer sans plus de ménagements à l'opposition menace pour menace. M. Barrot s'y rendait de son côté, mais d'un pas irrésolu, avec une volonté chancelante, triste, soucieux, en proie à mille perplexités. De ce qu'il allait faire, d'une parole qu'il allait dire, dépendait ou la honte de son parti avec sa propre confusion, ou la terrible *inconnue* d'un soulèvement populaire. En cas de défaite, du sang versé, des prisons, des exils, la confiscation de toutes nos libertés peut-être. En cas de victoire... Mais c'est là ce qu'il n'osait envisager de sang-froid. M. Barrot s'éveillait en sursaut d'un long rêve agréable à son âme paisible. Il avait, pendant dix-sept ans, caressé la chimère d'une *monarchie entourée d'institutions républicaines*. Son esprit sans vigueur et le vague habituel à sa pensée lui avaient fait adopter avec complaisance cette combinaison flottante de deux principes destinés à se neutraliser quelque temps l'un par l'autre, sans pouvoir jamais s'unir. Il n'avait pas compris que, le droit divin enlevé, le principe monarchique, restait sans base, isolé de ses appuis naturels, l'aristocratie et le sacerdoce, et qu'il ne pouvait plus opposer à la vigueur du principe démocratique une résistance égale à l'attaque.

Plus droite, mais bien plus bornée que celle de M. Guizot, son intelligence portée au bien rejetait, par intégrité de nature, les moyens frauduleux dont celui-ci usait sans scrupule pour maintenir l'équilibre politique. Pas plus que M. Guizot, il ne songeait à l'avénement du peuple, et s'il y avait songé, c'eût été avec effroi plutôt qu'avec amour. La puissance et l'étendue du mouvement philosophique qui transformait la société échappaient aux prises étroites et molles de son esprit. Au delà des horizons parlementaires rien ne sollicitait sa pensée; une honnête inconséquence entrainait et paralysait tour à tour son cœur.

Arrivé au palais législatif, M. Barrot trouva la Chambre occupée à la discussion d'un projet de loi sur la banque de Bordeaux. Il entra, pour délibérer une dernière fois avec les siens, dans un bureau où le suivirent les députés de la gauche et M. Thiers. La consternation était sur toutes les physionomies; mais un certain respect humain retenait encore les paroles. Seul M. Thiers eut le courage de son opinion; seul il osa, sans aucune ambiguïté, soutenir que, le ministère persistant dans l'interdiction du banquet, y renoncer devenait un devoir impérieux. On l'écouta sans l'interrompre ni l'applaudir [1]. Chacun comprenait bien que le péril était proche, mais personne n'osait encore s'avouer à soi-même et surtout avouer à autrui qu'il n'avait pas la force de l'affronter.

Vers quatre heures, M. Barrot parut dans la salle des dé-

---

[1] Quelques jours auparavant, une femme avait montré plus de courage. Élevant la voix dans une réunion de ces hommes irrésolus, madame Odilon Barrot les avait fait rougir de leur prudence excessive et avait reproché avec véhémence, à M. Thiers, son influence funeste à l'honneur du parti.

libérations, et, visiblement troublé, il demanda la parole. Un profond silence se fit aussitôt. Après un résumé succinct de la marche suivie par l'opposition à l'occasion du débat sur le droit de réunion soulevé par l'adresse : « Je suis, quant à moi, convaincu, dit l'orateur d'une voix émue qu'il cherchait à raffermir, que, si la question eût été posée, les tribunaux auraient prononcé en notre faveur, qu'ils auraient déterminé le sens des lois existantes, fait cesser un doute grave, et qu'en même temps les amis sérieux de la liberté dans ce pays auraient eu à constater un immense progrès dans nos mœurs politiques.

« Il paraît, je n'ai pas vu les actes de l'autorité, qu'à des conseils de sagesse et de prudence ont succédé d'autres inspirations ; que des actes de l'autorité s'interposent, sous prétexte d'un trouble qu'ils veulent apaiser et qu'ils s'exposent à faire naître... » Ici, malgré une violente interruption et les rumeurs prolongées du centre, M. Barrot exposa les malheurs que l'interdiction du banquet pouvait entraîner à sa suite. « Il n'y a pas de ministère, dit-il, il n'y a pas de système administratif qui vaille une goutte de sang versé. » Puis il conclut en rejetant tout entière sur le cabinet la responsabilité des événements.

M. Duchâtel se hâta de retourner l'argumentation contre M. Barrot et de le rendre responsable, lui et ses amis, des malheurs qu'il annonçait. Le cabinet, assura M. Duchâtel, avait été disposé, il l'était encore la veille, *à laisser arriver les choses au point où, une contravention pouvant être constatée, un débat judiciaire aurait pu s'engager*. Mais le manifeste du comité rendait la chose impossible ; car ce manifeste était la proclamation d'un gouvernement illégal voulant se placer à côté du gouvernement régulier, *parlant aux citoyens, convoquant en son propre nom les gardes nationaux, provoquant des attroupements au mépris des lois*. Cela ne pouvait pas être supporté, et le ministre concluait en répétant de nouveau que la manifestation du banquet ne serait pas tolérée.

M. Barrot remonta à la tribune, et ce fut pour y balbutier des paroles bien peu dignes d'un chef de parti en des conjonctures aussi graves. « J'avoue hautement l'intention du manifeste, dit M. Barrot, mais j'en désavoue les expressions. » De violents murmures couvrirent sa voix. Alors il reprit son argumentation précédente et rejeta de nouveau la responsabilité sur le ministère. « S'il me fallait des preuves pour justifier la conduite du gouvernement, s'écria M. Duchâtel, à qui le chef de l'opposition venait de faire si beau jeu, je les trouverais dans les paroles mêmes de l'honorable M. Odilon Barrot. » Ce manifeste que M. Barrot *n'avoue ni ne désavoue*, est-ce un sujet de sécurité pour nous? dit le ministre; et, après un court développement de ce qu'il avait déjà soutenu à la tribune, il persiste dans ses conclusions.

Trop agitée pour reprendre la discussion sur la banque de Bordeaux, la Chambre s'ajourne au lendemain.

Le soir, une réunion eut lieu chez M. Odilon Barrot. Les députés réformistes, les membres du comité central et les journalistes de l'opposition s'y rendirent. M. Barrot leur déclara, au nom de ses collègues, que l'opposition dynastique, décidée à éviter l'effusion du sang, ne se rendrait pas au banquet. M. Marrast répondit qu'on s'était avancé trop loin pour reculer. « Vous voulez rejeter sur le ministre la responsabilité des émotions que vous avez créées, dit M. Marrast. Qui donc a convoqué le peuple pour demain sur la place publique, si ce n'est vous et nous? Vous redoutez la guerre civile? Eh bien! votre présence seule peut l'empêcher, votre absence doit la provoquer, et plus vous fuirez la responsabilité, plus elle retombera lourdement sur vous. »

M. Barrot et la plupart de ses collègues restèrent inébranlables dans leur projet de s'abstenir.

Sur cent membres inscrits pour assister au banquet, dix-sept seulement persistèrent dans leur première résolution, et sur ce nombre encore dix déclarèrent que, malgré leur opinion personnelle, ils croyaient devoir se ranger à l'avis de la majorité. Les autres, pour essayer de se disculper à leurs propres yeux et aux yeux du pays, convinrent d'une scène de parade pour le jour suivant. M. Odilon Barrot fut chargé de déposer sur le bureau de la Chambre un *acte d'accusation* du ministère : démonstration frivole, indigne d'hommes sérieux, et qui ne pouvait plus abuser personne, pas même ceux qui en assumaient le ridicule. Les sept membres persistants de la réunion de M. Odilon Barrot cherchèrent à s'entendre sur ce qu'il y aurait à faire le lendemain pour que la manifestation n'avortât pas trop misérablement.

MM. d'Alton-Shée, d'Harcourt, Lherbette, allèrent chez M. de Lamartine, qu'ils trouvèrent résolu à se rendre, en dépit de tout, au rendez-vous assigné place de la Madeleine.

La veille, au sein d'une réunion de l'opposition modérée, où le débat avait été embarrassé, traînant, peu sincère, M. de Lamartine, répondant à M. Berryer, qui s'était prononcé pour l'abstention, avait dit ces paroles : « Nous sommes placés par la provocation du gouvernement entre la honte et le péril. Voilà le mot vrai de la circonstance ! Je le reconnais, et votre assentiment me prouve que j'ai touché juste : nous nous sommes placés entre la honte et le péril.

« La honte, messieurs, peut-être serions-nous assez généreux, assez grands, assez dévoués pour l'accepter pour nous-mêmes. Oui, je sens que, pour ma part, je l'accepterais. J'accepterais mon millième ou mon cent millième de honte, je l'accepterais en rougissant, mais glorieusement, pour éviter à ce prix qu'une commotion universelle n'ébranlât le sol de ma patrie et qu'une goutte de ce généreux sang d'un citoyen français ne tachât seulement un pavé de Paris.

« Je me sens capable, vous vous sentez tous capables de ce sacrifice ! Oui, notre honte plutôt qu'une goutte de sang du peuple ou des troupes sur notre responsabilité !

« Mais la honte de notre pays, messieurs ! mais la honte

de la cause de la liberté constitutionnelle, mais la honte du caractère et du droit de la nation! Non, non, non, nous ne le pouvons pas, nous ne devons pas, ni en honneur, ni en conscience, l'accepter! Le caractère, le droit, l'honneur de la nation ne sont pas à nous, ils sont au nom français! Nous n'avons pas droit de transiger sur ce qui ne nous appartient pas!.

« Messieurs, parlons de sang-froid, le moment le réclame. Le procès est imposant entre le gouvernement et nous. Sachons bien ce que nous voulons faire accomplir mardi à la France. Est-ce une sédition? Non. Est-ce une révolution? Non. Que Dieu en écarte le plus longtemps possible la nécessité pour notre pays! Qu'est-ce donc? Un acte de foi et de volonté nationale dans la toute-puissance du droit légal d'un grand pays! La France, messieurs, a fait souvent, trop souvent, trop impétueusement peut-être, depuis cinquante ans, des actes révolutionnaires. Elle n'a pas fait encore un grand acte national de citoyens. C'est un acte de citoyens que nous voulons accomplir pour elle, un acte de résistance légale à ces actes arbitraires dont elle n'a pas su se défendre assez jusqu'ici par des moyens constitutionnels et sans armes autres que son attitude et sa volonté.

« Des dangers? n'en parlez pas tant, vous nous ôteriez le sang-froid nécessaire pour les prévenir, vous nous donneriez la tentation de les braver! Il ne dépendra pas de nous de les écarter de cette manifestation par toutes les modérations, les réserves, les prudences d'actions et de paroles recommandées par votre comité. Le reste n'est plus dans nos mains, messieurs, le reste est dans les mains de Dieu! Lui seul peut inspirer l'esprit d'ordre et de paix à ce peuple qui se pressera en foule pour assister à la manifestation pacifique et conservatrice de ses institutions! Prions-le de donner ce signe de protection à la cause de la liberté et des progrès des peuples, et de prévenir toute collision funeste entre les citoyens en armes et les citoyens désarmés. Espérons, conjurons tous les citoyens qu'il en soit ainsi. Abandonnons le reste à la Providence et à la responsabilité du gouvernement, qui provoque et qui amène seul la nécessité de cette dangereuse manifestation. Je ne sais pas si les armes confiées à nos braves soldats seront toutes maniées par des mains prudentes ; je le crois, je l'espère. Mais si les baïonnettes viennent à déchirer la loi, si les fusils ont des balles, ce que je sais, messieurs, c'est que nous défendrons, de nos voix d'abord, de nos poitrines ensuite, les institutions et l'avenir du peuple, et qu'il faudra que ces balles brisent nos poitrines pour en arracher les droits du pays. »

Jamais M. de Lamartine n'avait été plus éloquent, parce que jamais il ne s'était senti mieux en rapport avec le sentiment général. L'atmosphère orageuse des révolutions exaltait, d'ailleurs, son âme de poëte, le péril l'attirait, l'héroïsme lui était naturel. Les hasards d'une fortune virile le tentaient pour lui-même et pour la France.

Ce soir-là, vers minuit, lorsqu'on vint lui annoncer que tout était fini, que le comité renonçait à la manifestation et que les commissaires faisaient disparaître les préparatifs du banquet : « Eh bien, dit-il avec le calme d'une résolution inébranlable, la place de la Concorde dût-elle être déserte, tous les députés dussent-ils se retirer de leur devoir, j'irai seul au banquet avec mon ombre derrière moi[1]. »

Il savait bien qu'il ne serait pas seul ; derrière lui il y

---

[1] M. de Lamartine a cru, en un jour de défaillance politique, devoir faire amende honorable de l'acte le plus irréprochable de sa vie. Il s'est accusé de légèreté et d'avoir obéi aux suggestions d'une jalousie inférieure. Soyons plus juste envers lui que lui-même. Les résolutions des hommes sont complexes, mais on n'est pas téméraire d'affirmer que le poëte qui avait si profondément senti et exprimé l'*ennui* d'une nation dont on enchaînait le génie, était tourmenté, lui aussi, d'un dégoût mortel, et qu'il osait préférer, pour la France, les hasards d'une révolution à l'ignoble bien-être d'une existence sans grandeur et sans vertu. « E perchè nelle azioni nostre l'indugia arreca tedio « e la fretta pericolo, si volse per fuggire il tedio a tentare il pericolo, » dit Machiavel.

avait à cette heure toutes les forces vives de la France. Il y avait l'honneur national, le droit, la liberté, la justice. Pourquoi faut-il que toutes ces choses sacrées, par l'incorrigible impéritie de nos gouvernements, s'appellent, depuis plus d'un demi-siècle, révolution !

En sortant de chez M. Barrot, M. Marrast et les membres de l'opposition avancée se réunirent dans les bureaux du *Siècle*. Là fut agitée la question de savoir si, dans le cas où le rappel serait battu le lendemain pour la garde nationale, on y répondrait. Après une discussion animée, on décida de sortir en armes, au premier appel, et d'appuyer, par des manifestations significatives, les mouvements populaires.

Aux mêmes heures, le comité électoral du deuxième arrondissement rédigeait une note qui parut le lendemain dans les journaux pour exprimer, au nom du peuple, son étonnement de la décision prise et demander la démission en masse des députés, *seule mesure capable de donner en ce moment satisfaction à l'opinion publique*. Le parti républicain délibérait dans les bureaux de la *Réforme*. Là, deux avis s'ouvraient et se combattaient. L'occasion était une des plus favorables qui se fussent offertes depuis longtemps ; il fallait la saisir et tenter une prise d'armes, disaient les uns. C'était l'opinion de MM. Ledru-Rollin, Étienne Arago, Caussidière, Lagrange, Baune, Grandménil, Thoré. Les autres, MM. Louis Blanc et Flocon, redoutaient le conflit, jugeant les chances trop inégales. On se sépara sans avoir rien conclu. Les plus déterminés se rendirent dans les faubourgs et au milieu des sociétés secrètes pour s'assurer, par des communications directes, de la disposition du peuple.

Pendant ce temps, on était plein de joie au Château. Aux pressants avertissements que Louis-Philippe avait reçus, il n'avait opposé que le sarcasme. « Vendez-vous bien vos tapis ? » avait-il dit à M. Sallandrouze, qui attendait que le roi lui parlât de son amendement. M. de Rambuteau, préfet de la Seine, qui lui communiquait des rapports alarmants, était ajourné à une semaine pour confesser en toute confusion, disait le roi, qu'il s'était abandonné à des terreurs d'enfant. Le maréchal Gérard[1] et M. Delessert recevaient un semblable accueil.

Peu après, et comme pour lui donner raison, des personnes bien informées de ce qui se passait dans les conciliabules de l'opposition faisaient connaître au roi que, dans la crainte de compromettre le gouvernement dynastique, M. Odilon Barrot et ses amis renonçaient au banquet. En apprenant cette nouvelle, MM. Duchâtel, Trezel, Delessert, Sébastiani, Jacqueminot, réunis au ministère de l'intérieur, décident que le déploiement de la force armée devient inutile et se chargent de donner le contre-ordre. Dire l'effet que cette nouvelle produisit aux Tuileries ne serait pas chose facile. Les courtisans se pâmaient d'aise. La reine était transportée. Le roi ne se contenait plus; il serrait la main de ses ministres avec une effusion inaccoutumée. Il complimentait surtout M. Duchâtel. Depuis longtemps il n'avait montré tant d'esprit, tant de jovialité, tant de verve. Il ne s'oubliait pas lui-même dans les louanges qu'il adressait à son gouvernement. Il l'avait toujours pensé, toujours dit : cette opposition si pleine de jactance ne se composait que de beaux parleurs, de poltrons. Sa faconde à ce sujet était intarissable.

Quelques personnes essayaient bien de parler de l'agitation des rues; mais c'était peu de chose, ce n'était rien, disaient les courtisans : une vingtaine de gamins, portant des chandelles, lisaient ironiquement les affiches contre les attroupements et le banquet. Les passants s'arrêtaient, ne sachant ce que cela voulait dire, mais les groupes se dispersaient aussitôt après avoir lu[2].

---

[1] Le mardi matin, 22 février, le roi écrivait au maréchal un billet pour le rassurer et lui annoncer que les événements prenaient la tournure la plus heureuse.

[2] Les rapports de police ne donnaient point à ce fait son véritable caractère. Si, dans les quartiers habités par la bourgeoisie, les groupes qui se formaient autour des affiches ne présentaient rien de menaçant,

On se réjouissait donc aux Tuileries sans la moindre arrière-pensée. Jamais on n'avait eu si fort sujet de s'applaudir. On estimait que, grâce à la fermeté et à l'habileté d'une politique supérieure, tout était fini ; on se renvoyait avec modestie les félicitations et les louanges.

Il n'en était pas de même dans les faubourgs. L'attitude, la physionomie, le morne silence des ouvriers qui lisaient les affiches, sous les yeux des sergents de ville, trahissaient l'ardeur concentrée d'une indignation et d'une haine profondes. Les ouvriers chargés de dresser les tables destinées au banquet, n'ayant point été prévenus, travaillèrent aux flambeaux jusqu'à une heure du matin.

CHAPITRE VIII

Première journée.

Le temps est brumeux, le ciel chargé de nuages gris, bas et lourds, que pousse un vent d'ouest humide et froid. Pendant que le Château repose encore dans une sécurité complète, Paris s'éveille inquiet et agité. Des craintes et des espérances vagues, des soupçons plus vagues encore, s'élèvent et retombent confusément au sein de l'universelle incertitude. Un seul sentiment distinct domine dans tous les cœurs : la colère.

La bourgeoisie est irritée de voir ses intérêts compromis avec ceux du cabinet conservateur qui, par un fol entêtement, la livre à tous les hasards de l'émeute. La garde nationale surtout, humiliée depuis plusieurs années par l'oubli systématique du gouvernement, voit s'approcher avec une certaine joie l'heure où son concours va devenir indispensable ; elle se promet de le mettre à haut prix et se répand en injures contre le ministère.

Quant au peuple, ses bonnes et ses mauvaises passions bouillonnent depuis si longtemps comprimées, que leur explosion, en de pareilles conjonctures, ne peut manquer de se faire avec violence.

Sans partager toutes les illusions du roi, les ministres sont loin cependant de connaître la gravité de la crise qu'ils ont provoquée. La révolution de 1830 est, à la vérité, présente à leur esprit, mais comme un enseignement, non comme une menace. On se gardera de tomber dans les fautes auxquelles on attribue la chute de Charles X. L'imprévoyance de M. de Polignac a tout perdu, la prévoyance de M. Guizot va tout diriger, tout rétablir.

Instruit presque jour par jour, par ses agents, des complots qui se trament contre Louis-Philippe, le préfet de police, M. Delessert, homme actif, dévoué, intelligent, tient dans ses mains bien des fils et connaît plus d'un secret; il dispose de la garde municipale et des sergents de ville, deux corps parfaitement organisés[1]. La possibilité d'un soulèvement et les chances de la lutte sont calculées avec précision. Un plan de défense, considéré par les hommes compétents comme un chef-d'œuvre de l'art stratégique, enveloppe Paris d'un réseau de baïonnettes qui, au premier signal, se resserrera et étouffera l'émeute avant même qu'elle ait le temps de se reconnaître.

On doit à l'expérience du maréchal Gérard ce plan habile, adopté en 1840, et connu dans l'armée sous le nom d'*ordre du jour du 25 décembre*. Par une combinaison très-simple et très-savante tout à la fois, le libre mouvement et la concentration instantanée de forces irrésistibles deviennent aussi faciles dans les quartiers populeux de Paris qu'en rase campagne[2].

Les hésitations du parti dynastique, près d'un mois perdu à délibérer et à négocier, ont, d'ailleurs, laissé au gouvernement le loisir de prendre les dispositions les plus minutieuses. Trente-sept mille hommes, pourvus de vivres et de munitions, armés de pelles, de haches, de pioches, de mar-

[1] Les cadres de la garde municipale, commandée par le colonel Lardenoix, portaient 3,200 hommes, dont 600 de cavalerie. 2,800 seulement ont été engagés dans la lutte des trois jours.
[2] Depuis quelque temps, à mesure que les troupes arrivaient à Paris, on faisait faire aux officiers, habillés en bourgeois, la reconnaissance des différents postes qu'ils devaient occuper en cas d'une bataille des rues.

teaux d'armes pour enfoncer les barricades, de pétards pour incendier les maisons, sont cantonnés dans Paris ou dans le voisinage[1]. Les garnisons de Vincennes et du Mont-Valérien sont prêtes à marcher au premier signal. Canons, caissons, gargousses, sabres et baïonnettes, tout est là en profusion. Deux fils du roi animeront de leur présence la troupe, dont l'esprit est excellent, dit-on. Le duc de Nemours a le commandement supérieur de la force armée. Le général Sébastiani commande la division et s'entendra au besoin avec le général Jacqueminot, commandant en chef de la garde nationale[2]. Toutefois on préférerait se passer de la milice citoyenne ; on a quelque raison de se méfier d'elle, et puis ne dispose-t-on pas d'une armée suffisante, plus que suffisante pour disperser, écraser à elle seule les séditieux ? La perspective d'une collision n'a donc rien d'alarmant, bien au contraire. Après avoir déployé une habileté consommée dans la bataille parlementaire, on fera preuve d'énergie et de résolution dans la bataille des rues. Quoi de plus souhaitable? quoi de mieux calculé pour affermir le ministère, le trône, la dynastie? C'est ainsi que l'on raisonne, et non sans avoir pour soi les probabilités, du moins les petites probabilités de la sagesse vulgaire.

Cependant, dès sept heures du matin, une foule inaccoutumée se répand dans les rues. Ce sont des ouvriers qui ne vont point au travail, des femmes, des enfants, des curieux

---

[1] On sait qu'en 1830 il se trouvait à peine 12,000 hommes, et très-mal approvisionnés, dans Paris.

[2] Cette entente était rendue fort difficile par les relations très-peu bienveillantes qui existaient entre les deux officiers supérieurs. Le général Sébastiani était peu propre à ce commandement. D'un caractère sans initiative et sans autorité, il n'avait, d'ailleurs, aucune expérience de la guerre des rues. Le choix du général Jacqueminot pour commandant de la garde nationale n'était point judicieux. Le général Jacqueminot n'avait guère d'autre titre à ce poste important que d'être allié à M. Duchâtel. Le monde parisien ne connaissait de lui que son goût prononcé pour les facéties. Au surplus, il était indisposé, et son inactivité habituelle se trouvait, à ce moment, encore alanguie par le malaise.

de toute sorte, attirés par les bruits qui circulent à l'occasion du banquet. — Est-il vraiment contre-mandé? aura-t-il lieu? la garde nationale y viendra-t-elle? le gouvernement exécutera-t-il sa menace? se défendra-t-on? Il serait bien possible qu'on en vînt aux mains. Allons voir. — Tels sont les propos que l'on entend dans la foule, et, peu à peu, les boulevards, la place de la Concorde, et surtout la place de la Madeleine, où avait été fixé, dans l'origine, le rendez-vous des souscripteurs du banquet, se remplissent de monde. Plusieurs arrivent en habit de fête. On s'aborde, on s'interroge, on fait mille conjectures. L'attente est sur toutes les physionomies. Bientôt cette attente prolongée, par une froide brume, devient désagréable et chagrine. On apprend, par les journaux que l'on s'arrache dans les cafés, la défection de l'opposition [1]. La curiosité désappointée tourne en aigreur. Néanmoins il n'y a pas encore là une apparence de mouvement séditieux. On ne voit point de troupes, pas un seul sergent de ville en uniforme. Les soldats du poste des affaires étrangères, sans armes, sur le seuil, ont tranquillement regardé passer la foule. On ne sait trop à quoi s'en tenir sur cette agitation silencieuse qui semble n'avoir et qui n'a, en effet, ni but, ni plan, ni concert [2]. Mais voici qu'un incident survient qui cause une fermentation plus prononcée. Onze heures sonnent, lorsqu'on voit inopinément deux détachements de gardes municipaux traverser au trot la place de la Concorde et monter l'avenue des Champs-Élysées. Ils portent sur leur dos des haches et des pelles; ils vont faire enlever les préparatifs du banquet [3]. Au même moment, de forts détachements du vingt et unième

---

[1] Voir aux *Documents historiques*, à la fin du volume, n° 3.

[2] Les sociétés secrètes, peu nombreuses et médiocrement organisées, s'étaient déclarées en permanence, afin d'épier les symptômes du mouvement, mais elles n'en avaient pas l'initiative, et elles n'en prirent la direction que dans la nuit du mercredi au jeudi.

[3] Un détachement de troupe de ligne, masqué derrière l'arc de triomphe, devait, au besoin, appuyer ce mouvement.

de ligne paraissent à la gauche de la Madeleine et se rangent en bataille sur la chaussée. Un murmure hostile les accueille.

Pourquoi cet appareil militaire? que faisons-nous de répréhensible? depuis quand n'est-il plus permis de causer sur la place publique? — Ces propos et d'autres plus hardis circulent dans les groupes. Mais, silence ! quelles sont ces voix lointaines qui retentissent soudain? quel est ce chant bien connu qui se rapproche, vibre, éclate? C'est la *Marseillaise* entonnée à pleine poitrine par une colonne de sept cents étudiants qui débouchent sur la place en deux rangs serrés, dans l'attitude la plus résolue. La vue de ces jeunes gens aimés du peuple et les fiers accents de l'hymne révolutionnaire font tressaillir la multitude. Une acclamation de surprise et de joie électrise l'atmosphère. Deux fois les étudiants font le tour de l'église en échangeant avec les ouvriers des paroles de haine contre le gouvernement et de provocation à la révolte. Leur contenance ferme, leurs évolutions régulières donnent aux rassemblements incohérents je ne sais quel sentiment de discipline. Le peuple se sent conduit, et, par une impulsion instinctive, le flot demeuré incertain, presque immobile jusque-là, s'ébranle dans une même direction. Il se pousse en avant, par la place de la Concorde, vers le palais Bourbon. D'un attroupement de curieux et de désœuvrés la présence des étudiants fait une manifestation politique. Un moment auparavant les commissaires des écoles s'étaient présentés chez M. Odilon Barrot, qui n'était pas chez lui. Son nom exprime encore à cette heure les prétentions extrêmes de la rébellion.

Sans trop bien se rendre compte de ce qu'elle peut vouloir, mais vaguement décidée à demander justice, la colonne populaire s'avance en bon ordre. Elle traverse sans opposition la place de la Concorde; mais, à l'entrée du pont, un peloton de gardes municipaux, sorti du poste de la terrasse du bord de l'eau, lui barre le passage en croisant la baïonnette. La foule s'arrête, hésite. Un jeune homme sort des rangs; déchirant sa veste d'un mouvement brusque, il se précipite, poitrine nue, au-devant des fusils chargés : « Tirez! » dit-il. Tant de hardiesse étonne la troupe, qui hésite à son tour. La colonne se presse, le pont est franchi : premier succès qui jette dans le peuple une émulation d'audace. Il déborde sur les quais, escalade les grilles, monte en courant les degrés du péristyle. Quelques-uns déjà, les plus agiles ou les plus entreprenants, ont pénétré dans les couloirs. Le poste des gardes nationaux commis à la garde des députés repousse ces téméraires, plutôt par persuasion que par force. MM. Crémieux et Marie viennent recevoir la pétition des écoles; ils exhortent les élèves à la modération, promettant que justice sera faite des ministres; mais la multitude, qui ne peut entendre ces paroles conciliatrices, continue d'affluer autour du palais. On commence à craindre qu'elle envahisse la Chambre. Tout d'un coup les portes de la caserne du quai d'Orsay s'ouvrent et livrent passage à un escadron de dragons, qui fond au grand trot, le sabre nu, sur l'émeute. Mais, en apercevant cette foule sans armes, ces visages si peu effrayés et si peu menaçants tout à la fois [1], l'officier surpris fait remettre le sabre au fourreau. « Vivent les dragons! » s'écrie le peuple, et les soldats, ralentissant l'allure de leurs chevaux, dispersent avec d'infinis ménagements les groupes qui vont se reformer sur la place.

Vivent les dragons! ce cri de l'instinct populaire auquel personne ne fait attention encore, c'est un premier pacte conclu entre le peuple et l'armée. *Vivent les dragons!* c'est le premier cri d'alliance. A partir de ce moment, dont nul ne soupçonne la gravité, la révolution est comme accom-

---

[1] Une extrême douceur unie à un grand courage forme, avec l'intelligence, le caractère des physionomies de la population parisienne. Pendant l'insurrection des trois jours de février surtout, où le peuple a été à peu près livré à lui-même, l'urbanité de ces hommes des barricades a fait l'admiration de tous ceux à qui la peur ou l'esprit de parti laissait la faculté de voir et de juger.

plie. Ce sabre remis au fourreau par un brave et fidèle officier, c'est la force matérielle cédant à la force morale; c'est la dynastie vaincue.

Que faisaient sur ces entrefaites les Chambres législatives? Au Luxembourg, les pairs refusent avec dédain à M. de Boissy l'autorisation d'interpeller le ministère sur *la situation présente de la capitale.* Au palais Bourbon, pendant que l'émeute gronde à ses portes, la Chambre des députés discute un projet de loi sur la banque de Bordeaux. Une certaine aigreur se mêle bien à ces débats, où des intérêts privés sont en lutte, mais rien ne décèle, dans l'assemblée, des préoccupations vives, et lorsque, à la fin de la séance, M. Odilon Barrot, d'un ton magistral, demande au président de vouloir bien annoncer à la Chambre le dépôt qu'il fait d'une *proposition soutenue par un assez grand nombre de députés,* un sourire effleure les lèvres de M. Guizot. Le ministre monte au bureau, parcourt d'un œil moqueur ce papier qui contient son acte d'accusation [1], et vient se rasseoir. Chacun peut lire sur son visage la grande pitié que lui inspire une si solennelle niaiserie [2]. Le président, demeuré impassible, annonce que la proposition sera soumise, le *jeudi suivant,* à l'examen des bureaux. Rien n'étant plus à l'ordre du jour, on se sépare. Il est un peu plus de quatre heures.

Depuis deux heures, les abords de la Chambre étaient balayés et gardés par la troupe. Un bataillon de la ligne avait pris position sur la place du palais Bourbon. Dans la rue de Bourgogne, on rangeait deux pièces de campagne en batterie. De toutes parts, on voyait surgir des piquets

---

[1] Voir aux *Documents historiques,* à la fin du volume, n° 4.
[2] M. Guizot, néanmoins, n'était pas tout à fait aussi rassuré qu'il voulait le paraître. Dès la veille, sa mère et ses filles avaient quitté l'hôtel des affaires étrangères. « Je puis répondre de tout jusqu'à ce soir, disait-il, le mardi matin, à une personne de ses amies qui l'interrogeait à la Chambre; mais je ne suis pas sans inquiétude pour la nuit. »

d'infanterie, des escadrons de chasseurs, de dragons et de gardes municipaux. « Les meilleures troupes du monde ne forceraient pas le pont, » s'écriait le général Perrot, commandant de la place, qui, à la tête de son état-major, surveillait les dispositions prises.

La foule, rejetée sur la place de la Concorde, oscillait dans un mouvement indéterminé de flux et de reflux. On donna l'ordre à la garde municipale de la disperser. Ce corps d'élite, composé d'hommes éprouvés et qu'une forte solde tenait attachés au gouvernement, était jalousé par la troupe de ligne à cause de ses priviléges et détesté du peuple à cause de ses attributions de police. Sa discipline était sévère ; il exécutait ses consignes avec rigueur. De ses fréquents conflits avec la population parisienne résultait une animosité réciproque qui ne pouvait, en de telles circonstances, que précipiter les hostilités, tandis qu'elles auraient pu encore être évitées par une sage intervention de la garde nationale. Ce fut donc une faute que de commencer l'attaque par des charges de la garde municipale [1], bien qu'elle les fit d'abord avec de grands ménagements. Le peuple, animé de passions plus violentes, commença le combat à coups de pierre. Les soldats, ainsi provoqués, s'ouvrirent passage, le sabre au poing, à travers la foule, culbutant, frappant, blessant grièvement des vieillards et des femmes qui ne pouvaient fuir assez vite. Il suffit de quelques-unes de ces charges pour faire évacuer la place ; mais la mort d'une pauvre vieille femme, jetée rudement sur le pavé, et le sang d'un ouvrier, mortellement atteint par le tranchant d'un sabre, arrachèrent à la multitude un premier cri de vengeance ; l'acharnement des représailles populaires, pendant les trois jours de la lutte, fit cruelle-

---

[1] Les gardes municipaux étaient très-mécontents de ces dispositions. Leurs chevaux qui glissaient sur l'asphalte de la place et l'animosité singulière de la population les exposaient beaucoup plus que ne l'eût été la troupe de ligne.

ment expier à la garde municipale la faute du gouvernement[1].

Dans les Champs-Élysées, les rassemblements ne lâchaient pas pied, malgré des charges répétées. Les enfants du peuple huaient et sifflaient la garde municipale; quelques-uns lui lançaient des pierres. Se retranchant derrière les fossés, les troncs d'arbres, les chaises amoncelées, ils narguaient la troupe. Les dragons passaient au petit galop en riant et ne faisaient point de mal; mais les gardes municipaux frappaient sans pitié et opéraient des arrestations nombreuses. Quant à la troupe de ligne, elle assistait, encore immobile, l'arme au bras, à ces préludes de la lutte. Vers trois heures, une bande d'ouvriers, drapeau en tête et chantant la *Marseillaise*, déboucha dans l'avenue Marigny, tout près d'un corps de garde dont les soldats surpris n'eurent pas le temps de fermer les grilles. Ne voulant point faire usage de leurs armes, ils évacuèrent le poste. Un ouvrier y planta son drapeau. Les enfants accoururent à ce signe de victoire et mirent le feu à la maisonnette de planches; mais bientôt la troupe revint en force sur ce point, la foule se dispersa de nouveau sans essayer de résistance sérieuse. Sur la rive gauche, la fermentation n'était pas moins grande; une bande d'insurgés, parmi lesquels se trouvaient des étudiants de l'École de droit et de l'École de médecine, se porta vers l'École polytechnique pour engager les élèves à venir se joindre à eux. On espérait que l'École polytechnique se signalerait comme en 1830; mais elle montra cette fois des dispositions beaucoup moins révolutionnaires[2].

[1] Quand le silence fut rétabli sur la place, on entendit tout à coup retentir de joyeuses fanfares, exécutées par la musique d'un régiment de chasseurs qui gardait la Chambre des députés. M. de Courtais, s'étant approché du colonel, lui reprocha l'inconvenance de ces marques d'allégresse à un pareil moment, et la musique cessa presque aussitôt; mais une impression pénible avait été produite. Les cœurs étaient serrés, les esprits pleins d'angoisse; tous les bons citoyens accusaient le pouvoir; tous donnaient en secret raison au peuple.

[2] Les élèves restèrent et se soumirent à la consigne rigoureuse qui

Des scènes plus vives se passaient presque simultanément devant le ministère des affaires étrangères, à la Bourse, au Palais-Royal et sur la place de la Bastille. S'apercevant enfin qu'il est sans armes, le peuple arrache les grilles de l'Assomption, de Saint-Roch, du ministère de la marine; il enfonce et pille la boutique de Lepage [1] et de plusieurs autres armuriers. La vue de ces sabres, de ces fusils étincelants, l'exalte. Le mot de *barricade* est prononcé. Aussitôt les plus audacieux se mettent à la besogne. Les premières tentatives sont faites rue Saint-Florentin, rue Duphot et rue Saint-Honoré, où, après avoir renversé un omnibus, on descelle les pavés avec les barreaux de fer enlevés aux grilles des palais. Une charge de cavalerie disperse immédiatement les travailleurs. La voiture est relevée, les pavés sont remis en place par les soldats, paisiblement, sans colère; il est aisé de voir qu'il n'y a de part et d'autre aucune animosité réelle. Des essais analogues se font, mais sans plus de succès, sur quelques autres points [2]. Dès que la cavalerie charge, les barricades sont abandonnées; ce n'est encore qu'une mutinerie.

Le peuple, sans chef, sans dessein préconçu, se plaît

---

leur enleva, pendant les deux premiers jours, leurs uniformes et leurs épées; ils ne sortirent, le troisième jour, qu'avec l'autorisation de leurs chefs pour aller aider la garde nationale à rétablir l'ordre.

[1] Rue Richelieu, en face du Théâtre-Français. La police avait prévu que les magasins d'armes seraient attaqués, et avait exigé que la plupart des armes à feu fussent démontées. Le peuple pilla aussi, ce jour-là, rue de Bondy, un magasin d'armes de théâtre et de fantaisie; le vestiaire de l'Ambigu fut également pillé. De là les équipements grotesques que l'on put remarquer dans quelques bandes de combattants, qui s'étaient emparés au hasard de casques et de lances du moyen âge, de yatagans, de poignards et de hallebardes; on en vit qui brandissaient des arcs indiens; d'autres qui portaient aux barricades des bannières héraldiques.

[2] Cela se passait très-poliment, avec courtoisie. On arrêtait les voitures publiques ou particulières, on aidait les personnes qui s'y trouvaient à en descendre, les chevaux dételés étaient remis aux mains du cocher, puis, la voiture renversée, on commençait à dépaver tout autour.

seulement à harceler la troupe; mais la pluie qui tombe incessamment tempère peu à peu son ardeur. Lassée de ces simulacres d'engagement et ne se sentant pas en mesure de commencer une lutte véritable, l'émeute abandonne les quartiers ouverts et se replie sur les faubourgs.

Rentrés dans le foyer de toutes les révolutions populaires, dans ce labyrinthe de rues et de carrefours qu'habite et que connaît à peu près exclusivement la population ouvrière, les insurgés retrouvent le sentiment de leur force. On commence à construire des barricades solides, on attaque les postes isolés. Les uns se replient à temps sur les casernes, les autres se laissent surprendre et donnent leurs armes. Aux Batignolles, les ouvriers attaquent le poste de Monceaux, défendu par une escouade de gendarmerie départementale et par un piquet de gardes nationaux. La lutte s'engage en dépit des efforts du maire et des adjoints. Le peuple tire sur des soldats à l'abri derrière des murailles. Il reçoit à découvert un feu de peloton. Quatre insurgés tombent morts ou blessés; ce fut là le premier sang versé de la journée.

Cependant on s'étonnait de plus en plus de ne pas voir se rassembler la garde nationale [1]. Les hommes de tous les partis se demandaient comment le gouvernement négligeait un tel auxiliaire, quand un si fâcheux conflit menaçait de tourner en insurrection. Vers cinq heures, trois députés, MM. Vavin, Taillandier, Carnot, se rendirent chez le préfet de la Seine pour lui exprimer le mécontentement de la population. Mais M. de Rambuteau n'avait aucun pouvoir; il se souvenait trop des sarcasmes de Louis-Philippe pour tenter de l'avertir une seconde fois. Les députés ne reçurent de lui qu'une réponse évasive.

A la même heure, le maire du deuxième arrondissement,

---

[1] L'ordre de battre le rappel dans toutes les légions, donné la veille, à neuf heures du soir, avait été révoqué dans la nuit, parce qu'on avait appris que les gardes nationaux étaient résolus à demander la réforme.

M. Berger, prenait sur lui de faire battre le rappel, et son exemple était suivi dans plusieurs arrondissements, mais en vain. Tout ce qu'il y avait de républicains dans les légions travaillait depuis plusieurs jours à y fomenter l'esprit de résistance. Ils rappelaient les vieilles injures, irritaient les amours-propres, démontraient la nécessité de prendre enfin une attitude indépendante pour reconquérir une importance politique, dont le roi et le ministère avaient fait trop bon marché. Ces arguments trouvaient les esprits crédules. Sur huit mille hommes composant la deuxième légion, il n'en vint pas six cents à la mairie. Sur la place du Panthéon, où bivouaquait le cinquième de ligne, une très-faible partie de la douzième légion se rassembla. Des coups de sifflet et des murmures s'étant fait entendre dans les groupes populaires, les gardes nationaux se mirent à crier *Vive la réforme!* Aussitôt la foule répondit par le cri *Vive la garde nationale*[1]! On peut imaginer si un tel spectacle était de nature à beaucoup animer la troupe au combat. Les officiers du cinquième de ligne donnèrent l'exemple et le signal de la défection morale en venant serrer la main aux chefs de la garde nationale. Un vivat prolongé accueillit cette démonstration.

Dans d'autres quartiers, les gardes nationaux qui se rendaient isolément à leur mairie étaient accostés par les ouvriers et vivement sollicités de donner leurs armes. Un grand nombre se laissaient ainsi dépouiller, moitié de gré, moitié de force. Aucun ordre n'arrivant, d'ailleurs, aux mairies, les plus persévérants, après avoir attendu quelques heures, regagnaient leur domicile, plus mécontents qu'ils n'en étaient partis. Cette tentative de prise d'armes, complétement avortée, n'eut d'autre effet que de démoraliser la troupe de ligne et de donner aux insurgés une plus grande assurance pour la lutte du lendemain. Vers six

---

[1] Le colonel, M. Ladvocat, ayant essayé de s'opposer à cette fraternisation, fut forcé de prendre la fuite.

heures du soir, les choses parurent assez graves au général Sébastiani pour qu'il fît connaître à la force armée qu'elle eût à se conformer à l'ordre du jour du 25 décembre. L'autorité interdit la circulation des voitures. De nombreuses patrouilles parcourent les rues. Les Tuileries et tous les points importants sont occupés par des forces considérables. Les troupes bivouaquent autour de grands feux, à la pluie. A huit heures, une gerbe de flamme s'élève tout à coup au milieu des Champs-Élysées. Une clameur immense vient retentir jusqu'au Château. Ce sont les enfants de l'émeute qui ont mis le feu aux chaises et aux bancs des promeneurs, et qui forment tout autour une ronde joyeuse pour célébrer leur victoire. Une compagnie de la garde nationale et un détachement de pompiers les dispersent et éteignent les flammes.

Insensiblement le silence descend sur la ville. Les ouvriers sont rentrés chez eux, les lumières s'éteignent. A peine quelques rares piétons passent-ils de loin en loin dans les rues désertes. On pourrait croire la sédition apaisée; mais, néanmoins, personne ne reprend confiance. Après un pareil tumulte, un calme si morne a quelque chose d'effrayant. Dans les cercles où se réunissent les personnes attachées au gouvernement, les hommes sont soucieux, les femmes émues. On se rassure mutuellement par des paroles qui mentent à la pensée. Cependant la cour et les autorités ne conçoivent encore aucune alarme. « Ce n'est qu'une échauffourée, » dit M. Delessert dans son salon, à neuf heures du soir. — « *Cela va trop bien,* » répond M. Duchâtel à l'ambassadeur d'Autriche, qui lui demande des nouvelles de la journée. M. Guizot a ses projets pour le lendemain, dans le cas où les insurgés oseraient faire de nouvelles tentatives. A minuit, le général Sébastiani révoque l'ordre du jour donné à six heures, et le *Moniteur* imprime la phrase sacramentelle : *L'autorité prend des mesures propres à assurer le rétablissement de l'ordre.*

CHAPITRE IX

Seconde journée.

La nuit fut muette; le pouvoir crut qu'elle était calme. A tout événement, il prenait ses mesures. Des renforts de troupes arrivaient par les chemins de fer. Des canons amenés de Vincennes étaient mis en batterie sur la place du Carrousel, sur la place de la Concorde, aux abords des portes Saint-Denis et Saint-Martin, sur les quais, à l'Hôtel de Ville. Le ministère dressait une longue liste d'arrestations, sur laquelle figuraient les noms des principaux rédacteurs de la presse démocratique, les chefs des sociétés secrètes, les hommes les plus influents du parti radical [1]. Il régnait à cet égard entre le roi et son cabinet une entente parfaite.

Cependant la troupe, qui a bivouaqué à la pluie, les pieds dans la boue, l'esprit perplexe et le corps transi, aperçoit, aux premières lueurs du jour, une multitude gaillarde et résolue, qui afflue par les rues Saint-Martin, Rambuteau, Saint-Merry, du Temple, Saint-Denis, où, sur beaucoup de points, elle a élevé des barricades. On s'observe quelques instants, puis les ouvriers engagent des escarmouches; des feux de tirailleurs leur répondent. Ré-

---

[1] Cette liste de 150 noms environ a été trouvée, le 24 février, sur la table du préfet de police, par un insurgé qui y figurait.

pandu sur un vaste espace, dont il connait les positions avantageuses et les détours, le peuple tantôt se disperse, tantôt se concentre, harcelant, déconcertant la troupe, surprenant les postes isolés [1]. Chose étrange, à peine a-t-on cessé le feu sur un point que soldats et ouvriers échangent des paroles amicales. Dans le quartier des halles, les femmes offrent des vivres aux soldats, les embrassent en les suppliant d'épargner leurs frères, de ne pas tirer sur leurs maris, sur leurs enfants. On continue les barricades joyeusement, d'un air mutin, à vingt pas de la troupe. — « Vous ne tirerez pas sans nous avertir, » disaient les gamins. — « Soyez tranquilles, nous n'avons pas d'ordre, » répondaient les soldats. A toute minute, un bon mot, un lazzi, forcent à sourire les officiers eux-mêmes, surpris de tant d'audace, et qui souhaitent de tout leur cœur qu'une solution pacifique les dispense au plus tôt de cette guerre civile. Non, certes, que ces hommes si braves se préoccupent des dangers qu'ils vont courir; mais ce ministère qu'on les force à défendre, ils ne l'aiment ni ne l'estiment. Le système de la paix à tout prix et la vénalité politique répugnent à leur honneur; dans le fond de leur conscience, ils inclinent à donner raison au peuple, et, loin de ressentir contre lui de l'animosité et de la colère, ils éprouvent une sympathie très-vive pour sa résolution, sa verve, la simplicité de son courage. La défaite de Juillet aussi leur revient en mémoire, et la pluie qui tombe sans relâche, fouettée par un vent aigre, abat encore le peu d'ardeur de leur esprit troublé [2].

---

[1] L'action ne s'engageait sérieusement nulle part, mais on combattait partout. Dès sept heures du matin, les postes des rues Geoffroy-Langevin et Sainte-Croix de la Bretonnerie furent surpris et désarmés.

[2] Les journaux radicaux du matin, pressentant cette disposition de la troupe de ligne, avaient eu grand soin de ne la pas froisser. Ils réclamaient contre le retard apporté à la convocation de la garde nationale, accusaient la brutalité de la garde municipale, mais ils affectaient de ne point se plaindre des régiments de ligne.

Mais tout d'un coup ils respirent, ils se sentent soulagés d'un poids énorme. Une bonne nouvelle leur est apportée. On entend partout battre le rappel. La garde nationale se rassemble; elle va trancher le nœud de cette situation pénible et inexpliquée. En effet, après de longues hésitations, beaucoup de paroles inutiles, d'ordres et de contre-ordres embarrassés, le duc de Nemours, le général Sébastiani et le général Jacqueminot, réunis à l'état-major dans une inactivité solennelle et dans une ignorance incroyable du véritable état des choses, donnaient, ou plutôt se laissaient arracher l'ordre tardif de convoquer deux bataillons de gardes nationaux par légion; mais cet ordre ayant été transmis directement, les maires n'en furent point instruits. En sorte que les gardes nationaux, arrivant aux mairies, n'y trouvèrent ni instruction ni direction d'aucune espèce. Livrées à elles-mêmes, les légions s'avancent partout en criant : *Vive la réforme!* S'emparant ainsi du rôle de médiatrices, elles vont empêcher qu'on ne tire sur le peuple, bien persuadées qu'il ne veut que ce qu'elles veulent elles-mêmes. Par leur contenance décidée, elles forceront le pouvoir à des concessions utiles. Maîtresses de la situation, elles renverseront le ministère conservateur, humilieront le roi, exigeront un cabinet présidé par M. Thiers ou M. Molé, puis elles feront rentrer dans ses foyers la foule mutinée. Tel est le programme que se trace à elle-même la garde nationale, le mercredi, 23 février, dans la matinée.

Ces dispositions se manifestent immédiatement et occasionnent sur plusieurs points des scènes très-vives. Le colonel de la dixième légion, M. Lemercier, haranguant le quatrième bataillon qui stationnait rue Taranne, et l'exhortant à marcher pour le rétablissement de l'ordre : « Il ne s'agit pas seulement de rétablir l'ordre, s'écrie M. Bixio en sortant des rangs, mais de faire chasser un ministère infâme. » Un cri : *A bas Guizot!* éclate à ces paroles. Le colonel, irrité, saute à bas de son cheval et s'adresse individuellement à ceux d'entre les gardes nationaux dont la modération lui est connue pour les engager à crier *Vive le roi!* — *Vive la réforme!* dit d'une voix de stentor un homme du peuple qui s'est glissé dans les rangs. M. Lemercier le saisit au collet, les gardes nationaux protestent en disant qu'on n'arrête pas un homme pour avoir crié *Vive la réforme!* Le colonel, renonçant à les apaiser, résigne son commandement et s'éloigne en toute hâte.

Sur la place des Victoires, la troisième légion se mêle au peuple et pousse avec lui les cris de *Vive la réforme!* Un détachement de gardes municipaux tente d'arrêter quelques hommes du peuple. Un garde national intervient; il est maltraité. Alors une compagnie de gardes nationaux s'avance et fait reculer la troupe jusque dans sa caserne. Peu de temps après, sur la place des Petits-Pères, des dragons, pressés par la foule, essayent de la disperser; elle se réfugie derrière les rangs de la garde nationale, qui croise la baïonnette. A ce spectacle inouï, les dragons s'arrêtent. La foule exprime par des vivats sa reconnaissance. Au même moment, la huitième légion, rassemblée sur la place Royale, refusait de marcher si l'on n'inscrivait sur sa bannière les mots : *Vive la réforme.* Sur le boulevard Saint-Martin, la cinquième légion arrêtait la garde municipale, et les officiers expliquaient à la troupe que le peuple était dans son droit, qu'il ne voulait qu'une chose juste et légitime : le renvoi du ministère. A deux heures, les colonels des douze légions s'adressèrent au roi pour le supplier de faire de larges et promptes concessions, seul moyen qui restât, suivant eux, d'assurer la tranquillité de la capitale.

A ces rapports unanimes et presque simultanés, le duc de Nemours, impassible, entouré d'un brillant état-major qui se riait des alarmistes, répondait à peine et ne donnait aucune marque d'inquiétude ni de résolution. Satisfait de l'hommage rendu à son rôle de commandant supérieur, attentif à l'étiquette, il renvoyait les porteurs de nouvelles tantôt au roi, tantôt au général Sébastiani, tantôt au général Jacqueminot, qui, l'un et l'autre, souriaient ou fronçaient le sourcil en disant d'un air capable : « *Nous sommes instruits.* » Et pas une décision, pas un ordre ne sortait de cette triple apathie [1]. Cependant des combats acharnés entre le peuple et la garde municipale continuaient dans le Marais et les quartiers Saint-Denis et Saint-Martin. La troupe de ligne n'y prenait qu'une part très-peu active, et la garde nationale, partout où elle la rencontrait, intervenait pour faire cesser le feu. — « Voulez-vous donc tuer des citoyens inoffensifs? s'écriaient les officiers des légions. Que font-ils? Ils demandent la réforme. Eh bien! nous la voulons aussi. On ne peut plus nous la refuser; à ce prix nous répondons de l'ordre. » Et avec ces simples paroles ils arrêtaient les charges de cavalerie, faisaient retourner les canons, relever les fusils, rentrer les baïonnettes dans le fourreau. Le peuple, ivre de joie, saluait d'acclamations retentissantes ses protecteurs : *Vive la garde nationale! vive la ligne!* Soldats et ouvriers se tendaient la main. Étrange guerre civile entre des hommes dont la cause est la même et l'intérêt pareil : prolétaires sous l'uniforme, prolétaires sous la blouse, enfants d'une même misère, ouvriers à leur insu d'un même destin!

Tandis que cette fraternelle intervention de la garde nationale arrêtait, dans les faubourgs, l'effusion du sang, une députation de la quatrième légion se rendait, au nombre de quatre à cinq cents hommes, sans armes, mais escortée d'une grande masse de peuple, au palais Bourbon. Elle portait une pétition pour la réforme électorale et le renvoi du ministère. Les abords de la Chambre étaient fortement gardés. Sur la place, dès qu'un groupe un peu nombreux stationnait, il était dissipé par des charges de cavalerie.

---

[1] « Que feriez-vous à ma place? » disait le général Jacqueminot à un officier supérieur qui lui peignait vivement les périls de la situation; et il reprenait sa partie de billard avec le général Sébastiani, sans même écouter la réponse. — « Si la garde nationale est mauvaise, on agira sans elle. » murmuraient les courtisans.

Des réserves d'infanterie et de cavalerie occupaient les Champs-Élysées; un détachement de la dixième légion barrait le passage du pont de la Concorde. Des pourparlers s'engagèrent entre ce détachement, choisi parmi les plus zélés conservateurs, et la députation. Pendant ce temps, le bruit se répandait dans la Chambre que les légions réformistes étaient en marche et qu'elles allaient envahir le palais Bourbon; ce fut une panique générale. On se hâta d'envoyer MM. Crémieux, Beaumont (de la Somme), et Marie au-devant des gardes nationaux. Après avoir pris connaissance de la pétition, ces messieurs félicitèrent la députation de sa démarche patriotique et lui annoncèrent, en termes emphatiques et vagues, que *le ministère était frappé de mort, que la garde nationale avait prononcé son arrêt, que le vœu du peuple allait être exaucé.* Des bravos prolongés éclatèrent à cette nouvelle. Les députés profitèrent de cet accueil favorable pour exhorter la garde nationale à empêcher les collisions et à rétablir l'ordre. La députation n'eut garde d'en demander davantage; elle se dispersa aussitôt pour aller porter sur tous les points où l'on combattait encore ces paroles de paix. Chacun se réjouit et se félicita. Désormais, pensait-on, la lutte était sans motif, l'émeute sans prétexte; tout devait rentrer dans l'ordre et la légalité.

Un peu moins aveugle que la Chambre des pairs, qui repoussait par des clameurs violentes la demande d'interpellation de M. d'Alton-Shée, rappelait à l'ordre M. de Boissy[1] et reprenait la discussion à l'ordre du jour sur le projet de loi relatif au régime hypothécaire, la Chambre des députés semblait vouloir prendre quelque initiative. Voici ce qui s'y passait.

[1] La proposition qui motiva ce rappel à l'ordre commençait ainsi : « Attendu que hier le sang a coulé sur divers points de la capitale; attendu qu'aujourd'hui encore la population parisienne est menacée de mort et d'incendie, de mort par 60 bouches à feu approvisionnées, moitié à coups à mitraille, moitié à coups à boulets; qu'elle est menacée de dévastation et d'incendie par 40 pétards, le tout transporté d'urgence et en hâte de Vincennes à l'École militaire... »

Entrés en séance à une heure et demie, les députés avaient à peine pu tenir en place pour entendre un rapport de pétitions. L'agitation était telle qu'il avait fallu suspendre la séance. Mille bruits plus alarmants les uns que les autres arrivaient de toutes parts. Où étaient les ministres? Que décidait le roi? Quelle serait l'issue de cette crise funeste? On n'en savait rien. Ce qu'on savait, ce qui se confirmait de minute en minute, c'est que la garde nationale refusait de marcher contre le peuple ; que la troupe de ligne ne marcherait pas sans elle. C'en était assez pour faire appréhender les plus grands malheurs. On attendait avec anxiété M. Guizot, qui n'avait point paru encore. On murmurait, on l'accusait. Plusieurs espéraient, attribuant son absence prolongée à quelque énergique résolution prise en conseil. Enfin, à deux heures et demie, perdant patience, M. Vavin, député de la Seine, monte à la tribune. On sait que c'est pour interpeller le ministère. — « Attendez ! attendez ! » lui crie-t-on de tous les bancs. M. Hébert, seul au banc des ministres, annonce à la Chambre que le président du conseil et le ministre de l'intérieur, *appelés hors de cette enceinte par des soins que la situation explique et requiert*, ont été prévenus et qu'ils ne peuvent tarder. Un murmure d'impatience accueille ces paroles ; mais aussitôt le silence se rétablit, tous les regards se tournent vers la porte d'entrée. M. Guizot paraît sur le seuil. Est-ce bien lui? Ses traits sont contractés, sa pâleur a pris une teinte livide, l'éclair de son regard est obscurci ; l'expression d'une souffrance profonde, contenue avec effort, se lit sur son front et dans son amer sourire. Il s'assied. Personne n'ose aborder le silence de cet orgueil blessé à mort.

M. Vavin remonte à la tribune et parle en ces termes : « Messieurs, au nom de mes collègues les députés du département de la Seine et au mien, je viens adresser quelques interpellations au ministère. Depuis plus de vingt-quatre heures, des troubles graves désolent la capitale ; hier, la population entière a vu, avec un douloureux étonnement, l'absence de la garde nationale, et cet étonnement était d'autant plus grand, d'autant plus pénible, qu'on savait que l'ordre de la convoquer avait été donné lundi, dans la soirée. Il serait donc vrai que, dans la nuit du lundi au mardi, cet ordre aurait été révoqué. Ce n'est qu'hier, à cinq heures, que le rappel a été battu dans quelques quartiers pour réunir quelques gardes nationaux. Dans la journée, la population de Paris a été livrée au péril qui l'entourait, sans la protection de la garde civique. Des collisions funestes ont eu lieu, et elles auraient été prévenues peut-être si, dès le commencement des troubles, on avait vu, dans nos rues, sur nos places, cette garde nationale, dont la devise est : *Ordre public et liberté.* Sur un fait aussi grave, je prie MM. les ministres de nous donner quelques explications. »

M. Guizot se lève et se dirige lentement vers la tribune. Sa respiration est comme étouffée par un poids intérieur ; mais un effort de volonté enfle sa voix. Il se compose un maintien superbe et prononce, au milieu d'un silence imposant, ces quelques paroles : — « Messieurs, je crois qu'il ne serait ni conforme à l'intérêt public, ni à propos pour la Chambre d'entrer en ce moment dans aucun débat sur ces interpellations. »—Une explosion de murmures l'interrompt. L'opposition croit qu'il a recours, une fois de plus, à ces refus hautains de s'expliquer, si longtemps soufferts par la Chambre, mais qui ne conviennent plus à sa fortune chancelante. M. Guizot attend que la rumeur se calme et répète mot pour mot ce qu'il vient de dire, puis il ajoute : — « Le roi vient de faire appeler en ce moment M. le comte Molé pour le charger... » D'impertinents applaudissements, partis des deux extrémités de l'hémicycle et des tribunes, couvrent sa voix. — « La Chambre doit garder sa dignité, » s'écrie M. Barrot. — « L'interruption qui vient de s'élever, reprend M. Guizot, ne me fera rien ajouter ni rien retrancher à mes paroles. Le roi vient d'appeler en ce moment M. le comte Molé pour le charger de former un nouveau cabinet.

Tant que le cabinet actuel sera chargé des affaires, il maintiendra ou rétablira l'ordre et fera respecter les lois selon sa conscience, comme il l'a fait jusqu'à présent. »

A ces mots, les députés du centre s'indignent et murmurent; les bancs se dégarnissent; des groupes animés se forment. On entend, au milieu du bruit, des voix qui s'écrient : — « C'est indigne! c'est une lâcheté! on nous trahit! allons chez le roi [1]. » — Les conservateurs se croient abandonnés par le ministère, ils éclatent en reproches. M. Guizot, ne parvenant pas à se faire écouter dans ce tumulte, essaye de faire comprendre par des gestes que ce n'est pas lui qui se retire, mais que c'est le roi qui le destitue. Le président s'efforce de rétablir le silence. — « Avant de lever la séance, dit-il, j'ai un mot à dire sur l'ordre du jour. » — « Il s'agit bien de l'ordre du jour! » s'écrie M. Plougoulm. M. de Salvandy demande que l'ordre du jour soit maintenu. A ce moment, M. Crémieux vient déposer sur le bureau la pétition de la garde nationale et d'un grand nombre de citoyens du quatrième arrondissement. — « Les uns, dit-il, protestent contre la conduite des ministres; les autres demandent leur mise en accusation... » La voix de M. Crémieux se perd dans la rumeur générale. Le silence ne se rétablit que lorsqu'on voit M. Dupin à la tribune. On sait les relations intimes de M. Dupin avec le roi; on connaît son esprit lucide. On attend de lui une proposition conforme à la dignité parlementaire et à la gravité des circonstances. — « Messieurs, dit l'orateur, le premier besoin de la cité est le rétablissement de l'ordre, la cessation des troubles. L'anarchie est le pire des états, c'est la destruction de la société; elle menace l'ordre social tout entier. La seule question vraiment à l'ordre du jour est donc le rétablissement de la paix publique, pour assu-

---

[1] M. Dumon, s'efforçant de calmer l'indignation des conservateurs, allait de l'un à l'autre, les exhortait à la modération en raison des circonstances. « Aujourd'hui soyons tout à l'ordre, disait-il; demain nous serons tout à la politique. »

rer la libre et régulière action de tous les grands pouvoirs de l'État. »—Puis M. Dupin, rappelant la révolution de Juillet, l'ordre et la liberté fondés et maintenus par l'accord de la Chambre des députés avec le vœu public et avec la garde nationale, conclut en ces termes : — « Il faut que les masses comprennent qu'elles n'ont pas le droit de délibérer, de décider. Il faut que les gens qui ont eu recours aux armes comprennent qu'ils n'ont pas le droit de commander, qu'ils n'ont qu'à attendre l'exécution de la loi, écouter la voix des magistrats, attendre les délibérations des grands corps de l'État et les mesures qui seront jugées nécessaires par la couronne et par les Chambres. Dans cette situation, devons-nous introduire ici des délibérations irritantes, des délibérations d'accusation? Je crois qu'il faut, au contraire, adhérer à la demande d'ajournement, que j'appuie de toutes mes forces. »

Ce discours ramène M. Guizot à la tribune. Avec un apparent sang-froid, il réfute les motifs allégués par M. Dupin pour l'ajournement, et prononce d'une voix ferme ces paroles, les dernières de sa carrière ministérielle : — « Le cabinet ne voit, pour son compte, aucune raison à ce qu'aucun des travaux de la Chambre soit interrompu, à ce qu'aucune des questions qui avaient été élevées dans la Chambre ne reçoive sa solution. La couronne exerce sa prérogative. La prérogative de la couronne doit être pleinement respectée. Mais tant que le cabinet reste aux affaires, tant qu'il est assis sur ces bancs, rien ne peut être interrompu dans les travaux et dans les délibérations des grands pouvoirs publics. Le cabinet est prêt à répondre à toutes les questions, à entrer dans tous les débats; c'est à la Chambre à décider ce qui lui convient. » — Le président consulte la Chambre, qui maintient pour le lendemain son ordre du jour [1]. Les députés, avides de nouvelles du dehors, se dispersent en toute hâte.

---

[1] La suite de la discussion sur la banque de Bordeaux.

Ce n'était pas sans peine qu'on avait obtenu du roi cette première concession à l'opinion publique : le renvoi de son ministère. Non, assurément, qu'il fût dans la nature de Louis-Philippe de répondre par la fidélité de la reconnaissance à la fidélité des services, ni de faire entrer dans la balance de ses calculs les regrets personnels, le scrupule de délaisser, dans une crise difficile, un serviteur éprouvé, la crainte délicate d'offenser dans la personne d'un ministre, pénétré de ses royales inspirations, son propre honneur. De telles considérations étaient étrangères à un esprit de cette trempe. Mais la situation ne lui paraissait point assez grave pour motiver un tel désaveu du cabinet conservateur, et les instances importunes qu'on lui faisait, à cet égard dans son intimité, il les tenait pour déraisonnables ou suspectes.

Pendant toute la matinée du mercredi, on l'avait vu, en belle humeur, s'égayer aux dépens de l'émeute. — « Vous appelez *barricade* un cabriolet de place renversé par deux polissons, » disait-il à ceux qui se hasardaient à prononcer devant lui ce mot malsonnant. Et, le ton ainsi donné aux courtisans, on ne tarissait pas, aux Tuileries, en plaisanteries sur la hauteur et la largeur des barricades. Mais, vers une heure et demie, une nouvelle foudroyante changea subitement l'état moral du roi. Il apprit, par le général Friant, que la garde nationale, réunie sur la place des Petits-Pères, avait croisé la baïonnette pour défendre le peuple contre la troupe, et qu'une députation de la quatrième légion se dirigeait vers la Chambre pour demander justice du ministère. A dater de cette heure [1], Louis-Philippe parut soucieux. La défection de la garde nationale

---

[1] Presque au même moment, M. Dupin, ce rude et zélé serviteur de Louis-Philippe, venait jeter l'alarme dans son esprit. Il osait prononcer le mot de révolution. — « Vous croyez qu'ils peuvent songer à me renverser? lui dit le roi en l'interrogeant d'un regard scrutateur; mais ils n'ont personne à mettre à ma place. » — « Non, sire, *personne* en effet, répondit M. Dupin, mais une *chose* peut-être : la république. »

portait un coup inattendu à sa sécurité. Sa foi en lui-même recevait un premier, mais violent échec. Sa raison et son jugement en furent comme étourdis. Les rapports qui arrivaient de tous côtés lui firent entrevoir que l'émeute prenait, en quelque sorte, un caractère légal; il douta alors de l'issue de la crise. Ce prince, quoique personnellement très-brave, était ennemi des luttes à main armée. Aussi peu croyant à la force matérielle des baïonnettes qu'à la force idéale du droit, il mettait toute sa confiance dans la légalité; il était, si l'on peut s'exprimer ainsi, d'un tempérament parlementaire, et n'imaginait pas qu'aussi longtemps qu'il demeurerait dans les limites tracées par la constitution, et qu'il marcherait d'accord avec le pays légal, son pouvoir pût être ébranlé par une insurrection des rues. Le peuple proprement dit ne lui inspirait pas plus d'appréhension que d'amour; son immixtion séditieuse dans les affaires politiques valait à peine qu'on s'en occupât. Mais l'intervention hostile du pays légal par la garde nationale, qui en était l'expression armée, c'était là, à ses yeux, une révolution tout entière, la destruction de tous ses plans, le renversement complet de ce savant équilibre auquel il travaillait si laborieusement depuis son avènement au trône. Louis-Philippe s'assombrit à cette pensée. Sa volonté s'affaissa. Il n'opposa plus qu'une résistance molle aux influences contradictoires et aux inspirations confuses qui se disputèrent les derniers actes de son règne.

M. Duchâtel était dans le cabinet du roi quand y arrivèrent les premières nouvelles de la défection des légions. Comme il essayait d'atténuer la gravité de ces rapports, probablement exagérés, disait-il, la reine entra. Émue, agitée, elle s'exprima avec une vivacité qui ne lui était pas habituelle sur l'impopularité de M. Guizot. Devinant sa pensée et supposant qu'elle était l'écho de la pensée intime du roi, M. Duchâtel s'empressa d'assurer que, si le président du conseil pouvait croire un seul instant sa présence aux affaires nuisible, il n'hésiterait certainement pas plus que lui à déposer aux pieds du roi sa démission ; heureux, ajouta-t-il, de donner ainsi une preuve de son dévouement à la dynastie [1]. Louis-Philippe n'accepta ni ne refusa positivement cette démission, selon la coutume de son esprit cauteleux ; mais il fit demander M. Guizot, et, après une courte entrevue, il fut entendu que M. Molé, qui siégeait en ce moment à la Chambre des pairs, allait être appelé aux Tuileries. C'est alors que le ministre déchu se rendit à la Chambre des députés et répondit, comme on l'a vu, aux interpellations de M. Vavin.

On dit que la dissimulation du roi et son penchant pour les voies obliques donnèrent à son entretien confidentiel avec M. Molé un caractère ambigu, bien peu fait pour inspirer à celui-ci la hardiesse d'initiative nécessaire en de pareilles extrémités. Dans une sorte d'épanchement très-composé, Louis-Philippe, assure-t-on, se représenta comme abandonné par MM. Guizot et Duchâtel [2] ; il se plaignit amèrement de leur ingratitude et termina en demandant à M. Molé de former au plus vite un cabinet conciliateur. Celui-ci écouta longtemps en silence. Il ne se dissimulait pas, et il ne dissimula point à Louis-Philippe les difficultés qu'il allait rencontrer. Il ne pensait pas que le mouvement dût s'arrêter à lui. M. Thiers était peut-être déjà l'homme indispensable ; en tous cas, il faudrait se résoudre à bien des concessions. Le roi feignait de ne pas comprendre. M. Molé, plutôt par condescendance pour son royal interlocuteur que par persuasion personnelle de l'opportunité d'une telle démarche, promit de chercher à

---

[1] Depuis ce moment, jusqu'au jeudi matin 24, le roi demeura sans ministère légalement formé. Les combinaisons, à partir de M. Molé jusqu'à M. Odilon Barrot, nommé président du conseil, se succédèrent sans jamais arriver à une formation officielle. Personne n'étant plus responsable, personne ne donnait d'ordre positif. On n'opposait que des conseils, des avis, des projets, à l'envahissement rapide des forces révolutionnaires.

[2] C'est la version que le roi a cherché à accréditer.

s'entendre avec MM. de Rémusat, Billault, Passy, Dufaure ; mais il posa comme condition de son entrée au conseil la nomination du maréchal Bugeaud au ministère de la guerre. A ce nom, le roi fit une exclamation qui trahit sa répugnance pour un tel choix. Il objecta le caractère intraitable du maréchal, ses façons soldatesques, ses habitudes despotiques : « Si le duc d'Isly avait le portefeuille de la guerre, dit-il, ni mes fils ni moi nous ne pourrions nommer dans l'armée le moindre sous-lieutenant. » On se quitta sur ce différend sans avoir rien conclu, et, comme s'il était temps de délibérer et de négocier, Louis-Philippe donna à M. Molé un second rendez-vous pour sept heures du soir.

Durant ce long intervalle, la lutte entre la garde municipale et le peuple continuait, et presque partout la troupe, abandonnée à elle-même, pressée, étouffée par la masse populaire, avait le dessous. A l'angle de la rue Saint-Denis, deux détachements d'une vingtaine d'hommes environ, ayant imprudemment engagé le combat pour arracher aux insurgés un brancard sur lequel ils portaient, en poussant des cris de vengeance, le cadavre de l'un des leurs, enlevé au poste de la rue Mauconseil, les soldats se virent enveloppés de toutes parts et ne durent leur salut qu'à l'arrivée de la garde nationale. A la caserne Saint-Martin, l'attaque des insurgés fut d'un acharnement extraordinaire. Ils assaillaient les portes à coups de haches et recevaient le feu des meurtrières à bout portant. Les gardes municipaux n'échappèrent au massacre que par l'intervention de la garde nationale. Un peu plus loin, le poste des Arts-et-Métiers était envahi et démoli. Mais l'animosité du peuple ne se montra nulle part plus violente que dans les combats de la rue Bourg-l'Abbé. Depuis la veille, un détachement de gardes municipaux défendait l'accès du magasin d'armes des frères Lepage. Repoussés, chassés de la rue, les insurgés revenaient à la charge, toujours plus nombreux et plus exaspérés. Les soldats, incapables de résister plus longtemps, quittèrent la rue et se réfugièrent dans la maison Lepage, où ils commencèrent à parlementer. Le peuple ne demanda d'abord aux soldats que la liberté des prisonniers qu'ils avaient faits. Ce premier point obtenu, il exigea qu'on lui livrât la poudre du magasin. Après la poudre, il voulut les armes. Révoltés par cette dernière exigence, les gardes municipaux se décident à reprendre l'offensive ; ils ouvrent brusquement la porte et se précipitent dans la rue, la baïonnette en avant. M. Cotelle, maire du sixième arrondissement, et M. Husson, colonel de la légion, suivis d'une cinquantaine de gardes nationaux, arrivaient au moment même. Ils se jettent entre le peuple et les soldats ; ils décident ces derniers à rentrer dans la maison Lepage, et se rangent eux-mêmes devant la porte pour arrêter la foule, qui pousse des cris de mort. Plutôt que rendre leurs armes, les soldats veulent sortir de nouveau et tenter un dernier combat. Les gardes nationaux sont exposés aux plus grands périls entre les deux partis, animés d'une égale fureur. Enfin on prend une résolution, conseillée par M. Arago : c'est de faire sortir chaque garde municipal entre deux gardes nationaux. Le brigadier Verdier descend le premier dans la rue, donnant le bras à M. Étienne Arago. A peine a-t-il fait quelques pas, qu'un enfant le tue d'un coup de pistolet. Cette mort rappelle le peuple à des sentiments plus humains. M. Arago veut qu'on en profite ; il descend une seconde fois dans la rue, tenant par la main le lieutenant Bouvier, que suit le reste de la troupe entre une double haie de gardes nationaux. Le peuple, en frémissant, laisse passer ses ennemis, qui, bientôt rejoints par des troupes de ligne, purent arriver enfin à la préfecture de police.

Aussitôt après le départ des gardes municipaux, les magasins des frères Lepage furent envahis, et le peuple, n'y ayant pas trouvé d'armes, saccagea la maison. L'officier qui commandait le détachement, le lieutenant Dupouy, son nom mérite d'être conservé, avait refusé de sortir avec ses soldats; il s'était retranché à l'étage supérieur, espérant encore de quelque hasard un secours qui le sauverait, sinon de la mort, du moins de l'outrage. Il y resta longtemps, sans qu'il fût possible de le déterminer à quitter son uniforme pour essayer de fuir. Enfin, un officier de la garde nationale parvint à l'entraîner et à le soustraire à la multitude, heureusement tout occupée à chercher des armes. A huit heures, le brave lieutenant arrivait à la préfecture de police, le front humilié, le désespoir dans le cœur. M. Delessert, touché de son accablement, le fit asseoir à ses côtés et le combla de prévenances. On commençait à être très-inquiet à la préfecture de police [1]. Plusieurs fois, dans la journée, M. Delessert, recevant des rapports alarmants sur la situation critique des gardes municipaux isolés dans le centre de l'émeute, avait fait demander des renforts au général Sébastiani pour les dégager. Celui-ci avait invariablement répondu qu'il ne pouvait pas disposer d'un seul bataillon. Cependant, soit pour ne pas décourager les officiers réunis à sa table, soit qu'il essayât encore de se faire illusion, M. Delessert disait, à huit heures du soir, à ceux qui l'interrogeaient sur le tour que prenaient les événements : « C'est une émeute qu'il faut laisser mourir d'elle-même. »

A la même heure, on se réunissait pour dîner à l'hôtel du ministère de l'intérieur. Madame Duchâtel faisait avec grâce les honneurs du repas à MM. Guizot, de Broglie, Janvier, et à un certain nombre d'amis restés fidèles au cabinet conservateur. Blessé au vif de la conduite du roi, se croyant joué par ses rivaux, insulté par son propre parti, M. Guizot affectait l'indifférence. Il était convenu avec M. Duchâtel de ne plus donner aucun ordre et de laisser se tirer d'affaire,

---

[1] Le propre frère de M. Delessert, se croyant menacé dans son hôtel de la rue Montmartre, avait fait demander quelques gardes municipaux à la préfecture de police. « Mon frère ignore que je ne pourrais pas, à l'heure qu'il est, disposer d'un caporal et de quatre hommes, » avait répondu le préfet.

comme il le pourrait, le cabinet encore inconnu qu'on osait lui préférer. Rien ne lui paraissait plus pitoyable que cette chimère de conciliation et ce ministère d'expédient auquel on le sacrifiait. Il n'attendait des événements qu'une prompte, une infaillible vengeance.

Les convives commentaient d'une verve moqueuse ce qui était à leurs yeux l'unique événement du jour : le changement de ministère. On aiguisait les épigrammes, on souriait à la pensée des embarras où M. Molé se jetait tête baissée. « Vous verrez que ce cabinet sera plus conservateur que nous, » disait M. Duchâtel; et il complimentait ironiquement M. Janvier, qui, assurait-il, ne pouvait manquer d'en faire partie. Mais, tout d'un coup, vers le milieu du repas, le ministre reçoit des nouvelles alarmantes. Il apprend qu'un poste considérable de gardes municipaux a rendu les armes ; que le peuple, victorieux sur plusieurs points, s'exalte de plus en plus et menace de se porter sur le ministère de l'intérieur et sur l'hôtel des affaires étrangères. On se consulte, on décide de donner quelques ordres ; madame Duchâtel passe dans une chambre voisine et quitte à la hâte les bijoux et les fleurs dont elle est parée pour revêtir des habits plus convenables en cas de fuite. Les convives disparaissent. On se prépare à quitter l'hôtel en secret.

Cependant la nouvelle du changement de ministère, portée simultanément sur tous les points de la capitale par des officiers d'ordonnance, des gardes nationaux et des députés, dont les discours et les visages radieux promettaient bien au delà de la réalité, produisait presque partout l'effet attendu. On se groupait autour de ces messagers de paix. Moitié curiosité, moitié entraînement, le peuple, qui, d'ailleurs, avait été plutôt calmé qu'excité par l'attitude de la troupe de ligne et par l'intervention si franche en sa faveur d'une partie de la garde nationale, trompé par l'expression de contentement qu'il voyait éclater sur toutes les physionomies, quittait ses barricades. Tout en demandant, sans qu'on sût trop lui répondre, quelles étaient les concessions obtenues, il s'associait au triomphe du pays légal. La troupe rentrait dans les casernes; la circulation se rétablissait. En peu d'heures l'aspect de Paris avait changé comme par magie. La nuit venue, une illumination spontanée, une immense foule de promeneurs paisibles et satisfaits, répandus sur les boulevards et sur les places publiques, donnaient à la ville un air de fête qui trompa presque tout le monde.

La garde nationale et l'opposition parlementaire, qui n'avaient voulu que la réforme, bien que la concession fût avarement mesurée et que le nom de M. Molé ne donnât pas à cet égard des garanties bien solides, heureuses d'échapper à une lutte dont elles venaient de voir de près le danger, s'accordaient à ne plus rien prétendre et à se féliciter bruyamment de leur commun triomphe. Mais l'instinct du peuple, plus sûr et plus courageux, après s'être un moment laissé surprendre à la joie générale, le poussait à passer outre. Les chefs d'atelier, les membres influents des sociétés secrètes, quelques journalistes radicaux, encourageaient cette disposition. Ils exhortaient les citoyens à se méfier des nouvelles perfidies cachées sous cette feinte condescendance de Louis-Philippe. Qu'était-ce donc, en effet, que M. Molé, pour que le peuple se réjouît de son avénement au pouvoir? Un courtisan, un homme d'ancienne noblesse. Comment, quand le peuple restait maître du champ de bataille, quand la garde nationale se prononçait pour lui, et quand la troupe de ligne refusait de le combattre, il se contenterait de si peu! Quand les cadavres des siens gisaient encore sur le pavé des rues, quand des femmes et des enfants criaient vengeance pour leurs maris et leurs pères massacrés par les ordres d'un roi exécrable, il souffrirait que, une fois de plus, au château, on raillât sa crédulité, sa faiblesse! On mêlait à ces propos excitants des bruits de trahison; on parlait de piéges tendus. On insinuait que la retraite de M. Guizot n'était point officielle, qu'elle cachait d'ailleurs un guet-apens. Aussitôt que le peuple aurait quitté ses armes, le pouvoir jetterait le masque et se vengerait, par des exécutions sanglantes, de son humiliation momentanée [1].

L'esprit républicain, à peine représenté dans la Chambre, réprimé sur toute la surface du pays légal, s'était concentré, ardent et taciturne, dans la population ouvrière de Paris. Malgré les nombreuses défaites du parti, malgré tant d'espérances trompées et de tentatives avortées, un républicanisme fanatique n'avait pas cessé d'y couver dans des cœurs indomptables. Les républicains, qui n'espéraient plus, depuis la dernière tentative à main armée de 1839, s'emparer du pouvoir de vive force, avaient vu avec une joie extrême le mouvement réformiste de la bourgeoisie, se flattant bien de l'entraîner, à l'heure propice, au delà de son but. Mais, éclairés par l'expérience, ils s'étaient gardés de se trahir par des démonstrations prématurées, et, se contenant, se masquant derrière l'opposition légale, ils s'étaient bornés à l'exciter sourdement en empruntant son langage. Quand le pays légal, maître du champ de bataille, s'arrêta dans la conscience de sa victoire, ils n'en continuèrent pas moins le combat, résolus de tenter un coup de fortune et de risquer, au péril de leur vie, une lutte désespérée.

Ici se place un de ces événements tragiques dont chaque parti repousse la responsabilité, et dans lesquels la volonté humaine et la fatalité s'exercent d'une manière complexe, mystérieuse, qui demeure voilée, même aux yeux des contemporains. La tâche de celui qui les raconte est difficile et pénible. Un acte inhumain qui pèse sur la conscience

---

[1] Pendant que les hommes de parole réveillaient ainsi les colères du peuple, les hommes d'action organisaient la résistance dans son véritable centre, dans tout l'espace compris entre la rue Vieille-du-Temple et le faubourg Saint-Denis. Là, un réseau serré de barricades restait gardé par des républicains déterminés, qui se concertaient pour l'attaque du lendemain.

publique est commis. On s'entr'accuse. Celui ou ceux qui ont eu la sauvage énergie du forfait n'ont pas, grâce au ciel, le courage cynique d'en revendiquer l'honneur ; et l'historien, que son devoir contraint à approcher le flambeau révélateur de l'ombre où se cache la trahison, souhaite, malgré lui, qu'il échappe à sa main mal assurée et qu'il s'éteigne dans de miséricordieuses ténèbres.

L'aspect des boulevards était féerique. Une longue guirlande de lumière diversement colorée, suspendue à tous les étages, unissait les maisons, joyeux emblème de l'union des cœurs. Hommes, femmes, enfants, circulaient librement, sans défiance, dans cette resplendissante avenue, théâtre habituel des plaisirs et des fêtes de la population parisienne. L'allégresse était dans l'air, la satisfaction sur tous les visages. De temps à autre, on voyait passer sur la chaussée des bandes qui portaient des drapeaux, des transparents allégoriques, et chantaient en chœur la *Marseillaise*. On s'arrêtait sous les fenêtres restées obscures, et les enfants, grossissant la voix sur un rhythme facétieux, demandaient des lampions, qui ne se faisaient point attendre. Quelques parodies improvisées, quelques scènes burlesques, égayaient les promeneurs [1].

Vers neuf heures et demie, une bande beaucoup plus considérable, et surtout plus régulière dans son évolution, que toutes celles qu'on avait vues passer jusque-là, une longue colonne, agitant des torches et un drapeau rouge [2], parut sur les boulevards à la hauteur de la rue Mont-

---

[1] Sous les fenêtres de M. Hébert, qui n'avait point voulu célébrer par des illuminations sa propre défaite, un groupe moqueur conduisit un âne coiffé du bonnet rouge, orné de rubans et de grelots; un homme du peuple, portant une guitare en sautoir, donna au ministre une sérénade grotesque.

[2] Ce fut le premier drapeau rouge que l'on vit paraître, et encore fut-ce en contravention formelle avec les consignes données aux bureaux de la *Réforme* et dans les autres centres dirigeant le mouvement insurrectionnel. Il y avait défense positive d'arborer d'autre drapeau que le drapeau tricolore et de pousser d'autre cri que celui de *Vive la Réforme!*

martre. Elle venait des profondeurs du faubourg Saint-Antoine et se dirigeait, comme les précédentes, vers la Madeleine, en chantant des chœurs patriotiques. Un homme du peuple, nommé Henri, entonnait et soutenait ces chœurs d'une voix mâle et pénétrante. Attirés par la beauté des chants, un grand nombre de curieux se joignaient à une démonstration qui semblait inoffensive. Quelques enfants portant des lanternes tricolores, quelques ouvriers brandissant en l'air des sabres et des fusils, n'inspiraient aucun soupçon. Un escadron de cuirassiers, que la colonne avait rencontré à la porte Saint-Denis, l'avait saluée du cri de *Vive la réforme!* Dans l'effusion de cette fête commune, bourgeois et prolétaires se donnaient le bras, habits et blouses se rapprochaient familièrement. Le sentiment d'une fraternité joyeuse débordait de tous les cœurs.

On arriva ainsi à la hauteur de la rue Lepelletier, la plupart ignorant où l'on allait et dans quel but on était rassemblé, mais s'étant joints à la bande pour le simple plaisir de marcher en troupe et de chanter, sans malice, des chants réputés séditieux. Là, un des chefs de la colonne, qui s'avançait isolément, l'épée nue à la main, lui fait faire une conversion à droite et l'arrête devant la maison où se trouvent les bureaux du *National*. M. Armand Marrast se montre à une fenêtre, et, salué d'une acclamation générale, il harangue le peuple. « Citoyens, dit M. Marrast au milieu d'un profond silence, nous venons d'avoir une belle journée, ne la gâtons pas. Le peuple a droit de demander des garanties et une réparation. Il faut donc qu'il exige : la dissolution de l'Assemblée, la mise en accusation des ministres, le licenciement de la garde municipale, les deux réformes parlementaire et électorale et le droit de réunion. Enfin n'oublions pas que cette victoire n'est pas seulement une victoire pour la France, c'en est une aussi pour la Suisse et pour l'Italie. » Ainsi parlait, le mercredi, 23 février, à dix heures du soir, le rédacteur en chef du *National*, et il exprimait bien certainement le vœu de la grande masse des citoyens. Il ne pouvait guère prévoir, en ce moment, que cette phalange à peine armée, dont il recevait les adhésions enthousiastes, allait, à dix minutes de là, provocatrice et victime d'un assassinat effroyable, changer la face des choses, entraîner la révolution et frayer une voie sanglante à cette république dont il regardait depuis tant d'années déjà l'avènement comme impossible, ou, du moins, comme réservé aux générations à venir.

Après avoir répondu par des applaudissements à l'allocution de M. Marrast, la colonne se forma de nouveau dans le plus grand ordre et reprit la direction de la Madeleine. A la rue de la Paix, elle se grossit d'une bande qui venait de faire illuminer de force l'hôtel du ministère de la justice, et, devenue très-imposante par ce renfort, elle parvint, plus silencieuse à mesure qu'elle avançait, à quelques pas du poste qui gardait le ministère des affaires étrangères. Ce poste était composé de deux cents hommes du quatorzième régiment de ligne, commandés par le chef de bataillon de Brotonne. Le lieutenant-colonel Courant était avec eux. En voyant s'approcher, à travers une fumée épaisse, à la lueur vacillante des torches, cette masse [1] ondoyante et sombre, au-dessus de laquelle brille l'acier des sabres et des fusils, le commandant donne l'ordre à sa troupe de se former en carré [2]. Les colloques familiers éta-

---

[1] La colonne était formée :
1° De sept ou huit jeunes ouvriers alignés sur un rang et portant un drapeau rouge ;
2° D'un homme, portant l'uniforme d'officier de la garde nationale, qui marchait seul à quelques pas en arrière ;
3° D'un premier rang, où l'on ne voyait que des uniformes de la garde nationale ;
4° D'une masse épaisse, composée d'artisans, de bourgeois, de femmes et d'enfants.

[2] Un des côtés barrait le boulevard à la hauteur de la rue Neuve-Saint-Augustin, les troupes faisant face à la Bastille. Le côté opposé, faisant face à la Madeleine, barrait le boulevard à l'angle de la rue Neuve-des-Capucines. Ces deux ailes étaient reliées par une longue

blis entre les soldats et les promeneurs depuis le commencement de la soirée sont brusquement interrompus. La foule regarde, étonnée, cette manœuvre, mais ne conçoit pas la moindre appréhension.

Arrêtée soudain dans sa marche, la colonne populaire se pousse, se masse. Des pourparlers s'engagent entre les chefs de la bande, le lieutenant-colonel et le commandant. Le peuple se met à crier *Vive la ligne!* et veut fraterniser avec les soldats. M. de Brotonne, ayant sans doute présents à l'esprit les désarmements de la troupe opérés de cette manière pendant la journée, et se défiant des intentions de cette multitude, s'oppose à son passage ; il exige qu'elle descende dans la rue Basse-du-Rempart. On s'y refuse. Pendant cette espèce d'altercation, les soldats sont serrés de si près par les hommes du peuple, que le désordre se fait dans la première ligne. Le commandant, craignant de la voir brisée, s'écrie en toute hâte : « Croisez la baïonnette! » Pendant le mouvement occasionné par l'exécution de cet ordre, un coup de feu part. Instantanément, sans sommation préalable, sans roulement de tambour, sans que personne puisse se rappeler avoir entendu le commandement, une décharge à bout portant, un feu de file meurtrier frappe la masse populaire. Un cri aigu perce la nuit, et, quand le nuage de fumée qui enveloppe ce cri déchirant se dissipe, il découvre un horrible spectacle. Une centaine d'hommes gisent sur le pavé ; les uns sont tués roides, d'autres atteints mortellement. Un grand nombre a été renversé par la commotion ; plusieurs se sont jetés le visage contre terre par un mouvement instinctif de salut. Le sang coule à flots. Le gémissement des blessés, le murmure étouffé de ceux qui s'efforcent de se dégager de cette mêlée de morts et de mourants, navrent le cœur du soldat, auteur innocent de ce massacre, qu'il regarde d'un œil

ligne de soldats faisant face à la rue Basse-du-Rempart. L'espace intérieur, formé par ces trois lignes, demeurait libre ; le lieutenant-colonel Courant et les officiers s'y tenaient.

consterné. Bientôt les plus courageux d'entre les hommes du peuple, revenus de la première stupeur, pensent à secourir les blessés. Aidés par les soldats et par des gardes nationaux que le bruit de la décharge a fait accourir, ils relèvent et portent dans leurs bras, jusqu'aux maisons voisines et dans les pharmacies restées ouvertes, les victimes qui respirent encore. Il n'y en a pas moins de trente-deux [1]. Vingt-trois, dont un soldat, ont déjà rendu le dernier soupir.

Le lieutenant-colonel, au désespoir, sentant peser sur sa tête une lourde responsabilité et prévoyant les suites d'un pareil événement, se hâte d'envoyer l'un de ses officiers, M. Baillet, au café Tortoni, afin d'y expliquer, en la pré-

---

[1] Cinquante-deux, dit M. Élias Regnault. Trente-cinq morts, quarante-sept blessés, dit M. Garnier-Pagès. De nombreuses versions ont circulé sur cette catastrophe mystérieuse. Aucune n'a acquis un degré suffisant d'authenticité pour que l'historien se prononce. Selon l'explication de l'officier envoyé par le lieutenant-colonel au café Tortoni, le commandant aurait donné l'ordre de croiser la baïonnette pour repousser l'agression populaire. Dans la précipitation du mouvement, un fusil armé serait parti, et les soldats, prenant ce coup isolé pour le signal habituel du feu de file, auraient fait feu. Selon d'autres officiers, un coup de pistolet tiré par les insurgés aurait fracassé le genou du cheval du commandant, et la troupe, se voyant attaquée, aurait usé du droit de légitime défense. Le fait positif, c'est qu'un soldat, du nom de Henri, fut tué par un coup de feu parti on ne sait d'où, et que ce coup de feu fut immédiatement suivi de la décharge. Il est encore une autre version, pendant quelque temps très-accréditée, entre autres par M. de Lamartine, dans son récit fantastique. C'est celle qui accuse M. Charles Lagrange d'avoir traîtreusement provoqué la troupe en tirant à bout portant un coup de pistolet sur un soldat. Le silence qu'opposa M. Lagrange à cette accusation et cette circonstance que, deux jours après, il fut saisi, à l'Hôtel de Ville, d'un accès de fièvre chaude, parurent à beaucoup de personnes une présomption très-forte contre lui. Mais le caractère de M. Lagrange, aussi bien que le témoignage de personnes dignes de foi, repousse ces allégations. Tout porte, d'ailleurs, à croire qu'il y eut, dans la catastrophe du boulevard des Capucines, plus de hasard que de préméditation. Un certain nombre de républicains avaient bien, à la vérité, le dessein de recommencer la lutte et de saisir le premier prétexte de réengager le combat, mais, quant au lieu et au moment, ils n'avaient et ne pouvaient avoir aucune détermination précise.

sentant comme un malentendu, cette décharge qui suscite de toutes parts la vengeance du peuple; mais les explications sont malvenues quand le sang fume encore. M. Baillet est arrêté par la foule devant le café de Paris. Il est menacé, frappé; il va succomber, quand les gardes nationaux de la deuxième légion accourent et le délivrent.

Cependant les fuyards, dispersés en tous sens, hommes, femmes, enfants, pâles, effarés, hagards, plus semblables à des spectres qu'à des humains, d'une voix entrecoupée et faisant des gestes de détresse, appellent au secours; plusieurs frappent vainement aux portes des maisons pour y chercher un refuge, se croyant poursuivis par des égorgeurs. On se rappelle le massacre de la rue Transnonain; on entre en effroi, la stupeur paralyse même la pitié.

Instruit de ce qui vient d'arriver par des gardes nationaux qui croient, comme les hommes du peuple, à une trahison infâme [1], le maire du deuxième arrondissement fait battre le rappel; le tocsin sonne. Bientôt on entend le bruit sec des pioches sur les pavés et la chute pesante des arbres du boulevard; c'est le peuple qui refait ses barricades. Sa colère, un moment apaisée, se ranime avec plus de fureur.

Minuit va sonner. Les boulevards sont faiblement éclairés encore par l'illumination pâlissante. Les portes, les fenêtres des maisons et des boutiques sont closes; chacun s'est retiré chez soi, le cœur oppressé de tristesse. Le silence des rues semble recéler des embûches. Les bons citoyens ne savent ce qu'ils doivent craindre ou souhaiter, mais ils sentent qu'un grand désastre est proche. Dans cette nuit pleine d'appréhensions et d'angoisses, on demeure

---

[1] On répandait le bruit que plusieurs gardes nationaux étaient tombés victimes du guet-apens de l'hôtel des Capucines. Accourus à la mairie du deuxième arrondissement, les gardes nationaux exaspérés demandent des cartouches. On leur répond qu'il n'y en a pas, et cette nouvelle marque de défiance les confirme dans la pensée qu'ils sont, tout autant que le peuple, en butte au mauvais vouloir du gouvernement,

l'oreille au guet, épiant tous les bruits. On s'épuise en conjectures; le foyer reste allumé, la famille veille.

Tout à coup un roulement sourd se fait entendre sur le pavé, quelques fenêtres s'entr'ouvrent avec précaution. Qu'ont-ils vu, ceux qui se retirent si précipitamment? Quel spectacle les repousse, les attire de nouveau, les jette en effroi? Quelles sont ces clameurs, ces voix inarticulées? Que signifie ce cortége funèbre, qui semble conduit par les Euménides populaires?

Dans un chariot attelé d'un cheval blanc, que mène par la bride un ouvrier aux bras nus, cinq cadavres sont rangés avec une horrible symétrie. Debout sur le brancard, un enfant du peuple, au teint blême, l'œil ardent et fixe, le bras tendu, presque immobile, comme on pourrait représenter le génie de la vengeance, éclaire des reflets rougeâtres de sa torche, penchée en arrière, le corps d'une jeune femme dont le cou et la poitrine livides sont maculés d'une longue traînée de sang. De temps en temps, un autre ouvrier, placé à l'arrière du chariot, enlace de son bras musculeux ce corps inanimé, le soulève en secouant sa torche, d'où s'échappent des flammèches et des étincelles, et s'écrie, en promenant sur la foule des regards farouches : « Vengeance! vengeance! on égorge le peuple! » — « Aux armes! » répond la foule; et le cadavre retombe au fond du chariot, qui continue sa route, et tout rentre pour un moment dans le silence. L'Enfer de Dante a seul de ces scènes d'une épouvante muette. Le peuple est un poëte éternel, à qui la nature et la passion inspirent spontanément des beautés pathétiques dont l'art ne reproduit qu'à grand'peine les effets grandioses.

Parti du lieu même où les victimes sont tombées [1], le

---

[1] On a dit que, dans la préméditation d'un massacre, les provocateurs de la colère du peuple avaient fait tenir, aux environs du ministère des affaires étrangères, des tombereaux sur lesquels on transporta les cadavres. Le fait est inexact. Je tiens de plusieurs témoins exempts de toute passion politique que, peu de minutes après la dé-

char funèbre s'avance lentement vers la maison de la rue Lepelletier où, deux heures auparavant, la bande populaire s'est arrêtée pour entendre des paroles de paix et saluer de ses vivat l'un des chefs de la presse démocratique. Cette fois elle s'y arrête encore, et c'est M. Garnier-Pagès qui se charge de la haranguer.

« Le malheur qui nous frappe, dit-il en maîtrisant son émotion, ne peut être attribué qu'à un malentendu. De grâce, rentrez chez vous. Ne troublez pas l'ordre. Sans aucun doute, il y a un coupable; justice sera faite. Nous obtiendrons que le gouvernement prenne soin des familles des victimes; mais renoncez à cette démonstration, qui peut amener des malheurs plus grands. » Le peuple reste sourd à ces prières. Il demande à grands cris qu'on le soutienne, qu'on propage l'insurrection. Il veut des chefs armés pour le combat et non des harangueurs de l'ordre. Il s'éloigne irrité, recrute encore sur son passage des hommes résolus, qui font serment de mourir pour sa cause, et va chercher des appuis plus sincères à la *Réforme*, cet ardent foyer de la passion républicaine. Là, il trouve réunis des gens décidés à jouer leur vie, qui lui jurent que la journée du lendemain ne se passera point sans que les égor-

charge, une de ces voitures qui servent au transport des bagages dans les messageries débouchait sur le boulevard par la rue Neuve-des-Augustins. On l'arrêta, les effets qu'elle contenait furent jetés à terre, et on la chargea d'autant de cadavres qu'elle en pouvait contenir. L'homme du peuple qui conduisait la marche se nommait *Soccas*. Un détachement de dragons, qui stationnait dans la rue Royale, ayant aperçu de loin le convoi, sans rien distinguer dans cette masse mouvante, fit une charge au galop pour la disperser. *Respect aux morts!* s'écria Soccas, au moment où les têtes des chevaux touchaient la voiture funèbre. L'officier qui commandait fit faire halte, et, retournant sur leurs pas, les dragons reprirent leur poste, saisis de l'étrange spectacle qu'ils venaient de voir. Un bataillon de la 2e légion, accouru sur le boulevard au bruit de la fusillade, voulut intervenir pour arrêter, s'il était possible, cet appel à la vengeance populaire. Vivement pressé de donner des ordres, le chef de bataillon hésita, se troubla et finit par décliner la responsabilité d'une initiative qu'il jugeait inutile ou dangereuse.

geurs soient châtiés. Après une courte halte, le cortége reprend sa route et s'enfonce dans les faubourgs. Arrivé sur la place de la Bastille, on dépose les cadavres au pied de la colonne de Juillet; les torches consumées s'éteignent, on se disperse. Les uns courent dans les églises et sonnent le tocsin; d'autres frappent aux portes des maisons et demandent des armes. On aiguise le fer; on coule du plomb; on fabrique des cartouches. Les barricades se relèvent de toutes parts. Le fantôme de la République se dresse dans ces ombres sinistres; la royauté chancelle. Les morts ont tué les vivants. Le cadavre d'une femme a plus de puissance, à cette heure, que la plus valeureuse armée du monde.

CHAPITRE X

Troisième journée.

Pendant que le glas du tocsin remplit l'air de tristesse et d'anxiété, pendant que la fusillade retentit au loin[1], le roi, affaissé ou absorbé dans des pensées qu'il ne communique pas, attend, aux Tuileries, le dénoûment de la crise ministérielle.

Vers onze heures, il apprend, par plusieurs aides de camp envoyés en reconnaissance, l'événement désastreux du boulevard des Capucines; mais ce récit, atténué sans doute par des bouches trop complaisantes, ne paraît pas troubler beaucoup Louis-Philippe. Malgré les craintes que laissent trop voir les ducs de Nemours et de Montpensier, malgré l'agitation et l'irrésolution des généraux Jacqueminot et Sébastiani, le roi demeure dans son attitude passive.

Accouru en toute hâte de la préfecture de police, où le

---

[1] Le magasin d'armes de la rue Saint-Honoré fut enlevé d'assaut, vers onze heures et demie, malgré une résistance opiniâtre des gardes municipaux, forcés enfin de céder au nombre et à la fureur des insurgés. Dans la rue Rambuteau et dans les rues adjacentes, les gardes municipaux et les tirailleurs de Vincennes tentaient l'assaut des barricades. Sur la place Saint-Sulpice, une décharge à bout portant dispersait les attroupements; à la caserne de la rue Saint-Martin, cernée par le peuple, les gardes municipaux se voyaient contraints de rendre leurs armes à la garde nationale.

rapport de cet événement et de l'effet qu'il produit sur le peuple a jeté l'alarme, M. Delessert ne parvient qu'avec beaucoup de peine à tirer le roi d'une apathie d'autant plus inquiétante qu'elle contraste davantage avec l'activité habituelle de Louis-Philippe. Ce prince se montre, en cette circonstance, si différent de lui-même, que le bruit se répand, dans le château, qu'il a été frappé, la veille, d'apoplexie en apprenant la défection de la garde nationale. Il n'en était rien cependant; la santé physique du roi n'était point altérée; sa politique seule, c'est-à-dire tout son être moral, avait reçu un coup mortel.

Le temps s'écoulait et M. Molé ne venait pas. Ses négociations auprès de MM. de Rémusat, Dufaure, Passy, avaient été brusquement interrompues par la nouvelle désastreuse à laquelle Louis-Philippe donnait si peu d'attention. Aussitôt, comprenant que son rôle cessait, M. Molé, sans plus vouloir paraître aux Tuileries, fit savoir au roi qu'il lui devenait impossible de composer un ministère. Le roi, qui conférait, en ce moment, avec M. Guizot, témoigna quelque surprise et quelque humeur de ce refus, dont il ne voulait pas comprendre la nécessité; tout ce qu'il voyait, c'est que sa position personnelle en devenait plus désagréable. Il n'y avait plus à balancer; selon les précédents parlementaires, le tour de M. Thiers était venu; il fallait encore descendre un échelon dans la série des combinaisons ministérielles et se rapprocher de l'opposition réformiste. M. Guizot lui-même ne pouvait plus conseiller autre chose. Seulement, pour parer aux imprudences vraisemblables d'un tel chef de cabinet [1], il proposait d'investir le maréchal Bugeaud du commandement général de la force armée; le nœud d'une situation rendue si intolérable pour la dignité royale devait, selon lui, un peu plus tôt ou un peu plus tard, être tranché par le glaive. Le roi s'étant rangé à cet avis, la no-

[1] « Maintenant ce sont les fous qui gouvernent, » dit M. Guizot, en apprenant la nomination du cabinet Thiers-Barrot, à M. le duc de Broglie.

mination du maréchal fut aussitôt rédigée et signée, pendant qu'une voiture de service partait pour aller chercher M. Thiers dans son hôtel de la place Saint-George. Il était environ une heure après minuit; le maréchal Bugeaud fut mandé en même temps, et accepta aussitôt le poste difficile qu'on lui remettait à la dernière extrémité. Il ne fit aucune condition [1], il n'y eut dans sa bouche ni récrimination, ni réticence. Soldat, il pensa et agit en soldat. Sa confiance en lui-même et dans l'armée était absolue; il n'attribuait les échecs de la journée qu'à l'impéritie des chefs, et s'occupa incontinent de prendre des mesures propres à réparer le temps perdu et à rendre à la troupe la force morale qu'on lui avait laissé perdre par la mollesse du commandement.

M. Thiers venait de voir, autour de sa demeure, les barricades s'élever, se multiplier. Par un singulier hasard, il avait fait servir, en sa présence, des vivres à une bande d'insurgés, qui, ne le connaissant point, étaient venus demander à se reposer un moment dans la cour de son hôtel [2], et la conversation de ces hommes, qui ne cachaient ni leur haine pour la dynastie, ni leur foi dans le succès de la lutte, l'avait éclairé sur la nécessité d'une large et prompte concession au vœu populaire. En conséquence, malgré l'accueil plus que froid qu'il reçut de Louis-Philippe, il posa nettement, comme condition de son concours, dans une situation si tendue, l'entrée de M. Barrot au conseil, la réforme parlementaire et la dissolution de la Chambre.

Ranimé par la présence irritante d'un homme qu'il considérait comme un ingrat, presque comme un factieux,

[1] On ne saurait considérer comme une condition cette exclamation échappée au maréchal : « Surtout pas de princes ! qu'on ne me donne pas de princes; j'en ai assez vu en Afrique. »
[2] On assure que madame Dosnes, belle-mère de M. Thiers, ne dédaigna point de faire elle-même les honneurs d'un souper improvisé à ces hommes aux vêtements déchirés, aux mains calleuses, et qu'elle parut surprise et même charmée de la politesse de leurs manières, et du sens ferme et droit de leurs discours.

Louis-Philippe, en accordant la nomination de M. Barrot, dont il estimait peu la capacité, mais dont il ne suspectait pas la fidélité royaliste, montra encore une vive répugnance pour les deux autres concessions qui lui semblaient au moins prématurées[1]. M. Thiers, étonné de rencontrer une opiniâtreté si aveugle, et craignant de perdre un temps précieux, n'insista pas. Il fut convenu qu'on ajournerait, jusqu'après la formation complète du nouveau cabinet, une décision définitive, et le ministre rédigea, sous les yeux de Louis-Philippe, une note destinée au *Moniteur*[2], qui annonçait à la France que MM. Thiers et Odillon Barrot étaient chargés par le roi de former un nouveau cabinet. La nomination du maréchal Bugeaud suivait cette note, comme pour en effacer aussitôt l'effet favorable. Le roi, cependant, après avoir conféré quelques instants avec M. Guizot, qui attendait dans la chambre voisine le départ de M. Thiers, persuadé qu'il avait accordé au delà de ce qui était nécessaire, alla se reposer, sans concevoir l'ombre d'un doute sur l'accueil réservé, dans Paris, à des concessions de cette nature; il était quatre heures du matin; il dormit paisiblement jusqu'à sept heures.

Et pourtant rien ne pouvait être fait à cette heure critique de plus inconséquent ni qui trahît mieux le trouble des conseils; rien n'était plus capable d'exalter l'esprit révolutionnaire. Jeter à la multitude en armes le nom de M. Barrot, c'était lui montrer la royauté aux abois, humiliée, suppliante. Imposer à la garde nationale le commandement du maréchal Bugeaud, d'un homme antipathique aux Parisiens, stigmatisé dans leur mémoire par un des souvenirs les plus ineffaçables de nos guerres civiles, d'un homme enfin dont le nom écartait tout espoir d'accommo-

---

[1] « Je sais ce que j'ai, j'ignore ce que j'aurai, » répondait Louis-Philippe à la proposition de dissoudre la Chambre.
[2] Cette note fut insérée au *Moniteur*, mais dans la partie *non officielle*, tandis que la partie officielle contenait la nomination du maréchal Bugeaud.

dement, c'était s'aliéner la force morale qui pouvait, en soutenant le nouveau ministère, produire quelque impression sur le peuple et donner du prix à la concession tardive qu'on se décidait à lui faire.

Il y avait, dans ces deux mesures si opposées, faiblesse et provocation, défaut d'habileté et défaut de franchise. Le plus prudent des rois et le mieux expérimenté semblait avoir perdu soudain, avec le sentiment de son droit, le sens politique.

Étrange spectacle, que l'histoire ne reproduira peut-être jamais, d'une révolution qui s'accomplit dans la conscience du souverain, brise sa volonté et abat son génie, avant même que la révolution du dehors ose se nommer de son nom véritable au peuple qui la fait, comme à celui qui la subit.

Vers une heure du matin, le maréchal Bugeaud, suivi des généraux Rulhières, Bedeau, Lamoricière, de Salles, Saint-Arnault, etc., se rendait à l'état-major des Tuileries, pour y prendre le commandement de la force armée. En le lui remettant, selon la forme exigée par l'étiquette, le duc de Nemours lui recommanda, par quelques paroles laconiques, les officiers réunis autour de lui, puis il assista passivement aux dispositions que prit aussitôt le maréchal, avec la promptitude de décision qui lui était propre. Celui-ci, par une allocution vive et brusque, par une certaine verve gasconne et soldatesque, ranima tout d'abord les visages défaits. Il rappela aux officiers présents que celui qui allait les conduire au feu n'avait jamais été battu, ni sur le champ de bataille, ni dans les émeutes, et promit que, cette fois encore, une prompte victoire allait faire justice d'un tas de rebelles. « Si la garde nationale est avec nous, dit en finissant le maréchal, tant mieux; sinon, eh bien! messieurs, nous nous passerons d'elle. »

Comme il terminait cette courte harangue, qui, dans toute autre bouche que la sienne, n'eût paru qu'une fanfaronnade, M. Thiers entra d'un air soucieux; sa contenance contrastait avec les paroles cavalières du duc d'Isly; il reçut tristement les félicitations qu'on lui adressait, et le maréchal, le pressant de faire connaître par des proclamations le changement de cabinet : « Sais-je seulement si je parviendrai à en former un ? » répondit le ministre visiblement découragé. En effet, le programme du nouveau ministère n'avait été arrêté entre MM. Thiers, Odilon Barrot, Duvergier de Hauranne et de Rémusat, qu'après une discussion longue et épineuse. On ignorait encore si MM. Passy et Dufaure, qui avaient refusé la veille M. Molé, consentiraient à prendre un portefeuille ; on en était aux pourparlers avec MM. de Lamoricière, Cousin et Léon de Malleville. Il y avait loin de là à cette vigueur d'initiative, à cet ensemble de mesures rapides et énergiques que le nom seul du maréchal Bugeaud, si témérairement jeté au peuple, devait faire supposer. Les rapports que recevait le maréchal sur l'état des forces dans Paris n'étaient guère non plus de nature à le satisfaire. Dix mille hommes massés au Carrousel, dix mille hommes exténués, très-mal pourvus de munitions et de vivres[1], c'est tout ce que le général Sébastiani peut mettre à la disposition du maréchal. Le reste de la garnison est disséminé ; bien des postes ont été surpris et désarmés ; plusieurs casernes sont cernées par l'émeute ; des convois de poudre, arrivant de Vincennes, sont tombés aux mains des insurgés du faubourg Saint-Antoine. A tous ces rapports, le duc d'Isly ne répond qu'en prenant la plume pour organiser son plan d'attaque.

Il ordonne, pour reposer les soldats, qu'on les fasse dormir par rangs de deux heures en deux heures. Puis il divise les troupes en plusieurs colonnes principales, à peu près d'égale force. La première, commandée par le général Sébastiani, doit aller, au lever du jour, rejoindre, à l'Hôtel de Ville, la colonne qui y stationne sous les ordres

---

[1] Les troupes qui gardaient les Tuileries n'avaient que six cartouches par soldat et le pain manquait.

du général Tallandier. La deuxième, confiée au général Bedeau, a ordre de gagner les boulevards par les rues Montmartre et Poissonnière, et de se diriger vers la place de la Bastille, occupée par le général Duhot. La troisième, dont le maréchal se réserve le commandement, doit manœuvrer derrière les deux premières, pour empêcher la reconstruction des barricades, tandis qu'une quatrième, aux ordres du colonel Brunet, se dirigera par les rues des Saints-Pères, de Seine et par la place Saint-Michel, vers le Panthéon, que garde la division Renault. Un corps de réserve, commandé par le général Rulhières, et la cavalerie, commandée par le général Regnauld de Saint-Jean-d'Angely, occupent l'un la place du Carrousel, l'autre la place de la Concorde. Les instructions générales prescrivent d'attaquer sur tous les points, si la nouvelle de la nomination de MM. Thiers et Barrot ne suffisait pas pour rétablir l'ordre.

Mais, pendant que le maréchal prenait ces dispositions stratégiques, habiles, presque infaillibles au point de vue militaire, les hommes politiques, dont il attendait le concours, discutaient déjà l'autorité qui venait de lui être remise et détruisaient ainsi tout l'effet qu'on en pouvait espérer.

Réuni chez M. Odilon Barrot, le ministère en voie de formation se prononçait contre la reprise des hostilités. M. Barrot, appuyé par M. Duvergier de Hauranne, déclarait ne vouloir accepter le portefeuille qu'à la condition expresse de faire immédiatement cesser le feu. M. de Rémusat conseillait de remettre le commandement de la garde nationale au général Lamoricière. Seul M. Thiers, tout en accordant que l'on devait tenter la conciliation, ne paraissait pas la croire aussi aisée et soutenait la nomination du maréchal Bugeaud, comme une dernière chance de salut, dans le cas où la population trop irritée ne voudrait plus se contenter des concessions possibles et où le combat, désormais à outrance, s'engagerait entre la monarchie et la république.

On n'était pas encore parvenu à s'entendre sur ce point capital, que le jour paraissait, éclairant de ses froides lueurs la plus étonnante mêlée, le plus inextricable chaos de volontés, de colères, d'espérances et de terreurs qui ait peut-être jamais ébranlé une société en proie à des puissances inconnues, dont elle ne sait ni combattre ni diriger l'action fatale.

Paris était hérissé de barricades [1] gardées, presque toutes, par des chefs républicains; elles s'avançaient menaçantes depuis les faubourgs les plus reculés jusqu'aux abords des Tuileries [2]. Les arbres des boulevards étaient abattus; les rues, dépavées, jonchées de fragments de verres et de vaisselles, étaient devenues presque impraticables pour l'artillerie et la cavalerie. Les corps de garde, les bureaux d'octroi, les guérites, les bancs étaient renversés, brûlés, brisés en mille pièces; toutes les boutiques fermées. Des monceaux de cendres, vestiges des feux de bivouacs, ajoutaient encore à la tristesse de ce spectacle. Insurgés, gardes nationaux, jeunes gens des écoles, descendaient tumultuairement sur les places et dans les rues, se communiquant, avec d'égales marques de réprobation, la nouvelle de la nuit : la nomination du maréchal Bugeaud. Ce nom, voué à l'exécration de la population parisienne, effaçait de son sinistre éclat tous les autres; c'est à peine si, dans les rassemblements, on daignait écouter les voix bien intentionnées qui parlaient d'un ministère conciliateur et croyaient arrêter l'irritation en nommant M. Odilon Barrot. Les proclamations en petit nombre et non signées qu'on tentait de placarder sur les murs étaient aussitôt lacérées et foulées aux pieds. Partout où se réunissait la garde

---

[1] On en a évalué le nombre à 1512.

[2] Vers neuf heures du matin, des coups de fusil furent tirés de la rue de l'Échelle sur les fenêtres de l'appartement occupé par les jeunes princes, fils de la duchesse d'Orléans. On se hâta de transporter les pauvres enfants, tout étonnés d'un tel réveil, dans le corps de logis du milieu.

nationale, considérant la nomination du duc d'Isly comme une nouvelle insulte, elle n'avait qu'un cri : « A bas Bugeaud, à bas l'homme de la rue Transnonain ! » et elle déclarait unanimement qu'elle n'obéirait point à ses ordres.

De leur côté, les journaux démocratiques, la *Réforme* et le *National*, publiaient une protestation rédigée la veille au soir, dans une réunion politique, par M. Louis Blanc[1]; un appel à l'insurrection, émané des bureaux du *Courrier Français*, courait aussi de barricade en barricade.

Ainsi le mouvement révolutionnaire, loin de s'apaiser, se propageait, et déjà il était trop tard aussi bien pour les concessions que pour la résistance. Vers huit heures du matin, le peuple s'était emparé, de gré ou de force, de presque toutes les mairies et de cinq casernes, où il s'était approvisionné de munitions. Il occupait la porte Saint-Denis, la place des Victoires, la pointe Saint-Eustache, tous les points stratégiques de l'intérieur. Le général Duhot avait été contraint d'abandonner la place de la Bastille et de se replier sur Vincennes.

Ignorant ce qui se passait au château, où le roi, qui venait de s'éveiller, se voyait pressé, étourdi de mille avis confus, mais sur lesquels l'opinion de M. Odilon Barrot allait prévaloir, le général Bedeau[2], auquel s'était adjoint le général de Salles, exécutait militairement les ordres du commandant en chef[3].

Après avoir harangué, sur la place du Carrousel, les trou-

---

[1] Voir aux *Documents historiques*, à la fin du volume, n° 5.

[2] Le général Bedeau, de famille noble, légitimiste, originaire de Nantes, s'était signalé, dans les campagnes d'Afrique, par sa bravoure et ses talents militaires. Très en faveur auprès du duc d'Aumale et du maréchal Bugeaud, il avait eu, en ces derniers temps, un avancement rapide.

[3] Le général Sébastiani, parti dès cinq heures, avait exécuté le mouvement commandé, et franchi tous les obstacles, sans presque trouver de résistance.

pes qui lui étaient confiées[1], il suivit la marche tracée par le maréchal et défit, sur son passage, rues Neuve-des-Petits-Champs, Vivienne et Feydau, quelques barricades abandonnées par les insurgés[2]. Mais, arrivé, vers sept heures et demie, sur le boulevard, à la hauteur du Gymnase, le général se trouva en présence d'une barricade beaucoup plus élevée que les autres, construite selon les règles de l'art et fortement gardée. Une multitude agitée se pressait tout autour. A la vue des troupes, une rumeur menaçante s'éleva dans l'air. Alors, du sein de la foule émue, quelques citoyens, s'adressant au général, le supplièrent, au nom de la population inoffensive, de ne point commencer l'attaque. Tout aussi désireux que pouvaient l'être ceux qui lui parlaient, d'éviter une lutte sanglante, le général harangua le groupe le plus rapproché de lui et lui annonça, comme une bonne nouvelle qui devait mettre fin à toute hostilité, le changement de ministère. Mais la défiance était grande dans les esprits[3] et la rumeur ne s'apaisait pas. « Au nom de la population qui nous entoure, dit, en dominant le tumulte, un fabricant du quartier, permettez

---

[1] Quatre compagnies des chasseurs d'Orléans;
Deux bataillons du 1er léger;
Deux bataillons du 21e de ligne;
Un escadron du 8e dragon;
Deux pièces de campagne;
Des sapeurs du génie;
Ensemble environ 2,000 hommes.

[2] Le peloton d'avant-garde reçut le feu des insurgés qui gardaient la barricade construite aux extrémités de la rue Montmartre et du faubourg. Le peloton riposta, la barricade fut enlevée. Deux soldats furent blessés.

[3] Le peuple et même un grand nombre d'officiers de la garde nationale étaient persuadés que l'événement du boulevard des Capucines avait été prémédité par le gouvernement; qu'on avait trompé la population par le faux bruit d'un changement de ministère; qu'on voulait une Saint-Barthélemy des démocrates, etc. Les gardes nationaux protestaient qu'ils défendraient le peuple contre une si infâme trahison.

vous, général, que je vous adresse quelques questions? Nous avons été trompés hier, on nous trompe peut-être encore aujourd'hui. Nous avons confiance en votre honneur ; promettez-vous de nous répondre avec sincérité? »

Le général fait un signe d'assentiment.

La foule écoute.

« Général, est-il vrai, est-il certain que M. Guizot soit renvoyé?

« Oui, répond le général Bedeau.

« Qui donc est ministre à cette heure?

« MM. Thiers et Odilon Barrot sont chargés de former un ministère.

« S'il n'existe pas de ministère, qui donc alors vous envoie ici?

« Le maréchal Bugeaud. »

A ce nom, les clameurs recommencent.

La foule n'écoute plus.

« Vous voyez, général, combien le nom du maréchal Bugeaud irrite le peuple, de grâce renoncez à engager un combat qui serait terrible.

« J'ai des ordres, répond le général ; je suis soldat, je dois obéir.

« Mais, du moins, général, attendez des ordres nouveaux. Qui sait quel changement a pu se faire aux Tuileries, depuis que vous les avez quittées? Accordez-moi une heure ; faites-moi accompagner par un officier qui m'introduise auprès du maréchal Bugeaud ; je lui exposerai la situation dans laquelle vous vous trouvez, et je suis certain de vous rapporter l'ordre de ne pas tirer. »

Le général avait vu de trop près l'hésitation et la mobilité des conseils, depuis la veille, pour n'être pas frappé de l'idée d'un changement possible dans les résolutions prises aux Tuileries. Il était, d'ailleurs, comme tous les officiers de l'armée, intimement convaincu que la troupe, sans la garde nationale, ne pouvait rien contre une insurrection, et il venait, sur son chemin, d'acquérir la preuve que le concours des légions lui manquerait[1]. Il consentit donc sans peine à attendre de nouvelles instructions, et demeura à la tête de ses troupes dans un état facile à concevoir, craignant tout à la fois que trop ou trop peu de zèle de la part de ses soldats, tour à tour circonvenus ou provoqués par le peuple, ne le jetât dans une de ces situations désespérées où, quel que soit le succès, il ne saurait étouffer le remords. Il comptait les minutes de cette heure d'angoisse qui ne voulait pas finir.

Le fabricant avait cependant franchi tous les obstacles; et, accompagné de M. Courpon, officier d'état-major de la garde nationale, il arrivait hors d'haleine à l'état-major des Tuileries, et demandait à parler au maréchal Bugeaud.

Après quelques minutes d'attente, il fut introduit. Le maréchal écouta son récit avec une visible défiance et donna à plusieurs reprises des marques d'incrédulité; mais M. le duc de Nemours et M. Thiers, présents à l'entretien, par un silence approbateur, l'encourageaient à continuer. Pénétré, avec toute la bourgeoisie parisienne, de l'unique pensée d'arrêter l'effusion du sang, le fabricant fit au maréchal un tableau animé de la situation déplorable où se trouvait la troupe, aux prises avec une immense masse populaire entraînée par les passions les plus exaltées; il lui représenta l'horreur des massacres qu'il regardait comme certains, si la troupe engageait le combat, et s'efforça de lui démontrer que la conciliation était encore, non-seulement possible, mais assurée, si on laissait agir seule la garde nationale. Puis, se tournant vers M. le duc de Nemours qui paraissait pencher vers cet avis : « Monseigneur, lui dit-il avec animation, joignez-vous à moi pour obtenir la retraite des troupes. Ne souffrez pas qu'une tache de sang souille le nom de votre

---

[1] Les gardes nationaux demandaient toujours si la réforme était accordée; et comme le général répondait qu'il l'espérait, mais qu'il ne pouvait le garantir, on lui déclarait qu'à ce prix seulement la garde nationale se joindrait à la troupe.

père et le vôtre..... Rien n'est perdu encore; mais si le sang est versé, le peuple ne mettra plus de bornes à sa vengeance. » Étonné d'une si vive insistance et de l'impression qu'elle produisait sur le prince et sur le chef du cabinet, le maréchal dit d'un ton sec qu'il allait en délibérer; puis il sortit avec M. le duc de Nemours et M. Thiers[1].

Cependant le maréchal lui-même commençait à douter de la victoire, si la lutte venait à s'engager sérieusement. En voyant le mauvais état des troupes, l'insuffisance des munitions, la force des positions que les insurgés occupaient au centre de Paris, les sentiments hostiles de la garde nationale, le découragement qui gagnait tout le monde autour de lui, il hésitait à exécuter ce qu'il avait si résolûment conçu quelques heures auparavant. Après s'être concerté avec le duc de Nemours, il rentra à l'état-major, et dicta, pour le général Bedeau, l'ordre que voici : « Mon cher général, mes dispositions sont modifiées. Annoncez partout que le feu cesse et que la garde nationale prend le service de la police; faites entendre des paroles de conciliation.

« Le maréchal duc d'Isly.

« P. S. Repliez-vous sur le Carrousel. »

Avec cet ordre, le maréchal remit au fabricant un papier manuscrit, daté de huit heures du matin, et qui, sous le titre d'*Avis au public*, annonçait au peuple la formation du ministère Thiers-Barrot et sa propre nomination au com-

[1] Un an environ après la proclamation de la république, le duc d'Isly, apercevant ce même fabricant dans son salon, un soir qu'il avait une réception nombreuse, alla droit à lui et le prenant par le bras : « Je vous reconnais, lui dit-il. Vous nous avez fait bien du mal. J'aurais dû, sans vous écouter, vous faire chasser de ma présence; et, sourd aux lamentations de vos bourgeois de Paris et de votre garde nationale, trois fois dupe, défendre mon roi dans ses Tuileries, et vous mitrailler tous sans merci. Louis-Philippe serait encore sur son trône et vous me porteriez aux nues à l'heure qu'il est. Mais, que voulez-vous? j'étais harcelé, étourdi par un tas de poltrons et de courtisans. Ils m'avaient rendu imbécile comme eux! »

mandement général de la garde nationale et des troupes. Sous deux heures, cet avis signé du duc d'Isly devait être placardé sur les murs de Paris. Le maréchal recommanda d'en donner lecture dans tous les rassemblements, à toutes les barricades.

Le maréchal pouvait-il encore, à cette heure, se faire quelque illusion sur l'efficacité d'une proclamation semblable, ou se conformait-il, en attendant mieux, aux instructions des chefs politiques? On peut croire que, malgré la netteté habituelle de son jugement, le duc d'Isly ne concevait pas bien l'incompatibilité de son nom avec le système de la conciliation. Peu de moments après la scène que je viens de rapporter, il monta à cheval pour aller faire une reconnaissance. Accompagné des généraux de la Ruë[1] et d'Arbouville, il s'avança par la rue de Rivoli, où stationnait un bataillon de la dixième légion auquel il commanda de le suivre. Le bataillon demeura silencieux et n'obéit pas. Le maréchal préoccupé continua sa route sans s'apercevoir qu'il n'était pas suivi, et s'avança, par la place des Pyramides, vers la rue Saint-Honoré, où il voulait haranguer le peuple. Alors, un capitaine d'état-major de la garde nationale accourut vers le général de la Ruë, l'avertit que la garde nationale refusait d'obéir au maréchal et qu'il était insensé à lui d'aller ainsi, absolument seul, au-devant de l'émeute. Le maréchal, entendant à demi ce colloque, demanda de quoi il s'agissait; on hésitait à lui répondre; enfin, comme il pressait de questions l'officier : « Eh bien, maréchal, lui dit celui-ci, j'expliquais à ces messieurs que vous ne pouvez rien faire, *parce que la garde nationale ne veut pas de vous*. » Le maréchal fit une exclamation soldatesque et voulut continuer sa route. Mais le général de la Ruë l'ayant engagé à retourner vers la place du Carrousel,

---

[1] Le général de la Ruë avait été envoyé à l'état-major par le général Trézel qui, se mettant à la disposition du maréchal Bugeaud, lui faisait demander s'il pouvait encore se présenter au château, quoiqu'il ne se considérât plus comme ministre.

afin d'y chercher un bataillon de la ligne, il céda et rentra, pour n'en plus sortir, dans la cour des Tuileries.

D'un autre côté, M. Barrot, encore bercé d'une confiance puérile dans sa popularité, voulut aussi se montrer aux barricades. A la tête d'un cortége où l'on distinguait MM. Horace Vernet, Quinette, Oscar de Lafayette et le général Lamoricière, il essaya de se frayer un chemin, par les boulevards, jusqu'à l'Hôtel de Ville, espérant dissiper sur son passage, par des explications sincères, le malentendu qui, selon lui, prolongeait seul un conflit sans cause réelle, depuis qu'il était en possession du pouvoir.

Triste expérience d'une vanité présomptueuse! Entouré, dès son arrivée sur les boulevards, par une foule curieuse, mais peu sympathique, qui semblait lui rendre hommage et qui en réalité entravait sa marche[1], M. Barrot, monté sur un cheval que l'on tenait par la bride, ne recueillit, pour prix de ses efforts, que des moqueries et des insultes : « *A bas les endormeurs! Nous ne voulons pas des lâches! plus de Molé! plus de Thiers! plus de Barrot! Le peuple est le maître!* » Tels étaient les propos qui répondaient aux essais de harangue du ministre. Enfin, cruellement déçu, avançant toujours à travers une multitude de plus en plus hostile, M. Barrot, épuisé par ses efforts et par le découragement qui s'emparait de lui, s'arrêta au pied de la barricade du boulevard Bonne-Nouvelle, que le général Bedeau venait de quitter. Là encore, malgré le tumulte, malgré l'exaltation à laquelle le peuple était en proie, M. Barrot fit une dernière tentative. Monté sur une des assises de la barricade : « Mes amis, dit-il en élevant la voix, nos efforts communs l'ont emporté. Nous avons reconquis la liberté et, ce qui vaut mieux, l'honnêteté. » Des clameurs l'interrompent; un homme du peuple s'avance vers lui et lui impose silence d'un geste menaçant. D'autres le poussent, le ren-

[1] Le général Bedeau y fut trompé. Rencontrant M. Odilon Barrot, à la hauteur du boulevard Italien, il crut à une ovation populaire.

versent. Entraîné par ses amis, M. Barrot retourne sur ses pas, le cœur navré, convaincu enfin, mais trop tard, qu'il a contribué à déchaîner des éléments que ni lui ni personne ne sauraient plus conjurer, et prenant avec lui-même, dans l'amer repentir de son for intérieur, la résolution de tout risquer pour sauver le roi, ou, du moins, si le roi ne peut être sauvé, la dynastie.

L'ordre signé du maréchal Bugeaud venait, en effet, d'anéantir la dernière chance de salut qui restât au gouvernement de Louis-Philippe. Quand le général Bedeau, décidé à se replier sur la place de la Concorde par les boulevards, fit opérer à sa colonne le mouvement de retraite[1], le peuple remplit l'air de ses acclamations. *Vive la ligne !* criait-on de toutes parts, avec un élan qui allait au cœur du soldat ; et la multitude, pressant les flancs de la colonne, engageant des colloques, essayant de fraterniser, embarrassait une marche rendue, d'ailleurs, très-pénible par le grand nombre de barricades qui, détruites le matin, avaient été relevées dans l'intervalle. Les soldats, en passant, échangeaient avec les citoyens qui gardaient ces remparts de la liberté des poignées de mains et des félicitations sur l'heureuse issue de la guerre civile. La cavalerie et l'artillerie ne traversaient qu'avec une difficulté extrême ces masses de pavés à peine dérangés.

Toutes ces démonstrations, toutes ces entraves allongeaient indéfiniment la colonne. Le général Bedeau, qui marchait en tête, pensif, inquiet, voyait, sans pouvoir l'empêcher, une fraternisation si peu conforme à la discipline. Il touchait à la rue de la Paix, quand l'arrière-garde, commandée par le général de Salles, fut arrêtée à la hauteur de la rue de Choiseul par un encombrement tumultueux. Le peuple ne voulait plus laisser passer les canons et se mettait en devoir de les dételer. Les soldats résistaient

---

[1] Une compagnie de la garde nationale la précédait pour mieux indiquer l'intention pacifique de ce mouvement.

faiblement. La foule impatiente se jetait sur les caissons et en commençait le pillage [1]. « Au nom de la paix, dit au général de Salles le commandant d'un bataillon de la 2e légion qui débouchait par la rue de la Chaussée-d'Antin, remettez-moi vos canons. Vous voyez qu'ils ne peuvent plus avancer. Le peuple s'exaspère; vos soldats courent les plus grands dangers. Au nom de la paix qui est faite entre le gouvernement et le peuple, en signe de réconciliation, faites mettre la crosse en l'air. »

Cette parole, entendue par les gardes nationaux qui entouraient le commandant, est aussitôt répétée et court de bouche en bouche. *La crosse en l'air! la crosse en l'air! la paix! la paix!* Tel est le cri unanime qui retentit aux oreilles des soldats. Déroutés, démoralisés par cette retraite si étrange, ils obéissent machinalement; les canons restent entre les mains de la garde nationale.

Cependant, le général Bedeau, qui voyait le désordre dans ses rangs et la masse populaire plus orageuse à mesure qu'on approchait de la place de la Concorde, expédie un de ses aides de camp, M. Espivent, pour prévenir la troupe, qu'il arrive escorté de la garde nationale et que le peuple n'a pas d'intention hostile. L'infanterie disséminée, l'arme au pied, sur la place, ne témoignait aucune défiance; mais les gardes municipaux, au nombre de vingt, qui occupaient, sous le commandement du sergent Fouquet, le poste de l'ambassade ottomane, à l'entrée de l'avenue Gabriel, voyant fondre sur eux le flot populaire et sachant bien qu'ils en avaient tout à craindre, se rangent en bataille, en dehors de la grille du corps de garde, et ap-

---

[1] Le général Bedeau était à la hauteur de la rue de la Paix lorsqu'il apprit ce fait. Faisant signe à la personne qui lui avait apporté l'ordre du maréchal, et qui suivait à distance, de s'approcher : « Au nom du ciel, lui dit-il, si vous avez quelque autorité sur les hommes du peuple, faites-leur comprendre qu'ils déshonorent le soldat en pillant ses munitions. Empêchez cela à tout prix. Le peuple ne peut pas vouloir humilier l'armée. » Et, en parlant ainsi, il avait presque les larmes aux yeux.

prêtent leurs armes. A cette vue, le peuple pousse un cri de mort. Le sergent Fouquet commande le feu. La décharge tue ou blesse plusieurs personnes. Alors le général Bedeau, sa casquette à la main, s'élance au galop entre les combattants, faisant signe aux gardes municipaux de ne pas faire feu, en même temps qu'il conjure le peuple de se retirer; mais c'est en vain; le sort en est jeté. Dans cette mêlée houleuse, aucune voix ne pouvait se faire entendre, aucun commandement ne pouvait être obéi. Une nouvelle décharge retentit. « Trahison! trahison! » s'écrie le peuple. La garde nationale bat la charge. Les chasseurs de Vincennes, se croyant attaqués, tirent à leur tour. La confusion devient terrible; les gardes municipaux sont assaillis avec fureur. Malgré les efforts du général Bedeau et de ses aides de camp, le peuple se rue sur le corps de garde, il le démolit, le fait écrouler en un clin d'œil; il tue, il blesse mortellement, à coups de baïonnette, à coups de sabre, à coups de crosse, ces héroïques et malheureux défenseurs d'une cause perdue[1]. Le sergent Fouquet, atteint de plusieurs coups de hache, parvient à fuir jusqu'au pont Tournant. Afin de le dégager de ceux qui le poursuivent, le chef du poste commande le feu. Cette décharge malheureuse blesse M. de Calvières, tue M. Jollivet, député, et quelques autres personnes qui cherchaient un refuge dans le jardin des Tuileries[2]. Alors un officier d'état-major, redoutant un massacre général, court en toute hâte au poste du bord de l'eau, exhorte les gardes municipaux qui l'occupent à ne point braver les colères aveugles de la foule. Il les décide à jeter leurs fusils à la rivière et à se réfugier dans les souterrains de la Chambre des députés.

[1] Le général Bedeau en sauva deux; un troisième fut massacré entre les jambes de son cheval.
[2] Le corps de M. Jollivet, enfoui à la hâte sous le sable, au bas de la terrasse du bord de l'eau, par ordre du général Bedeau, qui craignait que la vue d'un cadavre n'exaspérât le peuple et n'amenât de nouveaux malheurs, fut retrouvé, dans la nuit du 26 au 27, et rendu à sa famille le lendemain.

Cependant, cinq à six cents hommes de gardes nationaux, épars sur la place, s'efforcent de calmer le peuple. Mais le moindre incident pouvait rallumer sa colère, et le temps s'écoulait. Le général Bedeau dans cette situation périlleuse, ne recevait pas d'ordres[1]. Lorsque, lassé d'attendre et d'envoyer aux Tuileries ses aides de camp, il fit une dernière fois insister avec beaucoup de force auprès du duc de Nemours sur la nécessité de prendre un parti : « Ce n'est plus moi qui commande, » répondit le prince. — « Que le général fasse ce qu'il voudra, » dit le maréchal Bugeaud. Il n'y avait plus de commandement, plus de volonté, tout était confusion, désordre, découragement, déroute.

Depuis le réveil du roi, le cabinet des Tuileries et l'état-major avaient été livrés à un flux et reflux incessant de nouvelles, d'avis, de résolutions contradictoires.

Vers neuf heures, le groupe d'hommes politiques qui devaient composer ou soutenir le nouveau cabinet, MM. Duvergier de Hauranne, de Tocqueville, Gustave de Beaumont, de Rémusat, Cousin, Baroche, de Lasteyrie, de Malleville, étaient réunis aux Tuileries. Ils insistaient pour obtenir la dissolution de la Chambre, la nomination du général Lamoricière au commandement de la garde nationale, et la suspension des hostilités. Le roi ne cédait ni ne résistait; tout demeurait indécis pendant que le peuple, victorieux sur tous les points, s'avançait, en se resserrant et s'organisant de plus en plus, vers les Tuileries où il voulait célébrer sa victoire.

M. de Girardin, qui venait de parcourir une grande partie de la ville et qui s'était rendu compte de la démoralisation de la troupe de ligne, de l'opiniâtre aveuglement de la garde nationale et de la force de l'insurrection, se présenta et demanda à parler au roi pour essayer de lui ouvrir les

---

[1] Le général Regnauld de Saint-Jean-d'Angely qui commandait les cuirassiers, s'en prenant au général Bedeau de l'inaction des troupes, l'apostropha avec une vivacité extrême en lui reprochant sa conduite. Cette scène, dont plusieurs officiers furent témoins, répandit et accrédita l'accusation de trahison dont je viens de parler.

yeux. Le duc de Nemours, pressé par ses instances et par celles de M. Thiers, tenta un nouvel effort auprès de Louis-Philippe qui consentit enfin à la dissolution de la Chambre. M. de Rémusat rédigea à la hâte une proclamation conçue en ces termes :

« Citoyens de Paris !

« L'ordre est donné de suspendre le feu. Nous venons d'être chargés, par le roi, de composer un ministère. La Chambre va être dissoute. Un appel est fait au pays. Le général Lamoricière est nommé commandant en chef de la garde nationale. MM. Odilon Barrot, Thiers, Lamoricière, Duvergier de Hauranne sont ministres.

« Liberté, Ordre, Réforme.

« Signé : ODILON BARROT, THIERS. »

Des copies de cette proclamation furent immédiatement portées aux imprimeries de la *Presse*, du *Constitutionnel* et du *National*, par MM. de Girardin, Merruau et de Reims. Une heure après, on essayait de la placarder sur les murs; mais rien ne pouvait plus arrêter le peuple. Les républicains épiaient, d'ailleurs, et déjouaient toutes les concessions du gouvernement. La proclamation du ministère Barrot fut partout déchirée et l'on mit à la place, au même instant, ce placard laconique rédigé par M. Flocon et composé à l'imprimerie de la *Réforme* par M. Proudhon, ancien ouvrier typographe :

« Louis-Philippe vous fait assassiner comme Charles X; qu'il aille rejoindre Charles X ! »

Il n'y avait plus à s'y tromper : le parti républicain levait la tête et s'emparait du mouvement. De son centre d'action, le bureau de la *Réforme*, une impulsion unique, transmise par des hommes audacieux, se communiquait de proche en proche, de barricade en barricade, à toute l'armée insurrectionnelle. MM. Flocon, Baune, Marc Caussidière, Lagrange, Etienne Arago, Sobrier, Ribeyrolles, Fargin-Fayolle, Tisserandot, etc., excitaient les combattants, envoyaient les mots d'ordre, distribuaient les munitions, fanatisaient la multitude en faisant courir, dans ses rangs, des bruits sinistres, des imprécations, des anathèmes contre le roi; en hasardant, quoique avec précaution encore, le mot de *République*.

A vrai dire, le peuple n'avait rencontré nulle part de résistance bien sérieuse. Presque partout la garde nationale, s'interposant entre les combattants, avait jeté l'hésitation dans la troupe. Quelques décharges isolées sur le boulevard du Temple, et principalement dans le faubourg Saint-Antoine, sur la place de la Bastille, avaient tué ou blessé de part et d'autre un petit nombre d'hommes. Mais ces engagements partiels avaient tous fini par le désarmement des soldats et par une fraternisation au cri de *Vive la ligne*[1]!

Cette armée si brave, et qui n'en était pas à faire ses preuves, subissait, depuis vingt-quatre heures, tous les contre-coups d'une politique vacillante. En dernier lieu, l'ordre de suspendre le feu, expédié à tous les chefs de corps, avec la singulière injonction de garder leurs positions, acheva de déconcerter officiers et soldats. Au point de vue militaire, ces deux ordres simultanés et contradictoires trahissaient une telle impéritie, qu'ils furent le signal d'une entière défection morale. Abandonnée du pouvoir, l'armée s'abandonna elle-même et livra le champ de bataille au peuple. Bientôt, il n'y eut plus, dans tout Paris, qu'un seul point qui défendît encore les abords des Tuileries : c'était le poste du Château-d'Eau, sur la place du Palais-Royal. Le peuple s'y précipita.

---

[1] Le chiffre des soldats et des citoyens tués pendant les journées de février a été exagéré. D'après un relevé de la situation au 1er mars 1848, il y aurait eu 22 gardes municipaux, 46 soldats et sous-officiers, 4 officiers tués.

Total pour l'armée 72 morts.

Les registres de l'état civil constatent la mort de 275 hommes et de 14 femmes.

CHAPITRE XI

Suite de la troisième journée.

Il était dix heures. Louis-Philippe déjeunait, selon sa coutume, en famille, dans la galerie de Diane, lorsqu'on vint annoncer que MM. de Rémusat et Duvergier de Hauranne demandaient à parler à M. le duc de Montpensier. « Qu'ils entrent, » dit le roi. Et aussitôt, avec une grande affabilité, il engagea ses nouveaux ministres à prendre place à sa table.

Ceux-ci s'en défendirent; ils semblaient très-agités; ils voulaient et n'osaient parler. Après quelques minutes d'une contrainte que tout le monde, hormis le roi, lisait sur leurs traits altérés, s'apercevant enfin qu'il s'agissait de quelque nouvelle grave:

« Que se passe-t-il? » dit Louis-Philippe en emmenant M. de Rémusat dans une embrasure de fenêtre.

La reine, le duc de Montpensier et les princesses restaient muets à leur place, les yeux fixés sur les deux interlocuteurs.

« Sire, dit M. de Rémusat en baissant la voix, il n'y a pas un instant à perdre; l'émeute triomphe sur tous les points; elle avance à pas de géant. Le poste du Château-d'Eau, qui tient encore avec un courage héroïque, n'en a plus peut-être que pour peu d'instants; avant une heure, il est probable que les Tuileries seront attaquées. La vie du roi est en danger. »

A ces mots, entendus à demi, la reine se précipite vers le roi et se serre contre lui comme pour le défendre. Les princes et les princesses quittent brusquement la table.

« M. de Rémusat pense que les Tuileries vont être attaquées, » dit le roi avec une apparente indifférence. Sur ces entrefaites, plusieurs personnes attachées à la famille royale entraient pêle-mêle et sans être annoncées. MM. Thiers, de Broglie, Piscatory, de Lasteyrie, Quinette, Baroche, Cousin, Gustave de Beaumont, Lacrosse, venaient confirmer, par leur témoignage, les paroles de M. de Rémusat.

M. de Laubespin, capitaine d'état-major, apporte une nouvelle plus précise encore et plus désastreuse : la colonne du général Bedeau a mis la crosse en l'air. Les insurgés ont pillé les caissons et se sont emparés de deux pièces de canon ; les Tuileries sont complétement à découvert du côté de la place de la Concorde. Le duc d'Elchingen et M. Jules de Lasteyrie sortent pour s'assurer par eux-mêmes de l'état des choses. Le roi et les ministres entrent en délibération pour savoir s'il faut attendre aux Tuileries l'assaut des masses populaires ou se retirer dans quelque place forte. M. Thiers conseille d'aller à Saint-Cloud, d'y rassembler les troupes, et de faire, de là, un retour offensif sur Paris[1]. Louis-Philippe pense qu'il vaudrait mieux se retirer à Vincennes. Tandis qu'on délibère, un aide de camp du général Bedeau apporte des renseignements plus exacts sur les faits qui se sont passés à la place de la Concorde. Le peuple s'est retiré, et les troupes occupent, dans un ordre parfait, la place et toutes ses avenues. On se rassure ; on décide que le roi va passer la revue des troupes.

Pendant qu'il revêt son uniforme d'officier général de la garde nationale et le cordon de la Légion d'honneur, avec l'impassibilité d'un homme qui, se conformant à l'avis de

---

[1] Le maréchal Bugeaud approuvait le projet de M. Thiers.

la majorité, accomplit une formalité légale, bien plutôt qu'en souverain décidé à vendre chèrement sa vie et son trône, on court avertir les postes les plus voisins que le roi va passer la revue des troupes et qu'il désire leur montrer la garde nationale. De forts détachements des légions se mettent immédiatement en marche. Aussitôt qu'on les voit déboucher par le guichet du Louvre, le roi paraît dans la cour du château; il monte un cheval richement caparaçonné de franges et de crépines d'or. Les ducs de Nemours et de Montpensier, le maréchal Bugeaud sont à sa droite; à sa gauche, le général Lamoricière, vêtu d'une capote de garde national qu'il vient d'emprunter à l'état-major, la tête nue, les cheveux en désordre, le regard animé, prend possession de son commandement.

MM. Thiers et de Rémusat suivent à pied. Une nombreuse escorte de gardes nationaux à cheval, d'aides de camp, parmi lesquels on remarque le général Rumigny en habit bourgeois, le général Trézel, M. de Montalivet, etc., forment le cortège.

En passant devant le front des postes intérieurs, Louis-Philippe est salué de cris nombreux auxquels il paraît très-sensible. Marie-Amélie se montre à une fenêtre du rez-de-chaussée; elle est entourée de madame la duchesse d'Orléans, des princesses et des petits princes. Debout, la contenance fière, l'œil brillant d'espoir, elle remercie du geste tous ceux qui passent devant elle, en crian *Vive la reine!*

Cependant le roi, en longeant la grille, est arrivé à l'arc de triomphe sous lequel il passe à travers les bottes de paille et les bagages jetés pêle-mêle; il commence la revue par le côté gauche de la place, où la première légion est rangée en bataille. Là, les cris de *Vive le roi!* sont en petit nombre et presque aussitôt étouffés par les cris de *Vive la réforme!* Un groupe de gardes nationaux sort des rangs, s'avance vivement vers Louis-Philippe, et le somme, en quelque sorte, d'accorder la réforme. Le roi, visiblement troublé, hâte le pas en répétant avec humeur ! « Elle est accordée, elle est accordée. » Mais l'annonce d'une telle concession, faite sans élan, reçue sans enthousiasme, n'était plus qu'un signe de détresse inutile. Louis-Philippe, en voyant les physionomies mornes de ses défenseurs, acheva de se décourager, et rentra au château, laissant au maréchal Bugeaud le soin de passer en revue le reste des troupes.

Le maréchal était dévoré de colère. Investi d'une autorité dérisoire, il voyait tous ses plans de défense écoutés, il est vrai, mais discutés loin de lui et rejetés par des influences occultes; il n'apercevait autour de lui que des visages abattus; il n'entendait que des paroles défiantes et pusillanimes. M. Barrot n'avait pas un seul instant admis le système de la lutte à outrance. M. Thiers, après avoir longtemps soutenu le maréchal, s'était laissé vaincre par les répugnances de ses amis; enfin, et ceci achevait de rendre la position du maréchal insoutenable, les fils du roi, ces jeunes princes dont on aurait dû avoir à contenir l'élan, restaient là, indécis, paralysant tout de leur présence inerte, accueillant et propageant toujours les premiers les nouvelles fâcheuses et les avis timides [1].

Rentré dans son cabinet, après la revue, Louis-Philippe s'était laissé tomber dans un fauteuil adossé au mur, près de la fenêtre. Sa tête, appesantie, reposait sur sa main; il gardait le silence; les amis et les serviteurs, que l'attente d'un péril imminent retenait là, dans une anxiété inexprimable, échangeaient à demi-voix des paroles incohérentes.

Et l'heure fuyait. Déjà midi allait sonner, quand M. Crémieux entra dans le salon qui précédait le cabinet du roi. M. le duc de Montpensier, qui s'y tenait, entouré des princes

---

[1] La contenance du duc de Montpensier surtout parut singulière à ce point qu'on essaya de l'expliquer en attribuant au jeune prince une part secrète dans la prétendue conspiration de madame la duchesse d'Orléans. Il n'en était rien cependant; il n'y avait là ni conspiration ni trahison; il y avait tout simplement un caractère et un esprit peu préparés aux fortes épreuves.

de Wurtemberg et de Cobourg, de députés, de pairs de France, de généraux et d'une foule d'officiers de service, s'avança vers lui et le questionna vivement sur ce qui se passait au dehors.

« Rien n'est encore perdu, dit M. Crémieux. Je viens de parcourir une partie de Paris. La garde nationale peut être ramenée. M. Barrot, président du conseil, les hommes de la gauche ministres avec lui, M. Thiers et le maréchal Bugeaud écartés, les plus larges concessions faites sans délai peuvent apaiser l'insurrection; mais il n'y a pas à balancer une seule minute. » Pendant qu'il parlait ainsi, le duc de Montpensier ouvrait la porte du cabinet et nommait au roi M. Crémieux.

« Que venez-vous m'apprendre? » dit Louis-Philippe en relevant la tête.

M. Crémieux répéta ce qu'il venait de dire.

Alors M. Thiers, qui se tenait un peu à l'écart, s'approcha du roi et déposa entre ses mains sa démission. Sans faire d'observation, sans exprimer ni regret, ni satisfaction, ni crainte, Louis-Philippe demanda M. Fain, son secrétaire, pour rédiger l'ordonnance qui nommait M. Barrot président du conseil. M. Crémieux conseilla au roi de faire appeler le maréchal Gérard et de lui confier le commandement des troupes.

Un moment d'illusion suivit cette étrange démarche de M. Crémieux. Le roi et son entourage se persuadèrent qu'un député de l'opposition la plus avancée devait connaître parfaitement l'état des esprits et l'effet certain des mesures qu'il conseillait. Mais, à cette heure, personne ne pouvait plus apprécier l'ensemble du mouvement populaire. Il agissait sur une si vaste étendue que son caractère général échappait à l'observation. Ici, l'esprit de la garde nationale dominait et se contentait encore d'un ministère Barrot; ailleurs, il était déjà question de forcer le roi à abdiquer; sur d'autres points enfin, les républicains jetaient le masque et parlaient de chasser la dynastie.

Sur ces entrefaites, M. de Reims, qui était allé porter au *National* la proclamation du ministère Thiers-Barrot, revenait, et demandant à parler à M. Thiers, il lui déclarait qu'en l'état présent des choses le peuple ne se contenterait plus de rien, si ce n'est de l'abdication. M. Thiers l'introduisit auprès des princes. Il leur parla dans le même sens. « Mais, monsieur, dit alors le duc de Montpensier, le roi ne cesse de faire depuis hier des concessions qui toutes jusqu'ici ont été inutiles. Pouvez-vous répondre, au moins, que celle dont vous parlez serait d'un effet suffisant?

— Monseigneur, répondit M. de Reims, je ne crois pas qu'aucun homme vivant puisse en ce moment donner une pareille certitude[1]. » Déjà, quelque temps auparavant, M. Duvergier de Hauranne, sans prononcer le mot, avait insinué la chose. Mais comment oser signifier un semblable arrêt au prince le plus jaloux de son autorité, le plus fortement imbu de sa supériorité politique, le plus dédaigneux jusque-là du mérite de ceux de sa famille qui devaient lui succéder au pouvoir? C'était à qui déclinerait une telle mission.

Cependant, on se hasarde à murmurer le mot fatal aux oreilles de Louis-Philippe, mais si bas qu'il peut encore ne le point entendre; les courtisans feignent de s'indigner; M. Thiers semble n'avoir aucun avis depuis qu'il n'est plus ministre. En ce moment, la porte du cabinet s'ouvre; un homme très-pâle, très-ému, mais dont l'émotion ne décèle aucune peur, s'avance vers le roi.

« Qu'y a-t-il, monsieur de Girardin? dit Louis-Philippe en attachant sur le rédacteur de la *Presse* son regard éteint. — « Il y a, sire, que l'on vous fait perdre un temps précieux; et que, si le parti le plus énergique n'est pas pris à l'instant

---

[1] Le matin même, à six heures et demie, M. de Reims était allé chez M. Marrast. Il lui avait annoncé que MM. Thiers et Barrot étaient ministres : « Eh bien! lui avait-il dit, que vous faut-il de plus? — L'abdication avant midi, avait répondu M. Marrast; après-midi il serait trop tard. »

même, dans une heure, il n'y aura plus en France ni roi ni royauté. » Un silence de stupéfaction répond seul à cette apostrophe.

M. de Girardin, apercevant dans un groupe le rédacteur en chef du *Constitutionnel,* invoque son témoignage.

« Demandez, s'écrie-t-il avec impatience, demandez à M. Merruau, comment les proclamations du changement de ministère ont été reçues par le peuple. » Le silence continue. Puis la voix du roi se fait entendre. « Que faut-il faire?

— Abdiquer, sire, répond M. de Girardin avec une hardiesse qui étonne les assistants.

— Abdiquer!

— Oui, sire, et en conférant la régence à madame la duchesse d'Orléans, car M. le duc de Nemours ne serait point accepté.

— Il vaut mieux mourir ici, » s'écrie la reine!

Le roi, comme éveillé en sursaut par ces paroles et par l'accent énergique avec lequel elles sont prononcées, se lève, et, s'adressant au groupe qui l'entoure : « Messieurs, dit-il, ne peut-on pas défendre les Tuileries?... On m'avait dit qu'on pouvait défendre les Tuileries, » répète-t-il encore, voyant qu'on ne lui répond pas.

« Abdiquez, sire, abdiquez! » s'écrie le duc de Montpensier d'un ton impérieux.

Louis-Philippe semble se consulter un moment. « Eh bien, puisqu'on le veut, j'abdique, » dit-il enfin.

A ces mots, M. de Girardin s'élance vers la porte, et Louis-Philippe passe dans la chambre voisine, où attendaient madame la duchesse d'Orléans et les princesses. « J'abdique, » dit-il d'une voix forte en ouvrant la porte. La duchesse d'Orléans se jette aux pieds du roi, et, d'une voix étouffée par les sanglots, elle le conjure de ne point abdiquer. Le comte de Paris mêle ses prières enfantines à celles de sa mère; il embrasse les genoux de son grand-père. Le roi ne montre aucune émotion, et presque aussitôt, s'arrachant à ces étreintes, il rentre, suivi des princesses, dans son cabinet, où se pressent en désordre non-seulement les personnes de son intimité, mais une foule étrangère, journalistes, gardes nationaux, militaires de tous grades, tous porteurs de nouvelles fausses ou vraies, parlant, s'exclamant, conseillant à la fois. Le maréchal Gérard, qu'on avait mandé, entrait en ce moment.

« Maréchal, sauvez tout ce qui est encore sauvable! » s'écrie la reine en lui serrant les mains avec désespoir. Et le maréchal, poussé sur les escaliers, mis à cheval dans la cour du château, sort par la grande porte des Tuileries, et s'avance vers la place du Palais-Royal, pour y annoncer l'abdication et faire cesser le combat.

Le roi s'était assis à son bureau et tenait la plume, mais il n'écrivait point. Le duc de Montpensier, avec vivacité, venait de pousser sous sa main une feuille de papier blanc.

« Au nom du pays, sire, dit tout à coup une voix vibrante, au nom de votre famille et de toutes les familles de France, n'abdiquez pas. Combattons aujourd'hui plutôt que demain, car demain nous serons en république! » Tous les yeux se tournent vers M. Piscatory.

La reine, exaltée et comme hors d'elle-même, saisissant la main de cet ami fidèle, lui dit à voix basse et d'un air égaré : « Prenez garde, il y a ici des traîtres. »

Et l'œil soupçonneux de Marie-Amélie se portait tantôt sur M. Thiers, tantôt sur madame la duchesse d'Orléans, qui, la lèvre tremblante et les yeux baignés de larmes, isolée loin du groupe des princesses qui se tenaient par la main, répétait d'une voix entrecoupée en suppliant le roi du regard : « N'abdiquez pas, sire, n'abdiquez pas. »

Une décharge retentit, la fusillade se rapproche.

« Vite, sire, » dit le duc de Montpensier en poussant le bras du roi d'un geste peu respectueux. — « Que le roi se hâte, répète M. Crémieux.

— Je n'ai jamais écrit plus vite, reprend le roi qui n'avait pas quitté ses gants et qui traçait, comme à loisir, en très-gros caractères, cette abdication si impatiemment attendue; donnez-moi le temps.

— Vous vous en repentirez, messieurs, s'écriait la reine dont l'effervescence allait croissant; vous demandez l'abdication du meilleur des rois.

— Que le roi, du moins, n'abdique pas ainsi, sans avoir tenté de repousser l'émeute, reprend M. Piscatory; il y a encore plus de trois mille hommes dans la cour du château[1]; mettez-vous à leur tête, prince, » continue-t-il en s'adressant à M. le duc de Montpensier. « Que conseillez-vous, monsieur? dit le prince à M. Thiers avec un embarras visible. — Je n'ai pas de conseils à donner, répond celui-ci; je ne suis plus rien. »

Seule, Marie-Amélie continuait de soutenir M. Piscatory. Fière, noble, courageuse comme l'avait été Marie-Antoinette à pareille heure, elle voulait mourir en reine plutôt que de vivre humiliée.

Ému de ce grand courage si mal secondé, M. Piscatory ploye le genou devant elle et baisant sa main royale : « Ah! madame, lui dit-il à demi-voix, vous êtes la seule personne que je vénère ici !

— Vous ne connaissez pas le roi, reprend la reine d'un accent peiné; c'est le plus honnête homme de son royaume. »

Cependant le roi venait d'achever d'écrire son abdication; elle était ainsi conçue :

« J'abdique cette couronne, que la voix nationale m'avait appelé à porter, en faveur de mon petit-fils le comte de Paris.

« Puisse-t-il réussir dans la grande tâche qui lui échoit aujourd'hui.

« Paris, le 24 février 1848.

« Signé, Louis-Philippe. »

---

[1] Il y avait, en effet, dans la cour des Tuileries 5,000 hommes d'infanterie, deux escadrons de dragons et 6 pièces de canon chargées à mitraille, sans compter les gardiens armés et les gardes municipaux.

« Puisse-t-il ressembler à son aïeul ! » s'exclame la reine. Louis-Philippe la regarde d'un air de compassion.

On se hâte d'envoyer le papier encore humide au maréchal Gérard, afin qu'il le montre au peuple.

« Il est bien entendu, n'est-il pas vrai, sire, s'était écrié M. Crémieux, que madame la duchesse d'Orléans est régente ?

— Cela ne se peut, répondit le roi ; il y a une loi des Chambres. »

M. Crémieux n'entendit pas ou ne voulut pas entendre. Il descendit précipitamment dans la cour des Tuileries avec le général Gourgaud ; ils y répandirent tous deux le bruit de cette abdication qui trouvait encore beaucoup d'incrédules, et que l'on démentait déjà dans les salons les plus voisins du cabinet où elle venait d'être signée.

Pendant que ceci se passait au château, le combat continuait sur la place du Palais-Royal. A dix heures du matin, les gardes municipaux qui occupaient le poste du Château-d'Eau, avaient été relevés par deux compagnies du 14e de ligne sous le commandement des lieutenants Pérès et Audouy.

Ce poste était un point stratégique très-important parce qu'il couvrait à la fois le Palais-Royal et les rues de Chartres, de Saint-Thomas du Louvre, du Musée, qui toutes débouchent sur le Carrousel. Aussi, dans sa constante prévision d'un soulèvement populaire, le gouvernement l'avait-il fait fortifier avec le plus grand soin.

Adossé à un massif de maisons faisant face au palais, le Château-d'Eau, construit au commencement du dix-huitième siècle, se composait d'une façade à deux étages, soutenue par quatre colonnes engagées, et de deux ailes latérales percées chacune de trois fenêtres. Un perron de quelques marches s'étendait, dans un développement de quarante mètres environ, sur toute la longueur de l'édifice, que terminait une terrasse entourée d'une balustrade en pierre sculptée. Au centre du premier étage, une niche était creusée, au dessous de laquelle une large vasque recevait les eaux de la fontaine. Sur une plaque en marbre noir, on lisait, tracée en caractères d'or, cette inscription :

Quantos effundit in usus.

Une porte étroite et basse, revêtue de lames de fer, ouvrait sur le perron de ce monument tout noirci par le temps. Les fenêtres, munies d'une double rangée de barreaux, avaient été garnies d'épais volets en chêne, troués de meurtrières. C'était une citadelle imprenable. Le canon seul aurait pu endommager ces épaisses murailles et enfoncer ces portes massives.

Cependant, les insurgés, qui ne rencontraient plus nulle part de résistance, affluaient en masse vers le Palais-Royal. Ils avaient construit, dans toutes les rues avoisinantes, d'énormes barricades et cernaient complétement le Château-d'Eau. Animé par les républicains, qui craignaient de marcher sur les Tuileries en laissant sur leurs derrières une position aussi forte, le peuple, instruit, d'ailleurs, que les soldats renfermés dans le poste appartenaient au 14e de ligne, s'exaltait au souvenir du massacre de la veille. On disait que des gardes municipaux étaient là aussi[1], qu'ils gardaient des prisonniers en grand nombre; mille bruits confus montaient les têtes, tout se préparait à un formidable assaut. Quelques gardes nationaux s'efforçaient de calmer l'effervescence populaire, et parlementaient, mais en vain, avec la troupe, pour obtenir l'évacuation du poste. Debout, en travers de l'unique porte de la façade, un lieutenant, jeune homme d'une intrépidité héroïque, résistait à la pression des assaillants et demeurait sourd aux prières des chefs républicains, Étienne Arago et Charles Lagrange.

[1] Il était resté, en effet, dix gardes municipaux avec les soldats de la ligne au nombre de cent. Quarante-huit prisonniers faits dans la nuit, amenés au poste du Château-d'Eau par le 14e de ligne, avaient été conduits, vers cinq heures du matin, à la caserne de la rue de Rivoli, où ils furent mis en liberté.

Trois fois tiré avec violence en dehors de la porte, il reprit trois fois sa position périlleuse : « Vous me proposez le déshonneur, s'écriait-il; tous, nous périrons ici, plutôt que de rendre nos armes. » Et la multitude acharnée redoublait d'efforts pour arracher les fusils aux mains crispées des soldats. Cette mêlée durait depuis un quart d'heure environ, lorsqu'on voit paraître sur la place un officier d'état-major, qui s'avance jusqu'au perron et crie à la troupe d'évacuer le poste. Un immense bravo, parti de la foule, accueille cet ordre; mais le peuple veut plus encore : il demande, il exige les armes. « Et nos armes ? » dit le capitaine en attachant sur l'officier supérieur un regard plein d'anxiété, « livrerons-nous nos armes ? » Soit que celui-ci n'eût point entendu, soit qu'il n'osât commander à un brave soldat son déshonneur, il garda le silence, tourna bride et disparut.

Étienne Arago revint à la charge avec plus d'insistance encore, mais le capitaine demeurait inébranlable. « Nous consentons à quitter le poste, disait-il, mais il faut que ce soit avec les honneurs de la guerre. » Et l'accent dont il prononçait ces paroles disait assez qu'elles étaient l'expression d'une résolution inflexible.

Pendant cette espèce de trêve, les soldats avaient serré leurs rangs; ils se tenaient adossés contre la muraille. Tout à coup, quelques coups de feu se font entendre du côté du Palais-Royal. Se croyant attaqués, deux soldats déchargent leurs armes. Alors la fusillade éclate des deux côtés. Les soldats se jettent dans le poste et, par les meurtrières, font une décharge générale qui balaye la place.

Pendant quelques minutes, elle présenta un spectacle lugubre.

Au-devant du perron, l'eau qui coulait en liberté des débris de la fontaine formait, en se mêlant au sang des blessés, une mare de teinte rougeâtre : sur les degrés, on voyait deux cadavres tombés en croix; çà et là, sur le pavé, des armes, des lambeaux de vêtements, des taches de sang; les grilles du palais brisées, la cour vide; au-dessus de la barricade Valois, quelques têtes menaçantes ; dans l'angle de la place, un groupe compacte qui, déjà honteux de sa fuite, s'arrêtait, se retournait, couchait le poste en joue. Quelques coups de feu partent; les soldats ripostent. Le peuple revient et afflue, à la fois, par toutes les rues qui débouchent sur la place ; les barricades de la rue de Valois, de la rue de Rohan, de la rue Saint-Honoré, se hérissent de combattants; des chefs intrépides, Caussidière, Baune, etc., les animent. La lutte recommence avec fureur ; les insurgés courent à l'assaut; les soldats se défendent vigoureusement dans le poste. Cependant, Étienne Arago était allé rue Richelieu, à la barricade de la fontaine Molière, pour se concerter avec quelques amis. Il y était à peine qu'on vit arriver, du côté du Carrousel, un officier supérieur, suivi d'un aide de camp et d'un officier d'état-major de la garde nationale, M. Moriceau. Ce dernier, s'approchant d'Étienne Arago, lui nomme le général Lamoricière. Un pourparler vif et bref s'engage. Le général apportait la nouvelle de l'abdication. « Il est trop tard, » dit Étienne Arago. — « Trop tard ! s'écrie le général d'un ton incrédule; trop tard ! on vous accorde la réforme, on vous donne la régence; que vous faut-il donc ?

— *La république*. Tous vos efforts désormais sont inutiles pour l'empêcher. Le peuple est maître de Paris : il ne veut plus ni roi, ni princes, ni dynastie. »

Le général fit un geste qui semblait dire : Quelle démence ! Mais, voyant autour d'Étienne Arago des hommes dont la physionomie confirmait les paroles qu'il venait d'entendre, et ne voulant pas perdre un temps précieux, il tourna bride, persuadé qu'il allait trouver, à peu de distance de là, un tout autre accueil.

Quelques instants après arriva M. de Girardin, porteur des mêmes nouvelles. Il ne fut guère mieux écouté que le général Lamoricière. Tous deux, dans le même dessein, se dirigèrent alors, par deux côtés opposés, vers la place du

Palais-Royal où ils entendaient la fusillade. Une multitude innombrable, hommes, femmes, enfants, ouvriers, gardes nationaux, accourus de tous les points de Paris, se ruait sur ce dernier théâtre de la lutte. C'était comme un grand tourbillon humain qui remplissait l'air de clameurs. Les roulements du tambour qui battait la charge, la détonation des armes à feu, le sifflement des balles, le cri des blessés, des voix vibrantes qui chantaient la *Marseillaise* en courant à la mort, la fumée épaisse qui enveloppait cette scène inouïe, donnaient le vertige à qui tentait de s'en approcher.

Cependant, parvenu à l'angle de la place, le général Lamoricière s'efforçait de se frayer un passage. « *Vive Lamoricière !* » criaient les uns. « Ce n'est pas lui, il est en Afrique, c'est un espion ! » criaient les autres. Ce mot seul pouvait le faire massacrer. Son uniforme incomplet et d'emprunt prêtait à la méprise ; toutefois, les baïonnettes et les pistolets braqués sur sa poitrine ne le faisaient ni reculer ni pâlir. Mais ni sa voix, ni ses gestes n'avaient la puissance de dominer une pareille rumeur ; c'eût été folie de l'espérer. Le général ne pouvait se résoudre, néanmoins, à retourner sur ses pas, car il sentait que le sort de la royauté dépendait peut-être encore de quelques paroles favorablement accueillies ; il s'épuisait en signaux ; il ne cessait d'agiter en l'air son chapeau, son mouchoir ; mais comme il demeurait à la même place sans avancer ni reculer, pressé qu'il était par une masse de peuple, une balle vint frapper son cheval qui se renversa sous lui. Atteint lui-même, presque au même instant, d'un coup de baïonnette au bras, il fut enlevé aussitôt par quelques hommes du peuple qui, le protégeant de leurs corps, le portèrent chez le marchand de vin à l'angle de la rue de Chartres, où le docteur Pellarin avait établi une ambulance. On y pansa avec le plus grand soin sa blessure, puis on le fit sortir par une porte de derrière et on le ramena chez lui, où il apprit bientôt que c'en était fait de la monarchie.

De son côté, le maréchal Gérard n'était pas plus heureux : hissé sur le cheval tout caparaçonné de velours et d'or que le roi venait de monter pour passer la revue, le maréchal, en habit noir et en chapeau rond, un rameau de buis à la main, faisait une étrange figure. Il s'avançait lentement, avec toutes sortes de difficultés, à travers la foule, quand M. Princeteau, porteur de l'acte d'abdication, parvint à le rejoindre. Le maréchal allongeait le bras pour prendre le papier que ce dernier lui tendait ; mais quelqu'un de plus leste l'avait déjà saisi. C'était un officier de la garde nationale qui refusa de le rendre, M. Aubert-Roche. Craignant, sans doute, que l'abdication du roi n'arrêtât une seconde fois la révolution, il enleva des mains du vieux militaire le papier précieux et le passa aussitôt à Charles Lagrange qui se trouvait là. Dans le même temps, la foule, tout en criant *Vive le maréchal!* le repoussait doucement vers le Carrousel. Les troupes, pendant l'intervalle, s'étaient repliées dans la cour du château et fermaient les grilles. Le maréchal ne put donc pas même rendre compte au roi du triste succès de son ambassade. On venait d'apprendre aux Tuileries, par M. Crémieux, que, dans toutes les directions, les émissaires de la royauté avaient échoué et que ni le général Gourgaud, ni le fils de l'amiral Baudin, envoyés sur la place de la Concorde, ni M. de Girardin, ni M. Merruau, ni personne n'était parvenu à se faire écouter du peuple.

Une foule de courtisans encombrait encore les antichambres. Le duc de Nemours allait et venait, interrogé et interrogeant, sur les escaliers, dans les corridors, ne sachant rien, ne décidant rien. Le duc de Montpensier avait perdu contenance. Louis-Philippe était tombé dans une complète atonie. Pendant que des ordres étaient envoyés aux écuries du Louvre pour qu'on amenât au château quatre voitures, et que la consigne de détresse de tenir le temps nécessaire pour protéger la fuite du roi était donnée aux troupes, Marie-Amélie aidait son époux à dépouiller son uniforme et ses plaques et à revêtir l'habit bourgeois.

En proie à une exaspération qu'elle n'essayait pas de contenir, elle se répandait en reproches contre tous ceux dont elle suspectait la fidélité.

« Ah! monsieur, que vous êtes coupable, que vous avez été ingrat envers nous! vous ne méritiez pas un si bon roi! » disait-elle à M. Thiers.

M. Crémieux, qui insistait pour qu'on fît hâte, était aussi l'objet de ses soupçons : personne ne lui répondait, on gardait le silence par respect pour une telle infortune. D'ailleurs, ce n'était le moment ni des récriminations, ni des explications, ni des excuses.

On entendait toujours la fusillade. Les voitures royales étaient arrêtées par les insurgés. On décida d'aller à pied jusqu'à la place de la Concorde. Dans le trouble de cette fuite précipitée, tout se faisait, tout se disait comme au hasard.

La duchesse d'Orléans se croyait régente. Une telle élévation, dans un tel moment, quand elle ne sentait auprès d'elle ni un cœur, ni un bras, ni un génie assez puissant, assez dévoué, pour se jeter entre son fils et la révolution, c'était une terrible épreuve pour son courage [1]. Le roi ne lui avait, d'ailleurs, donné aucun ordre, aucune explication, aucun conseil; il ne lui avait dit que ces seules paroles : « Hélène, restez. » Louis-Philippe ne pensait pas que sa fuite fût un exil. Il ne croyait pas même que la duchesse d'Orléans dût être régente. Par son abdication, le duc de Nemours entrait, de plein droit, dans l'exercice des pouvoirs que lui conférait une loi des Chambres. De Saint-Cloud, où le roi comptait s'arrêter, il dirigerait encore les conseils; il régnerait de fait sous le nom d'un enfant. C'était là le fond de sa pensée.

Cependant, on le pressait de fuir. Il demandait sa montre, son portefeuille; il paraissait tout préoccupé de ces petits

---

[1] « Quel fardeau! s'écriait la princesse en parlant aux personnes de sa suite. Et Joinville qui n'est pas ici! »

détails, étranger aux sentiments douloureux qui éclataient en sanglots autour de lui. Le duc de Montpensier embrassait sa jeune femme enceinte, la confiait aux soins du docteur Pasquier et à la garde de M. de Lasteyrie. La princesse Clémentine, la duchesse de Nemours, tenant par la main ses deux enfants, se disposaient à suivre le roi. Les mains se serraient; les regards échangeaient des pensées qu'on n'osait se communiquer tout haut. La grande figure de Marie-Amélie dominait de son désespoir toutes ces tristesses.

Enfin Louis-Philippe, appuyé sur le bras de la reine, suivi du duc de Montpensier, de MM. Crémieux, Ary Scheffer, Jules de Lasteyrie, Gourgaud, Roger (du Nord), Montalivet, Dumas, Rebel et Lavalette, sort du palais par un couloir étroit et sombre conduisant au vestibule de l'Horloge, et s'avance, par le jardin, vers la place. Des gardes nationaux à pied et à cheval et une compagnie de gardes municipaux occupent les allées[1]; un escadron de dragons se forme sur deux rangs. Le triste cortége passe en silence.

En arrivant à la grille du pont Tournant, où devaient sta-

---

[1] Quand Louis-Philippe fut monté en voiture, un aide de camp du général Bedeau vint exhorter ces braves soldats à ne pas suivre le roi de crainte de l'exposer davantage, et à se disperser au plus vite pour se soustraire à la fureur du peuple. L'officier qui les commandait, vieillard en cheveux blancs, hésitait. « J'ai trente ans de service, disait-il, je n'ai jamais rendu mon épée; je ne veux pas me déshonorer. » — « On vous la rendra, s'écriait l'aide de camp; mais, au nom du ciel, hâtez-vous, ou vous ferez massacrer tous vos hommes. » Et, moitié de gré, moitié de force, on jeta sur les épaules du vieillard un manteau bourgeois et on l'entraîna hors du jardin. Notons ici un mot héroïque dans sa naïveté. Touché de la sollicitude avec laquelle un garde municipal couvre son officier du manteau qui cache l'uniforme si dangereux à porter dans ce moment, l'aide de camp cherche autour de lui s'il ne verra pas quelqu'un qui puisse prêter un surtout à ce brave soldat; n'apercevant personne : « Mais vous, mon ami, dit-il au soldat, vous n'avez rien pour cacher votre uniforme; qu'allez-vous devenir? On vous tuera! » — « Oh! moi, mon commandant, répond le garde municipal, *cela ne fait rien.* »

tionner les voitures, on ne les voit point. Alors le roi, tranquille jusque-là, donne de vives marques d'inquiétude. L'aspect de la place, en effet, n'était pas rassurant. Les troupes du général Bedeau étaient massées autour de l'obélisque ; mais une immense multitude les enveloppait. Les cavaliers qui servaient d'escorte au roi se voyaient poussés, refoulés ; il n'osaient qu'à demi résister à la pression du peuple, craignant de trahir, par trop de précautions, la présence des personnes royales.

« Les voitures ! mais où donc sont les voitures ? » répétait le roi. Un moment, comme on s'efforçait de gagner l'obélisque, où, par suite d'un malentendu, les voitures étaient restées, la reine fut violemment heurtée et séparée de son époux. Elle jeta un cri, chancela ; un jeune homme fit un geste comme pour la soutenir. « Laissez-moi, » dit-elle en le repoussant. Bien qu'à demi évanouie, elle avait encore la force de se trouver offensée d'un secours qu'elle ne demandait pas [1]. Le roi, ressaisissant son bras, l'enleva, en quelque sorte, et la poussa dans une des voitures, où il monta en toute hâte après elle. Les enfants de la duchesse de Nemours étaient déjà dans l'autre, debout sur les coussins, collant à la vitre leurs visages blonds et roses, plus curieux qu'effrayés du spectacle étrange qui s'offrait pour la première fois à leur vue. Leur mère les rejoignit. Alors, on donne le signal du départ. On jette encore à la hâte, par le carreau de la portière, un portefeuille tombé à terre et un sac de nuit qui contient quelques effets. « Partez, partez, partez donc ! » s'écrie M. Crémieux. Le cocher donne un vigoureux coup de fouet, et les deux voitures partent à fond de train par le quai de Passy, enveloppées d'un détachement de gardes nationaux à cheval et de deux escadrons

---

[1] A ce moment, un officier de cuirassiers, croyant la vie du roi menacée, adressa aux hommes du peuple qui le serraient de près quelques paroles imprudentes. « Messieurs, épargnez le roi ! dit-il. — Sommes-nous donc des assassins ? dit une voix dans la foule. Qu'il parte ! »

de cuirassiers que commande en personne le général Regnauld de Saint-Jean-d'Angely.

La résistance du poste du Château-d'Eau, cet acte sublime d'honneur militaire, dont les héros plébéiens sont tombés inconnus dans le silence de la mort, protégea la déroute honteuse des Tuileries.

Nous avons vu que les insurgés, secondés par une centaine de gardes nationaux des troisième et cinquième légions qui venaient de désarmer le poste de la Banque, avaient forcé les grilles du Palais-Royal, du côté de la galerie de Valois. En une minute, les appartements étaient envahis, toutes les fenêtres se garnissaient de combattants; le palais et le poste se renvoyaient des feux meurtriers, la mitraille pleuvait sur la place comme une grêle épaisse. On supposait bien que les munitions devaient s'épuiser, que les morts devaient être déjà plus nombreux que les vivants dans l'intérieur du poste; mais rien n'annonçait que le courage fléchît. La pensée de capituler, en effet, ne venait point à ces braves. Et le peuple se ruait sur les marches du perron, contre les portes qu'il ébranlait à coups de barre de fer; les uns s'efforçaient d'escalader les fenêtres, tandis que d'autres, moins emportés par l'ardeur du combat et déplorant l'inutile effusion du sang, s'efforçaient de faire cesser le feu et d'amener les soldats à des pourparlers. Ils s'avançaient jusqu'au pied des murs, affrontant une mort presque certaine. Mais en vain essayaient-ils par leurs gestes, par leurs cris, de rassurer les assiégés sur leurs intentions pacifiques. On les accueillait à coups de fusil, comme on avait accueilli le général Lamoricière, M. Crémieux, M. de Girardin et le maréchal Gérard lui-même. Quelques-uns de ces intrépides citoyens payèrent de leur vie leur généreuse résolution.

Tout à coup une pensée infernale saisit la multitude.

On venait de forcer sur la place du Carrousel les écuries royales. Quelques enfants avaient mis le feu aux voitures. « *Le feu! le feu au Château-d'Eau!* » s'écrie-t-on.

Aussitôt des hommes du peuple s'attellent à ces voitures enflammées, les traînent sous les fenêtres du poste. On apporte des bottes de paille, des fagots; un tonneau d'esprit-de-vin est roulé sur ce bûcher. Le vent attise l'incendie, il pousse la flamme; elle monte, s'étend, tourbillonne; elle entoure d'une ceinture ardente le vieil édifice; elle pénètre enfin, elle s'engouffre dans l'intérieur. C'en est fait des martyrs de la royauté, ils n'ont plus que le choix de la mort; le lieutenant Péresse ouvre la porte et veut sortir; il tombe frappé de plusieurs balles. Les soldats qui le suivent se précipitent sur le seuil et jettent leurs armes, en criant qu'ils se rendent, tandis que d'autres se sauvent par la porte du Musée. En voyant ses ennemis en sa puissance, la multitude pousse un rugissement de joie. Mais, aussitôt, un cri d'humanité se fait entendre. Le peuple, un instant égaré par la démence du combat, se précipite pour arracher à la mort ses ennemis. Il répand l'eau à torrent pour essayer d'éteindre l'incendie qu'il a allumé. Quel spectacle! et comment le décrire! Quand le peuple pénètre à travers les décombres fumants, trébuchant sur des cadavres noircis, des vêtements ensanglantés, des lambeaux humains calcinés, épars, il a horreur de sa victoire. Du sein de cette désolation, il enlève les blessés, les prend dans ses bras, les porte dans la galerie du Palais-Royal. Là, soldats de la royauté, soldats de la République, vaincus et vainqueurs, sont étendus sur des lits, des matelas, des canapés rangés à la hâte le long des murs. Des médecins, des femmes pansent les blessures, étanchent le sang qui coule, abreuvent les lèvres ardentes, commandent le silence, calment les convulsions de la mort[1].

[1] Le combat du Château-d'Eau coûta la vie à onze soldats et à trente-huit citoyens. Le lieutenant Péresse, qui avait reçu neuf coups de feu et six coups d'arme blanche, a succombé le 7 mars, trois jours après l'extraction d'une dernière balle restée dans le bras gauche. Le lieutenant Audouy a été amputé du bras droit.

Des actes de courage surhumains s'accomplissaient des deux côtés, dans cette lutte fratricide. Un ouvrier tailleur, presque un enfant par

Et, pendant que ces soins pieux honorent l'humanité, à deux pas de là, sous le même toit, des hommes qui ne respectent rien, des vandales, saccagent les richesses du palais : tableaux, statues, livres, vases précieux, magnificences de l'art, trésors de la science, rien n'est épargné, rien n'échappe à la dévastation. Une fureur aveugle s'acharne sur ces vestiges inanimés comme sur des ennemis vivants. Bientôt l'ivresse du vin vient s'ajouter à l'ivresse du combat ; on a pénétré dans les caves. La garde nationale fait des efforts inouïs, mais inutiles, pour contenir ces excès.

Ainsi le peuple se montre au même moment, dans le même lieu, sous ses deux aspects les plus contraires ; donnant raison à ceux qui l'aiment comme à ceux qui le redoutent. Ici, courageux, humain, plein de douceur ; là, brutal, insensé : honneur ou fléau de la civilisation, espoir ou terreur de l'avenir.

Cependant, madame la duchesse d'Orléans, laissée aux Tuileries, regagnait à la hâte ses appartements. Dans le trouble des derniers adieux, elle avait échangé quelques mots avec les députés qui entouraient le roi, et, se croyant suivie par eux, elle comptait sur leur conseil et sur leur appui.

la taille et par l'âge, le jeune Bayeux, l'épaule droite fracassée, la chemise sanglante, ne pouvant plus tenir un fusil, allait et venait, sous la grêle des balles, brandissant un sabre de la main gauche, excitant le peuple, défiant les soldats. Un brave républicain, le capitaine Lesceré, arrivé avec sa compagnie à la barricade de la rue de Valois, voulait encore tenter de mettre fin au combat. Arborant son mouchoir à la garde de son épée, il descendait avec l'aide d'Étienne Arago, et s'avançait en courant vers le poste ; mais, parvenu au milieu de la place, il tombe atteint d'une balle. Une femme aussi, une jeune et belle personne, bravait la mitraille pour secourir les blessés et les recueillir dans sa demeure. « Tu es une vraie Romaine, » lui dit un homme du peuple en lui frappant sur l'épaule. C'était mademoiselle Lopez, actrice de l'Odéon. Chose bizarre ! les cafés et les cabarets étaient restés ouverts. On allait s'y reposer, on fumait, on plaisantait entre deux fusillades. Un chien perdu, qui hurlait au bruit des coups de feu, égaya plus d'une fois cette scène tragique.

Qu'on juge de son effroi lorsque, au bout de sa course à travers les salons et les couloirs, d'où elle entendait la rumeur de la masse populaire qui débordait sur le Carrousel et escaladait déjà les grilles du château, elle se retourna et se vit seule avec quelques personnes de sa suite[1]. Ses joues si pâles pâlirent encore.

En ce moment le bruit du canon retentit dans la cour. La princesse crut qu'une lutte fatale s'engageait. Elle savait que la troupe n'était plus en état de résister. Elle pensa qu'elle allait être massacrée.

Alors, par un de ces beaux mouvements du cœur, fréquents dans l'histoire des femmes, elle saisit ses deux enfants par la main et se plaçant avec eux devant le portrait en pied de leur père[2] : « Il ne me reste donc, s'écria-t-elle en implorant de ses yeux en larmes le secours d'en haut, qu'à mourir ici ! »

Au même instant, la porte s'ouvrit ; un éclair d'espérance brilla dans les yeux de la princesse, elle s'élança à la rencontre de la personne qui entrait. C'était M. Dupin, qui, suivi de M. de Grammont, cherchait la *régente* pour la conduire à la Chambre. « Monsieur Dupin, s'écria la duchesse, vous êtes le premier qui veniez à moi. » Chose étrange ! en effet, la *régente*, en ce moment suprême, était complétement oubliée des hommes politiques. Presque aussitôt on vint lui dire que M. le duc de Nemours l'engageait à quitter les Tuileries. Elle prit le bras de M. Dupin et, suivie d'un petit groupe de personnes de sa maison, elle traversa le jardin et passa devant des troupes de ligne qui, n'ayant reçu aucun ordre, ne lui rendirent même pas les honneurs militaires.

---

[1] M. Régnier, précepteur du comte de Paris, M. de Boismilon, secrétaire des commandements, M. Asseline, M. de Chabot-Latour, le général Gourgaud, M. de Villaumez, M. de Graves, le duc d'Elchingen; M. de Montguyon, MM. Thiers, Duvergier de Hauranne, de Rémusat, Baroche, jugeant la partie perdue, quittèrent les Tuileries aussitôt après le départ du roi, sans savoir ce que la princesse était devenue.

[2] Ce magnifique portrait, digne d'une telle illustration, est dû au pinceau de M. Ingres.

La duchesse tenait par la main le comte de Paris; le petit duc de Chartres, malade depuis quelques jours et grelottant de fièvre, était porté par son médecin, M. Blache. En arrivant au pont Tournant, M. Dupin, s'avançant vers la foule, proclama, à haute voix le comte de Paris roi des Français, et madame la duchesse d'Orléans régente. Puis on se dirigea vers la Chambre [1]. La princesse était émue, mais sa volonté restait ferme; elle allait, non pas comme on l'a dit, assouvir enfin une ambition longtemps contenue, mais tout simplement accomplir un devoir de mère.

Si la duchesse d'Orléans avait eu, en effet, ces ambitions impatientes que les soupçons de la famille royale lui prêtaient, elle aurait réussi peut-être dans sa tentative [2].

Mais, malgré l'opinion accréditée au Château, elle n'était pas du tempérament qui fait les fortes ambitions et les grands desseins. Intelligente, réservée, délicate d'esprit et de corps, digne de soutenir avec honneur un rang élevé, elle n'avait rien de cette énergie audacieuse qui s'empare du commandement. Habituellement souffrante et résignée, elle nourrissait de vagues espérances; mais la flamme in-

---

[1] Pendant que la duchesse d'Orléans se dirigeait vers la Chambre, un lieutenant de la 5e légion, le citoyen Aubert-Roche, redoutant des scènes effroyables si le combat venait à s'engager entre les insurgés et la troupe qui gardait encore les Tuileries, se présenta au guichet de l'Echelle et demanda à parler au commandant du château. Il lui peignit avec la plus grande vivacité le péril croissant, et l'engagea à livrer immédiatement les Tuileries à la garde nationale, qui pourrait, du moins, les préserver du pillage. Le commandant, ne pouvant prendre sur lui de donner l'ordre d'évacuer, conduisit M. Aubert-Roche au duc de Nemours. Celui-ci écouta en silence et fit ce qu'on lui demandait. Aussitôt, l'artillerie, après avoir tiré trois coups de canon chargés à blanc, signal convenu pour avertir de l'arrivée du peuple, commença son mouvement de retraite par la grille du Pont-Royal. Les dragons mirent pied à terre pour faire descendre leurs chevaux par l'escalier du milieu. La retraite se fit avec si peu d'ordre qu'on oublia de relever les postes intérieurs.

[2] Sur le pont de la Concorde, le comte de Paris trébucha et tomba. Il ne se fit aucun mal; mais cette chute fut un triste présage pour le cœur troublé de sa mère.

térieure qui fait les Marie-Thérèse ou les Catherine ne rayonnait point à son front. Sa lèvre mélancolique, qui lui gagnait, par des paroles aimables, les cœurs bienveillants, ne frémissait point de cette éloquence qui subjugue les âmes rebelles. En un mot, c'était une noble princesse, ce n'était ni une héroïne ni une femme de génie. Il eût fallu être l'une ou l'autre pour arrêter à soi, à ce moment suprême, le flot emporté des révolutions.

CHAPITRE XII

Le peuple aux Tuileries.

Après la fuite de Louis-Philippe, la duchesse de Montpensier, qui n'avait pu trouver place dans les voitures du roi, se rendit à pied chez M. Jules de Lasteyrie, rue de Miroménil. Le duc de Wurtemberg et son fils s'étaient échappés par la galerie du Louvre. Le général Sébastiani, ayant revêtu des habits bourgeois, avait quitté les Tuileries en même temps que Louis-Philippe et s'était réfugié dans l'hôtel de son frère, rue du faubourg Saint-Honoré. Quant au maréchal Bugeaud, dédaignant toutes précautions, il sortit à cheval, en uniforme, lentement, fièrement, écartant à droite et à gauche les carabines des insurgés qui affluaient sur le quai. Comme il se dirigeait vers le faubourg Saint-Germain, il se croisa, sur le Pont-Royal, avec un groupe d'hommes du peuple qui, l'ayant reconnu, se mit à murmurer : « *A bas Bugeaud! Mort à Bugeaud!* » Le maréchal était déjà loin, quand le bruit confus de ces menaces frappa son oreille. Aussitôt il tourna bride, marcha droit sur le groupe d'où elles partaient. « Qu'est-ce que j'entends? s'écria-t-il; vous voulez la mort de Bugeaud? mais le connaissez-vous bien, Bugeaud? savez-vous ce qu'il a fait pour son pays? Bugeaud est un des derniers qui aient envoyé des balles aux Prussiens et aux Russes, quand ils menaçaient Paris. Bugeaud a soumis l'Algérie à la France. Allez, croyez-moi, respectez Bugeaud et tous les braves de l'armée, vous aurez besoin d'eux avant qu'il soit longtemps ! » Et les insurgés, gagnés par cette parole franche et vraiment populaire, entourèrent le maréchal en criant : « *Vive Bugeaud !* » Puis ils l'escortèrent comme en triomphe jusqu'au seuil de sa demeure.

Les troupes qui, sous les ordres du général Rulhières, avaient occupé tous les abords du jardin et protégé ainsi le cortège de la duchesse d'Orléans, s'étaient repliées et massées sur la place de la Concorde où, sur l'ordre exprès du duc de Nemours, elles devaient attendre que la régente sortît de la Chambre, pour l'escorter jusqu'à Saint-Cloud. Le général Bedeau tenait toujours la tête du Pont-Royal. Ces deux généraux disposaient encore de forces suffisantes pour couvrir le palais Bourbon et le défendre, de ce côté, contre l'invasion du peuple.

Revenons aux insurgés que nous avons laissés entrant dans la cour du Château. Leur surprise fut extrême de voir que la troupe ne faisait aucun préparatif de défense. Ils ignoraient encore la fuite du roi ; c'est à peine s'ils ajoutaient foi à son abdication. Ils s'attendaient à trouver aux Tuileries une résistance formidable.

La première colonne d'insurgés qui pénétra dans la cour, était commandée par un officier de chasseurs de la 10e légion, homme de résolution et de dévouement, le capitaine Dunoyer.

Il est intéressant de suivre la marche de cette colonne, depuis le moment où elle s'était séparée des défenseurs de la dynastie. C'était vers neuf heures du matin ; on venait d'apprendre à la mairie du 10e arrondissement, où la 5e compagnie du 4e bataillon, sous les ordres du capitaine Dunoyer, s'était rendue pour demander des cartouches[1],

---

[1] La garde nationale manquait partout de cartouches, ce qui est suffisamment expliqué par le peu de confiance qu'avait le gouvernement dans ses dispositions.

que la prison militaire de l'Abbaye, défendue par un poste d'infanterie, était attaquée par le peuple. A ce moment, plusieurs élèves de l'École polytechnique arrivaient ; ils annoncent à haute voix que tous les élèves se sont divisés, pour aller, dans chaque arrondissement, concourir avec la garde nationale au rétablissement de l'ordre et au maintien de la liberté. Des cris redoublés de « *Vive l'École polytechnique! vive la réforme!* » saluent cette nouvelle, et l'on se met, aussitôt, en marche vers l'Abbaye pour aller, s'il en est temps encore, s'interposer entre le peuple et la troupe. En débouchant sur la place, la colonne voit que les insurgés sont maîtres de la prison ; ils avaient désarmé les soldats, délivré les prisonniers, et ils commençaient à démolir la maison d'arrêt. Incertains sur les dispositions de la garde nationale, ils se retirent silencieusement derrière leur barricade, établie en tête de la place, et se tiennent en observation. Le capitaine Dunoyer les aborde et les somme de ne pas continuer une destruction inutile. Ils répondent par les cris de « *Vive la garde nationale! vive l'École polytechnique! vive la réforme!* » — « Oui, mes amis, *Vive la réforme!* dit Dunoyer ; que tous ceux qui la veulent nous suivent avec ordre et discipline. » Puis, voyant que les insurgés, armés de pioches, de marteaux de forge, de pinces à démolir, de haches, de barreaux de fer et de sabres, manquent de fusils, il propose d'en aller prendre à la caserne municipale de la rue de Tournon. On se range à sa suite et l'on marche en avant, en chantant la *Marseillaise*.

Avec ce renfort, qui la porte environ à six cents hommes, la colonne se dirige vers la caserne de la rue de Tournon. Elle la trouve occupée par un détachement de la 11ᵉ légion. Les gardes municipaux l'ont évacuée de grand matin pour aller prendre position sur la rive droite de la Seine.

Alors, Dunoyer conduit ses hommes à la caserne des sapeurs-pompiers, rue du Vieux-Colombier, où il espère trouver des armes. La caserne est fermée ; la sentinelle se retire dans le poste. Le commandant paraît à une fenêtre du rez-de-chaussée, et, le capitaine Dunoyer lui ayant demandé des armes pour ses volontaires, il consent, après quelques difficultés, à livrer environ quatre-vingts fusils, que l'on passe à travers la grille d'une croisée. Ces fusils sont chargés; un coup de feu part accidentellement. Plusieurs insurgés, se croyant attaqués, crient: *Vengeance!* et veulent mettre le feu aux portes; mais les gardes nationaux parviennent à les rassurer. La colonne s'ébranle et se divise en deux détachements; cent volontaires du peuple se dirigent, par la rue du Cherche-Midi, vers la maison du conseil de guerre, bien résolus à l'enlever de vive force. Après avoir recruté sur leur chemin des hommes et des armes, ils doivent prendre par derrière la caserne de la rue de Babylone, pendant que la colonne principale, sous les ordres de Dunoyer, l'attaquera par-devant.

Mais, arrivés à l'entrée de la rue de Babylone, quelques gardes nationaux de cette colonne, ayant été reconnaître les dispositions de la caserne, apprennent que la troupe en est partie la veille et qu'il n'y a plus au poste qu'un petit nombre de jeunes soldats récemment entrés au corps. Le sergent qui parlemente avec eux propose de recevoir dans le poste quelques gardes nationaux pour le garder en commun; il ajoute en même temps, du ton le plus ferme, que, si l'on prétend le désarmer, lui et les siens, il se défendra à outrance. Cette réponse énergique impose le respect. Le capitaine Dunoyer fait faire volte-face à sa troupe et va rejoindre avec elle le détachement qui revient du poste du conseil de guerre.

Ce poste, après une courte résistance, a été enlevé et désarmé. On a, comme partout, brûlé les portes et délivré les soldats détenus. On apprend au même moment que d'autres bandes d'insurgés ont pris les casernes de la rue Mouffetard, de la rue des Grès, de la rue du Foin, de la rue des Carmes, et désarmé tous les postes intermédiaires. Le succès du peuple est complet de ce côté de la Seine.

La colonne de Dunoyer, grossie dans sa marche et forte d'environ quinze cents hommes, après avoir franchi de nombreuses barricades sur la place de la Croix-Rouge, dans les rues du Four, de Bussy, Saint-André-des-Arts et Dauphine, arrive en tête du Pont-Neuf, à l'entrée du quai Conti. La garde municipale stationne sur le quai de l'Horloge. Un détachement de cuirassiers est à cheval, en face du terre-plein Henri IV. Les insurgés s'arrêtent un moment et font flotter leurs drapeaux en criant : *Vive la réforme!* mais, voyant que la troupe fait bonne contenance et qu'elle est prête à recevoir le combat, ils passent outre.

A l'entrée de la rue des Petits-Augustins, ils voient accourir du quai Voltaire une dizaine de gardes nationaux à cheval qui agitent en l'air des mouchoirs blancs. Le plus avancé, quand il est à portée de la voix, s'écrie : « Tout est fini, mes amis ! le roi abdique en faveur de son petit-fils; la duchesse d'Orléans est nommée régente! » A ces paroles, des murmures éclatent dans les rangs des insurgés. « Cela se peut, répond Dunoyer, mais nous n'avons plus de foi aux paroles; nous ne quitterons pas nos armes que l'armée ne soit sortie de Paris. »

Sans insister davantage, les cavaliers continuent leur marche par la rue des Saints-Pères; ils vont porter dans tout le faubourg Saint-Germain la nouvelle de l'abdication, qui est à peu près partout bien accueillie.

Cependant la colonne a gagné le pont des Saints-Pères, occupé par la troupe. Avant de passer outre, Dunoyer tient conseil avec ceux qui l'entourent, et propose de traverser la Seine pour marcher sur les Tuileries. Quelques-uns font observer que, si le roi a véritablement abdiqué, il importe de courir immédiatement à la Chambre, afin de mettre en déroute les partisans de la régence. D'autres se rangent à l'avis du capitaine. Mais, pendant ces pourparlers, une grande hésitation s'est manifestée dans la colonne. La nouvelle de l'abdication du roi et de la régence de la duchesse d'Orléans, qui circule, l'aspect des quais occupés par des troupes en bon ordre, les fortes détonations que l'on entend incessamment dans la direction du Palais-Royal, ont ralenti l'ardeur des combattants. On juge qu'il y aurait folie à s'aventurer sur la rive droite et à braver, en si petit nombre, les forces considérables qui défendent les Tuileries. Six ou huit élèves de l'École polytechnique viennent annoncer à Dunoyer qu'ils ont promis à leurs chefs de ne pas sortir de la limite de l'arrondissement et de n'agir que par voie de conciliation ; sans écouter aucune objection, ils se retirent. Aussitôt, la plupart des gardes nationaux et des volontaires les imitent. La colonne, tout à l'heure de quinze cents hommes, est réduite à cent cinquante, parmi lesquels on ne compte plus que soixante gardes nationaux et quatre élèves de l'école polytechnique, les jeunes Prats, Vial, Lebelin et Cahous, qui, tout en s'exposant au danger de l'audacieuse tentative que l'on projette, déclarent qu'ils resteront fidèles au serment fait à leurs chefs de ne pas tirer l'épée hors du fourreau.

Dunoyer est un instant ébranlé par cette défection ; sa responsabilité devient immense. Il s'agit de tenter un coup décisif, et il ne peut se dissimuler que les choses ne prennent pas une tournure favorable. Mais l'enthousiasme de sa petite troupe le ranime : « *En avant ! en avant !* » s'écrie-t-on autour de lui. Les tambours battent la charge, on s'avance intrépidement sur le pont, au risque d'être mitraillé.

Les quais du Louvre et des Tuileries sont occupés militairement. Le 7ᵉ régiment de cuirassiers arrivant du pont Neuf est à la gauche du pont ; le 37ᵉ de ligne, sous les armes, est à la droite. On ignore les dispositions de la troupe ; mais, sans qu'il y ait rien de provocant dans son attitude, elle semble prête à accepter le combat.

La colonne insurgée fait halte, à peu de distance des premiers pelotons. Dunoyer, s'approchant des officiers, leur annonce que les trois légions de la rive gauche, suivies du peuple en armes, marchent sur le Palais-Royal pour arrêter l'effusion du sang. Sa compagnie, dit-il, est l'avant-garde de l'armée populaire et vient demander le libre passage.

L'un des officiers va consulter le colonel, qui, à la vue des gardes nationaux mêlés au peuple, élève en l'air la poignée de son épée ; aussitôt les soldats dressent la crosse de leurs fusils. Un passage s'ouvre devant la colonne révolutionnaire ; elle traverse le Louvre aux cris de : *Vive la France! vivent les cuirassiers! vive la ligne!* La musique du régiment répond à ces cris, en jouant la *Marseillaise*.

Pendant ce temps, quelques insurgés s'étaient glissés un à un le long du quai des Tuileries, en fraternisant avec les soldats. Ils ne tardent pas à pénétrer dans la cour du Carrousel par le guichet de l'Orangerie.

La cour des Tuileries est occupée par de nombreuses troupes, mais la place du Carrousel est complétement évacuée. Une foule en armes, venant de la rue Saint-Thomas, commence à l'envahir, au moment même où la colonne de la rive gauche achève de passer le guichet du Louvre ; trois coups de canon se font entendre ; une fusillade retentit sur la ligne du château : elle tue et blesse plusieurs insurgés. La colonne de Dunoyer riposte, ainsi que le groupe qui avait pénétré par le guichet de l'Orangerie. Plusieurs balles mortelles atteignent à la fois un malheureux piqueur en grande livrée rouge, qui conduisait au château deux chevaux des écuries royales, destinés aux voitures de madame la duchesse d'Orléans. Aussitôt, sur les instances de quelques-uns des siens, Dunoyer commande un mouvement de retraite pour aller s'assurer de nouveau des dispositions de la troupe qui gardait la tête du pont du Carrousel. On fraternise ; les cuirassiers annoncent qu'ils veulent retourner à Versailles, leur ville de garnison. Pendant ce temps, le chasseur Tordeux, qui avait vu plusieurs pièces d'artillerie sortir de la cour des Tuileries par le guichet du pont Royal, va observer si elles ne prennent point une direction offensive ; il constate qu'elles se dirigent vers la place de la Concorde. Alors les tambours des insurgés battent la charge, la colonne reprend sa marche à travers la place presque déserte, et parvient jusqu'au poste de l'état-major, où stationne, l'arme au pied, la garde nationale de service, composée de plusieurs détachements de la quatrième, de la cinquième et de la sixième légion.

Dunoyer invite le commandant à se joindre à lui pour pénétrer ensemble dans les Tuileries ; celui-ci s'y refuse en alléguant qu'il a un service commandé et qu'il n'y saurait manquer sans un ordre supérieur. Malgré ce refus, les insurgés passent outre. Presque aussitôt les divers détachements quittent la place, tournent par la rue de Rohan et vont se répartir dans plusieurs postes voisins. La colonne de Dunoyer se rapproche alors de la grille du château et bientôt elle y entre par le guichet de l'Échelle, que l'on vient d'ouvrir pour la garde nationale de service ; elle marche avec ordre, tambours en tête et la crosse en l'air. Elle se déploie dans la cour des Tuileries aux cris de : *Vive la réforme!* La garde nationale, alignée près du poste de l'Échelle et le long du pavillon de l'Horloge, reste morne et silencieuse.

Une artillerie formidable est encore en bataille dans la cour. Le vingt-cinquième régiment de ligne, sous les armes, stationne devant le poste où est déposé son drapeau. On voit, plus loin, un bataillon du génie et de forts détachements de cavalerie. Au milieu de tout cet appareil guerrier règne un profond silence. La consternation paraît sur tous les visages. Dunoyer s'avance alors vers le commandant du cinquante-deuxième. « Tout Paris est en révolution, lui dit-il ; la garde nationale, le peuple et l'armée fraternisent ; nous venons ici fraterniser avec le brave cinquante-deuxième. » Les officiers répondent à Dunoyer qu'ils se préparent à partir ; un sergent, qu'il interroge sur le nombre de cartouches dont il dispose, lui montre sa giberne vide.

Sur ces entrefaites, un valet de chambre du comte de Paris aborde Dunoyer ; il lui annonce que la duchesse d'Orléans est à la Chambre, le conjure de protéger le retour de la princesse et l'invite à monter dans l'une des deux voitures qui sont là, prêtes à partir pour aller chercher la régente et le jeune roi, ajoutant qu'il a plein pouvoir pour lui offrir tout ce qu'il pourrait désirer. « Ne comptez ni sur moi, ni sur mes compagnons d'armes, lui répond Dunoyer ; nous ne sommes pas ici pour servir les princes. » Presque au même moment, M. Lemercier, en grand uniforme de colonel de la garde nationale, s'approche et renouvelle à Dunoyer les mêmes instances et les mêmes promesses ; mais, voyant qu'il ne peut le persuader, il monte sur le siège de l'une des voitures et part pour la Chambre. Un gardien du château, interrogé par les insurgés, leur dit que le roi est encore dans ses appartements. Aussitôt ils s'avancent vers le pavillon de l'Horloge. Là, ils rencontrent le colonel Bilfeld, gouverneur du château, pâle, hors de lui. Il se jette dans les bras de Dunoyer et le supplie de l'épargner. Celui-ci le rassure, mais l'engage à quitter son uniforme et à sortir au plus vite des Tuileries. Trois insurgés se détachent pour accompagner le colonel jusque dans ses appartements. De plus en plus surpris du succès de leur audace, les insurgés pénètrent dans le vestibule du pavillon de l'Horloge, d'où ils aperçoivent au loin, dans le jardin, dont les grilles d'enceinte sont encore fermées, le cortège fugitif de madame la duchesse d'Orléans qui touche à la place de la Concorde. Ils montent le grand escalier, croyant à chaque pas être assaillis. Ils parcourent ainsi avec précaution plusieurs salles et galeries. Le général Carbonel, enveloppé d'un caban, passe rapidement près d'eux et se retourne pour recommander au volontaire Lacombe de ne rien gâter dans les appartements. Dans une pièce de service, un garçon lampiste est tranquillement occupé à nettoyer un verre de lampe.

Enfin l'on arrive à la salle du trône. Deux faisceaux de drapeaux tricolores en soie frangée d'or ornent les deux côtés du fauteuil royal. Chaque insurgé veut s'y asseoir à son tour. Dunoyer fait à ses compagnons d'armes une allocution chaleureuse, puis il trace sur les moulures du trône ces simples paroles :

LE PEUPLE DE PARIS A L'EUROPE ENTIÈRE :
Liberté, Égalité, Fraternité.

24 février 1848.

Un cri enthousiaste de *Vive la République !* le premier qu'on ait poussé depuis le matin, tant on a été fidèle à la consigne donnée par les chefs politiques, salue cette proclamation solennelle et familière tout ensemble de la victoire du peuple. Les insurgés courent aux fenêtres et font retentir au dehors leurs acclamations. A cet appel, les gardes nationaux de service arrivent; l'un d'eux, lieutenant de la cinquième légion, monte les degrés du trône et commence, à la surprise générale, une harangue en faveur du prince Louis Bonaparte; interrompu par des marques de réprobation unanimes, l'orateur désappointé se perd dans la foule.

Après une courte halte, la colonne de Dunoyer se remet en marche et traverse les appartements qui conduisent au musée. Tout annonce qu'ils viennent à peine d'être quittés par la famille royale. De grands feux brûlent dans les cheminées. Des billes et des queues de billard sont encore jetées pêle-mêle sur le tapis, comme pour une partie momentanément suspendue. Un piano est resté ouvert. Des albums sont épars çà et là. Dans la salle à manger, la table n'est qu'à moitié desservie ; quelques insurgés s'y rafraîchissent à la hâte. Arrivés à l'escalier du pavillon de Flore, près de l'aile attenante au Louvre, un bruit confus se fait entendre ; une porte à double battant s'ouvre comme d'elle-même, et les insurgés se voient, à l'entrée de la grande galerie du musée, à dix pas d'un détachement de gardes municipaux sous les armes [1]; à l'autre extrémité

---

[1] Ce détachement se composait de 350 hommes venus des différents postes de Saint-Eustache, de la Halle aux blés, des Petits-Pères, de la

de la galerie un détachement du génie est occupé à former une barricade avec des banquettes.

Les insurgés s'arrêtent brusquement; ils se croient pris dans une embûche. « Nous sommes trahis! » s'écrient-ils, et aussitôt leurs armes s'abaissent; mais le capitaine Dunoyer s'avance entre eux et les gardes municipaux, et, s'adressant au commandant : « Vous êtes tous des braves, lui dit-il; vous pouvez vous défendre, mais à quoi bon? le roi est en fuite. Le peuple vainqueur arrive de toutes parts; aucun de vous n'échappera à sa colère. Laissez là vos armes, fiez-vous à nous, et nous jurons de vous sauver. »

Le maréchal des logis tend la main à Dunoyer, et donne ainsi le signal de la paix; aussitôt les soldats élèvent la crosse de leurs fusils en criant : *A bas Guizot! vivent les enfants de Paris! vive la garde nationale! vive la réforme!* Puis ils déposent leurs armes, jettent à terre leurs équipements et leurs cartouches, et viennent serrer la main des gardes nationaux et des insurgés. Ceux-ci, craignant d'être surpris par l'invasion du peuple, se hâtent de quitter une partie de leurs vêtements pour en couvrir les gardes municipaux; on protége leur retraite à travers la foule en armes, qui déborde déjà dans les salons. On les escorte par petits groupes; on les conduit au poste du pavillon Marsan, que vient de quitter le 52ᵉ de ligne. Là, ils achèvent de se travestir, puis ils sortent isolément, comme ils peuvent [1].

place des Victoires, qu'ils avaient remis à la troupe de ligne après avoir reçu l'ordre de se replier sur les Tuileries, et d'environ 65 hommes venus du Château-d'Eau. Ils étaient commandés par le maréchal des logis Roubieu et par le lieutenant Périn. Un chef de bataillon du génie les avait placés dans la galerie du musée qui communique avec les Tuileries; il avait fait établir avec des banquettes une espèce de barricade; puis, répondant au lieutenant Périn, qui lui demandait la consigne : « Vous vous battrez, s'il le faut, » avait-il dit; après quoi il avait disparu.

[1] Le zèle des insurgés à sauver les gardes municipaux est attesté par ceux-ci avec les expressions de la plus vive reconnaissance, dans une déclaration collective. Le volontaire Lacombe père, qui n'avait pas quitté la colonne de Dunoyer depuis le matin, prend le maréchal des

Le détachement du génie suit leur exemple et va se réunir à un autre détachement de la même arme qui se dispose à partir, ainsi que le 52ᵉ de ligne, et tout ce qui reste encore de troupes dans la cour du château.

Pendant cette retraite, une démonstration politique d'un caractère étrange avait lieu dans la salle des maréchaux. Un homme d'une haute taille, les cheveux en désordre, les joues creuses, le regard flamboyant, les vêtements déchirés, fend la foule; ses longues mains crispées agitent une feuille de papier. Il fait signe qu'il veut parler; il monte sur une banquette, et commence d'une voix épuisée par la fatigue et par l'émotion une lecture qui se perd dans le tumulte. Mais tout d'un coup le silence se fait; on vient de reconnaître l'ami dévoué du peuple, le héros de l'insurrection lyonnaise, le républicain ardent, passionné jusqu'au délire : Charles Lagrange. On se presse autour de lui; on l'écoute avidement. Il lit d'un accent ironique l'acte d'abdication du roi : « Citoyens, s'écrie-t-il en promenant sur son auditoire un regard interrogateur, est-ce là ce qu'il vous faut? La France se courbera-t-elle sous le sceptre d'un enfant, d'une femme? Voulez-vous d'une régence en quenouille? — Non! non! s'écrie la foule; pas de royauté! pas de régence!

« Vous avez raison, mes amis, répond Lagrange; il nous faut une bonne République! » Et il descend de sa banquette aux cris redoublés de *Vive la République!* On l'entoure, on

---

logis Roubicu sous le bras et le conduit dans sa propre maison, où il lui donne l'hospitalité pendant plusieurs jours. Le volontaire Bondaut emmène chez lui le sous-officier Foyel et le garde Denizet. Préau, qui revient de la place du Palais-Royal, conduit deux gardes municipaux chez son patron, le libraire Blosse, où ils restent cachés pendant une semaine. Le sergent Duvillard en escorte deux jusqu'à la rue de l'École-de-Médecine; le lieutenant Périn et un sous-officier, qui marchait avec lui, furent seuls maltraités, ayant été séparés violemment de leur fraternelle escorte par le contre-courant de la foule. On leur arracha leurs épaulettes et on déchira leur uniforme. Ils ne parvinrent qu'à grand'peine chez le concierge du pavillon Marsan, qui les fit évader.

l'étouffe presque dans un transport d'enthousiasme. Suivi de la foule, il se dirige vers la salle du Trône, où le capitaine Dunoyer rallie ses hommes et se prépare à marcher sur la Chambre. Il vient d'arracher un drapeau du faisceau qui décore le trône. Le lieutenant Girard, de la 11ᵉ légion, en a pris un autre qu'il remet au jeune Lebelin, de l'École polytechnique. « A la Chambre! à la Chambre! pas de régence! » s'écrie-t-on.

La colonne s'ébranle; se pressant sur les pas de leur chef, les insurgés abandonnent les Tuileries à la multitude; ils sortent par le guichet du pavillon de Flore, traversent le pont Royal, se dirigent par le quai d'Orsay vers le palais Bourbon[1]; il est environ deux heures.

Pendant que la colonne de Dunoyer sortait d'un côté, une masse considérable de peuple entrait de l'autre dans la cour du château. La place du Carrousel et la cour étaient, depuis dix minutes environ, complètement vides. Les troupes avaient opéré leur retraite. Les gardes nationaux étaient entrés dans le château, ou s'étaient retirés dans l'intérieur des postes. La colonne populaire qui vint prendre possession des Tuileries marchait en bon ordre et sans aucun tumulte. Le maire du deuxième arrondissement, M. Berger, la canne à la main, ceint de l'écharpe tricolore, était en tête de cette espèce de procession armée, mais pacifique. On y voyait des ouvriers en blouse, des gardes nationaux, des soldats de la ligne, des femmes, des enfants qui se donnaient gaiement le bras et semblaient, tout ravis de leur facile victoire, n'avoir d'autre pensée que celle d'une

---

[1] Dans la colonne ralliée ainsi autour du capitaine Dunoyer, se trouvaient le lieutenant Girard et neuf autres gardes nationaux de la 11ᵉ légion; le chasseur Barillet, de la 5ᵉ; des combattants arrivés du Château-d'Eau, parmi lesquels on remarquait un garçon boucher en tablier de service, armé d'un coutelas; un vieillard à barbe blanche, armé d'un sabre antique à la garde duquel on voyait un demi-pain de munition traversé par la lame; les élèves Lebelin et Vial de l'École polytechnique, etc.

fraternité confiante[1]. Cette foule inoffensive se répandit bientôt dans les appartements royaux. A ce moment, M. de Girardin, qui revenait de la place du Palais-Royal et qui ignorait les derniers événements, entrait aux Tuileries. Poussé dans le château par le flot populaire, reconnu et interrogé par des insurgés qui ne savaient pas plus que lui ce qu'était devenue la famille royale, il leur annonce l'abdication de Louis-Philippe et la régence de la duchesse d'Orléans. Cette nouvelle est favorablement accueillie; elle paraît même surpasser l'attente de ceux à qui il la communique. « Est-ce bien vrai? disent-ils, est-ce signé? » M. de Girardin, pour donner plus de crédit à ses paroles, s'assied à une table, et, pendant une heure environ, il écrit et signe près de cinq cents bulletins ainsi conçus :

« Abdication du roi;
« Régence de la duchesse d'Orléans;
« Dissolution de la Chambre;
« Amnistie générale.

« ÉMILE DE GIRARDIN. »

Cependant, au milieu de la foule qui se heurte et se pousse tumultueusement en avant, M. de Girardin aperçoit M. Dumoulin, portant un drapeau tricolore, haranguant à droite et à gauche du geste et de la voix. Il a rallié autour de lui une bande de deux cents hommes environ qu'il va conduire à la Chambre. M. de Girardin se joint à lui, pensant que la présence de cette bande populaire peut favoriser la proclamation de la régence. On se met en marche, on sort par le guichet du pavillon Marsan, on suit la rue de Rivoli. La troupe, qui stationne sur la place de la Concorde, ne fait aucune difficulté pour laisser passer cette petite colonne qui n'est point armée. Arrivé à la grille du palais

---

[1] « Ils vont aux Tuileries, disait un ouvrier à un garde national qui, apercevant de loin cette bande armée, s'inquiétait de lui voir prendre la direction du château; mais ce n'est pas pour faire du mal : *c'est histoire de se promener.* »

législatif, M. Dumoulin fait ranger ses hommes près des voitures de la cour, qui attendent madame la duchesse d'Orléans; il échange quelques paroles avec le général Gourgaud et pénètre seul dans l'enceinte. M. de Girardin y est déjà, et, bien qu'il ne soit plus député, il est allé reprendre son ancienne place auprès de M. de Lamartine.

A partir de ce moment jusqu'à une heure avancée de la nuit, le château de Tuileries est abandonné à la multitude. Elle se répand à flots depuis les caves jusque dans les combles. Éblouie à l'aspect de ces splendeurs, curieuse, étonnée, étourdie de son propre bruit, excitée par sa propre licence, ivre de joie d'abord, de vin ensuite, elle s'y livre à tous les excès, à tous les caprices d'une imagination en délire. Ce château, d'où l'étiquette rigide d'une reine dévote et un veuvage sévère avaient, en ces dernières années, banni toute joie, devient le théâtre d'une immense orgie, d'une saturnale indescriptible.

Pendant que les uns, pour assouvir de sauvages colères, se ruent sur les objets inanimés, brisent les glaces, les lustres, les vases de Sèvres, mettent en pièces les tentures, déchirent, foulent aux pieds, brûlent, au risque d'allumer un effroyable incendie, livres, papiers, lettres et dessins[1],

---

[1] Une certaine méthode préside, pendant les premières heures, à cette dévastation. Dans la salle des maréchaux, le portrait du maréchal Bugeaud est percé de coups de baïonnette et mis en lambeaux; celui du maréchal Soult est fusillé. Les noms effacés sont remplacés par ces mots : *Traîtres à la patrie*. Dans les appartements de madame Adélaïde, une toile représentant Louis-Philippe saignant le courrier Varner est lacérée. Le buste en bronze du roi, dans le salon dit *de famille*, est jeté par les fenêtres, mutilé, et enfin fondu dans un énorme brasier. Les portraits du prince de Joinville, au contraire, sont partout respectés. Dans le cabinet où le roi avait signé son abdication, le portrait du duc de Nemours est très-maltraité; ni le portrait de la reine, ni celui de madame Adélaïde ne sont touchés. Les tapisseries de la reine, ses laines et ses soies à broder, lui ont été restituées intactes, ainsi que le prie-Dieu où elle avait enfermé les linceuls de la princesse Marie et du duc d'Orléans. On se découvrit en entrant dans l'oratoire de Marie-Amélie. Un élève de l'École polytechnique, saisissant le crucifix : « Voici notre maître à tous! » s'écria-t-il; et, suivi d'un grand nombre d'insur-

les autres, en beaucoup plus grand nombre, prennent avec une verve inoffensive le plaisir plus raffiné de la satire en action [1]. Comédiens improvisés, ils imitent, avec une gravité du plus haut comique, les solennités des réceptions officielles. Dans la salle de spectacle, où l'on s'est emparé de tous les instruments de l'orchestre, une infernale cacophonie semble prendre à tâche de rendre sensible à l'oreille déchirée le chaos moral de cette heure révolutionnaire.

D'autres s'installent aux tables de jeu et parient les millions de la liste civile; on remarque deux individus qui, assis à une table d'échecs, la tête appuyée sur leurs mains, les yeux fixés sur l'échiquier dans l'attitude d'une méditation profonde, donnent, au milieu du plus étourdissant fracas, une muette comédie. Les bons mots, les lazzi, volent à travers les coups de feu qui se croisent au hasard [2].

Les enfants se revêtent de robes de chambre en velours, se font des ceintures avec des franges d'or et des torsades de rideaux, des bonnets phrygiens avec des morceaux de tentures. Les femmes font ruisseler dans leurs cheveux les essences parfumées qu'elles trouvent sur les tables des prin-

---

gés, il le porta processionnellement jusqu'à Saint-Roch, où il le remit entre les mains du curé. Les appartements de madame la duchesse d'Orléans ont été complétement préservés; de bons citoyens y avaient improvisé une garde. L'appartement du duc d'Orléans, fermé depuis sa mort, a été laissé religieusement dans l'état où il se trouvait. Les dévastations véritables n'ont été commises que plusieurs heures après la première invasion. Nous les constaterons en temps et lieu.

[1] Dans cette dernière journée, un assez grand nombre de légitimistes avaient encouragé le mouvement insurrectionnel en distribuant aux combattants beaucoup d'armes de luxe. Plusieurs parurent aux barricades. Ils avaient revêtu la blouse et la casquette du prolétaire. On en vit aussi se mêler, plus qu'il n'eût été bienséant à des partisans de la royauté, aux ébats du peuple dans les Tuileries.

[2] « *C'est toi qui es aveugle,* » s'écrie un ouvrier en faisant de son mouchoir un bandeau au buste de Louis-Philippe. « Que fais-tu là, marquis? dit un facétieux à un enfant qui tenait à la main un plan de Neuilly. — Eh! vicomte, j'examine le plan de mes propriétés, » répond celui-ci avec gravité.

cesses. Elles fardent leurs joues, couvrent leurs épaules de dentelles et de fourrures, ornent leurs têtes d'aigrettes, de bijoux, de fleurs ; elles se composent avec un certain goût burlesque des parures extravagantes. L'une d'elles, une pique à la main, le bonnet rouge sur la tête, se place dans le grand vestibule et y demeure, pendant plusieurs heures, immobile, les lèvres closes, l'œil fixe, dans l'attitude d'une statue de la Liberté : c'est une fille de joie. On défile devant elle avec toutes les marques d'un profond respect. Triste image des justices capricieuses du sort : la prostituée est le signe vivant de la dégradation du pauvre et de la corruption du riche. Insultée par lui dans les temps prétendus réguliers, elle a droit à son heure de triomphe dans toutes nos saturnales révolutionnaires. La Maillard travestie en *déesse Raison*, c'est l'ironique symbole de l'honneur populaire outragé, abruti, qui se réveille en sursaut dans l'ivresse et se venge.

Enfin, vers trois heures, le trône, incessamment foulé aux pieds par les insurgés, qui avaient tous voulu y monter à leur tour, est enlevé à bras et descendu par le grand escalier dans le vestibule du pavillon de l'Horloge. On prépare une marche triomphale. Des tambours battent de fantasques roulements. Deux jeunes gens, montés sur de beaux chevaux des écuries royales, prennent la tête du cortége ; le fauteuil est porté sur les épaules de quatre ouvriers, que suit une foule nombreuse. On traverse ainsi le jardin, la place de la Concorde et toute la ligne des boulevards. Une multitude armée de piques au bout desquelles pendent des lambeaux de pourpre, de damas, de brocart, des habits de cour, des livrées, brandissant des baïonnettes et des sabres auxquels sont enfourchés des quartiers de viande, de pain, de lard, des bouteilles vides enlevées aux cuisines et aux caves royales, s'avance en chantant la *Marseillaise*. A chaque barricade, elle fait halte, et le trône, posé sur des assises de pavés, sert de tribune à quelque harangueur populaire. Enfin, parvenu à la Bastille, on le place au pied de la colonne de Juillet; un long roulement de tambour se fait entendre; on apporte quelques branches de bois sec que l'on dispose en bûcher; on y met le feu : une flamme s'élève claire et petillante, qu'entoure aussitôt une ronde joyeuse. La ronde s'agrandit de proche en proche; elle presse son rhythme, elle s'accélère, se précipite, s'étend, se prolonge jusqu'à ce que les derniers vestiges du trône aient disparu dans un monceau de cendres. Alors de grands cris d'allégresse retentissent, au-dessus desquels on entend bientôt des voix énergiques qui rappellent aux combattants le but de la révolution et s'écrient : *A l'Hôtel de Ville! à l'Hôtel de Ville!*

CHAPITRE XIII

Le peuple à la Chambre des députés.

La Chambre des pairs avait été convoquée pour une heure et demie. Une courte discussion sur le procès-verbal occupa les premiers moments de la séance, puis le chancelier se leva, et, d'une voix très-émue, annonça à l'assemblée les événements du dehors : « Messieurs, dit-il, je ne sais que par le *Moniteur* que le ministère précédent n'existe plus et qu'un autre ministère se forme. Je n'ai reçu aucun avis officiel de quoi que ce soit : par conséquent, il n'y a rien dont je puisse entretenir la Chambre. »

Les pairs, humiliés et déconcertés, ne jugèrent point non plus qu'ils eussent quelque chose à faire ; la séance fut suspendue. Pendant cette suspension, le bruit se répandit que madame la duchesse d'Orléans allait venir au Luxembourg avec M. le comte de Paris ; mais, après une longue et inutile attente, le chancelier, ayant invité les pairs à reprendre leurs places, leur fit connaître, en ces termes, qu'ils pouvaient se séparer :

« Nous avions envoyé trois de nos collègues auprès de
« M. le président de la Chambre des députés pour l'infor-
« mer que la Chambre des pairs restait assemblée et atten-
« dait les communications qui pourraient lui être faites.
« Cette mission a été remplie ; mais, d'après le compte dé-

« taillé qui nous a été rendu par nos collègues, il est
« évident que la Chambre des députés n'était plus en séance
« quand ils y sont arrivés. Notre message n'ayant pu, par
« conséquent, avoir aucun résultat, j'ai l'honneur de pro-
« poser à la Chambre de lever la séance. Elle sera informée
« quand une nouvelle réunion pourra avoir lieu.

Ainsi finit, ainsi devait finir cette assemblée sans caractère, sans tradition, sans puissance, cette représentation
factice d'une aristocratie plus factice encore.

Ni le roi ni les ministres n'avaient pensé à la Chambre des
pairs, au moment du danger ; on ne daignait pas la prévenir
des événements accomplis. Il ne vint à l'idée de personne
de lui demander une inspiration politique, un appui légal,
un effort quelconque de courage ou de patriotisme. Ni la
monarchie dans ses dernières convulsions, ni la République
dans ses premières luttes, ne songèrent à cette assemblée
inerte ; personne ne prit la peine de la congédier ; elle s'effaça, elle s'évanouit dans le néant où elle avait végété ; on
ne put pas même dire : *Elle a vécu*[1].

Le spectacle que présentait à la même heure le palais
Bourbon, quoique bien différent, n'était guère moins pitoyable. Depuis midi, une foule de députés, de journalistes,
de personnes étrangères à la Chambre, accouraient de
toutes les parties de la ville, effarés, en proie à des frayeurs
dont le désordre paraissait dans la tenue, dans les propos,
sur les physionomies. Nul ne cherchait à déguiser sa préoccupation personnelle dans la panique générale.

Jamais peut-être, à aucun moment de nos crises révolutionnaires, une pareille hésitation, une perplexité si manifeste, n'avaient trahi, dans les esprits et dans les consciences,
une déroute plus complète. On vit, alors, avec surprise, avec

[1] Les pairs eux-mêmes avaient le sentiment de leur nullité : « Messieurs, la Chambre des députés vient d'être envahie, s'écrie M. Beu-
gnot, en entrant vers dix heures dans la salle du Luxembourg ; nous
allons l'être incessamment. — Mon cher collègue, vous vous flattez. »
lui répond, en souriant, M. de Saint-Priest.

tristesse, combien était devenu petit, en France, le nombre de ces hommes fermes de cœur, pour lesquels le devoir ne saurait jamais être douteux et que le sacrifice trouve tout préparés. Quel que soit le blâme que doive encourir devant l'histoire l'attitude de la Chambre des députés en ce moment décisif, il convient de dire, non pour sa justification, mais pour notre enseignement, qu'elle reflétait l'image trop fidèle de l'état moral auquel les classes supérieures étaient descendues. Vues troublées qui cherchent à reconnaître de quel côté va la fortune pour la suivre, appréhensions de s'attacher à une cause perdue, prudences qui veulent tout ménager, perfidies qui s'observent, habitudes, contractées dans les chocs incessants de nos luttes civiles de confondre le succès avec le droit, l'égoïsme avec la sagesse, la fourberie avec l'habileté, voilà de quels éléments se composait, vers le déclin du règne de Louis-Philippe, l'opinion légalement constituée dans les Chambres; voilà sur quels fondements la dynastie d'Orléans se croyait assez solidement assise pour défier l'ardeur des passions populaires.

L'ouverture de la séance n'avait été indiquée, la veille, que pour trois heures. M. Sauzet n'était pas là. En attendant qu'il vînt, dans la salle des Pas-Perdus, dans la salle des conférences, dans les couloirs, dans les bureaux, dans la tribune des journalistes, on entrait, on sortait, on se communiquait des nouvelles et surtout des suppositions; personne ne connaissait avec exactitude la situation des choses; les bruits les plus contradictoires trouvaient créance. On venait de voir passer M. Odilon Barrot, suivi d'une espèce de cortége; il allait prendre possession du ministère de l'intérieur. On se demandait si Louis-Philippe était encore roi, s'il avait quitté les Tuileries, pour qui se prononçait la garde nationale, si la troupe combattait encore, qui la commandait; on sentait que tout flottait au hasard.

Enfin, pendant que MM. Carnot et Marie se décidaient à aller au château pour éclaircir tous ces doutes, on vit arriver M. Vatout et plusieurs autres personnes de l'intimité de Louis-Philippe, qui, en annonçant l'abdication, groupèrent autour d'elles des députés influents et s'efforcèrent de les amener à soutenir la régence. M. Berryer et M. Lubis, rédacteur en chef d'un journal légitimiste[1], se prononçaient fortement pour cette transaction. On affirmait que le *National* était gagné, qu'un ministère Odilon Barrot et Marrast allait entourer de sa popularité un gouvernement nouveau, exempt de tous les torts dont le peuple accusait Louis-Philippe. « Il y avait bien, disait-on dans ces groupes, un certain nombre de fous qui parlaient de *République*, mais ce n'était pas là une opinion sérieuse. Du moment que la personne du roi et celle de M. le duc de Nemours étaient hors de cause, rien ne serait plus facile que de faire acclamer madame la duchesse d'Orléans et M. le comte de Paris: une jeune femme que la calomnie de l'esprit de parti n'avait jamais osé effleurer, et un enfant préservé, par son âge, de toute participation aux choses, de toute relation avec les hommes que réprouvait l'opinion publique. » Comme on raisonnait de la sorte, M. Thiers accourt hors d'haleine; on l'entoure, on le presse de questions. Il confirme la nouvelle du départ du roi; il ne sait rien de plus; il n'a pas vu madame la duchesse d'Orléans; il n'a pas vu M. Odilon Barrot; il vient de traverser la place de la Concorde. « La troupe, dit-il, n'empêchera pas le peuple de passer; avant dix minutes, la Chambre sera envahie, les députés seront égorgés. *La marée monte, monte, monte,* » ajoute-t-il en élevant son chapeau, comme pour imiter le geste d'un pilote en perdition. Il n'y a plus rien à faire. Et M. Thiers disparaît[2], après avoir ainsi répandu autour de lui la consternation et l'épouvante.

---

[1] *L'Union monarchique.*

[2] MM. Thiers, Duvergier de Hauranne, de Rémusat, Baroche, de Salles, avaient, ainsi que nous l'avons vu, quitté les Tuileries en même temps que Louis-Philippe. M. Thiers, séparé de ses amis à l'entrée de la place de la Concorde et poussé par la foule du côté du pont, hâtant

Presque au même moment, M. Sauzet arrive et prend place au fauteuil [1]. Les tribunes publiques sont vides ; il n'y a personne au banc des ministres. Dans la tribune des journalistes, MM. Gervais (de Caen), Pascal Duprat et quelques autres rédacteurs de la *Réforme*, parlent hautement de république ; M. Marrast s'efforce de leur imposer silence.

M. Laffitte demande que la Chambre se déclare en permanence. Cette motion est adoptée ; mais les députés, de plus en plus troublés par les nouvelles du dehors, ne songent à prendre aucune autre initiative. La séance est suspendue.

Enfin, vers une heure et demie, un officier en uniforme est introduit et vient parler à l'oreille de M. Sauzet. Aussitôt le président annonce avec beaucoup d'embarras à la Chambre que madame la duchesse d'Orléans va assister à la séance. Il fait disposer trois sièges au pied de la tribune. Une agitation extraordinaire se manifeste sur tous les bancs quand on voit entrer dans la salle, par la porte du couloir de gauche, madame la duchesse d'Orléans, tenant par la main le comte de Paris. Le duc de Chartres la précède ; plusieurs aides de camp, des officiers de l'armée et de la

---

le pas, était entré à la Chambre, plutôt pour y chercher un refuge que pour y apporter un avis. Persuadé que l'invasion populaire ne tarderait pas, il ne jugea pas opportun de l'attendre, et pensa à mettre sa personne en sûreté. Un député conservateur, M. Talabot, s'offrit à l'accompagner et le reconduisit par de longs circuits, par le bois de Boulogne et les Batignolles, à travers des groupes populaires menaçants qu'il fallut plusieurs fois haranguer, jusqu'à la place Saint-Georges. M. Thiers y arriva, vers six heures du soir, harassé de fatigue, dans un état de complète prostration physique et morale.

[1] MM. Beaumont (de la Somme), de Mornay, de Polignac et César Bacot, informés par un des sténographes du *Moniteur* que les gardes municipaux qui occupaient la caserne des Minimes, près de la place Royale, venaient de se rendre, et que le peuple, partout mêlé à la garde nationale, s'avançait vers les Tuileries et le palais Bourbon, coururent avertir M. Sauzet. Celui-ci se refusa d'abord à ouvrir la séance. Il fallut le presser vivement pour obtenir qu'il se rendît au palais Bourbon avant l'heure indiquée.

garde nationale, lui servent d'escorte. A la vue de cette femme, de cette mère si noble et si courageuse, un certain attendrissement gagne les cœurs[1]. « *Vive la duchesse d'Orléans! vive le comte de Paris! vive la régente! vive le roi!* » crie-t-on dans les tribunes et sur la plupart des bancs. La duchesse s'incline; son voile à demi relevé découvre ses joues pâles et ses yeux rougis par les larmes. Ses vêtements de deuil ajoutent quelque chose de plus touchant encore à la plaintive majesté de son maintien. Elle parcourt d'un regard inquiet l'assemblée, comme pour y chercher des protecteurs. Hélas! elle vient d'entendre des paroles bien différentes. En traversant la salle des Pas-Perdus, elle a été coudoyée par des républicains accourus pour déjouer ses efforts, et, au moment même où elle entre d'un pas timide dans l'enceinte, un petit groupe d'hommes résolus s'y précipite pour protester, au nom du peuple, contre la royauté de son fils.

MM. Emmanuel Arago, Sarrans, Chaix (de Lyon) et Duméril (de Saint-Omer) arrivaient des bureaux du *National*, où siégeait, depuis neuf heures du matin, un comité composé de délégués de tous les quartiers de Paris et de républicains de toutes les nuances. On avait cherché à s'entendre avec le comité de la *Réforme*. On comprenait qu'il fallait s'unir pour tenir prêt, à tout événement, un gouvernement provisoire; mais la fusion était devenue difficile par suite des rivalités personnelles et de la polémique acerbe des deux journaux pendant ces dernières années[2].

Monté sur une table, M. Louis Blanc prêchait la conciliation, M. Félix Pyat le secondait; d'autres les combattaient; les amis particuliers de M. Marrast repoussaient M. Ledru-

---

[1] « Je suis républicain, disait M. Marrast, dans la tribune des journalistes; mais cette femme, ces enfants, tout cela m'émeut. — En 1830, n'y avait-il pas aussi une femme et un enfant? lui répond un de ses voisins; avez-vous été ému alors? »
[2] Au moment où éclata l'insurrection, M. Ledru-Rollin et M. Marrast étaient sur le point de se battre en duel.

Rollin. Enfin, comme le temps pressait et comme on pouvait craindre que la Chambre des députés, défendue par la troupe, ne prît une résolution énergique, également fâcheuse pour le *National* et pour la *Réforme*, M. Martin (de Strasbourg), qui n'avait cessé d'aller d'un comité à l'autre, dans l'intérêt commun, parvint à faire signer aux deux partis la liste suivante : MM. Arago (François), Dupont (de l'Eure), Ledru-Rollin, Flocon, Louis Blanc, Marie, Garnier-Pagès, Lamartine.

Sur ces entrefaites, la nouvelle positive de l'abdication du roi étant arrivée, M. Arago l'annonça au bataillon de la 2ᵉ légion qui stationnait dans la rue Lepelletier et à la masse populaire qui, depuis le matin, encombrait les abords des bureaux du *National*. « Le roi abdique en faveur de son petit-fils, dit M. Emmanuel Arago haranguant à une fenêtre, mais le peuple victorieux ne doit point accepter cette abdication. Un roi déchu n'a pas le droit de disposer de la souveraineté ; c'est au peuple seul, aujourd'hui, qu'il appartient de prononcer sur son sort ; c'est au peuple à constituer un gouvernement de son choix. » Et, voyant que ses paroles ne soulevaient aucune opposition, M. Arago proposa à l'acclamation populaire un gouvernement provisoire composé des noms qu'on vient de lire. Pendant ce temps, on décidait, dans les bureaux, d'envoyer une délégation à la Chambre des députés, afin d'y appuyer le mouvement révolutionnaire, et, peu d'instants après, MM. Arago, Chaix, Duméril et Sarrans prenaient tous quatre, à pied, le chemin du palais Bourbon.

Arrivés sur le boulevard, à la hauteur de la rue Duphot, ils aperçoivent un cortège composé de gardes nationaux, d'un petit nombre d'ouvriers, d'enfants surtout, qui entourent une voiture de place, et crient *Vive la réforme!* Les délégués s'approchent et reconnaissent dans la voiture, MM. Odilon Barrot, Abattucci, Garnier-Pagès, Degouves-Denuncque ; sur le siége, auprès du cocher, M. Pagnerre, l'éditeur en renom de la presse démocratique. M. Arago s'avance à la portière : « Vous allez à la Chambre? dit-il, en s'adressant à M. Odilon Barrot ; nous y allons aussi. Vous y allez pour faire triompher un gouvernement de coterie ; nous y allons pour faire proclamer la volonté du peuple. » Et, comme il prononce le mot de gouvernement provisoire, MM. Garnier-Pagès et Odilon Barrot lui reprochent son imprudence, sa folie. On se sépare très-animé de part et d'autre. On va tout à l'heure se retrouver en présence, pour le combat décisif.

La place de la Concorde était, comme on sait, occupée par des troupes nombreuses et en bon ordre[1]. Les délégués du *National* ne savaient pas trop comment il leur serait possible de la traverser. M. Arago paya d'audace, et, s'étant fait conduire auprès du général Bedeau, il se nomma, déclara qu'il allait, au nom du peuple de Paris, remplir à la Chambre une mission officielle, et qu'il demandait le libre passage. Le général hésita un moment, puis il consentit à laisser passer les délégués ; ceux-ci touchaient déjà au bout du pont, lorsque accourant au galop : « Monsieur Arago, s'écrie le général, de grâce, faites-moi savoir le plus tôt possible ce qui se passe à la Chambre ; nous ignorons tout ; nous sommes ici sans aucun ordre. Notre situation n'est pas tenable ; j'ai expédié estafette sur estafette aux ministres, mais je n'obtiens pas de réponse. Dites, je vous en supplie, à M. Odilon Barrot ou à M. Thiers qu'il nous envoie des ordres sans tarder. » Arago promit, et passa[2].

Lorsqu'il entra dans la salle des Pas-Perdus, le désordre et le tumulte y étaient au comble. Des groupes animés discutaient avec véhémence des propositions confuses, mais qui, toutes, étaient plus ou moins dans l'intérêt de la régence.

---

[1] Six escadrons de dragons et de hussards, le 12ᵉ régiment d'infanterie de ligne.

[2] Peu d'instants après, M. Léon Faucher et un autre député vinrent exhorter le général Bedeau à défendre la Chambre. « Apportez-moi un ordre du président, répondit le général. Je ne saurais agir sans ordres. »

M. Emmanuel Arago, à qui sa forte stature et sa voix sonore aident à se frayer un chemin à travers la foule, proteste contre les discours incohérents des partisans de la dynastie, et leur jette hardiment le mot de République. A peine l'a-t-il prononcé, qu'il entend battre aux champs et qu'il voit une femme vêtue de deuil qui passe rapidement, presque inaperçue dans la préoccupation générale. C'est la duchesse d'Orléans. Elle va entrer, avec le comte de Paris, dans la salle des séances. Il n'y a plus un moment à perdre. M. Emmanuel Arago et ses amis se précipitent à sa suite; ils arrivent en même temps qu'elle, par la porte opposée, dans l'hémicycle. M. Arago, déjà sur les degrés de l'escalier, veut monter à la tribune; plusieurs députés le retiennent. M. Sauzet essaye de lui imposer silence. Des colloques très-vifs s'engagent. Pendant ce temps, M. Dupin, sur l'invitation de M. Lacrosse, et comme malgré lui, car il comprend que l'intervention d'un familier du château peut compromettre la cause de la régente, a pris la parole. Le duc de Nemours venait d'entrer [1].

« Messieurs, dit M. Dupin, vous connaissez la situation de la capitale, les manifestations qui ont eu lieu. Elles ont eu pour résultat l'abdication de S. M. Louis-Philippe, qui a déclaré, en même temps, qu'il déposait le pouvoir et qu'il le laissait à la libre transmission sur la tête du comte de Paris, avec la régence de madame la duchesse d'Orléans. »

Des acclamations nombreuses interrompent cette déclaration solennelle, dont la présence du duc de Nemours confirme l'authenticité. Nous avons vu pourtant que Louis-Philippe, fidèle jusqu'à la fin au respect de la loi, avait résisté à toutes les insinuations, aux instances les plus

---

[1] Au pont de la Concorde, on conseillait au duc de Nemours de rester en dehors du palais Bourbon, à la tête des troupes. « Hélène court des dangers, dit-il, je vais avec elle. » Pendant tout le temps que dura cette régence éphémère, le duc de Nemours, sans songer un seul instant à lui-même, se préoccupa de sa belle-sœur et de ses deux neveux, avec une courageuse sollicitude.

pressantes, et n'avait rien statué quant à la régence. Le nom de madame la duchesse d'Orléans, substitué à celui de M. le duc de Nemours, était un acte illégal, une usurpation de pouvoir inspirée aux amis de la dynastie, à MM. Dupin, de Girardin, Crémieux, Odilon Barrot, par l'impérieuse nécessité des circonstances. Le duc de Nemours, il faut le dire à sa louange, non-seulement n'avait opposé aucune résistance à une telle violation de ses droits, mais avait voulu accomplir son sacrifice en personne, sanctionner de sa présence la décision de la Chambre, qui l'allait dépouiller, et partager, avec la femme de son frère, les dangers d'une telle entreprise.

Les acclamations qui viennent d'accueillir le nom de madame la duchesse d'Orléans enhardissent M. Dupin; il demande qu'elles soient constatées au procès-verbal. « Messieurs, dit-il, vos acclamations, si précieuses pour le nouveau roi et pour madame la régente, ne sont pas les premières qui l'aient saluée ; elle a traversé, à pied, les Tuileries et la place de la Concorde, escortée par le peuple, par la garde nationale, exprimant ce vœu, comme il est au fond de son cœur, de n'administrer qu'avec le sentiment profond de l'intérêt public, du vœu national, de la gloire et de la prospérité de la France. Je demande, en attendant que l'acte d'abdication, qui nous sera remis probablement par M. Barrot, nous soit parvenu, que la Chambre fasse inscrire au procès-verbal les acclamations qui ont accompagné et salué ici, dans cette enceinte, M. le comte de Paris, comme roi de France, et madame la duchesse d'Orléans comme régente, sous la garantie du vœu national.

— Messieurs, dit le président, il me semble que la Chambre, par ses acclamations unanimes... »

Des protestations éclatent, à ces mots, sur les bancs de la gauche et de la droite, et surtout parmi la foule qui se presse au pied de la tribune. Madame la duchesse d'Orléans et ses enfants sont poussés, heurtés, par cette foule qui ne les voit pas ou qui ne veut pas les voir [1]. De sa place, M. de Lamartine demande au président de suspendre la séance, par respect pour la représentation nationale et pour l'auguste princesse présente dans l'enceinte. Cette proposition, bien que voilée de respect, était tout à fait contraire aux intérêts de la régence; elle était même inconstitutionnelle, car rien n'était plus naturel et même plus nécessaire que la présence du nouveau roi au sein de la représentation nationale qui devait sanctionner son avénement. Cependant le président, méconnaissant complétement la situation et même la légalité, annonce que la Chambre va suspendre la séance, jusqu'à ce que madame la duchesse d'Orléans et le nouveau roi se soient retirés.

Alors, M. le duc de Nemours et quelques députés engagent la princesse à sortir; mais elle s'y refuse. Son instinct maternel l'avertit. Son cœur a plus de fermeté que le cœur de tous les hommes qui l'entourent. Elle reste debout, à sa place, tenant toujours ses enfants par la main, résistant à la pression insupportable de la foule. Elle comprend que, si elle quitte la Chambre, la cause de son fils est perdue. Le général Oudinot prend la parole pour soutenir le droit de madame la duchesse d'Orléans. « Si la princesse désire se retirer, dit-il, que les issues lui soient ouvertes. Si elle demande à rester dans cette enceinte, qu'elle reste, et elle aura raison, car elle sera protégée par notre dévouement [2]. »

Cependant M. Marie est monté à la tribune, mais il n'ob-

[1] A ce moment, M. d'Houdetot, voyant le comte de Paris très-pâle, demande pour lui un verre d'eau à l'un des huissiers. « Cet enfant est ému, dit-il. — Je n'ai pas peur, dit aussitôt le petit prince, qui l'avait entendu; je vous remercie, monsieur. » Et il refusa obstinément de boire.

[2] Après avoir prononcé ces quelques mots, le général descendit dans la cour du palais Bourbon, et, haranguant les gardes nationaux qui s'y trouvaient, il les exhorta à protéger une femme, un enfant.... Ses paroles furent accueillies avec une froideur extrême. Pendant qu'il s'efforçait à ranimer un zèle éteint, la Chambre était envahie et la princesse en fuite.

tient pas le silence. « Que toutes les personnes étrangères à la Chambre, dit le président, se retirent. » C'était, sous cette forme plus générale, une injonction nouvelle à la duchesse d'Orléans de quitter l'enceinte. Cédant aux invitations qu'on lui adresse de toutes parts, elle monte par l'escalier du centre, mais elle ne peut se décider encore à sortir et s'assied sur les gradins supérieurs avec ses fils; le duc de Nemours se tient toujours auprès d'elle et prend des notes au crayon. MM. Dupin, de Girardin, quelques officiers de la maison du comte de Paris et quelques gardes nationaux, formant devant la princesse un demi-cercle, la dérobent aux regards. « M. Barrot! où est M. Barrot? » s'écrie-t-on de toutes parts. On le cherche, on l'attend avec anxiété. On semble croire qu'il peut seul imprimer une impulsion décisive à cette agitation confuse. Enfin le ministre de la régence paraît dans la salle. Tous les yeux se tournent vers lui; on l'environne; on lui crie de monter à la tribune. Le moment est solennel.

M. Barrot venait à la Chambre le cœur encore rempli d'illusions. Après avoir été au ministère de l'intérieur, où il s'était occupé, de concert avec MM. Malleville, Bixio, Pagnerre, de prendre quelques mesures d'ordre; après avoir fait jouer le télégraphe pour annoncer aux départements l'abdication du roi et la régence [1]; après avoir envoyé, par le colonel de Courtais, aux troupes de la place de la Concorde, l'ordre de ne pas tirer sur le peuple, il était allé, avec M. Biesta, à la rencontre de madame la duchesse d'Orléans; mais, ne l'ayant pas trouvée, il s'était rendu en toute hâte à la Chambre. Là, au moment d'entrer dans la salle des délibérations, M. Emmanuel Arago et quelques députés, qui épiaient son arrivée, l'avaient entraîné dans un bureau [2], où une vive discussion s'était en-

---

[1] Voir aux *Documents historiques*, à la fin du volume, n° 6
[2] Ce bureau avait été mis à la disposition de M. Arago, sur ordre exprès de M. Sauzet, qui ne paraissait pas se rendre un compte bien net de la situation.

gagée sur la nécessité de nommer un gouvernement provisoire. M. Barrot combattit avec force cette proposition, et, bien que M. Arago lui offrît de faire ajouter son nom sur la liste adoptée dans les bureaux du *National*, il déclara qu'il ne consentirait à rien de semblable. « Tous les pouvoirs sont concentrés dans mes mains, répétait toujours M. Barrot; je ne saurais admettre aucune autre combinaison ni servir aucune autre cause que celle de la régence. » Ce fut après s'être ainsi prononcé qu'il entra dans la salle des délibérations. M. Marie occupait encore la tribune. Au nom de la loi qui déférait la régence au duc de Nemours, il protestait contre toute décision précipitée, et demandait la nomination d'un gouvernement provisoire. « Quand ce gouvernement aura été constitué, disait M. Marie, il avisera; il pourra aviser concurremment avec les Chambres, et il aura autorité dans le pays. Ce parti pris à l'instant même, le faire connaître dans Paris, c'est le seul moyen d'y rétablir la tranquillité. Il ne faut pas, en un pareil moment, perdre son temps en vains discours. Je demande que sur-le-champ un gouvernement provisoire soit organisé. »

La proposition d'un gouvernement provisoire est accueillie par des bravos partis de la tribune des journalistes. M. Crémieux s'empresse alors de l'appuyer. « En 1830, dit-il, nous nous sommes trop hâtés, et nous voici forcés de recommencer en 1848. Nous ne voulons pas, messieurs, nous hâter en 1848; nous voulons procéder régulièrement, légalement, fortement. Nommons un gouvernement provisoire; qu'il soit juste, ferme, vigoureux, ami du pays, auquel il puisse parler pour lui faire comprendre que, s'il a des droits que tous nous saurons lui donner, il a aussi des devoirs qu'il doit savoir remplir. Je demande l'institution d'un gouvernement provisoire composé de cinq membres. »

Au milieu de l'agitation qui suit cette proposition, M. de Genoude élève la voix pour demander l'appel au peuple.

« Vous ne pouvez faire ni un gouvernement provisoire ni une régence! s'écrie ce courageux champion de la légitimité et du suffrage universel; il faut que la nation soit convoquée. Il n'y a rien sans le consentement du peuple. C'est comme en 1830; vous ne l'avez pas appelé. Voyez ce qui vous arrive : ce sera la même chose, et vous verrez les plus grands malheurs surgir de ce que vous ferez aujourd'hui. »

A ce moment, M. Barrot se dispose à monter à la tribune. « M. Barrot! M. Barrot! laissez parlez M. Barrot! » s'écrie-t-on. Un profond silence succède au tumulte. M. Barrot, ému, mais resté maître de son émotion, prend la parole. Il trace succinctement un tableau de la situation qui est écouté avec faveur. « La couronne de Juillet repose sur la tête *d'un enfant et d'une femme,* » dit-il avec un accent solennel.

Les centres applaudissent, madame la duchesse d'Orléans se lève et salue l'assemblée. Elle tient à la main un papier que lui a remis M. Crémieux; elle l'agite et s'efforce de faire comprendre au président qu'elle désire prendre la parole. « Montez à la tribune, madame, » lui dit M. de Girardin. M. le duc de Nemours la retient. Intimidée, hésitante, la duchesse d'Orléans rassemble cependant tout son courage et veut essayer de parler. « Messieurs, dit-elle d'une voix étouffée, mon fils et moi nous sommes venus ici... » C'est à peine si le groupe le plus voisin entend ces paroles. Le bruit qui se fait autour de la tribune et les personnes debout qui cachent la princesse ne permettent à M. Odilon Barrot et à M. Sauzet de rien voir ni de rien entendre. La duchesse d'Orléans découragée se rassied. Une telle lutte est trop violente pour ses forces physiques, trop inattendue pour son esprit délicat, qui n'a eu ni l'occasion de s'exercer à l'autorité, ni le temps de se préparer à un rôle politique.

M. Odilon Barrot, qui se croit encore maître des événements, est toujours à la tribune. Il parle de *liberté poli-*

tique, d'*union*, d'*ordre*, de *circonstances difficiles*. Interrompu par M. de la Rochejacquelein, il promène sur les bancs de la droite et de la gauche un regard courroucé. « Est-ce que par hasard, dit-il avec une certaine hauteur, on prétendrait remettre en question ce que nous avons décidé par la révolution de Juillet?... » Et il continue avec un étonnant sang-froid; il se prononce au nom des intérêts du pays, au nom de la vraie liberté, pour la régence.

Alors, M. de la Rochejacquelein, qui n'a pas cessé, pendant tout le discours de M. Odilon Barrot, de donner des signes d'impatience, s'élance à la tribune. « Nul plus que moi, s'écrie-t-il, ne respecte ce qu'il y a de beau dans certaines situations. Je répondrai à M. Odilon Barrot que je n'ai pas la folle prétention de venir élever ici des prétentions contraires : non; mais je crois que M. Barrot n'a pas servi, comme il aurait voulu les servir, les intérêts pour lesquels il est monté à cette tribune. Messieurs, continue M. de la Rochejacquelein, qui veut reprendre habilement la proposition de M. de Genoude, dont il partage l'espérance secrète, il appartient peut-être bien à ceux qui, dans le passé, ont toujours servi les rois, de parler maintenant du pays, du peuple. *Aujourd'hui, vous n'êtes rien ici...* »

De vives protestations lui coupent la parole. « Nous ne pouvons accepter cela! » s'écrie M. de Mornay. « Je vous rappelle à l'ordre, » dit le président. M. de la Rochejacquelein, resté à la tribune, explique sa pensée : « Je dis que vous n'êtes rien comme Chambre... »

Au même instant, et comme pour confirmer ces paroles, un bruit extraordinaire retentit dans les couloirs extérieurs; on frappe à coups de crosse de fusil contre la porte située à gauche de la tribune; la porte cède sous la pression d'une foule d'hommes armés qui se précipitent dans la salle aux cris de : « *Vive la liberté! à bas le juste milieu! à bas la régence!* » C'est la colonne du capitaine Dunoyer, grossie, sur la route, d'un nombre considérable d'hommes du peuple, d'étudiants et de gardes nationaux décidés à empêcher à tout prix la régence et à proclamer la République.

Après avoir franchi les quais au pas de course, les insurgés sont arrivés jusqu'à la grille du palais Bourbon, faisant face au pont de la Concorde. Deux mille hommes de troupe sous les armes gardent la Chambre.

« Vous n'entrerez pas! s'écrie le général Gourgaud; la Chambre délibère; vous y porteriez le désordre : il faut que la Chambre soit respectée. — Nos pères ont franchi vingt fois les portes de l'Assemblée nationale, répond le chasseur Cochet; nous entrerons bien une fois dans la Chambre des corrompus. » Et la colonne s'apprête à forcer le passage. « Attendez, du moins, reprend le général avec fermeté, attendez que nous sachions ce qui se fait à la Chambre. Je vais y aller, et je vous donne ma parole que je reviendrai immédiatement vous dire sur quoi l'on délibère. » On attend, en effet, quelques instants, mais bientôt, les insurgés, impatientés de ne pas voir reparaître le général Gourgaud, escaladent, en dépit des sentinelles, le mur latéral à la grille, montent en courant le péristyle, et cherchent à pénétrer dans l'enceinte.

A ce moment, le général sort du palais et vient à leur rencontre; son émotion est extrême. On lit sur son visage un découragement profond. Par respect pour un vieux militaire, les insurgés s'arrêtent, reculent; ils redescendent le perron et font silence. « M. Crémieux est à la tribune, dit le général. Il combat la proposition d'une régence. M. Marie va venir lui-même vous l'annoncer. C'est un ami du peuple; attendez-le.

— Général, s'écrie Dunoyer, les amis du peuple sont rares à la Chambre. La majorité va étouffer leur voix; au nom de la France, général, ne nous arrêtez pas ici! » Disant cela, il donne à sa colonne le signal d'avancer, et se précipite à sa tête, par la petite porte de la grille à droite. La troupe qui stationne çà et là, l'arme au pied, ne reçoit pas d'ordres et reste neutre. La garde nationale de service, sous le commandement du chef de bataillon Ramond de la Croisette, n'essaye aucune résistance.

En vain, M. Emmanuel Arago, qui retourne au bureau du *National*[1] pour y rendre compte de sa mission, essaye de calmer l'ardeur des insurgés; en vain, M. Marie, averti de l'invasion, vient à leur rencontre et veut les arrêter sur le seuil; ils n'écoutent pas; repoussant, culbutant les huissiers de service, ils se pressent dans les couloirs, enfoncent la porte, escaladent les bancs. Le capitaine Dunoyer s'élance à la tribune; il appuie fortement sur le marbre la hampe de son drapeau, et, brandissant son sabre au-dessus de sa tête, il s'écrie d'une voix tonnante, qui domine un moment le tumulte : « Il n'y a plus ici d'autre autorité que celle de la garde nationale, représentée par moi, et celle du peuple, représentée par 40,000 hommes armés qui cernent cette enceinte. »

A ce spectacle, à ce langage inouï, les députés épouvantés refluent confusément vers les gradins supérieurs. Le président, pâle et défait, agite sa sonnette d'une main tremblante. Au pied de la tribune, immobile, les bras croisés sur sa poitrine, le visage calme, les yeux levés vers le ciel comme un martyr, M. Odilon Barrot semble attendre que le délire de cette multitude se dissipe de lui-même. M. Ledru-Rollin est à la droite du capitaine Dunoyer; son regard interroge la foule. Il épie l'instant où il deviendra possible de la dominer du geste et de la voix. M. de Lamartine, debout sur les marches de l'escalier, promène sur l'assemblée un œil scrutateur.

« Monsieur le président, couvrez-vous! c'est affreux! c'est infâme! s'écrie M. de Mornay; il n'y a plus de liberté, nous

---

[1] En traversant la place de la Concorde, M. Arago, fidèle à sa promesse, alla informer le général Bedeau de ce qui venait de se passer à la Chambre. « Le peuple ne veut plus ni royauté, ni régence, lui dit-il; on va proclamer un gouvernement provisoire. Ce gouvernement aura besoin de l'armée pour maintenir l'ordre dans Paris, peut-on compter sur vous? — J'appartiens à mon pays, répondit le général. On peut compter sur mon dévouement à la France. »

sommes envahis par une horde de brigands! » Le geste expressif d'un ouvrier le contraint au silence.

M. de la Rochejacquelein, au milieu des insurgés, sourit d'un air de triomphe, et, s'adressant à M. Dunoyer : « Nous allons droit à la République, lui dit-il. — Quel mal y a-t-il à cela? répond Dunoyer. — Aucun, reprend la Rochejacquelein. Tant pis pour *eux*, ils ne l'auront pas volé! » C'est la pensée intime des légitimistes qui se trahit par cette locution vulgaire échappée à M. de la Rochejacquelein ; c'est la joie de leur vengeance qui brille dans son sourire. Cependant cette invasion, où l'on voyait un si grand nombre de gens bien vêtus, de gardes nationaux, d'élèves de l'École polytechnique, ces drapeaux tout neufs et ornés de franges d'or avaient paru suspects dans la tribune des journalistes. Les républicains crurent un moment à une scène jouée en faveur de la régente : « *Ce n'est pas là le vrai peuple*, s'écrie M. Gervais (de Caen). Je vais, moi, chercher le vrai peuple. » Et il s'élance hors de la tribune.

Le désordre allait croissant ; c'était une lutte de cris, de gestes, de menaces. On se disputait à coups de poings la tribune. Enfin, une personne étrangère à la Chambre, M. Chevalier, ancien rédacteur de la *Bibliothèque historique*, parvenant à s'y maintenir quelques minutes, prononce d'une voix retentissante ces paroles : « La seule chose, messieurs, que vous ayez à faire, c'est de nous donner un gouvernement à l'instant même. Il faut que le comte de Paris soit porté sur le pavois aux Chambres. — Il est ici ! » dit une voix. Les regards se tournent vers le sommet de l'amphithéâtre et cherchent madame la duchesse d'Orléans. « *Plus de Bourbon! vive la République!* » crient les insurgés. La tribune et les escaliers qui y conduisent sont obstrués par plusieurs orateurs qui parlent à la fois. On y voit MM. Dumoulin, Crémieux, Ledru-Rollin, Lamartine. Le capitaine Dunoyer agite son drapeau au-dessus de leurs têtes. « Au nom du peuple, s'écrie M. Ledru-Rollin d'un accent impérieux, je vous demande le silence. — Au nom de Ledru-

Rollin, silence ! » répond une voix dans la foule. Un peu de calme s'établit à ce nom populaire. « Messieurs, reprend Ledru-Rollin, au nom du peuple en armes et maître de Paris, quoi qu'on fasse, je viens protester contre l'espèce de gouvernement qu'on est venu proposer à cette tribune. » Puis il établit historiquement, en citant l'une après l'autre les dates importantes de nos révolutions successives, 1789, 1791, 1815, 1830, 1842, le devoir pour les bons citoyens de ne pas laisser acclamer d'une façon usurpatrice la régence [1]. Concluez, pressez la question, nous connaissons l'histoire, » dit M. Berryer.

Ledru-Rollin continue ses développements. « Mais concluez donc, reprend Berryer : *un gouvernement provisoire !* — Je demande donc, ajoute l'orateur, pour me résumer, un gouvernement provisoire, non pas nommé par la Chambre, mais par le peuple. Un gouvernement provisoire et un appel immédiat à une Convention, qui régularise les droits du peuple. » Cette conclusion est saluée de bravos frénétiques.

M. de Lamartine, qui n'a pas quitté la tribune, s'avance, à son tour, pour prendre la parole.

Les amis de la princesse reprennent quelque espoir. Il y avait lieu de penser, en effet, que M. de Lamartine allait se prononcer pour la régence. Dans la discussion de 1842, il avait éloquemment soutenu les droits de la duchesse d'Orléans. On ne l'avait point vu cette année aux banquets radicaux. Sa nature aristocratique devait lui rendre odieuses les violences populaires. Son ambition, d'accord avec les idées qu'il avait défendues pendant tout le cours de sa carrière

---

[1] On a prétendu que ces longueurs de M. Ledru-Rollin étaient calculées, qu'il était convenu, dans la matinée, avec MM. Caussidière et Lagrange, qu'une colonne populaire envahirait la Chambre *à deux heures moins un quart*, et que M. Ledru-Rollin, l'œil sur le cadran, n'avait d'autre but, en gardant la parole, que de gagner du temps. Mais cette assertion, qui n'est, d'ailleurs, appuyée d'aucune preuve, me paraît dénuée de tout fondement.

politique, n'était-elle pas intéressée à repousser un gouvernement né de l'insurrection, une république jacobine? A la vérité, dans son *Histoire des Girondins*, M. de Lamartine avait glorifié la Montagne et Robespierre; mais, dans le même ouvrage, que de larmes pour Marie-Antoinette! que de sympathie pour les belles et nobles victimes de la Révolution! Poëte, homme de sentiment et d'imagination, que n'avait pas dû produire sur lui ce tableau pathétique d'une royale et suppliante maternité, aux prises avec l'emportement d'un peuple aux bras nus, conduit par des chefs subalternes?

Sans aucun doute, le chantre des *Méditations* allait toucher les cœurs, émouvoir les esprits, courber sous le sceptre magique d'une femme la révolution subjuguée : voilà ce que pensaient tout bas les partisans de la régence.

Il n'en fut pas ainsi. Lamartine obéit à une inspiration plus virile. Il avait vu de près, dans ces derniers temps, l'aveuglement du parti conservateur et la pusillanimité de l'opposition dynastique. Depuis vingt-quatre heures, il observait d'un œil attentif les expédients d'une royauté aux abois, l'insuffisance des hommes qui gouvernaient encore, l'énergie et l'audace des chefs républicains; il crut sentir que l'heure approchait d'un gouvernement plus sincère et plus fort, appuyé sur l'amour et la confiance du peuple.

Dès le début de la session, les radicaux avaient sondé les dispositions de M. de Lamartine, mais avec des précautions infinies; il n'ignorait pas, toutefois, que, depuis la publication de l'*Histoire des Girondins*, le parti démocratique, en cas de victoire, ne pouvait lui refuser une part considérable dans le gouvernement des affaires. Le combat des trois jours engagé, on s'était ouvert davantage. En apprenant, le mercredi, à minuit, la catastrophe du ministère des affaires étrangères : « C'est un 20 juin pour demain, s'était écrié M. de Lamartine, qui avait toujours présentes à l'esprit les grandes scènes dont il s'était fait le rapsode; après-demain nous aurons un 10 août. » Le jeudi matin, il fut informé par M. Bocage, célèbre comédien, et par le libraire Hetzel, tous deux engagés dans le parti radical, qu'on préparait une invasion des Tuileries et de la Chambre, et que l'on songeait à établir un gouvernement provisoire dont, selon toute vraisemblance, il serait appelé à faire partie. La démoralisation de la troupe rendait certain aux yeux de M. de Lamartine le succès de cette tentative; il promit son concours, et bientôt une troupe d'insurgés, que M. Bocage informa de ses dispositions favorables, vint sous ses fenêtres lui faire une espèce d'ovation anticipée. En allant à pied au palais Bourbon, il rencontra, sur sa route, le triomphe ridicule de M. Odilon Barrot, et s'affermit dans ses secrètes pensées.

Arrivé sous le vestibule, il fut entouré par un petit groupe de républicains, parmi lesquels il reconnut MM. Marrast, Bastide, Hetzel, Bocage. On l'emmena dans un bureau pour lui exposer la situation. On délibéra quelques instants dans l'hypothèse de la régence ou de la république, et l'on finit par convenir que le meilleur moyen de trancher les difficultés et d'écarter les périls de la crise où l'on était engagé, c'était de faire proclamer à la Chambre un gouvernement provisoire. M. de Lamartine assura de nouveau que l'on pouvait compter sur lui; puis il entra dans la salle des séances, et se confirma dans son dessein en voyant la contenance abattue et le trouble profond des partisans de la dynastie.

Enfin, le moment venu de monter à la tribune, M. de Lamartine parla ainsi : « Messieurs, je partage aussi profondément que qui que ce soit parmi vous le double sentiment qui a agité tout à l'heure cette enceinte, en voyant un des spectacles les plus touchants que puissent présenter les annales humaines, celui d'une princesse auguste se défendant avec son fils innocent, et venant se jeter du milieu d'un palais désert au milieu de la représentation du peuple. »

Ces paroles soulèvent une tempête. « On n'a pas entendu, répétez, répétez! » s'écrie-t-on dans la foule. De violents murmures éclatent dans les groupes populaires les plus rapprochés, qui croient que M. de Lamartine va conclure en faveur de la régence. Un vieillard à longue barbe blanche, un sabre nu à la main, debout au pied de la tribune, attache sur lui un regard fixe et menaçant. On entend au dehors une sourde rumeur.

« Je demande, reprend l'orateur, qui s'aperçoit de l'effet produit par l'ambiguïté de ses paroles, à répéter ma phrase. » Puis il continue en ces termes, fréquemment interrompu par des applaudissements : « Je demande à répéter ma phrase, et je vous prie d'attendre celle qui va la suivre. Je disais, messieurs, que j'avais partagé aussi profondément que qui que ce soit dans cette enceinte le double sentiment qui l'avait agitée tout à l'heure. Et ici je ne fais aucune distinction, car le moment n'en veut pas, entre la représentation nationale et la représentation des citoyens de tout le peuple; et, de plus, c'est le moment de l'égalité, et cette égalité ne servira, j'en suis sûr, qu'à faire reconnaître la hiérarchie de la mission que des hommes spéciaux ont reçue de leur pays pour donner non pas l'abaissement, mais le premier signal du rétablissement de la concorde et de la paix publiques.

« Mais, messieurs, si je partage cette émotion qu'inspire ce spectacle attendrissant des plus grandes catastrophes humaines, si je partage le respect qui vous anime tous, à quelque opinion que vous apparteniez dans cette enceinte, je n'ai pas partagé moins vivement le respect pour ce peuple glorieux qui combat depuis trois jours pour redresser un gouvernement perfide et pour rétablir sur une base désormais inébranlable l'empire de l'ordre et l'empire de la liberté.

« Mais, messieurs, je ne me fais pas l'illusion qu'on se faisait tout à l'heure, à cette tribune; je ne me figure pas qu'une acclamation spontanée, arrachée à une émotion et à un sentiment publics, puisse constituer un droit solide et inébranlable et un gouvernement de trente-cinq millions d'hommes. Je sais que ce qu'une acclamation proclame, une autre acclamation peut l'emporter, et, quel que soit le gouvernement qu'il plaise à la sagesse et aux intérêts de ce pays de se donner dans la crise où nous sommes, il importe au peuple, à toutes les classes de la population, à ceux qui ont versé quelques gouttes de leur sang dans cette lutte, de cimenter un gouvernement populaire solide, inébranlable enfin.

« Eh bien, messieurs, comment faire? comment le trouver parmi ces éléments flottants, dans cette tempête où nous sommes tous emportés, et où une vague vient surmonter à l'instant même la vague qui vous a emportés jusque dans cette enceinte? Comment trouver cette base inébranlable? En descendant dans le fond même du pays, en allant extraire, pour ainsi dire, ce grand mystère du droit national d'où sort tout ordre, toute vérité, toute liberté. C'est pour cela que, loin d'avoir recours à ces subterfuges, à ces surprises, à ces émotions, dont un pays, vous le voyez, se repent tôt ou tard, lorsque ces fictions viennent à s'évanouir en ne laissant rien de solide, de permanent, de véritablement populaire et d'inébranlable sous les pas du pays, c'est pour cela que je viens appuyer de toutes mes forces la double demande que j'aurais faite le premier, à cette tribune, si on m'avait laissé monter au commencement de la séance, la demande d'abord d'un gouvernement, je le reconnais, de nécessité, d'ordre public, de circonstance, d'un gouvernement qui étanche le sang qui coule, d'un gouvernement qui arrête la guerre civile entre les citoyens, d'un gouvernement qui suspende ce malentendu terrible qui existe depuis quelques années entre les différentes classes de citoyens, et qui, en nous empêchant de nous reconnaître pour un seul peuple, nous empêche de nous aimer et de nous embrasser.

« Je demande donc que l'on constitue à l'instant, du droit de la paix publique, du droit du sang qui coule, du droit du peuple qui peut être affamé du glorieux travail qu'il accomplit depuis trois jours, je demande que l'on constitue un gouvernement provisoire.

— A la bonne heure! » dit le vieillard, dont la physionomie farouche s'adoucit soudain. Et il remet son sabre au fourreau.

« Ce gouvernement provisoire, reprend M. de Lamartine, aura pour mission, selon moi, pour première et grande mission, 1° d'établir la trêve indispensable et la paix publique entre les citoyens; 2° de préparer à l'instant les mesures nécessaires pour convoquer le pays tout entier et pour le consulter, pour consulter la garde nationale tout entière, le pays tout entier, tout ce qui porte dans son titre d'homme les droits du citoyen.

« Un dernier mot. Les pouvoirs qui se sont succédé depuis cinquante ans... » Il n'achève pas. Des coups de feu retentissent dans les couloirs. La rumeur entendue au dehors a été toujours croissant. Elle gronde comme une mer en furie. La porte d'une tribune publique de l'étage supérieur est enfoncée. Une bande armée de piques et de coutelas, l'œil hagard, la lèvre convulsive, s'y rue aux cris : *A bas la Chambre! à bas les corrompus!* Un misérable se penche sur le bord de la tribune, et, d'une main mal assurée, en criant : *Mort à Guizot!* il ajuste Lamartine. Le capitaine Dunoyer le couvre de son corps. « On vous mire, dit-il. — Il vise mal, répond Lamartine sans s'émouvoir, et, d'ailleurs, s'il me tue, je meurs à ma place. »

Un brave citoyen, le sergent Duvillard, apercevant la carabine braquée sur la tribune, la relève vivement. Cependant l'effroi a saisi les députés. Ils se précipitent vers les issues. La duchesse d'Orléans et ses enfants sont entraînés dans cette fuite. Des ouvriers, des gardes nationaux, des étudiants, prennent place sur les bancs dégarnis. Le bruit redouble. « Président des corrompus, va-t'en! » s'écrie un insurgé en enlevant le chapeau de M. Sauzet, qui disparaît aussitôt. Une vingtaine de députés de la gauche restent seuls à leur poste.

Promenant sur la foule un regard impassible, M. de Lamartine est toujours à la tribune. Elle est assiégée; on se pousse, on se culbute sur l'escalier. Du sein de ce chaos on entend répéter : « Un gouvernement provisoire! un gouvernement provisoire[1]! » Quelques jeunes gens s'approchent de M. Dupont (de l'Eure) et l'invitent à présider. M. Carnot le conduit au fauteuil; des bravos éclatent. On demande à grands cris les noms du gouvernement provisoire; plusieurs listes sont apportées; l'une vient du *National*, l'autre de la *Réforme*; d'autres sont improvisées sur place.

M. Dupont (de l'Eure) essaye de lire une liste, mais sa voix est trop faible, on ne l'entend pas. « Au nom du peuple, silence! s'écrie le capitaine Dunoyer, laissez parler M. de Lamartine.

— Pas de Bourbons, plus de corrompus! vive la République! » Ces cris, poussés à la fois dans toutes les directions couvrent la voix retentissante de M. de Lamartine. Après des efforts inouïs, il parvient cependant à se faire écouter : « Messieurs, dit-il, la proposition qui a été faite, que je suis venu soutenir, et que vous avez consacrée par vos acclamations à cette tribune, elle est accomplie. Un gouvernement provisoire va être proclamé nominativement. »

Profitant d'un moment de silence, M. Dupont (de l'Eure) prononce les noms suivants, que répètent à haute voix les sténographes : Arago, Lamartine, Dupont (de l'Eure), Marie, Crémieux. Ces deux derniers noms sont contestés. « La République! la République! Il faut qu'on sache que nous voulons la République! Allons à l'Hôtel de Ville! Il faut conduire le gouvernement provisoire à l'Hôtel de Ville! » Ces exclamations interrompent la lecture.

« Nous voulons un gouvernement sage, modéré, pas

---

[1] Parmi les plus animés dans ces groupes tumultueux, on remarquait M. Alexandre Dumas, en uniforme de garde national; MM. Bocage; Sarda, depuis gouverneur de l'île de la Réunion; Laviron, tué au siège de Rome, etc.

de sang ; mais la République ! dit une voix dans la foule.

— A l'Hôtel de Ville, Lamartine en tête ! » s'écrie M. Bocage.

Un groupe nombreux se presse autour de M. de Lamartine et l'emmène. On discute vivement, dans plusieurs autres groupes, des noms proposés pour le gouvernement provisoire. On entend répéter les noms de MM. Odilon Barrot, Marrast, Bastide, Thiers.

M. Ledru-Rollin, qui n'a pas quitté la tribune, demande et obtient un moment d'attention.

« Dans des circonstances comme celles où nous sommes, dit-il, ce que tous les citoyens doivent faire, c'est d'accorder silence et de prêter attention aux hommes qui veulent se constituer leurs représentants. En conséquence, écoutez-moi.

« Nous allons faire quelque chose de grave. Il y a eu des réclamations tout à l'heure. Un gouvernement provisoire ne peut pas se nommer d'une façon légère. Voulez-vous me permettre de vous lire les noms qui semblent proclamés par la majorité ?

« A mesure que je lirai les noms, suivant qu'ils vous conviendront ou qu'ils ne vous conviendront pas, vous crierez *oui* ou *non*; et, pour faire quelque chose d'officiel, je prie MM. les sténographes du *Moniteur* de prendre note des noms, parce que nous ne pouvons présenter à la France des noms qui n'auraient pas été approuvés par vous.

— Parlez ! parlez ! » lui crie-t-on.

Et, reprenant la liste déjà proposée par M. de Lamartine, M. Ledru-Rollin lit, aux acclamations de la foule, les noms suivants :

Dupont (de l'Eure);

Arago ;

Lamartine ;

Ledru-Rollin.

Les protestations recommencent contre les noms de Garnier-Pagès, Crémieux et Marie. En entendant le nom de Garnier-Pagès : « *Il est mort, le bon !* dit naïvement un homme du peuple.

— Crémieux, mais pas Garnier-Pagès ! dit un autre.

— Que ceux qui ne veulent pas lèvent la main, » dit Ledru-Rollin.

Les clameurs et la confusion redoublent.

« Messieurs, reprend Ledru-Rollin, le gouvernement provisoire qui vient d'être nommé a de grands devoirs à remplir. On va être obligé de lever la séance pour se rendre au sein du gouvernement et prendre toutes les mesures nécessaires pour que l'effusion du sang cesse, afin que les droits du peuple soient consacrés.

— *Vive la République ! vive Ledru-Rollin ! Ne nous laissons pas tromper comme en* 1830 ! *A l'Hôtel de Ville !* » s'écrie-t-on. Et M. Ledru-Rollin quitte la salle, entouré d'un bruyant cortège. MM. Dupont (de l'Eure), Crémieux, Marie, l'ont quittée déjà.

Un jeune homme monte à la tribune et s'écrie : « Plus de royauté ! plus de liste civile ! » A ce moment, un ouvrier ayant attiré l'attention sur le tableau qui représente la prestation de serment de Louis-Philippe à la Chambre de 1830 : « Déchirons-le ! détruisons-le ! à bas les traîtres ! s'écrie-t-on. — Attendez, je vais le fusiller, » dit un homme du peuple armé d'un fusil double : deux coups de feu éclatent à ces paroles et les balles vont frapper le portrait de Louis-Philippe, au milieu du grand cordon de la Légion d'honneur. Alors, un brave ouvrier s'élance à la tribune, et d'un ton ferme, avec un accent d'autorité qui impose : « Respect aux monuments ! dit-il, respect aux propriétés ! Pourquoi détruire ? pourquoi tirer des coups de fusil sur ces tableaux ? Nous avons montré qu'il ne faut pas malmener le peuple ; montrons maintenant que le peuple sait honorer sa victoire. »

D'unanimes applaudissements répondent à cet appel. On s'empresse autour de l'ouvrier. On lui serre la main. On lui demande son nom. Il déclare se nommer Théodore Six, ouvrier tapissier.

Cependant, renonçant à dévaster la salle, la foule se disperse; l'enceinte de la Chambre des députés est bientôt complétement évacuée. Il est un peu plus de quatre heures. L'Hôtel de Ville est désormais le centre unique où vont aboutir, pour se combattre avec acharnement, tous les principes, tous les intérêts, toutes les passions révolutionnaires.

CHAPITRE XIV

Le peuple à l'Hôtel de Ville.

Au bruit des crosses de fusil frappant à coups redoublés les portes des tribunes, à la vue de ces hommes ivres ou furieux, qui brandissaient, en poussant des cris menaçants, des piques, des baïonnettes, des coutelas, des sabres dont quelques-uns étaient ensanglantés, l'assemblée tout entière s'était levée comme en sursaut[1]. Les députés s'étaient précipités pêle-mêle, en franchissant les gradins supérieurs de l'amphithéâtre, vers les issues. La duchesse d'Orléans fut, comme je l'ai dit, emportée par ce mouvement. Le petit duc de Chartres, saisi de frayeur, se cramponnait à la main de sa mère; un huissier enleva dans ses bras le comte de Paris. Quelques amis les suivirent. On se

---

[1] Cette seconde invasion de la Chambre des députés fut faite par une bande de 60 hommes environ qui venaient des Tuileries. Beaucoup d'entre eux avaient séjourné dans les caves assez de temps pour y laisser leur raison. La plupart s'étaient emparés des équipements quittés à la hâte par les gardes municipaux; d'autres avaient mis à contribution la garde-robe des princes et des princesses. Le sergent Duvillard, qui s'était mis à la tête de ces insensés, pour tâcher de les contenir, parvint au bout de peu d'instants à les entraîner hors de la salle en leur proposant de marcher sur l'École militaire, et, avant tout, d'aller rejoindre une *déesse de la liberté* qu'ils avaient laissée sur le quai d'Orsay, où, montée sur un cheval de garde municipal, elle haranguait les dragons qui occupaient encore le pont de la Concorde.

glissa en toute hâte le long du couloir circulaire qu'occupaient d'habitude les pairs de France, et l'on sortit par la petite porte située à l'extrémité du côté gauche de la salle. Là, dans un corridor étroit et sombre, la princesse, heurtée, pressée, presque écrasée contre la muraille par un flux et un reflux d'envahisseurs et de fuyards, fut séparée de ses enfants et jetée tout éperdue au bas de l'escalier.

Plusieurs minutes s'écoulèrent sans qu'on parvint à la dégager. A demi évanouie, elle se laissa entraîner, à travers la salle des Pas-Perdus, jusqu'à la seconde salle d'attente, où la foule n'avait pas pénétré encore; mais on ne lui laissa pas le temps de respirer, et il lui fallut aussitôt, car on craignait pour ses jours, reprendre sa course, sans s'arrêter, par les couloirs qui communiquent avec l'hôtel de la présidence. Arrivée là, quand elle se vit seule hors de péril, la pauvre mère faillit perdre tout son courage; elle appelait ses enfants à grands cris; elle voulait retourner sur ses pas, les chercher, les arracher à la foule ou mourir avec eux. Si l'incertitude se fût prolongée, sa raison n'eût pas résisté, peut-être, à ces inexprimables angoisses.

Par bonheur, au bout de quelques instants, le comte de Paris lui fut rendu, et elle apprit avec certitude que le duc de Chartres était en sûreté. Tous deux avaient couru des dangers. Le comte de Paris était tombé sur les dernières marches de l'escalier, et peu s'en fallut que, dans l'obscurité du couloir, il ne fût foulé aux pieds. Un officier de sa maison, reconnaissant sa voix enfantine, l'avait saisi, emporté dans ses bras, et, l'ayant fait passer à travers une fenêtre basse qui ouvre sur le jardin de la présidence, il le ramenait à sa mère[1]. Au même moment, le duc de Chartres, arraché des mains d'un insurgé par le frère d'un

---

[1] En traversant le jardin, le petit prince, déjà remis de sa frayeur, et tout à la curiosité de son âge et de son rang, disait à l'officier qui le portait : « Mais n'est-ce pas, monsieur, qu'on ne m'empêchera pas d'être roi? »

huissier de la Chambre, M. Lipmann, était caché dans les combles du palais. Afin de le mieux déguiser, on lui mettait la robe d'une petite fille du concierge [1]. Vers huit heures du soir, MM. d'Elchingen et d'Houdetot allèrent le prendre pour le conduire chez madame de Mornay, qui demeurait dans le voisinage du palais Bourbon.

C'est à peine si madame la duchesse d'Orléans put un moment se livrer à la joie de retrouver l'un de ses enfants et de savoir l'autre sain et sauf [2]; MM. de Mornay et Jules de Lasteyrie, ne la jugeant pas en sûreté à l'hôtel de la présidence, la décidèrent à chercher un refuge à l'hôtel des Invalides. Elle s'y rendit dans une voiture de place, et M. le duc de Nemours, qui avait changé de vêtements dans un bureau de la Chambre [3], ne tarda pas à la rejoindre.

Le maréchal Molitor reçut comme il le devait ses hôtes royaux, sans dissimuler, toutefois, qu'il ne pouvait répondre de rien, dans le cas où la retraite de la princesse viendrait à être découverte par le peuple. Depuis ce moment jusqu'à six heures du soir, l'hôtel des Invalides vit éclore et s'évanouir bien des dévouements, bien des intrigues. Il se forma autour de la princesse une espèce de conseil. Des

---

[1] On avait voulu lui mettre la blouse d'un enfant d'ouvrier qui se trouvait là; mais le duc de Chartres s'y refusa obstinément, parce que cette blouse était déchirée.

[2] Toutes les personnes qui firent preuve d'intérêt pour les petits princes reçurent de généreuses marques de souvenir. Madame la duchesse d'Orléans envoya à M. Lipmann une épingle en diamant. La mère du petit garçon dont le duc de Chartres avait refusé la blouse reçut une chaîne en or. A quelque temps de là, M. Bastide, ministre des affaires étrangères de la République, témoignait aussi à M. Lipmann une sorte de gratitude en le nommant courrier de cabinet.

[3] Dans sa préoccupation, le duc de Nemours ne s'était pas aperçu qu'en changeant de costume il avait gardé sur sa tête le chapeau d'uniforme. Une personne qui se trouvait derrière lui au moment où il sortait du palais Bourbon le lui enleva brusquement et lui mit à la place un chapeau rond. Quand le prince se retourna, la personne avait disparu; mais il était évident, d'après la qualité du chapeau échangé, qu'elle n'appartenait point à la classe aisée.

communications s'établirent avec le ministère de l'intérieur, où M. Odilon Barrot, entretenu dans ses illusions et secondé par MM. Garnier-Pagès, de Malleville, Gustave de Beaumont, Bixio, Pagnerre, rêvait encore le triomphe de l'opposition dynastique. Des personnages d'opinions bien diverses vinrent, pendant cet intervalle, faire acte d'adhésion à la régence et promettre un concours actif à l'Hôtel de Ville. « Si le parti de la *Réforme* ne l'emportait pas sur l'heure, disaient quelques républicains de la rédaction du *National*, la régence, fortement appuyée par eux, serait infailliblement proclamée avant la fin du jour par les députés, par la garde nationale, par la population tout entière rendue à elle-même après un premier moment de surprise. »

Pendant que madame la duchesse d'Orléans écoutait d'une oreille incrédule ces assurances d'un zèle bien récent, et montrait, par sa résolution à rester dans Paris, que, du moins, on ne pourrait pas accuser sa faiblesse si le succès ne répondait point à l'attente [1], le gouvernement provisoire nommé à la Chambre s'acheminait vers la place de Grève, où le peuple, maître sans coup férir de l'Hôtel de Ville, inaugurait à sa manière le gouvernement républicain.

Sorti le premier du palais Bourbon, M. de Lamartine, après avoir attendu quelques instants ses nouveaux collègues, avait pris la tête du cortége. M. Bastide et un officier de la première légion, le capitaine Saint-Amant, lui donnaient le bras. Le capitaine Dunoyer, entouré de sa petite escorte, et portant le drapeau tricolore, qu'il avait maintenu pendant toute la séance à la tribune des orateurs, le suivait. MM. Laverdant et Cantagrel, rédacteurs de la *Démocratie pacifique*, quelques élèves des écoles et quelques gardes nationaux, se pressaient autour de lui. A peu de dis-

---

[1] « Il faut qu'un roi, même un roi de neuf ans, sache mourir debout, » disait cette noble mère à ceux qui insistaient trop vivement pour qu'elle mît la vie de son fils en sûreté.

tance, venait M. Dupont (de l'Eure), que son grand âge empêchait de marcher, et que l'on avait fait monter dans un cabriolet de place [1]. M. Crémieux ne tarda pas à le rejoindre. On s'avance ainsi, quatre de front, précédés de deux tambours, par le quai d'Orsay, dans la direction de l'Hôtel de Ville.

Le cortége n'était pas considérable; il se composait de six cents personnes au plus. La foule, qu'attirait la curiosité, et qui questionnait sur les événements accomplis, tout en se découvrant, et en criant, à l'instar des insurgés : *Vive Lamartine! vive Dupont (de l'Eure*[2]*)! vive le gouvernement provisoire!* ne donnait pas non plus l'idée d'une force capable de résister à la moindre attaque. Et cette attaque, tout la rendait probable. Les régiments, dont on apercevait encore des escadrons et des bataillons défiler en bon ordre de l'autre côté de la Seine; les forts au pouvoir de la royauté; le maréchal Bugeaud et les jeunes princes brûlant, sans doute, de prendre une prompte revanche sur le peuple; la garde nationale reconnaissant enfin qu'elle avait été jouée par les républicains et se rangeant autour de la régente; les pairs et les députés réunis à ses côtés et reconstituant en un clin d'œil la représentation constitutionnelle : c'étaient là des perspectives peu rassurantes pour les chefs politiques que l'insurrection venait de se donner. M. de Lamartine, tout en marchant résolûment vers l'Hôtel de Ville, songeait à ces éventualités imminentes. Les scènes

---

[1] Son fils, en uniforme de garde national, était avec lui. Au sortir de la Chambre, M. de Larochejacquelein avait offert sa voiture ; mais elle ne fut point acceptée.

[2] « Qui est celui-là? » demandait un homme du peuple à une personne qui marchait à côté de la voiture de M. Dupont (de l'Eure). Et lorsqu'on l'eut nommé : « Ah! c'est vous qui êtes l'honnête Dupont (de l'Eure)! » s'écria naïvement l'ouvrier en montant sur le marchepied pour lui tendre la main. Et le vieillard ému, promenant sur la foule des regards pleins d'appréhensions, répétait d'une voix affaiblie par l'âge : « Pas de guerre civile, mes enfants, surtout pas de guerre civile! »

néfastes de la première Révolution lui revenaient en mémoire; il était las, brisé par la lutte; mais il n'en conservait pas moins cette parfaite liberté d'esprit, cet à-propos du geste et de la parole qui étonne et subjugue toujours les multitudes. Un mot heureux dans sa simplicité vint distraire les préoccupations du trajet. Ce mot, accueilli avec enthousiasme et répété de bouche en bouche, fut le signal et comme l'inauguration d'une popularité prodigieuse qui, bientôt consacrée par une élection de quinze cent mille suffrages, fit du court passage d'un poëte au pouvoir quelque chose d'inouï, d'inexprimable, une espèce de dictature idéale plus semblable au rêve qu'à la réalité, et qui tient du roman plus que de l'histoire.

Comme on touchait à la caserne du quai d'Orsay, où le 8ᵉ régiment de dragons rentrait à peine, quelques soldats, entendant les cris de *Vive le gouvernement provisoire!* appellent aux armes. M. de Lamartine redoute une collision; il frémit en pensant à la catastrophe du boulevard des Capucines; et, s'approchant de la grille fermée derrière laquelle la troupe regarde avec défiance, il se plaint à haute voix d'une soif extrême, et demande à boire aux dragons. L'un d'eux court chercher une bouteille; le vin est versé; M. de Lamartine prend le verre; mais, avant de le porter à ses lèvres, il l'élève de sa main droite, et, promenant un regard calme et doux sur la foule agitée : « Mes amis, dit-il, voici le banquet. » C'était rappeler et célébrer en deux mots l'origine et la fin de la lutte, le droit contesté et reconquis; la liberté vengée. Un cri passionné de *Vive Lamartine!* répond à ce toast. Soldats et peuple fraternisent; le danger est conjuré. On se remet en marche.

La colonne traverse la Seine par le pont Neuf et arrive au quai de la Mégisserie, où des barricades élevées de vingt pas en vingt pas obstruent le passage. M. Crémieux, qu'on avait fait monter en voiture, met pied à terre, ainsi que M. Dupont (de l'Eure), qu'on est obligé de soulever à chaque instant pour l'aider à franchir les pavés amoncelés.

L'aspect du quai est triste. De longues traînées de sang, des débris d'équipement, des cadavres de chevaux gisant par terre, des brancards sur lesquels on emporte des morts et des blessés, tout atteste de récents combats. La foule aussi devient plus serrée et plus houleuse à mesure qu'on approche de la place de Grève. Une jeune femme, étrangement affublée du casque et des buffleteries d'un garde municipal, sort d'un groupe et vient embrasser le capitaine Dunoyer en criant : « *Vive la République !* » Elle veut aussi donner l'accolade à M. de Lamartine ; mais celui-ci, lui montrant du geste les blessés qui passent, l'engage par quelques paroles sévères à quitter les combattants pour les victimes.

Quand le cortége déboucha à l'angle du quai, la place de Grève présentait un spectacle indéfinissable. Jonchée de cadavres de chevaux, de tronçons d'armes, d'équipements ensanglantés ; hérissée de piques et de baïonnettes, parmi lesquelles flottaient les étendards de l'insurrection victorieuse, elle semblait, sous la brume d'un jour pluvieux qui noyait dans le vague toutes les formes et tous les contours, s'étendre indéfiniment pour embrasser dans son sein les flots toujours croissants du peuple. Quatre pièces de canon abandonnées par la troupe gardaient, chargées à mitraille, l'entrée de la Maison commune, au-dessous de la figure en bronze du roi Henri. L'atmosphère était imprégnée d'une excitante odeur de poudre. Au-dessus du bruissement confus de la multitude, on entendait le glas monotone et solennel du bourdon dans les tours de Notre-Dame. A toutes les croisées, à tous les balcons, sur le rebord des toits, des combattants, agitant des drapeaux, haranguaient le peuple et lui jetaient des noms qui se perdaient dans l'espace. Un seul cri vibrant et passionné sortait distinct de tous ces cœurs émus, de toutes ces bouches frémissantes, pour s'élever vers le ciel : LA RÉPUBLIQUE !

Quand la foule, exaltée, enivrée, toute palpitante encore de son triomphe, aperçut tout à coup, se dirigeant vers l'Hôtel de Ville, un cortége précédé du drapeau tricolore et qui, disait-on, venait de la Chambre des députés pour prendre possession du gouvernement, elle entra en défiance. « On nous trompe ! on nous trahit ! c'est comme en 1830 ! » murmurait-on dans les groupes armés où dominaient les sectionnaires, les combattants de 1832 et de 1834, les membres des sociétés secrètes. Le moindre signe eût suffi pour que le peuple, ainsi sur ses gardes, s'opposât au passage du cortége suspect. Il fallut que des hommes intrépides et robustes fissent, en quelque sorte, l'office de pionniers pour frayer au gouvernement provisoire un chemin à travers cette masse impénétrable, qui le regardait d'un œil soupçonneux. Mais, au nom de Dupont (de l'Eure), répété par quelques insurgés, les têtes se découvrent. Les plus voisins, apercevant ce vieillard qui se soutenait à peine, sont émus. On se range pour lui faire place. A la faveur de ce mouvement, les autres membres du gouvernement provisoire, séparés les uns des autres par les oscillations de la foule, parviennent jusqu'à la porte du centre. Le flot les pousse ; ils franchissent, sans trop savoir comment, ce passage étroit où fourmillaient des milliers d'hommes, et se trouvent dans l'intérieur de l'Hôtel de Ville.

Un tumulte sans nom faisait trembler les murs du vieil édifice. Au bruit des coups de feu que les combattants déchargeaient en signe de joie dans les corridors, des chevaux abandonnés par la garde municipale bondissaient, effarés, hennissants, sur la poudre qui jonchait le sol, et d'où leurs piétinements tiraient l'étincelle. Tout à côté, sur la paille, gémissaient des blessés, des mourants. Le cliquetis des armes qui s'entre-choquaient dans l'effort de la foule pour monter ou descendre les escaliers, l'éclat des vitres brisées sur les dalles, les imprécations, les rires convulsifs, renvoyés par mille échos sous ces voûtes sonores, assourdissaient l'oreille et jetaient dans tous les sens un trouble qui tenait du vertige[1].

[1] Il est à remarquer qu'aucune dévastation d'aucun genre n'eut

Après avoir longtemps flotté à la merci de tous ces courants, tantôt poussés l'un vers l'autre, tantôt séparés par la vague populaire, MM. de Lamartine et Dupont (de l'Eure) parvinrent au premier étage. MM. Ledru-Rollin, Crémieux, Marie, y arrivaient aussi peu après et de la même façon ; mais, poussés, portés, jetés dans un labyrinthe de salles, de galeries, de vestibules, d'escaliers, de couloirs inconnus où s'engouffrait une multitude fiévreuse, inquiète, qui ne voulait rien entendre, ils errent pendant plus d'une heure, livrés isolément à leurs inspirations, haranguant sans s'être concertés, et parlant, un peu au hasard, de calme, de concorde, de dévouement au peuple, de gouvernement national. Chacun d'eux trouvait sur son chemin quelque orateur populaire qui, le pistolet au côté ou le sabre au poing, debout sur un banc, sur une table, sur une console, proclamait, selon son bon plaisir, un gouvernement quelconque. Il y eut bien certainement plus de cinquante noms acclamés à la fois, pendant ces premières heures, dans les différentes parties de l'Hôtel de Ville. Les hommes les plus étrangers, les plus antipathiques les uns aux autres, se voyaient rapprochés par la passion révolutionnaire ou par les calculs de la politique.

Ici, c'étaient les chefs des sociétés secrètes, les anciens détenus, les conspirateurs, les combattants des barricades, auxquels on décernait la dictature. Là, quelques émissaires du parti bonapartiste prononçaient le nom du prince Louis; plus loin, on nommait M. de Lamennais [1]. Ailleurs, M. de la

---

lieu pendant cette longue invasion populaire dans les salles de l'Hôtel de Ville. Pas un objet de valeur ne disparut. Un buste colossal de Louis-Philippe fut seul en butte à de mauvais traitements. Au moment même où la première colonne d'insurgés parut sur la place de Grève, M. Flottard, secrétaire de la municipalité, craignant que l'ivresse ne portât ces hommes déjà si exaltés à de fâcheux excès, eut l'heureuse idée de faire défoncer les tonneaux qui remplissaient les caves de l'Hôtel de Ville.

[1] Le nom de M. de Lamennais avait déjà été prononcé à la Chambre; mais, comme depuis plusieurs années il était resté à l'écart, étranger aux luttes du journalisme, son nom ne trouva que peu d'écho.

Rochejacquelein, dont la forte stature, la chevelure touffue, la voix sonore et le visage épanoui appelaient les regards, ravissait la foule, qui ignorait son nom, par la violence de ses diatribes contre la dynastie d'Orléans [2].

Dans la salle du trône, une assemblée permanente et tumultuaire discutait les motions et rendait les décrets les plus extravagants.

Dans la salle du conseil municipal, les partisans du comte de Paris essayaient, mais sans aucun succès, de ramener les esprits à l'idée de régence. C'est dans cette salle que le peuple avait fait son premier acte de souveraineté. Voici ce qui s'y était passé depuis le matin.

On se rappelle que le général Sébastiani avait été chargé par le maréchal Bugeaud de la défense de l'Hôtel de Ville. Le général Tallandier et le colonel Garraube l'assistaient; la 9e légion, sous les ordres du colonel Boutarel, était rangée le long des murs du palais, dans l'intérieur des grilles. Les dispositions de la garde nationale étaient, là comme partout, très-indécises. Loin d'animer la troupe, elle lui communiquait son hésitation. Les mesures prises par le général Sébastiani avaient, d'ailleurs, par leur résultat fâcheux, fort ébranlé la confiance du soldat. Au lieu de laisser la troupe massée autour de l'Hôtel de Ville, le général avait envoyé dans toutes les directions des détachements trop faibles pour tenir tête à l'émeute. Le peuple, bien avisé, les laissait s'engager sans combat dans les rues étroites; mais à peine étaient-ils passés, qu'on élevait sur leurs derrières des barricades qui rendaient la retraite impossible. Pris de la sorte dans d'étroits défilés d'où ils recevaient, sans pouvoir le rendre, le feu de maisons de cinq ou six étages, les soldats, tout à la fois menacés et

---

[1] A force de haranguer et de flatter les rancunes populaires, M. de la Rochejacquelein allait peut-être se faire proclamer membre du gouvernement provisoire, lorsqu'un autre orateur, M. Dussart, escaladant une console, prit la parole avec vivacité et tira la foule de son erreur en lui nommant le député légitimiste.

exhortés par le peuple à fraterniser, se laissaient désarmer. Aucun des détachements envoyés par le général Sébastiani ne revint; et l'émeute, avançant résolûment sur tous les points, triomphait sans presque avoir combattu.

La nouvelle de l'abdication du roi fut un dernier coup porté à la constance du général Sébastiani. Seul, à pied, couvert d'un ample manteau, il quittait l'Hôtel de Ville, quand ses officiers lui demandèrent quels étaient ses ordres : « Ce qu'il y a de plus prudent à faire, leur dit-il, c'est de se retirer le plus promptement possible. » Les troupes abandonnèrent alors la place après avoir, pour la plupart, livré leurs armes au peuple, qui se précipita par la porte d'Henri IV dans l'intérieur de l'Hôtel de Ville. Soixante-deux hommes de la garde municipale s'étaient réfugiés dans une cour sans issue. Résignés à une mort certaine, ils avaient déposé leurs armes; silencieux, immobiles, ils attendaient les premiers coups d'un ennemi qu'ils croyaient sans pitié. Mais un homme de cœur était là, qui se dévoue à leur salut. M. Flottard, l'un des administrateurs de la municipalité[1], s'avance à la rencontre des insurgés; détachant de sa poitrine la croix de Juillet, il la montre à la foule et s'écrie : « Au nom du peuple vainqueur, écoutez un vétéran de la liberté! plus de sang! plus de vengeance! grâce aux prisonniers! — Grâce aux prisonniers! répond une voix parmi la foule; la vengeance du peuple, c'est la clémence! — Il n'y a que les Autrichiens qui tuent les prisonniers, » dit une autre voix. Voyant que ses paroles ont trouvé de l'écho, M. Flottard s'enhardit; sa grande et forte stature, une ressemblance lointaine avec le poëte populaire, Béranger, le servent; il se tourne vers les gardes municipaux, et, tenant sa croix suspendue sur le front incliné du maréchal des logis : « Soldats, dit-il, passez sous cet insigne glorieux, et vous ne verrez plus devant vous que des amis, que des frères. »

[1] M. Flottard était, depuis 1830, attaché à l'administration du département de la Seine.

Les gardes municipaux passent un à un sous la croix; la colère du peuple s'est évanouie; elle a fait place à la compassion; c'est à qui, parmi ces combattants républicains, aidera, protégera, recueillera dans sa demeure les soldats de la monarchie.

M. de Rambuteau avait quitté son poste quelques instants avant l'irruption du peuple. Comme M. Flottard lui proposait de convoquer d'urgence le conseil municipal, un homme en uniforme de garde national entrait, et, demandant M. de Rambuteau, il lui déclarait qu'il venait au nom du peuple le destituer de ses fonctions et prendre sa place. Il ajoutait à cette sommation la demande étrange que M. de Rambuteau le fît reconnaître par les fonctionnaires présents et par le conseil municipal qui allait se rassembler. M. de Rambuteau déclina sa compétence, mais il ne contesta point les pouvoirs de son successeur et lui céda la place. Le nouveau préfet était un lieutenant de la huitième légion, fabricant de vignettes pour les confiseurs; il se nommait M. Jourdan. MM. Say, Journet, Thierry et Flottard, fonctionnaires de l'Hôtel de Ville, décidèrent entre eux de convoquer le conseil municipal. Ils se rendirent dans la salle des délibérations, qui était déjà envahie par la foule. Une douzaine d'élèves de l'École polytechnique, qui se trouvaient là, rédigèrent à la hâte et portèrent aussitôt les lettres de convocation. Malgré les prétentions de M. Jourdan, qui voulait absolument présider, et qui occupait déjà le fauteuil, le docteur Thierry y fut installé par les gardes nationaux et les élèves de l'École polytechnique, qui se groupèrent autour de lui pour le protéger. M. Jourdan jugea prudent de se retirer. MM. Recurt et Flottard prirent place auprès du docteur Thierry, et, après s'être un instant concertés, ces messieurs déclarèrent la séance ouverte. Un certain calme s'établit aussitôt dans l'auditoire et l'on put commencer à délibérer. Plusieurs propositions furent faites coup sur coup. M. Delestre ayant proposé de se constituer en comité de sûreté générale, on perdit un temps précieux à discuter l'opportunité de cette mesure. Une grande partie des membres du conseil, fort mal à l'aise au milieu du peuple en armes qui affluait de plus en plus dans la salle, épouvantés surtout de la rumeur qu'on entendait sur la place et qui s'approchait, élevèrent des scrupules sur la légalité de leur convocation. Au bout de quelques instants on s'aperçut qu'ils avaient disparu. M. Jourdan s'était aussi laissé éconduire par quelques gardes nationaux; il ne resta bientôt plus à leur poste que MM. Say, Recurt, Flottard, le docteur Thierry et deux ou trois autres.

En ce moment, un petit groupe fait effort pour pénétrer dans la salle : « Place ! place ! » s'écrie M. Thierry, qui vient de reconnaître MM. Garnier-Pagès, Gustave de Beaumont et de Malleville. Ces messieurs arrivaient du ministère de l'intérieur. S'étant approchés du docteur Thierry, ils lui font connaître à voix basse la situation.

Cependant le peuple, qui s'impatiente de ces lenteurs, commence à s'agiter et à murmurer. Un des combattants, monté sur une console, prend la parole; c'est un homme de haute taille, d'un très-beau visage, dont la longue barbe rousse tombe jusqu'au milieu de la poitrine, et qui porte en bandoulière, sur son paletot, un fusil de munition; il fait avec une certaine éloquence un tableau rapide et accusateur du règne de Louis-Philippe; il conclut en demandant le jugement immédiat du roi et sa condamnation à mort. A ces mots, un sentiment de répulsion se manifeste dans l'auditoire; le docteur Thierry se lève et proteste avec une grande énergie de paroles, de ton et de geste : « Pas de sang ! s'écrie-t-il; ne déshonorons pas la victoire du peuple ! plus d'échafauds ! plus de victimes ! J'ai passé vingt années au chevet des mourants; je sais ce que vaut la vie de l'homme. Au nom de l'humanité, au nom de la philosophie, au nom de la révolution, je demande l'abolition de la peine de mort ! » Quelques murmures grondent çà et là, mais un immense applaudissement de ce peuple généreux les couvre aussitôt. L'orateur terroriste est déconcerté; il essaye en balbutiant d'expliquer et d'atténuer sa motion : des huées et des sifflets le forcent au silence.

M. Flottard propose aux assistants d'élire à la place du conseil déchu un pouvoir municipal populaire et de rétablir la mairie de Paris. Cette proposition est bien accueillie. On procède avec régularité à l'élection. Le peuple accepte, en levant la main, par épreuve et contre-épreuve, la nomination de M. Garnier-Pagès à la mairie de Paris. M. Garnier-Pagès, après avoir remercié ses concitoyens et demandé le respect pour l'autorité qui vient de lui être remise, propose à son tour d'élire, comme adjoints à la mairie, MM. de Malleville et de Beaumont; mais ce dernier décline, en son nom et au nom de son collègue, l'honneur qu'on veut leur faire, ne se sentant pas, dit-il, en possession d'une assez grande popularité pour apporter au pouvoir municipal la force nécessaire. Sur la proposition de M. Flottard, MM. Guinard et Recurt sont élus; les députés dynastiques, comprenant qu'ils n'ont plus rien à faire dans ce mouvement, profitent du tumulte et s'esquivent.

Le maire de Paris et ses adjoints quittent presque aussitôt la salle, et, guidés par M. Flottard, ils vont se réfugier dans une pièce retirée où le peuple n'a point pénétré encore. Pendant qu'ils sortent d'un côté, M. Charles Lagrange entre de l'autre. Il se nomme au peuple; il lui annonce l'arrivée d'un comité provisoire élu dans les bureaux de la *Réforme*. Il demande qu'on évacue la salle, afin que le nouveau gouvernement puisse plus librement délibérer. Comme il parlait encore, on aperçoit sur le seuil, dominant la foule de sa haute taille, le visage fortement coloré, le front en sueur, M. Ledru-Rollin. Un retentissant *vivat!* salue son entrée. On lui fait place, on le conduit au bureau, on l'invite à prendre la parole. Il commence alors un récit animé des événements qui viennent de s'accomplir au palais Bourbon. De fréquents bravos l'interrompent; mais, lorsqu'il raconte l'élection d'un gouvernement provisoire, les physionomies se rembrunissent ; l'idée d'un pouvoir issu de la Chambre des corrompus excite les soupçons du peuple. On entoure M. Ledru-Rollin, on l'assaille de questions, on exige de lui une profession de foi républicaine et l'assurance qu'il n'entend tenir ses pouvoirs que du suffrage populaire, que la foule réunie à l'hôtel de Ville prétend exclusivement représenter. Personne, à ce moment, ne pouvait songer à discuter ses prétentions.

A peine a-t-on achevé de s'expliquer, que la porte de la salle s'ouvre et que l'on voit s'avancer péniblement, à travers l'auditoire agité, M. Dupont (de l'Eure), s'appuyant d'un côté sur un député de son département, M. Legendre, de l'autre, sur une femme âgée, attachée à son service, qui le protége du geste et de la voix contre la pression de la foule. Il prend place au bureau. Peu d'instants après, M. de Lamartine, qui n'a pas cessé de haranguer de salle en salle, de signer des proclamations[1], des feuilles volantes, sur lesquelles on lui faisait écrire : *Vive la République!* vient le rejoindre. On demande à M. Dupont (de l'Eure) de proclamer les noms des élus du peuple; mais la chaleur est si suffocante, l'air si épais, le bruit si étourdissant dans cette salle, où la foule afflue et s'entasse incessamment depuis quelques heures, que le vieillard se trouve mal. Il faut l'emporter. M. de Lamartine, pour occuper les esprits, recommence une dixième fois peut-être le récit des événements de la journée. Il parle avec beaucoup de circonlocutions et de réserve de la forme de gouvernement qu'il conviendrait au pays de se donner. Il veut insinuer que le

---

[1] Voici deux de ces proclamations écrites, à défaut de table, sur un chapeau :

« Le gouvernement provisoire se constitue avec le ferme dessein de donner à la France des institutions républicaines en harmonie avec l'esprit du siècle. »

« La royauté est déchue ; le gouvernement provisoire de la France est le gouvernement républicain. Au peuple appartient le soin de le rendre définitif. »

gouvernement provisoire ne peut rien statuer à cet égard de définitif; mais de violents murmures et des gestes peu équivoques l'avertissent qu'il touche l'écueil. Il déclare, alors, qu'il est personnellement décidé pour la République, mais il répète que personne n'a, selon lui, le droit de l'imposer à la France.

La réprobation générale que soulèvent ces paroles fait comprendre à M. de Lamartine qu'il serait insensé de vouloir tenir tête à cette multitude, et, sur un mot que vient lui dire à voix basse M. Flottard, il quitte le bureau et va rejoindre, dans le cabinet du secrétariat, M. Garnier-Pagès et M. Dupont (de l'Eure), qui a trouvé enfin un peu d'air et de repos loin de la foule. Au bout de quelques instants, MM. Ledru-Rollin et Arago arrivent [1]. On va pouvoir délibérer.

On commence par se barricader du mieux que l'on peut. Une dizaine d'élèves de l'École polytechnique, quelques hommes dévoués, se placent en guise de sentinelles dans la galerie vitrée qui précède le cabinet; ils se mettent en travers des portes, les étayent de leurs épaules, résistent ou parlementent avec ceux du dehors. A chaque instant, ils ont à soutenir un nouvel assaut. Les délégués du peuple veulent entrer; ils prétendent assister aux délibérations et surveiller les actes du gouvernement. Ils insistent et menacent; ils ont d'autres dictateurs sous la main en cas de tergiversations. On les exhorte à la patience; on tâche d'obtenir d'eux au moins quelque répit, mais c'est à grand'-peine qu'on parvient à les écarter un moment. La présence de M. Ledru-Rollin au conseil n'est pas à leurs yeux une

---

[1] M. François Arago, malade depuis quelque temps, n'avait point assisté aux dernières séances de la Chambre et ne prit aucune part à la lutte des trois journées. Lorsqu'il eut été proclamé, à la tribune du palais Bourbon, membre du gouvernement provisoire, son fils alla le chercher à l'Observatoire. Accompagné de deux de ses parents et d'un jeune Italien de ses amis, M. Frapolli, il se rendit à l'Hôtel de Ville. Partout sur son passage la foule lui fit place avec respect.

garantie suffisante [1]. Ils veulent un comité de salut public tout à eux. Du fond de la place, on entend aussi un mugissement sourd, continu, formidable : c'est la grande voix du peuple, qui s'indigne des lenteurs qu'on apporte à proclamer la République. Et la nuit vient, et le péril est pressant : péril du côté des partisans de la royauté, qui conspirent selon toute apparence ; péril surtout du côté de ces multitudes enfiévrées par le combat, par le jeûne, par l'attente, par le soupçon. La ville entière est à leur merci. Des hommes sans aveu, des malfaiteurs de toutes sortes, qui espèrent, à la faveur de l'anarchie politique, commettre impunément leurs forfaits, n'attendent sans doute que le signal du massacre et du pillage. Paris peut être ensanglanté et dévasté avant qu'aucune autorité ait eu le temps et la puissance de se faire reconnaître. MM. Dupont (de l'Eure) et Arago, pensifs, soucieux, obsédés de tristes souvenirs et de plus tristes pressentiments, attendent, assis aux deux côtés de la cheminée, que l'on propose quelque mesure. On ne lit sur leur visage que doute et résignation. M. de Lamartine, au contraire, semble plein de confiance en lui-même et dans l'avenir ; sa pensée s'est déjà familiarisée avec l'élément révolutionnaire. Il sent croître en lui, depuis quelques heures, le courage et l'éloquence, ces deux dons souverains devant lesquels s'incline le peuple. Le génie de la France apparaît à son imagination éblouie. Des espérances exaltées de grandeur et de gloire l'enlèvent au sentiment de la réalité.

Autour de lui se groupent les indécis. M. Crémieux [2]

---

[1] « Il ne faut pas que la faction de Ledru-Rollin l'emporte, » murmuraient déjà, dans les groupes, des fanatiques dont on retrouvera plus tard l'action hostile.

[2] La nomination de M. Crémieux et celle de M. Garnier-Pagès au gouvernement provisoire, contestées à la Chambre des députés, avaient été aussi le sujet d'une discussion très-vive au moment où l'on entrait dans le cabinet du secrétariat pour délibérer. M. de Lamartine mit fin à cette altercation fâcheuse. « De grâce, messieurs, s'était-il écrié, ne discutons pas à cette heure la validité de nos pouvoirs. Soyons sept au

s'agite et parle avec animation en termes vagues. Avocat habile et disert, il se tient prêt depuis le matin pour la régence ou pour la République. M. Marie, et surtout M. Garnier-Pagès, étourdis par la rapidité du courant qui les entraîne, perdent pied et renoncent à toute initiative [1]. Quant à M. Marrast, qui vient d'arriver, il reste à l'écart, observe tout, garde le silence. Comme on va s'asseoir et tâcher enfin de s'entendre sur les mesures les plus urgentes, la porte s'ouvre; le groupe qui défend l'accès du conseil se range. On voit entrer deux hôtes que l'on n'attendait point: MM. Louis Blanc et Flocon. Cette apparition paraît surprendre désagréablement plusieurs des personnes présentes. Il y a un moment d'embarras. Quelques chuchotements, quelques regards ombrageux, protestent contre l'intrusion des nouveaux venus. « Que viennent-ils faire ici? dit M. Crémieux à M. de Lamartine. — Je l'ignore, » répond celui-ci du ton de la plus parfaite indifférence.

M. Louis Blanc, sans se laisser déconcerter, s'avance vers la table où siégeaient déjà MM. Dupont (de l'Eure) et Arago. « Eh bien, messieurs, dit-il, délibérons. » A ces mots, M. Arago le regarde d'un air profondément étonné et lui dit avec hauteur : « Sans doute, monsieur, nous allons délibérer, mais pas avant que vous soyez sorti. »

La colère se peint sur les traits de M. Louis Blanc. Des paroles très-vives lui échappent. Une altercation s'en-

---

eu de cinq, les choses n'en iront pas plus mal. » Il commençait ainsi ce rôle conciliateur auquel nous le verrons invariablement fidèle pendant toute la durée du gouvernement provisoire.

[1] M. Garnier-Pagès a protesté contre le rôle qui lui est attribué dans cette circonstance. Je crois ne pouvoir mieux faire que de citer textuellement, comme l'a fait M. Carnot, dans son *Mémorial de* 1848, les paroles de M. Garnier-Pagès : « La délibération s'ouvrit incontinent sur la proclamation de la République, et je déclarai à mes nouveaux collègues que, *la République me paraissant possible, si on ne la proclamait pas, je me retirerais*. Quelques-uns alléguèrent un scrupule honorable. Voulant comme moi la République, ils ne se croyaient point le droit de la proclamer sans le consentement du peuple, régulièrement exprimé par une assemblée régulièrement élue. »

gage. M. Louis Blanc se prétend, avec raison, aussi légitimement élu que les autres membres du gouvernement provisoire, puisqu'il vient d'être élu comme eux, dans la salle Saint-Jean, par l'acclamation populaire [1]. M. Garnier-Pagès, qui préside en qualité de maire de Paris, essaye d'étouffer le débat en proposant de partager les attributions du pouvoir et en glissant avec négligence la dénomination de *secrétaires*, qui s'applique évidemment à MM. Marrast, Flocon et Louis Blanc, dont l'élection n'a pas été faite à la Chambre. Offensé de cette insinuation, ce dernier menaçait déjà de se retirer et d'en appeler au peuple, quand M. Ledru-Rollin intervient et le conjure, ainsi que MM. Flocon et Marrast, au nom de leur patriotisme à tous trois, de ne pas semer la discorde au sein de la République naissante. M. Flocon cède sans peine; M. Marrast n'avait pas soufflé mot; M. Louis Blanc, dans l'impossibilité de soutenir une prétention qui devient toute personnelle, se résigne ou du moins paraît se résigner au titre modeste de *secrétaire*; mais il annonce en même temps, avec autorité, au gouvernement provisoire, un collègue, sur lequel celui-ci ne comptait certes pas, l'ouvrier Albert, élu, affirme M. Louis Blanc, comme lui et avec lui, par le peuple. Personne n'élève d'objection. C'était l'heure des concessions mutuelles. On se dit tout bas, de part et d'autre, qu'il faut se supporter en attendant qu'on soit assez fort pour s'exclure.

Le nom d'Albert, ouvrier mécanicien [2], avait, en effet, été proclamé dans la cour de l'hôtel Bullion, sous les fenêtres des bureaux de la *Réforme*, par une bande d'insurgés qui

---

[1] En répondant aux interrogations de l'assemblée populaire qui se tenait à la salle Saint-Jean, tous les membres du gouvernement, nommés à la Chambre, avaient reconnu la nécessité de cette nouvelle sanction, et M. Crémieux disait encore, quelques mois plus tard, devant la commission d'enquête : « Nous avons été nommés à la Chambre, mais non point par la Chambre. »

[2] Son nom véritable était Martin.

revenaient des Tuileries. M. Albert était un conspirateur obscur, dont la presse démocratique ne s'était jamais occupée ; mais, le 24 février, il suffisait d'avoir montré du courage aux barricades pour enthousiasmer le peuple. C'est, sans doute, à quelque marque de bravoure, ou tout simplement à quelque mot heureux, que M. Albert dut la subite ovation qui le porta au pouvoir, car personne ne put s'expliquer autrement, dans la suite, le motif qui l'avait fait préférer à tant d'autres plus capables et moins ignorés. Toutefois, malgré la fâcheuse médiocrité de la personne élue, la nomination d'un ouvrier au gouvernement provisoire est un fait historique dont il ne faut pas méconnaître le sens et le caractère. Elle est le signe de l'émancipation, aveugle encore, mais désormais assurée, de la classe laborieuse ; elle marque l'heure du passage de la révolution politique à la révolution sociale.

M. Louis Blanc, sentant quel appui précieux il allait trouver dans un homme du peuple, qui lui servirait d'intermédiaire auprès des ouvriers et n'aspirerait jamais à jouer un rôle principal, applaudit de grand cœur à la nomination du prolétaire, et, courant aussitôt des bureaux de la *Réforme* à ceux du *National*, où l'on imprimait, pour la distribuer dans les rues, la liste du gouvernement provisoire, il y fit ajouter le nom d'Albert. Puis il se rendit à l'Hôtel de Ville avec M. Flocon, fit, dans la salle Saint-Jean, où le peuple tenait des espèces de comices, une profession de foi socialiste, dans laquelle il prononça le mot d'*organisation du travail*, charma la foule, reçut d'elle la confirmation de ses pouvoirs, et parut, comme nous l'avons vu, dans le conseil du gouvernement. Ce fut une mortification insupportable à son orgueil que l'accueil de M. Arago et surtout l'intervention de M. Ledru-Rollin pour lui faire accepter un titre subalterne [1]. Dès cette heure commença

---

[1] Bien que je ne veuille m'engager dans aucune polémique, je crois de mon devoir de reproduire, aux documents historiques, l'explication

entre lui et la majorité du conseil une lutte sourde d'abord, mais de moins en moins dissimulée, qui fit en grande partie la faiblesse du pouvoir, paralysa son action et n'aboutit, après des crises funestes au pays, qu'à une neutralisation de forces dont profitèrent seuls les partis hostiles à la République.

Cette divergence profonde entre la majorité et la minorité du conseil se trahit au moment même où l'on allait délibérer sur les termes de la proclamation par laquelle on annonçait au peuple son propre triomphe et la chute de la dynastie. M. de Lamartine en avait d'abord rédigé une qui contenait ces mots : « Le gouvernement provisoire déclare que la République est adoptée provisoirement par le peuple de Paris et par lui ; » et encore : « sous le gouvernement populaire et républicain proclamé par le gouvernement provisoire, » etc. Cette rédaction mécontenta également les deux partis. MM. Louis Blanc, Ledru-Rollin, Flocon, voulaient proclamer la République simplement et sans aucune condition de ratification. MM. Garnier-Pagès, Marie, Dupont (de l'Eure), voulaient qu'on se tût sur la forme définitive du gouvernement ; ils admettaient tout au plus l'expression d'une préférence pour le gouvernement républicain. M. Arago refusait d'apposer son nom à un acte qu'il qualifiait d'usurpation. Pour tourner l'écueil, MM. de Lamartine et Crémieux, qui tenaient la plume, s'efforçaient de trouver des expressions neutres, acceptables pour toutes les susceptibilités. La chose n'était pas facile. Bien des rédactions furent successivement proposées et rejetées. Enfin, l'on en adopta une de la main de M. de Lamartine, qui fut sur-le-champ envoyée au *Moniteur*. Elle était ainsi conçue :

que donne M. Louis Blanc, dans une lettre datée de Londres, 23 janvier 1862, de son insistance pour se faire admettre, avec Albert, dans le gouvernement provisoire, au même titre que MM. de Lamartine, Arago, etc. (Voir aux *Documents historiques*, n° 7.)

« AU NOM DU PEUPLE FRANÇAIS.

« *Proclamation du gouvernement provisoire au peuple français.*

« Un gouvernement rétrograde et oligarchique vient d'être renversé par l'héroïsme du peuple de Paris. Ce gouvernement s'est enfui en laissant derrière lui une trace de sang qui lui défend de revenir jamais sur ses pas.

« Le sang du peuple a coulé comme en juillet, mais, cette fois, ce généreux sang ne sera pas trompé. Il a conquis un gouvernement national et populaire en rapport avec les droits, les progrès et la volonté de ce grand et généreux peuple.

« Un gouvernement provisoire, sorti d'acclamation et d'urgence par la voix du peuple et des députés des départements, dans la séance du 24 février, est investi momentanément du soin d'assurer et d'organiser la victoire nationale. Il est composé de :

« MM. Dupont (de l'Eure), Lamartine, Crémieux, Arago (de l'Institut), Ledru-Rollin, Garnier-Pagès, Marie.

« Ce gouvernement a pour secrétaires :

« MM. Armand Marrast, Louis Blanc et Ferdinand Flocon.

« Ces citoyens n'ont pas hésité un instant à accepter la mission patriotique qui leur était imposée par l'urgence. Quand la capitale de la France est en feu, le mandat du gouvernement provisoire est dans le salut public. La France entière le comprendra et lui prêtera le concours de son patriotisme. Sous le gouvernement populaire que proclame le gouvernement provisoire, tout citoyen est magistrat.

« Français! donnez au monde l'exemple que Paris a donné à la France. Préparez-vous, par l'ordre et la confiance en vous-mêmes, aux institutions fortes que vous allez être appelés à vous donner.

« Bien que le gouvernement provisoire agisse uniquement au nom du peuple français et qu'il préfère [1] la forme républicaine, ni le peuple de Paris ni le gouvernement provisoire ne prétendent substituer leur opinion à l'opinion des citoyens, qui seront consultés sur la forme définitive du gouvernement que proclame la souveraineté du peuple.

« L'unité de la nation, formée désormais de toutes les classes de citoyens qui la composent; le gouvernement de la nation par elle-même;

« La liberté, l'égalité et la fraternité pour principes; le peuple pour devise et mot d'ordre : voilà le gouvernement démocratique que la France se doit à elle-même, et que nos efforts sauront lui assurer[2]. »

On voit par là que M. de Lamartine, soit irrésolution, soit désir sincère de maintenir le bon accord, faisait céder ses convictions personnelles aux vœux de la majorité. M. Ledru-Rollin ne signa point cette proclamation, la trouvant trop ambiguë. M. Flocon, qui l'avait signée sans la lire, biffa son nom en voyant que M. Ledru-Rollin n'y avait pas mis le sien. M. Albert, qui n'était pas présent, ne put signer la pièce originale. Son nom fut ajouté sur l'épreuve du *Moniteur*, avec celui de M. Flocon, par M. Louis Blanc.

Cependant le peuple, en proie à une inquiétude et à une irritation toujours croissantes, ne cessait d'envoyer au gouvernement provisoire des délégués armés qui menaçaient des plus terribles malheurs si l'on ne se hâtait de proclamer la République. Les faubourgs et la banlieue versaient incessamment sur la place de nouvelles masses populaires qui ranimaient l'ardeur de celles que l'attente avait lassées;

---

[1] Un pâté d'encre recouvre sur l'original manuscrit le mot *préfère*. Une correction de M. Louis Blanc en marge y substitue ces mots : *soit de cœur et de conviction pour le gouvernement républicain.*

[2] M. Carnot, dans des fragments de son *Mémorial de* 1848, publiés dans la *Politique nouvelle*, donne une version un peu différente de cette proclamation. Il explique les variantes de ce document en disant que M. de Lamartine corrigeait son manuscrit en dictant successivement à plusieurs personnes.

elles assaillaient l'Hôtel de Ville, remplissaient les salles, les couloirs, et venaient assiéger les portes du conseil. A toute minute, quelques-uns des membres du gouvernement, auxquels se joignaient des citoyens accourus pour offrir leur concours, MM. Félix Pyat, Bethmont, de Courtais, Barthélemy Saint-Hilaire, Recurt, Guinard, Bixio, Duclerc, Thomas, Sarrans, Hetzel, etc., sortaient et haranguaient la foule; ils imploraient d'elle quelques minutes de calme et de silence. A la vue de M. de Lamartine l'agitation redoublait; il semblait tout à la fois plus suspect et plus cher au peuple que tous ses collègues. « *C'est un aristocrate! c'est un royaliste! c'est un girondin!* » criaient les fanatiques. D'autres, au contraire, le voulaient porter en triomphe; et lui, toujours placide au plus fort de l'orage, écartait du geste ou détournait d'un mot, d'un regard, les armes braquées sur sa poitrine[1]. Mais tous ces mots heureux, toutes ces supplications, toutes ces harangues, n'obtenaient que de courtes trêves, et le tumulte recommençait aussitôt avec une intensité plus grande. Pendant que M. de Lamartine parlait au peuple, dans la salle Saint-Jean, M. Louis Blanc était descendu au bas de l'escalier; une table se trouvait là : il y monte. « Le gouvernement, dit-il, veut la République. » Un cri d'enthousiasme lui répond. Des ouvriers écrivent au charbon, en lettres énormes, sur une grande pièce de toile : « La République une et indivisible est proclamée en France. » Cela fait, ils montent sur le rebord d'une des fenêtres, et déroulent l'inscription à la lumière des torches. Quand le manifeste du gouvernement fut rapporté de l'imprimerie, on sentit que l'atmosphère était changée, et qu'une rédaction aussi équivoque, si on la lisait au peuple, allait le mettre hors de lui et pouvait tout perdre. M. Louis

---

[1] Un de ces mots d'un à-propos merveilleux mérite d'être cité. Comme il entendait crier à ses oreilles : *Mort à Lamartine! La tête de Lamartine!* il se retourne, regarde la foule en souriant : « Ma tête, dit-il avec un singulier accent de dédain mêlé de compassion, plût à Dieu, citoyens, que vous l'eussiez tous sur les épaules! »

Blanc renouvelle avec force ses instances; il triomphe enfin des répugnances de ses collègues. Au paragraphe où il était dit : « *Bien que le gouvernement provisoire soit de cœur et de conviction pour le gouvernement républicain,* » etc., revenant à la première rédaction de M. de Lamartine, on substitue ces mots : « Le gouvernement provisoire veut la République, sauf ratification par le peuple, qui sera immédiatement consulté [1]. » Et la proclamation, ainsi modifiée, est jetée sur des centaines de feuilles volantes par les fenêtres de l'Hôtel de Ville. Elle apaise les bouillonnements de la place. Aux soupçons et aux menaces succède une explosion de joie qui tient du délire. Le peuple reprend confiance dans ses élus. Le conseil peut enfin songer à organiser le pouvoir et à se partager le fardeau des affaires.

La présidence du conseil, sans portefeuille, est donnée, par acclamation, à M. Dupont (de l'Eure). Son grand âge, l'intégrité de son caractère et la simplicité républicaine de sa vie commandaient le respect. C'était un nom sans tache. On espérait qu'il imposerait au peuple, et même aux rivalités impatientes qui déjà se trahissaient au sein du gouvernement.

La nomination de M. de Lamartine au ministère des affaires étrangères se fit également par acclamation. Chacun comprenait qu'il fallait une extrême prudence dans les rapports avec l'étranger; qu'il était habile de ménager la transition et d'accoutumer les représentants de l'Europe monarchique à la France républicaine, par l'entremise d'un homme noble d'origine, de manière et de langage. M. Arago prit la marine sans que personne soulevât d'objection. L'éclat de son nom démocratique et sa science incontestée lui donnaient une autorité précieuse pour un

---

[1] A peine cette proclamation était-elle imprimée que l'on vit arriver au *Moniteur* M. Bixio, porteur d'un ordre de la retirer ainsi conçu : « M. Bixio est prié de retirer de l'Imprimerie royale, la déclaration du gouvernement provisoire. Signé : Ad. Crémieux, Lamartine, Dupont (de l'Eure) et Garnier-Pagès. »
L'autographe de cet ordre est entre les mains de M. Bixio.

gouvernement à peine debout sur un sol qui tremblait. Il y eut plus d'hésitation pour le ministère de l'intérieur; on flottait entre MM. Ledru-Rollin et Crémieux; mais ce dernier, tranchant lui-même la question, déclara qu'il était indispensable de donner satisfaction au peuple en plaçant à l'intérieur l'homme qui représentait le mieux le mouvement révolutionnaire, et il se contenta du portefeuille de la justice.

M. Garnier-Pagès, élu maire de Paris par le peuple, tenant à garder ce poste important, n'accepta point de ministère. Il s'adjoignit à la mairie MM. Recurt et Guinard, en qualité d'adjoints [1], M. Flottard, en qualité de secrétaire général, et désigna pour les finances un banquier d'une probité reconnue, qui s'était fait au *National* une réputation d'habileté, M. Goudchaux. M. Carnot fut chargé du ministère de l'instruction publique, auquel on réunit les cultes. M. Marie reçut le portefeuille des travaux publics, et M. Bethmont, député de l'opposition, celui du commerce. Le commandement général de la garde nationale et de la première division fut donné au colonel de Courtais, membre de la Chambre des députés, ancien officier de l'armée royale, qui avait le don et le goût de la popularité. La nomination de M. Charles Lagrange, que le peuple avait salué du titre de gouverneur de l'Hôtel de Ville, ne fut ni contestée ni officiellement ratifiée. M. Lagrange déployait déjà beaucoup d'activité dans ses nouvelles fonctions, et personne ne songea à les lui disputer.

La plus grande difficulté, c'était de pourvoir au ministère de la guerre. On ne savait trop à qui se fier ni comment concilier avec l'ancienneté ou l'éclat des services la loyauté républicaine. Le seul républicain connu et en mesure d'occuper un poste aussi important, le général Eugène Cavaignac, frère de Godefroi, était en Afrique. On le nomma

---

[1] M. Guinard refusa, et fut nommé chef d'état-major de la garde nationale. Il fut remplacé à la mairie par M. Buchez.

gouverneur de l'Algérie. Pour sortir d'embarras, M. Arago proposa un membre de l'Institut, le colonel Poncelet, professeur de mécanique à la Sorbonne; mais cette proposition ne fut point agréée. On objecta avec raison que M. Poncelet, à cause de son grade, ne pourrait prendre aucune autorité sur les officiers supérieurs, et l'on songea au général Lamoricière, qu'à tout hasard on se décida à faire appeler. Bien que fort souffrant de sa blessure et le bras en écharpe, le général ne se fait point attendre. Il n'hésite pas à reconnaître le gouvernement provisoire; mais il refuse le portefeuille, alléguant que, depuis dix-sept ans absent de France, il ne connaît pas suffisamment le personnel de l'armée. « Mon poste, à moi, ajoute le général, est à la frontière. Elle aura bientôt, sans doute, besoin d'être défendue. Je ne demande que quelques jours de repos, et je me tiens prêt à me rendre où le gouvernement provisoire jugera convenable de m'envoyer. »

M. de Lamoricière conseille de donner le portefeuille de la guerre au général Bedeau. « C'est un homme supérieur, dit-il; il connaît parfaitement l'armée; on peut compter sur lui; il rendra dans ce poste éminent de grands services. » La nomination du général est immédiatement signée; mais M. Bedeau, appelé au sein du conseil, refuse à son tour. « Je suis trop récemment nommé lieutenant général pour avoir de l'autorité sur des officiers plus anciens que moi, dit-il; ma nomination ferait un effet fâcheux. Donnez-moi le commandement de la première division. La troupe est humiliée, démoralisée; il faut l'empêcher de se débander. Confiez-moi cette tâche, et je réponds de la remplir avec honneur. »

Sur ces refus, M. de Lamartine propose le général de division Subervie, volontaire de 1792, distingué par des actions d'éclat dans les grandes campagnes de l'Empire, député de l'opposition, qui sera tout à la fois, on peut l'espérer, respecté de l'armée et bien vu du peuple. Pendant ces délibérations, on apprend que le ministère de la guerre est occupé par un ancien fournisseur des armées, M. Esprit, qui s'y est installé de son autorité privée et s'est déjà mis en fonctions dans les bureaux avec l'aide du colonel Allart. On l'envoie chercher de la part du gouvernement provisoire. Il refuse d'abord; mais on parvient, sous un prétexte spécieux, à l'attirer à l'Hôtel de Ville. Là, on le retient pendant toute la nuit, on le garde à vue dans une salle voisine du conseil. On ne lui rend sa liberté que lorsque le général Subervie a pris possession du ministère. A ce moment critique, la moindre velléité de désobéissance pouvait amener des complications funestes. Par bonheur, aucun des officiers supérieurs de l'armée n'eut la pensée de tenter une résistance, et les adhésions des maréchaux Soult, Bugeaud, des généraux Duvivier, Leydet, etc., qui suivirent de près celles des généraux Bedeau et Lamoricière, rassurèrent bientôt complètement à cet égard le gouvernement provisoire.

Ainsi constitué et organisé, le conseil rendit à la hâte les décrets les plus urgents.

M. de Lamartine rédigea un décret laconique qui déclarait la Chambre des députés dissoute. En envoyant ce décret au *Moniteur*, M. Crémieux s'aperçut que son collègue avait oublié la Chambre des pairs, et intercala la ligne suivante : « Il est interdit à la Chambre des pairs de se réunir. » On annonçait dans ce décret la prochaine convocation d'une Assemblée nationale. Un autre décret pourvoyait à la garde des Tuileries et du Louvre. M. Ledru-Rollin pensait aux Beaux-Arts et annonçait le jour de l'ouverture du Salon[1]. Enfin une proclamation à la garde nationale la remerciait de sa fraternelle union avec le peuple et avec les écoles, et l'exhortait, au nom de la patrie reconnaissante, à maintenir l'ordre dans la capitale. Cette proclamation annonçait en même temps que désormais tous les citoyens faisaient partie de la garde nationale.

[1] Voir aux *Documents historiques*, à la fin du volume, n° 8.

Cependant les heures avaient marché, il n'était pas loin de minuit. Accablés de lassitude, exténués par dix heures de luttes et d'angoisses cruelles, les nouveaux dictateurs sentirent les tiraillements de la faim. Aucun d'eux n'avait pris quoi que ce soit depuis le matin. Ils suspendirent un moment leur travail pour essayer de réparer leurs forces; mais tout manquait, même pour le repas le plus modeste. Il n'y avait là ni vaisselle ni vivres d'aucune sorte. Un pain de munition, quelques restes de fromage de Gruyère laissés par les soldats, une bouteille de vin et un seau d'eau apporté par un homme du peuple, ce fut tout ce que l'on put trouver, après bien des recherches, pour rassasier et désaltérer des hommes à jeun depuis près de douze heures. M. Flottard prêta un petit couteau de poche, qui passa de main en main. On but à la ronde dans une tasse ébréchée. « Voici un festin de bon augure pour un gouvernement à bon marché, » dit gaiement M. de Lamartine; et; le repas terminé, on se remit à l'œuvre.

CHAPITRE XV

Le peuple maître de Paris.

Pendant que le gouvernement élu à la Chambre prenait avec hésitation les rênes du pouvoir et tâchait de se maintenir dans une sorte de légalité fictive, le comité de la *Réforme* s'emparait révolutionnairement des deux positions administratives les plus importantes : la Préfecture de police et la direction des postes. Après le combat du Château d'Eau et l'invasion des Tuileries, M. Étienne Arago, qui se rappelait la révolution de 1830 et qui savait comment se laissent chasser les fonctionnaires des royautés en déroute, se rendit à l'hôtel des postes. Il trouva la cour encombrée de gardes nationaux; il leur annonça brièvement la fuite du roi, puis il se présenta dans le cabinet du directeur, M. Dejean. S'étant nommé, il lui déclara qu'il le destituait au nom de la République, et qu'il venait occuper sa place. M. Dejean resta interdit, balbutia, recommanda aux soins de M. Arago une vieille dame, sa parente, qui logeait chez lui, et quitta l'hôtel. M. Arago ne perdit pas une minute; il rassembla autour de lui les employés et les somma, à leur grande surprise, de pourvoir pour l'heure accoutumée au départ régulier des malles-postes de la République. C'était chose malaisée; car, entre l'Hôtel des postes et les barrières, il y avait, dans toutes les directions, plus de deux cents barricades à franchir. Cependant les employés, rivalisant de zèle pour se créer des titres aux faveurs du pouvoir nouveau, aplanirent toutes les difficultés. Une heure après son entrée en fonction, M. Arago put écrire à l'Hôtel de Ville, au gouvernement quelconque qu'il supposait devoir y être installé, le billet suivant : « Citoyens gouvernants, le service de la poste pour les départements sera fait ce soir comme à l'ordinaire. » Et il tenait parole. A sept heures précises, toutes les malles-postes brûlaient le pavé des routes, emportant une dépêche laconique qui annonçait à la France la victoire du peuple et la chute de la dynastie [1].

Un autre républicain, également attaché depuis bien des années au journal la *Réforme*, s'installait à la même heure, et à peu près de la même façon, à la Préfecture de police : c'était M. Marc Caussidière.

Homme d'action, de ruse et de verve révolutionnaire, propagandiste infatigable, dans les estaminets et dans les carrefours, d'une espèce de jacobinisme humoristique, M. Marc Caussidière, grâce à sa stature musculeuse, à sa figure joviale et sournoise tout à la fois, au geste populaire de son poing robuste, aux saillies de son propos pittoresque, arriva bientôt à une sorte de célébrité bouffonne qui servit merveilleusement ses vues cachées. Épouvantant et rassurant tour à tour, selon l'intérêt de ses ambitions, la bourgeoisie parisienne, il jouera dans la suite de cette histoire un personnage d'une gravité comique, dont les traits ne se retrouvent aussi fortement accentués que chez certains héros de Shakspeare.

---

[1] M. Bethmont, sur l'ordre du gouvernement provisoire, se rendit, vers dix heures du soir, à la direction des postes pour en prendre possession et tâcher d'organiser le service du lendemain. Trouvant la chose faite, il retourna à l'Hôtel de Ville et renonça de très-bonne grâce à ses pouvoirs.

Le relevé suivant des lettres déposées dans les boîtes de l'administration des postes à Paris, pendant les 23, 24 et 25 février, pourra ne pas paraître sans intérêt : 23 février, de 20 à 25,000 lettres.
24 — 8 à 10,000 —
25 — 45 à 50,000 —

Quand, le fusil en main, le pistolet à la ceinture, le sabre retenu au côté par une grosse corde rouge, affublé d'une redingote crottée, d'une casquette déchirée et d'une paire de botte hachées en pièces, tant elles avaient de fois, depuis vingt-quatre heures, franchi les barricades, M. Marc Caussidière parut à la Préfecture de police escorté de deux chefs de barricade, MM. Cahaigne et Sobrier [1], ce fut une explosion de joie dans la bande populaire, qui, maîtresse déjà de la place, lui en fit les honneurs. Voici ce qui s'était passé avant sa venue.

Vers deux heures de l'après-midi, la nouvelle de l'abdication du roi avait été apportée à M. Delessert par quelques gardes nationaux. Presque au même moment, avant qu'il eût eu le temps de prendre un parti, une colonne d'insurgés très-nombreuse et très-menaçante vint assaillir les portes de l'hôtel en demandant des armes [2]. Les cours étaient occupées par trois cents hommes de la garde municipale à cheval, par des gardes à pied, par le 70e de ligne, et par une compagnie des chasseurs d'Orléans sous les ordres du général Saint-Arnaud.

Après quelques pourparlers, le préfet, espérant calmer l'émeute, ordonne qu'on passe des fusils à la foule par la porte entre-bâillée; mais cette concession ne sert qu'à la rendre plus exigeante. Les insurgés veulent absolument pénétrer dans l'hôtel, ils veulent surtout désarmer la garde municipale. Enfin le préfet consent à rendre la place à M. Carteret, officier de la garde nationale, et se retire par la cour du Harlay. Il s'agissait de faire sortir les troupes. Les gardes municipaux refusent de livrer leur poste. Le peuple qui attend s'impatiente; tout à l'heure il consentait à lais-

---

[1] M. Sobrier commandait à la barricade de la rue Mazagran, où la colonne du général Bedeau s'était arrêtée. Il s'y était signalé par une bravoure d'autant plus frappante qu'elle contrastait davantage avec sa taille frêle et sa physionomie délicate.

[2] Dès la veille, à quatre heures, madame Delessert avait quitté l'hôtel de la Préfecture sur le bruit qu'il allait être attaqué par les insurgés.

ser passer les soldats avec les honneurs de la guerre, maintenant il exige qu'ils déposent les armes. En vain, les employés supérieurs de l'hôtel les supplient, le général Saint-Arnaud leur ordonne de se soumettre; les gardes municipaux repoussent avec indignation une capitulation qu'ils estiment déshonorante. Pendant que l'émeute gronde aux portes, une lutte s'engage entre ceux qui consentent à capituler et ceux qui veulent mourir les armes à la main. Enfin ces derniers, voyant que tout est perdu, brisent leurs armes, vident leurs gibernes, déchirent leurs cartouches en poussant des cris de rage. Les officiers de la garde nationale exigent du peuple la promesse qu'on laissera sortir la troupe sans l'insulter, et s'engagent à conduire les gardes municipaux à Vincennes. Les portes s'ouvrent. Les cavaliers, la tête nue, passent les premiers à travers les murmures de la foule, puis les fantassins, puis les chasseurs d'Orléans, avec lesquels le peuple fraternise. La garde nationale protége de son mieux la triste colonne qui s'avance vers la place de l'Hôtel de Ville. Sur le quai aux Fleurs, une immense barricade lui barre le passage. Une décharge à bout portant renverse plusieurs soldats; une femme et un garde national sont tués roides. C'est le signal d'une nouvelle lutte ou plutôt d'un effroyable sauve-qui-peut. Culbutés, poursuivis, un grand nombre de gardes municipaux sont tués ou blessés mortellement; le colonel et le chef d'escadron n'échappent que par miracle. Le dévouement de quelques combattants les dérobe à la fureur des autres; on les cache, on les travestit; des hommes du peuple les gardent chez eux jusqu'à la nuit tombante, puis ils sont conduits en sûreté à la mairie. Le général Saint-Arnaud, renversé de cheval, entouré par une foule furieuse, est dégagé par quelques gardes nationaux, qui le sauvent en le menant à l'Hôtel de Ville.

Les chasseurs d'Orléans, qui s'étaient séparés sur le quai des gardes municipaux et qui se dirigeaient vers les Tuileries, rencontrent sur leur chemin une bande populaire qui en revient. Les insurgés, mis en belle humeur par le vin qu'ils ont bu en abondance et par les libertés de toute sorte qu'ils viennent de prendre dans le palais des rois, s'approchent des soldats et les accostent aux cris de *Vive la ligne !* On s'embrasse, on se tutoie, on se donne de vigoureuses poignées de main ; les insurgés offrent aux soldats des jambons, des pâtés, qu'ils ont pris dans les cuisines royales et qu'ils portent en trophée au bout de leurs piques. Pendant que ceux-ci, déconcertés, étourdis, ne savent trop ce qu'ils doivent dire ou faire, on vide lestement leurs gibernes, on s'empare, tout en riant, des fusils, des shakos, puis on s'éloigne au cri de *Vive la République !*

Revenons à M. Caussidière. Après avoir harangué la foule et s'être fait reconnaître comme délégué du peuple souverain à la Préfecture de police, il prit immédiatement possession des bureaux, rédigea au courant de la plume et envoya placarder sur tous les murs la proclamation suivante :

« Un gouvernement provisoire vient d'être installé ; il est composé, de par la volonté du peuple, des citoyens F. Arago, Louis Blanc, Marie, Lamartine, Flocon, Ledru-Rollin, Recurt, Marrast, Albert, ouvrier mécanicien.

« Pour veiller à l'exécution des mesures qui seront prises par ce gouvernement, la volonté du peuple a aussi choisi pour ses délégués au département de la police les citoyens Caussidière et Sobrier.

« La même volonté souveraine du peuple a désigné le citoyen Étienne Arago à la direction générale des postes.

« Comme première exécution des ordres du gouvernement provisoire, il est ordonné à tous les boulangers et fournisseurs de vivres de tenir leurs magasins ouverts à tous ceux qui en auraient besoin.

« Il est expressément recommandé au peuple de ne point quitter ses armes, ses positions, ni son attitude révolutionnaire. Il a été trop souvent trompé par la trahison ; il importe de ne pas laisser de possibilité à d'aussi terribles et d'aussi criminels attentats.

« Pour satisfaire au vœu général du peuple souverain, le gouvernement provisoire a décidé et effectué, avec l'aide de la garde nationale, la mise en liberté de tous nos frères détenus politiques; mais, en même temps, il a conservé dans les prisons, toujours avec l'assistance honorable de la garde nationale, les détenus constitués en prison pour crimes ou délits contre les personnes et les propriétés.

« Les familles des citoyens morts ou blessés pour la défense des droits du peuple souverain sont invitées à faire parvenir aussitôt que possible, aux délégués au département de la police, les noms des victimes de leur dévouement à la chose publique, afin qu'il soit pourvu aux besoins les plus pressants.

« *Les délégués au département de la police,*
« Caussidière, Sobrier. »

Cette proclamation, qui contenait une liste inexacte des membres du gouvernement provisoire et qui constituait, sans que celui-ci en eût eu connaissance, une autorité indépendante, ne fut point insérée au *Moniteur*, malgré les vives réclamations de M. Caussidière[1]. A partir de ce moment, une lutte secrète s'engagea entre l'administration révolutionnaire de MM. Caussidière et Sobrier, bientôt divisés entre eux cependant par la jalousie du pouvoir et de la popularité, et le gouvernement officiel de l'Hôtel de Ville. Ce refus d'insertion au *Moniteur* fut le premier indice de l'antagonisme qui devait si violemment éclater, à quelque temps de là, entre les éléments divers de la révolution; ce fut le prélude de la guerre civile.

[1] Le 25, dans la matinée, M. Caussidière fit chercher par une vingtaine d'hommes armés le commissaire du gouvernement auprès du *Moniteur*, M. Lemansois, pour lui intimer l'ordre de faire insérer sa proclamation; mais celui-ci s'y refusa la défense du gouvernement était formelle.

Pendant que la République prenait ainsi possession de Paris, un seul point isolé, l'hôtel des Invalides, recueillait encore les débris de la royauté, mais sans pouvoir les défendre. Là, comme au Palais-Bourbon, la duchesse d'Orléans résistait aux conseils timides qui la pressaient de mettre sa vie en sûreté. Il fallut, pour la décider à quitter sa retraite, qu'elle apprît de M. Barrot les tristes résultats de la tentative faite en sa faveur à l'Hôtel de Ville, et la nouvelle qu'un groupe de peuple se dirigeait sur les Invalides. Alors seulement elle consentit à s'éloigner. M. de Mornay la conduisit à pied chez une personne dévouée qui demeurait dans le voisinage, madame Anatole de Montesquiou. Le comte de Paris la suivit à quelque distance, entouré d'un groupe d'amis. Il était près de six heures. La princesse monta presque aussitôt dans la voiture de M. de Montesquiou avec le jeune prince. M. de Mornay et M. Regnier l'accompagnaient. La sortie de Paris fut difficile; il fallait traverser des groupes d'insurgés à qui tout fuyard était suspect. Mis en joue à la barrière, le cocher lança hardiment ses chevaux au plus épais de la foule, au risque de fracasser sa voiture sur les pavés amoncelés; sa hardiesse réussit. La princesse arriva le soir même au château de Bligny, près d'Arpajon, où le duc de Chartres lui fut amené par madame de Montesquiou. Elle y demeura jusqu'au 26, pendant que M. de Mornay, rentré dans Paris, se procurait un passe-port pour l'Allemagne[1]. Le 26, à dix heures du soir, elle gagna en poste le chemin de fer de Lille, où elle attendit, sans quitter sa voiture, le départ du convoi pour la Belgique[2]. En passant la frontière, la princesse, qui avait montré jusque-là beaucoup de calme et de résignation, fondit en larmes. Elle se rappelait sans doute

---

[1] M. Odilon Barrot avait conseillé à la duchesse d'Orléans de ne point rejoindre Louis-Philippe.

[2] Par le même convoi, M. Antony Thouret allait, en qualité de commissaire du gouvernement provisoire, faire proclamer la République à Lille.

les acclamations, les fêtes, les transports qui avaient salué naguère sa venue sur cette terre française où l'attendait un trône et où elle ne laissait qu'un tombeau. Son âme, douce et pieuse, s'arrachait d'un effort plus cruel encore peut-être à la tombe qu'au trône; elle donnait plus de larmes à la patrie de ses douleurs qu'à la patrie de ses prospérités.

Dans le même temps, le duc de Nemours, qui l'avait quittée aux Invalides, favorisé dans sa fuite par le colonel de Courtais et M. Dailly, maître de poste de Paris, gagnait les côtes, après être demeuré plusieurs jours caché dans une maison voisine du Luxembourg. Le gouvernement provisoire ignora volontairement sa présence.

Quant à la duchesse de Montpensier, elle ne retrouva les siens qu'après bien des fatigues et bien des angoisses. Son mari lui avait fait dire, chez madame de Lasteyrie, qu'il l'attendrait à Eu; mais, lorsqu'elle arriva, accompagnée de M. Thierry et de M. Estancelin, à la résidence royale, non-seulement elle n'y trouva personne, mais encore elle manqua des objets les plus indispensables à son service. Repartie le soir même pour Bruxelles, sans avoir pu prendre le moindre repos, elle fut forcée de s'arrêter à Abbeville. La fermentation populaire y était extrême. La voiture de la princesse attirait l'attention. M. Thierry jugea prudent de mettre pied à terre pour traverser la ville sans être reconnus. La nuit était sombre et pluvieuse. On s'égara dans les rues. S'étant trompé de route, on erra plusieurs heures sous une pluie glacée, dans les ténèbres, attendant toujours M. Estancelin, qui devait amener hors des portes une voiture. La princesse perdit un de ses souliers dans la boue; mais sa jeunesse, son heureux naturel, sa précoce expérience des révolutions la soutenaient. « J'aime encore mieux cela que la table ronde, » disait-elle gaiement à M. Thierry, faisant allusion à l'ennui des soirées de famille chez la reine.

Enfin, la voiture de M. Estancelin arriva, et l'on franchit dans la nuit la frontière belge.

Le duc de Wurtemberg quitta Paris, muni de passe-ports pour l'Allemagne que lui envoya M. de Lamartine. Le gouvernement provisoire favorisait toutes ces évasions: M. Guizot, qui s'était enfui par les derrières du ministère de l'intérieur, avec MM. Duchâtel, de Salvandy, Hébert, au moment où M. Barrot venait en prendre possession [1], se réfugia chez madame de Mirbel, et y demeura plusieurs jours. M. de Lamartine et M. Arago facilitèrent sa sortie de France. Par un singulier hasard, le convoi du chemin de fer par lequel M. Guizot gagnait la Belgique emportait, au même moment et sans qu'il le sût, une femme dont l'influence sur lui, vraie ou supposée, avait excité la défiance universelle, une étrangère que l'opinion rendait en partie responsable de l'impopularité sous laquelle il succombait : la princesse de Lieven [2].

Louis-Philippe, la reine, madame la duchesse de Nemours, M. le duc de Montpensier, entourés, comme nous l'avons vu, d'une escorte nombreuse, étaient arrivés à Saint-Cloud, entre deux et trois heures. Plusieurs fois, pendant ce rapide trajet, le roi, se parlant à lui-même, avait murmuré le nom de Charles X. Les souvenirs de 1830 et de tristes analogies revenaient en foule à sa mémoire. Cependant il ne manifestait aucune inquiétude ; encore moins songeait-il à prendre contre l'insurrection victorieuse des mesures politiques ou militaires. Quand le général Regnaud de Saint-Jean-d'Angély se présenta pour recevoir ses ordres et lui demander s'il devait rassembler les troupes ; organiser un plan d'attaque ou de résistance : « Cela ne me concerne plus, répondit le roi, c'est l'affaire de Nemours. » Étant allé à Trianon, il se mit à une fenêtre, y resta longtemps à

---

[1] Ce fut M. Chambolle qui avertit les ministres de l'arrivée de M. Barrot et de son cortége populaire.

[2] La princesse de Lieven, qui sentait cette réprobation peser sur elle, fut saisie d'un si grand effroi, que ses amis eurent toutes les peines imaginables à lui persuader de faire quelques pas dans la rue pour aller réfugier ses terreurs dans un asile inviolable, à l'ambassade d'Autriche.

regarder le parc, critiqua la disposition de quelques massifs : « M. Neveu s'est trompé, » dit-il ; et s'étant fait apporter une plume, il rectifia sur le plan ce qu'il considérait comme des erreurs. Mais tout à coup une détonation qui retentit sous les croisées du château le tira de cette espèce d'insouciance. La plus vive agitation se trahit sur son visage ; il demanda en toute hâte des chevaux pour Dreux et s'occupa, avec une anxiété visible, de changer de costume, afin de se rendre méconnaissable. Il ôta sa perruque, coupa ses favoris, mit d'énormes lunettes vertes, rabattit sur son front un bonnet de soie noire et enveloppa le bas de sa figure dans un cache-nez. C'est travesti de la sorte qu'il prit à la chute du jour la route de Dreux, où il arriva vers onze heures. Le maire et le sous-préfet, qui ignoraient les événements de la journée, se présentèrent aussitôt pour lui rendre leurs devoirs ; il leur annonça son intention de rester à Dreux trois ou quatre jours pour y attendre la résolution définitive des Chambres. Il parla avec prolixité de la sagesse de sa politique, des prospérités de son règne ; il se plaignit de l'ingratitude de certains hommes ; puis, avant d'aller se reposer, il visita aux flambeaux les dernières constructions qu'il avait ordonnées dans la chapelle. Pendant son sommeil, les autorités de Dreux apprirent, par un ami de M. Bethmont, qui venait de Paris, la déchéance de la dynastie et l'installation du gouvernement provisoire. Cette nouvelle, communiquée au roi à son réveil, le décida à quitter la France. On lui conseilla de se séparer de sa famille, afin de gagner plus facilement la côte.

M. le duc de Montpensier était resté dans Paris, il y demeura quinze jours, pendant lesquels il communiqua constamment avec M. de Rémusat, espérant encore un retour des événements. Sur ces entrefaites, le roi et la reine arrivaient dans une maison isolée appartenant à M. de Perthuis, aide de camp du roi, près la chapelle Notre-Dame de Grâce, sur le mont Joly, à peu de distance d'Honfleur. Le général Dumas dépêcha immédiatement un exprès au fils de M. de Perthuis, qui commandait un garde-côte, afin qu'il disposât tout pour l'embarquement de la famille royale. Dans la nuit du 26 au 27, Louis-Philippe, Marie-Amélie, le général de Rumigny et M. Paulignes, officier d'ordonnance, arrivèrent, suivis de deux domestiques, dans la maison de M. de Perthuis. Le vent soufflait avec violence sur toute la côte. Le petit bâtiment de M. de Perthuis manqua vingt fois de chavirer dans le long détour qu'il lui fallut faire pour gagner Honfleur. Il était impossible de songer à se mettre en mer. Cependant la fermentation qui agitait déjà les populations qu'on venait de traverser était trop inquiétante pour que le roi pût, sans imprudence, prolonger son séjour dans un lieu si peu caché; il fut convenu qu'on tâcherait de s'embarquer à Trouville. Le 28, à deux heures du matin, M. de Perthuis s'y rendit avec M. de Rumigny et M. Besson, ancien officier de marine, afin de fréter, s'il était possible, une barque de pêche. Le roi, qui avait pris le nom de Lebrun, les rejoignit vers dix heures avec Thuret, son valet de chambre. On passa la journée dans la maison d'un médecin, M. Biard. La tempête, loin de se calmer, redoublait de fureur. Les plus hardis pilotes déclaraient la mer impraticable; néanmoins, on comptait à tous risques s'embarquer le lendemain, mais le 29 au matin, les mariniers vinrent dire à M. de Perthuis que la marée ne donnait pas assez d'eau pour prendre le large, et qu'avant trois ou quatre jours aucune barque de pêche ne pourrait sortir. Au même moment, on apprenait que la population de Trouville commençait à s'émouvoir; le bruit courait dans la ville que M. Guizot s'y cachait. Il devenait périlleux pour Louis-Philippe d'y rester. Le 1er mars, en effet, vers dix heures du soir, la maison de M. Biard est subitement entourée par les gendarmes. On dit que ce n'est pas le ministre, mais le roi lui-même qui s'y trouve. Toute la population est sur pied. Le commissaire de police se présente pour faire une perquisition. Pendant que M. de Perthuis le reçoit avec une présence d'esprit qui trompe tout le monde, le roi s'évade à pied par les derrières de la maison et se jette dans la campagne. A Touques, on lui procure une voiture pour Honfleur, où il arrive le 2 mars, à cinq heures du matin. La reine, qui s'y est rendue avec le général Dumas, l'attend depuis deux jours, en proie aux transes les plus vives. Le consul britannique a mis à la disposition du roi le paquebot l'*Express*, qui chauffe dans le port du Havre. Le soir, on s'embarque sur un bac et on arrive au Havre. Louis-Philippe et la reine se rendent séparément sur le paquebot anglais ; peu après ils étaient hors de danger, loin des côtes de France.

Mais retournons pour un moment sur nos pas. L'heure était avancée ; peu à peu la foule lassée abandonnait l'Hôtel de Ville ; les salles et les galeries se vidaient. Après le repas que j'ai décrit plus haut, le gouvernement provisoire s'était remis au travail. Il rendait à la hâte décret sur décret pour assurer l'approvisionnement de la population et pour protéger Paris du mieux qu'il était possible, soit contre une attaque des troupes royales, soit contre les excès de la multitude. De lui-même, le peuple gardait ses barricades. Sa victoire lui était chère ; il ne la voulait ni abandonner ni déshonorer. Des patrouilles de volontaires circulaient dans les rues ; des sentinelles en guenilles veillaient à la sûreté du riche, qui tremblait pour sa vie et pour ses biens.

L'histoire le dira à l'éternel honneur de ce peuple, pas un acte de violence sur les personnes ne fut commis, pas une propriété particulière ne fut même menacée, pendant le long espace de temps qui s'écoula entre la chute du pouvoir monarchique et la constitution du pouvoir républicain. Malgré ce qui se rencontre toujours de ferments impurs dans le soulèvement des masses, la générosité, la douceur, un naïf enthousiasme de fraternité, un fier désintéressement, une courtoisie délicate, furent la vengeance de ce peuple, si justement ulcéré, sur ceux qui avaient oublié ou calomnié sa misère.

Et pourtant il avait été excité pendant le combat par des

fanatiques, par des conspirateurs, par des hommes familiarisés avec la théorie de l'assassinat politique. Plus d'un Marat subalterne lui soufflait déjà dans l'ombre ses inspirations sanguinaires; mais le délire même de ce peuple en armes, abandonné à son propre génie, dans l'ivresse de la victoire, ne trahit que le secret de sa grandeur. L'idéal de la République, longtemps caché, enfoui dans son sein, avec une passion jalouse, en sortit pur. Les premières paroles qu'un poëte adressa, au nom du peuple républicain, à la France et au monde, furent des paroles de paix et de concorde.

Le gouvernement provisoire prenait en main la plus belle, la plus religieuse tâche qui soit jamais peut-être échue à des hommes : un peuple fier, courageux, intelligent, soulevé pour défendre le droit, l'honneur, la moralité politique, lui confiait spontanément le soin de ses destinées. Victorieux, il abdiquait sur l'heure même de sa victoire et remettait à des hommes, qu'il jugeait plus capables que lui d'en user avec discernement, un pouvoir qu'il voulait bienfaisant, conciliateur et juste. Ce peuple magnanime n'exigeait qu'une seule chose, mais il l'exigeait avec passion : il voulait que, répudiant un règne anti-national, on reprît sincèrement la tradition de liberté expansive et d'unité qui, depuis les premières origines de notre histoire jusqu'à la révolution de 93, avait de plus en plus cimenté la puissance de la nation française en étendant sa gloire. Il voulait que l'on rendît au pays sa vigueur énervée par de pernicieux enseignements et par des pratiques détestables. Une voix sortie de ses entrailles, une voix qui éveillait des échos jusqu'aux confins du monde, appelait les élus de l'Hôtel de Ville à une entreprise signalée.

Et tout paraissait conspirer à la leur rendre facile. Par un concours extraordinaire de circonstances heureuses, le gouvernement provisoire, bien qu'issu d'une insurrection et investi du pouvoir par une élection tumultuaire, représentait avec éclat toutes les forces légitimes que la raison reconnaît et qu'honore la conscience publique. M. Dupont (de l'Eure) y apportait l'autorité d'une longue vie éprouvée et d'un caractère incorruptible; MM. Arago et de Lamartine, l'illustration de la science et de l'art, la noblesse du langage, la délicatesse des mœurs, et cette tempérance des opinions éclairées qui devait, en rassurant les vaincus, aplanir les voies à la réconciliation; MM. Ledru-Rollin et Louis Blanc, avec l'initiative révolutionnaire, la confiance plus intime du peuple. Aucune résistance sérieuse n'était à redouter au dedans, aucune entreprise à craindre du dehors.

Dans la nuit même de son installation, le gouvernement provisoire recevait, par la bouche des maréchaux et des généraux les plus illustres, l'hommage de l'armée. La garde civique, compromise avec le peuple, se voyait en quelque sorte contrainte d'accepter comme sienne une révolution précipitée par son imprudence. Sur un signe du télégraphe, les départements allaient tous passer, en un clin d'œil, de la monarchie à la République. L'empressement sans pudeur des serviteurs de la dynastie à venir saluer cette République qu'ils déclaraient, la veille, plus impossible encore que haïssable, ne découvrait que trop, dans le pays légal, ce néant des convictions au sein duquel se prépare la décadence et se consomme la ruine des pouvoirs caducs. La vieille société quittait la place. La société nouvelle s'inclinait devant ses législateurs.

Considérer à ce point de vue la révolution de février et l'institution de la République, c'est, je ne l'ignore pas, entrer en contradiction complète avec l'opinion commune, qui ne veut plus voir aujourd'hui dans cette révolution que l'habile manœuvre d'une faction, qu'un acte de violence et de traîtrise. Suivant le nombreux parti humilié en février, un ordre donné à propos, un mouvement de troupes mieux exécuté, un prince de plus à Paris, un combattant de moins dans la rue, un orateur absent de la Chambre, et la dynastie était sauvée, et le pays légal reprenait, après un désordre presque insensible, le cours de ses prospérités. L'avenir n'est pas loin qui fera justice de ces frivoles assertions. L'histoire montrera avec évidence que jamais peut-être la surprise, l'accident, l'action personnelle d'un homme, n'eurent moins de part dans le renversement des choses établies. La révolution de 1848 ne s'est faite, il faut bien qu'on le sache, ni par conspiration, ni par connivence, ni par coup de main, ni par guet-apens. La force matérielle, et c'est là le caractère supérieur de cette révolution, n'y eut qu'un jeu très-secondaire. Il n'est pas un chef de parti qui se puisse vanter avec fondement qu'il l'ait conduite ou qu'il eût pu la vaincre.

Le peuple de Paris, en s'emparant de l'Hôtel de Ville et en y proclamant spontanément, malgré la plupart des chefs de la démocratie, le gouvernement républicain, n'a été que l'exécuteur d'un arrêt depuis longtemps suspendu sur le pays légal. La dynastie d'Orléans et la bourgeoisie, qui gouvernaient toutes choses avec une présomption dédaigneuse, et qui n'avaient su voir et sentir que la vie matérielle, que le mouvement en quelque sorte mécanique de la France, n'avaient demandé ni au sentiment religieux, ni à l'honneur national, ni à l'instinct populaire la force morale qui consacre et féconde le droit de souveraineté. La souveraineté leur était ôtée. Quoi de plus simple, de plus aisé à comprendre, de plus conforme à la logique du progrès social et aux lois éternelles de la civilisation.

Dans son rapport immédiat avec le règne de Louis-Philippe, la révolution de 1848 n'a pas d'autre cause ni d'autre explication. Dans son rapport, encore obscur, avec l'avenir, je la considère, on l'a vu, comme une transformation ascendante de la vie morale et matérielle du peuple.

Le gouvernement provisoire et l'Assemblée constituante ont eu en leur puissance tous les moyens imaginables de hâter cette transformation par l'organisation de l'éducation nationale et par l'administration de la richesse publique, réformées selon les principes de l'égalité démocratique.

Mais dix-sept années d'opposition au pouvoir n'avaient pas préparé les radicaux à le posséder. Politiques de tribune, de barreau ou de journalisme, aucun d'eux n'avait ni le caractère, ni le génie de l'homme d'État. Troublés dans leurs conseils, divisés contre eux-mêmes, on les a vus se heurter et trébucher à chaque pas. Pendant ces contentions et ces discordes, le temps a fui, l'occasion s'est envolée. A l'heure où j'écris ces lignes[1], l'esprit d'aveuglement étend de nouveau sur la France ses sombres ailes. Il appesantit les cœurs; il abat les volontés. Tout est confus, vacillant, inerte et morne. Les meilleurs perdent courage et les pires perdent honte. Cependant les signes prophétiques ne s'effacent point à l'horizon; ils reparaissent, ils se multiplient, ils tiennent en éveil l'âme du peuple. Une défaillance passagère du pays lassé n'étonne ni sa foi, ni sa constance. Refoulée dans les profondeurs, l'idée s'y étend et s'y enracine.

La société, qui se décompose, fertilise à son insu la société qui germe. Pour aller moins vite que le désir, la sagesse des nations n'en fait pas moins sa tâche. La métamorphose s'accomplit. La liberté et la raison en ont le secret. Ouvrières immortelles d'une œuvre divine, elles opèrent silencieusement, avec sûreté, sans jamais suspendre leur travail, la transformation du monde.

[1] En 1850.

DEUXIÈME PARTIE

CHAPITRE XVI

Considérations générales. — L'Hôtel de Ville. — Le drapeau rouge. — Auguste Blanqui. — Abolition de la peine de mort en matière politique.

Le 25 février 1848, Paris s'éveilla aux accents de la *Marseillaise* et connut avec certitude, à la joie des masses populaires, qu'il était définitivement passé de la monarchie à la république.
Un long étonnement accueillit cette nouvelle, que plusieurs refusaient encore de croire, tant elle leur paraissait invraisemblable. Les imaginations se troublèrent; la vague attente de quelque chose d'inévitable, de fatal, paralysa soudain le mouvement et comme la respiration de la grande cité. Aux acclamations du prolétaire triomphant, qui attachait à ce mot de *république* des espérances infinies, la bourgeoisie répondit par un silence où la consternation avait plus de part que le consentement. On eût dit qu'à ses oreilles le son même de ce mot tout chargé d'électricité portait la menace, et qu'elle y entendait gronder de sourdes

colères. Par une puissance étrange, ce mot jetait les uns dans des frayeurs inouïes, les autres dans le délire de l'enthousiasme; chez tous, il suscitait une même pensée : c'est qu'aucune résistance à la révolution n'était imaginable; que désormais le seul maître c'était le destin, et qu'il allait à son gré, sans prendre souci ni conseil des hommes, remuer jusqu'en ses fondements la société ébranlée.

D'où provenait cette fascination exercée sur les esprits par un mot aussi ancien que le monde? Comment le même mot pouvait-il, au même moment, dans le même lieu, éveiller chez une partie de la population de semblables transports et frapper l'autre d'un accablement si morne? Essayons de nous en rendre compte.

Aux yeux du philosophe qui contemple l'idée pure, la république, c'est l'état le plus parfait auquel puisse se tenir une société entrée dans l'âge viril, qui s'affranchit de tutelle et se gouverne elle-même, soumise à la seule autorité légitime : l'autorité de la raison commune, manifestée dans la loi. Expression à la fois permanente et variable des volontés individuelles réduites en volonté nationale, c'est la chose publique confiée à la sagesse publique. Tel se conçoit, dans le domaine abstrait de l'intelligence, l'idéal, la théorie, le principe absolu de l'état républicain.

Dans le cœur du *juste*, de l'homme de bien, la notion de république prend un caractère supérieur encore; elle y devient l'expression du sentiment religieux appliqué aux institutions civiles. Le chrétien, s'il est pénétré de l'esprit de l'Évangile, ne saurait voir dans la république qu'une patrie plus douce et en quelque sorte plus maternelle, établissant dans la famille politique la fraternité de la primitive Église, et répandant avec sollicitude, sans choix ni privilège, sur tous ses enfants, les dons de la Providence.

Dans la mémoire de l'historien, la république apparaît, suivant les temps, les lieux, les mœurs, sous des aspects multiples.

A Sparte, elle est pauvre, guerrière, frugale et rude sous

une étroite discipline. Chez les Athéniens, fille des Muses, elle orne la liberté de mille grâces, et nous séduit jusque dans ses erreurs par les prestiges d'un art immortel. Dans l'ancienne Rome, elle porte à son front l'orgueil des vertus civiques et marche d'un pas assuré à la domination du monde, que les dieux ont promise à la constance de ses desseins. A Carthage, on la voit opulente, avide et spéculatrice. Chez les peuples italiens, en proie à d'inquiets instincts de grandeur, elle semble se jouer des discordes civiles au sein desquelles elle invente ou retrouve la science et la beauté antiques. Au pied du Jura, dans les vallées alpestres, elle demeure stationnaire, presque immobile, à la garde d'un patriciat circonspect. Dans les Pays-Bas, elle se montre grave, persévérante, d'une sagesse qui touche à la grandeur. En Angleterre, pendant sa courte durée, elle s'inspire, à la voix d'un grand homme, de l'esprit des camps et du fanatisme des sectes. Aux États-Unis d'Amérique, enfin, la prodigieuse activité de son industrie et l'instinct puissant de l'association la mettent en possession d'un bien-être social dont aucun peuple du globe n'avait encore pu, jusque-là, se former l'idée.

Ainsi, soit que nous le considérions chez les anciens ou chez les modernes, au sein du paganisme ou du christianisme, l'état républicain tel que nous le retrace l'histoire, tour à tour oligarchique, démocratique, fédératif ou unitaire, catholique ou protestant, guerrier, industriel, maritime ou agricole, admettant ou rejetant l'esclavage, n'implique nécessairement aucun ordre social à l'exclusion d'un autre. On ne le voit soumis à aucune condition particulière d'existence religieuse, civile, politique ou géographique. En vain chercherait-on, aux époques antérieures à la Révolution française, dans les institutions qu'il fonde, dans les hommes qu'il suscite, dans les faits qu'il produit, la raison des enthousiasmes et des épouvantes que nous venons de voir éclater au seul mot de république. C'est, en effet, uniquement dans les souvenirs les plus récents de nos propres annales que s'en trouve l'explication. C'est la République de 1792 et de 1793 qu'il faut interroger, si l'on veut comprendre la perturbation jetée dans les esprits par l'avénement de la République en 1848. Jusque-là, rien dans notre passé qui préjugeât très-fortement ni pour ni contre l'établissement républicain en France, ou qui dût le faire considérer autrement que comme une conséquence naturelle, un développement probable de notre vie nationale.

On le sait, les principes essentiels de l'institution républicaine, la délibération et l'élection, remontent à l'origine et se perdent dans l'obscurité de nos traditions. Après les assemblées des Gaulois et des Germains, sources primitives de notre droit historique, l'organisation presbytérienne et l'esprit démocratique de la primitive Église rétabli et ravivé par le protestantisme, le régime municipal et communal, les états généraux, les parlements, les fondements grecs et latins de notre éducation universitaire, nos libres penseurs de tous les siècles, le jansénisme de Port-Royal, le mysticisme symbolique de la franc-maçonnerie, ne cessent d'entretenir, au sein de la France féodale et monarchique, un ferment d'indépendance et comme un foyer de vertus républicaines que les rois parviennent à couvrir de cendres, mais qu'ils n'étouffent jamais entièrement, et d'où jailliront, aux jours les plus asservis, de vives étincelles.

Ainsi, au moment même où la gloire de Louis XIV subjugue le pays à ce point qu'il en vient à confondre le patriotisme et l'honneur avec la soumission aux caprices du prince, quand le droit divin semble avoir absorbé en lui tous les autres droits, debout, au pied du trône, Fénelon évoque l'image d'une république idéale, dont la méditation du génie antique et la pratique de l'apostolat chrétien lui ont révélé les lois. Sous le règne de la Pompadour, Montesquieu proclame, aux applaudissements de son siècle, que la vertu est le principe de l'état républicain. Avec lui et après lui, au plus fort des abus, des déportements, des insolences d'une cour sans frein, les philosophes, les légistes, les historiens, les savants, les politiques, travaillent de concert à établir dans la conscience publique la souveraineté de la raison et l'égalité des droits. Et leur commun effort s'adresse à des esprits si bien préparés, la résistance des préjugés est si faible, si vaine, que, trente ans après, quand le démocrate Franklin vient demander à la France son or et sa flotte pour soutenir les colonies insurgées, il trouve un roi, des ministres, une cour, que la révolte républicaine n'étonne ni n'indigne, et qui se jettent avec enthousiasme dans cette grande aventure de l'esprit de liberté.

Est-il besoin de rappeler combien fut restreinte et impopulaire, en 1789, l'opposition à la convocation des états généraux? Quelques privilégiés, des princes du sang royal, des familiers de Versailles, protestent seuls contre la masse du pays qui reconnaît et salue dans l'Assemblée envoyée par le suffrage universel une institution sortie des entrailles de la société française, monarchique d'intention et de langage, il est vrai, mais virtuellement républicaine, de telle sorte que, bientôt, sans le savoir, sans le vouloir, embarrassée d'un roi inutile, n'en sachant que faire, de malentendu en malentendu, d'hypocrisie en hypocrisie, d'inconséquence en inconséquence, ses décrets et ses discussions nécessitent la fuite à Varennes.

A ce moment, la pensée d'une république immédiatement réalisable s'empare de l'opinion; la presse quotidienne prend l'initiative et prononce le mot. L'écho populaire lui répond. « La république s'exhale de partout, » s'écrie avec transport une femme qui va bientôt périr victime de sa foi républicaine. L'heure semble venue; la circonstance est propice. Les idées pressent les événements; les esprits sont disposés, les principes acceptés, les formules prêtes. Que le roi quitte le sol, que sa noblesse de cour le suive, s'il lui plaît, la France émancipée ne s'en troublera guère. D'un accord unanime, bourgeois et prolétaires défendront, maintiendront le droit, et poursuivront sans s'arrêter l'œuvre de la transformation sociale. Mais un zèle funeste ramène le roi captif. L'Assemblée s'émeut; le sens politique l'abandonne. Elle s'engage avec le roi contre le peuple, avec le passé contre l'avenir, avec la monarchie contre la république. La bourgeoisie, à son exemple, hésite; une scission fatale s'opère au Champ de Mars. Le sang coule… Dès lors, la libre et régulière métamorphose des institutions devient impossible. L'obstacle qui se dresse de toute sa hauteur défie le génie du siècle et provoque un effort désespéré. Cet effort exalte les têtes. Les idées sont entraînées par les passions; les passions, à leur tour, éveillent les instincts; les instincts s'arment d'une logique implacable. Ce qu'il y a de brutal dans les instincts et d'absolu dans la logique ne veut plus compter ni avec le temps ni avec les hommes. L'instinct de l'aristocratie en détresse pousse un cri vers l'étranger. L'instinct de l'égalité démocratique tue le roi de l'aristocratie. La République française est fondée, mais par violence et dans le sang français. Dès ses premiers pas, elle est jetée hors de ses voies. Fille de l'Évangile et de la philosophie, c'est sa grandeur, et ce sera sa perte d'être incompatible avec la tyrannie des instincts. Elle ne saurait régner par la terreur. Il ne lui sied pas, comme à ces empereurs romains, de placer sur sa poitrine la tête de Méduse. L'esprit même de son institution, qui exalte la dignité de la personne humaine et rend la vie de l'homme plus sacrée pour l'homme, la condamne à périr. En abattant des têtes, elle paraît plus criminelle que les monarchies, par cela seul qu'elle agit contrairement à son principe. Pendant trois ans elle a beau accomplir des prodiges et tenter avec une audace inouïe de fixer dans les lois les plus sublimes aspirations de l'âme humaine, rien ne peut la soustraire à la fatalité de son origine. Tout ce qu'elle déploie de génie et d'héroïsme reste vain. Il faut qu'elle meure, parce qu'elle a forfait à sa nature, et que l'impassible nature des choses l'emporte toujours, à la longue, sur la passion humaine. De convulsion en convulsion, elle tombe bientôt épuisée, laissant au monde frappé de stupeur, et qui la méconnaît parce qu'elle s'est méconnue elle-même, un nom glorieux et maudit, un testament mystérieux, inachevé, tracé en caractères de sang. Ce testament, est-ce une promesse, est-ce une menace? Est-ce une bénédiction, est-ce un anathème? Est-ce un sophisme inhumain, est-ce une vérité divine? Est-ce le testament de la Gironde, celui de la Montagne, celui de la Commune? Est-ce le testament de Condorcet, de Danton, de Robespierre, de Marat, de Babeuf?

Quand Paris vit soudain reparaître sur ses murailles les trois paroles sacramentelles du testament républicain : « *Liberté, égalité, fraternité,* » chacun se fit à soi-même ces questions terribles. Mais vaincus ou vainqueurs, bourgeois ou prolétaires, républicains ou royalistes, tous étaient hors d'état d'y répondre. Dans la déroute complète des forces matérielles et morales de la société constituée, tout semblait à la fois probable et impossible. C'est pourquoi, la raison se taisant, l'imagination, qui se joue de tout, promenait ses fantômes et ses chimères sur la place publique.

Le gouvernement provisoire, en proclamant un peu malgré lui, sous la pression de la victoire populaire, la république démocratique, faisait-il donc, comme on le lui a reproché plus tard, un acte arbitraire, intempestif, contraire à l'opinion véritable du pays? Je n'hésite pas à affirmer que non. Toute autre conduite, en l'admettant possible, eût été souverainement inintelligente des nécessités du temps, au rebours, si ce n'est des volontés explicites de la nation, du moins de ce vœu muet qui ressort pour l'homme d'État de l'ensemble des idées, de la situation des partis, et surtout du caractère général donné par les mœurs à une époque historique.

Examinons quel était ce caractère à la fin du règne de Louis-Philippe.

Répandu sur toute la surface du sol, attaché à une terre

qu'il doit à la révolution, le paysan qui a entendu de loin s'élever des barricades et crouler des trônes, qui a vu passer empereurs et rois fuyants, qui a assisté, dans l'église de son village, à des *Domine salvum* pour toutes sortes de souverains dont pas un n'a été sauvé, le royaliste de l'Ouest et du Midi abandonné de ses princes, le bonapartiste de l'Est et du Nord ruiné par les invasions étrangères, tous ont profité de ce cours éloquent de philosophie historique. Aujourd'hui, le paysan prend peu de souci des dynasties et reste indifférent aussi bien au droit divin qu'à la légalité constitutionnelle. Le gouvernement, dépouillé de son caractère sacré, est devenu pour lui une machine administrative qui ne saurait lui inspirer ni amour ni haine, car il n'entre en rapport avec elle que par l'impôt. Quant aux classes supérieures, bourgeoisie ou noblesse, c'est à peine s'il en fait la différence. Quitte de toute obligation envers l'une comme envers l'autre, sachant très-bien qu'il n'a plus à attendre d'elles ni injures ni bienfaits, il voit dans le seul lien qui le rattache à leur existence, le fermage, deux intérêts opposés, en lutte constante. Le plus bas fermage et l'impôt le moins lourd seront les marques auxquelles il reconnaîtra le meilleur gouvernement. Si le paysan n'a pas, à proprement parler, de principes républicains, son intérêt du moins le pousse, et très-fortement, au progrès de l'égalité démocratique.

La bourgeoisie, grande et petite, bien qu'elle soit opiniâtrément revenue à trois reprises, depuis 1789, au système anglais de la monarchie représentative, par suite de l'insuccès réitéré de ses expériences, a perdu confiance dans ses théories politiques. Elle commence à comprendre que la logique du bon sens français s'accommode mal des fictions du régime parlementaire, et que perpétuer, sous une autre forme, la vieille lutte entre le sang royal et l'esprit des communes n'est pas une œuvre de bien haute sagesse, ni propre à donner au pays la stabilité dont il a besoin pour l'accroissement de sa richesse industrielle.

Au sein de l'ancienne noblesse, il convient, pour être équitable, de distinguer deux fractions différentes : l'une, que l'on pourrait appeler la noblesse bourgeoise, tant par son contact fréquent avec la bourgeoisie elle a laissé s'émousser son caractère propre; l'autre restée plus fière et fidèle aux traditions. La première, ralliée à la royauté de la branche cadette, peu considérée aussi bien dans les rangs qu'elle quittait que dans ceux où elle venait faire nombre, sans autorité morale, sans intelligence politique, mérite à peine de nous occuper un moment. Ses opinions ne valent pas d'être comptées dans l'appréciation de l'état des esprits. On ne pourrait pas dire qu'elle fût absolutiste, constitutionnelle ou républicaine. Elle était égoïste jusqu'au cynisme. Aucun gouvernement n'avait à attendre ou à craindre d'elle un appui efficace ou une résistance sérieuse.

La noblesse légitimiste gardait intacte, il est vrai, sa foi monarchique, mais sans espérances prochaines, sans illusions sur les personnes royales, sans éloignement pour l'émancipation du peuple par le suffrage universel. Son sentiment le plus vivace était sa rancune contre la branche cadette; rancune poussée si loin qu'elle se réjouit de la révolution et déclara spontanément que non-seulement elle n'apporterait point d'entraves à l'établissement de la République, mais encore que son honneur, qui l'avait tenue éloignée d'un trône illégitime, ne lui défendrait point de servir le gouvernement de la nation par la nation elle-même. D'accord en cela avec la majeure parti du clergé qui tendait à isoler sa cause de celle des maisons royales, parce qu'il espérait profiter de la liberté pour ressaisir l'empire des âmes, la noblesse légitimiste se plaisait à voir la justice de Dieu et sa propre vengeance dans la victoire populaire.

Un sentiment analogue animait le parti bonapartiste. Riche et actif, mais effacé alors, amoindri par le ridicule des expéditions de Strasbourg et de Boulogne, ce parti d'origine et de pratique révolutionnaires, dont le chef était dans l'exil et qui comptait sur le prestige d'un nom glorieux, avait tout à gagner, et n'avait rien à perdre à l'institution de la république démocratique.

L'armée, depuis la première révolution, obéissait instinctivement à ce principe qu'elle appartenait au pays; que son devoir unique, c'était, quelle que fût la forme du gouvernement, de défendre le territoire.

Dans la succession rapide des pouvoirs politiques, la magistrature s'était pareillement désintéressée des questions de personnes. Ainsi, les classes, les partis, les corps constitués, tout ce qui tenait au sol par la propriété, à l'État par les fonctions, en était arrivé à une indifférence presque égale pour les formes de la vie politique. La grande majorité de la nation restait passive; elle ne sentait plus en elle aucune force d'initiative, parce qu'elle n'avait plus aucune foi.

La foi politique s'était réfugiée au sein de la classe ouvrière; là, elle était vive et profonde. Plus lettré que le paysan, moins matérialiste que le bourgeois, l'ouvrier des villes rattachait ses intérêts à des idées. La presse quotidienne l'avait initié, bien ou mal, aux débats parlementaires; il avait retenu la notion du droit et les principes égalitaires de la Révolution française. Comprenant que les destinées de la royauté sont liées à celles du clergé et de la noblesse, et que jamais la cause du peuple ne serait prise à cœur que par le peuple lui-même, il n'entendait plus commettre à d'autres le soin de ses affaires. Il voulait être citoyen. Par sa capacité, par son sentiment de justice et par son patriotisme, il avait depuis longtemps le droit de l'être. L'ouvrier des villes appelait de tous ses vœux la république.

Mais quelle république voulait cette minorité énergique, et jusqu'où s'étendait à cet égard son droit d'initiative? En d'autres termes, quelle interprétation le gouvernement provisoire devait-il donner à la formule républicaine pour en faire la règle de l'ordre nouveau qu'il s'était chargé d'établir?

Dès les premières heures de la révolution, pendant que durait encore l'accord apparent des classes dans la soumission ou l'adhésion à la République, on aurait pu entendre, si l'attention n'avait été troublée par la peur chez les uns, par l'enthousiasme chez les autres, deux cris distincts. A la bourgeoisie, qui criait bien haut : « Vive la *république démocratique,* » le prolétariat répondait par un autre cri, peu accentué dans l'origine et qui ne semblait qu'un pléonasme, mais qui s'accusa bientôt et se différencia de plus en plus. L'ouvrier criait : « Vive la république démocratique et SOCIALE. »

Le premier de ces cris exprimait une idée très-claire et comprise de tous. Que la république dût être *démocratique*, personne n'y contredisait. La monarchie de Louis-Philippe n'avait été qu'une démocratie inconséquente; les événements venaient de le démontrer surabondamment. Faire justice de cette inconséquence en ôtant de l'institution politique le chef héréditaire; sortir enfin, après trois expériences concluantes, des subtilités de la royauté parlementaire; détruire, par l'établissement du suffrage universel et par l'élection à tous les degrés de la hiérarchie politique, les derniers vestiges du privilége, ce n'était pas là une entreprise téméraire. La révolution, sur tous ces points, n'était pas en contradiction avec le sentiment du pays. La république démocratique avait été suffisamment préparée dans les mœurs.

Quant à la révolution que le peuple appelait sociale, c'est-à-dire aux changements à apporter dans les relations du capital et du travail, dans la définition du droit de propriété et dans sa discipline, dans l'application de ce principe fondamental des constitutions démocratiques : « la société doit à tous ses membres la sécurité de l'existence, » la conscience publique était encore d'une part à l'état d'ignorance profonde, de l'autre à l'état d'aspiration confuse. Il n'appartenait à aucun gouvernement, si révolutionnaire qu'il fût, de violenter, par des lois arbitraires, l'action du temps. Aussi la classe ouvrière ne le prétendait-elle pas. Les différents chefs d'écoles socialistes, hormis un seul, ne se faisaient sur ce point aucune illusion. Le peuple ne demandait pas au gouvernement d'opérer en sa faveur des miracles; il ne voulait qu'un gage de bonne volonté, la certitude qu'on allait enfin penser à lui, reconnaître qu'il méritait un sort meilleur, chercher sincèrement les moyens de le lui procurer. Ce peuple fier, intelligent, porté à l'héroïsme, n'écoutait pas, quoi qu'on en ait dit, les suggestions de quelques terroristes plagiaires. Il ne voulait ni spoliation, ni exil, ni cachot, ni guillotine. Le peuple de 1848 ne ressemblait au peuple de 1792 que par le patriotisme et le courage. Ce n'était plus, comme dans cette première victoire de la démocratie, l'esclave exaspéré par de longues tortures, brisant ses chaînes dans un accès de frénésie et courant à des vengeances aveugles; c'était l'enfant oublié, déshérité, qui demande à rentrer dans la famille sociale, non pour y porter la discorde ou pour y vivre aux dépens de ses frères, mais pour y travailler avec eux à la prospérité commune.

Et pour qu'il en fût ainsi, que fallait-il? Favoriser, au lieu de le comprimer, le mouvement naturel de la société vers l'égalité, par l'éducation, par l'impôt, par l'association, par tous les modes de protection que l'État doit à la faiblesse contre la force, à la pauvreté contre la richesse; reconnaître que les droits à acquérir sont aussi sacrés que les droits acquis; ouvrir les plus larges voies à cet instinct des masses qui cherche confusément l'organisation et la vie; en un mot, dégager des agitations factices d'une démagogie sans idées, la pensée vague encore mais juste et le vœu légitime du peuple.

Si la République de 1848 n'a point été fondée sur ses véritables bases, si la démocratie s'agite encore aujourd'hui si misérablement entre deux menaces de despotisme également contraires à sa nature, la raison n'en est pas, comme on l'insinue, dans l'incompatibilité du génie français avec les institutions républicaines, moins encore dans l'amour de la nation pour la royauté et pour l'aristocratie. Il en faut chercher la cause principale dans l'ignorance où les classes lettrées et riches sont demeurées à l'égard du peuple, et dans la fausse idée qu'elles ont conçue des exigences du prolétariat. Troublées par la vague conscience des devoirs auxquels elles avaient failli pendant les deux derniers règnes, elles ont cru à des ressentiments sans pitié et à des appétits insatiables. Le fantôme de 93 est apparu à leur âme en détresse. Elles n'ont vu, dans ces grandes masses soulevées au nom de la justice, que la turbulence de quelques factieux, dont les clameurs insensées ne valaient pas tant d'alarmes, car elles allaient se briser d'elles-mêmes contre la fermeté de la raison populaire. Elles ont confondu, pour ne s'être point assez rapprochées du peuple, l'esprit de secte avec le progrès même de la civilisation, le terrorisme avec le socialisme, les convulsions d'un babouvisme et d'un jacobinisme expirant avec les efforts légitimes du prolétariat pour entrer dans l'organisation sociale.

Et le gouvernement provisoire, composé d'éléments hétérogènes, désuni dès la première heure, tiraillé en tous sens, hésitant entre le peuple et la bourgeoisie, cédant, sans convictions arrêtées, tantôt à l'une, tantôt à l'autre, n'osant ni regarder hardiment en avant, ni retourner en arrière, s'est vu réduit à pratiquer une politique d'expédients, sans grandeur et sans force. Il a réussi, il est vrai, à éluder le conflit des intérêts et à retarder la guerre civile, mais sans semer le moindre germe de conciliation, et en laissant subsister dans tous les esprits le malentendu, le soupçon, l'anarchie morale qui avaient causé la chute de la royauté, et dont l'institution républicaine devait effacer la trace.

Il était midi environ. Depuis la veille au soir, Paris était au pouvoir du peuple. Les barricades, gardées par les plus intrépides entre les combattants, interceptaient les communications et tenaient isolé, dans une anxiété extrême, tout ce qui n'appartenait pas au mouvement révolutionnaire. Les soldats, désarmés, débandés, ou cernés dans leurs casernes, ne pouvaient plus rien. Les gardes nationaux essayaient timidement, en se mêlant à la multitude, de prévenir par leurs exhortations les désastres que l'effervescence générale semblait présager. Les bruits les plus sinistres se répandaient et trouvaient créance. A la bougeoisie atterrée, on disait que des hordes de malfaiteurs, délivrés des prisons, portaient partout l'incendie et le pillage; les Tuileries et le Palais-Royal, assurait-on, étaient déjà dévastés de fond en comble; les musées, les bibliothèques, étaient la proie de nouveaux Vandales. Paris allait souffrir tous les outrages et toutes les atrocités que subit une ville prise d'assaut. Des rumeurs d'une autre nature couraient de barricade en barricade. La duchesse d'Orléans et ses fils n'avaient pas quitté Paris. Le maréchal Bugeaud, le général Trézel et les princes, restés dans Vincennes, marchaient sur les faubourgs, que les forts allaient bombarder. Une conspiration pour la régence se tramait au sein même du gouvernement provisoire; une Saint-Barthélemy des républicains montagnards était concertée entre les royalistes du dehors et les girondins de l'Hôtel de Ville : tels étaient les propos qui semaient partout le soupçon. Le peuple, inquiété, excité par l'insomnie, par l'ivresse d'une victoire inespérée, à tel point qu'il ne la tenait pas encore pour certaine, affluait de toutes parts vers la place de Grève, et s'y amassait en flots pressés d'où s'élevait une clameur inarticulée, mais formidable.

L'Hôtel de Ville, envahi par la multitude, présentait un spectacle d'une inexprimable confusion. Des courants et des contre-courants d'hommes bizarrement armés d'armes de rencontre, piques, couteaux, fusils, sabres et baïonnettes, et qui paraissaient en proie à une sorte de vertige se choquaient et se mêlaient dans les cours, sur les escaliers, dans les galeries, sous les voûtes, où retentissaient des coups de feu tirés à l'aventure par des enfants ou des gens ivres. Plusieurs, animés de cet instinct d'ordre que ne perd jamais, même dans ses plus grands entraînements, la population parisienne, gardaient les canons, mèche allumée, et, se plaçant en sentinelle au bas des perrons, devant les entrées principales, s'efforçaient, par des discours pleins de sens, d'arrêter, ou du moins de contenir les invasions de la foule.

À chaque instant, cette foule se rangeait d'elle-même, et, se découvrant pieusement, livrait passage à des brancards ou à des cercueils qui, des points les plus éloignés de Paris, amenaient des morts et des blessés à ce gouvernement sans nom, sans pouvoir, né à peine, auquel, par un penchant invincible du caractère français, on remettait déjà tous les soins et tous les embarras de la vie civile. La vaste salle Saint-Jean recevait les cadavres qu'un prêtre veillait en silence et qu'honorait un *poste des morts;* tandis que, tout près de là, dans les salons somptueux destinés aux fêtes de la ville, des bandes de prolétaires se répandaient pêle-mêle, foulaient de leurs pieds nus les tapis d'Aubusson, se jetaient harassés sur les sièges de velours, étonnaient de leur aspect inculte, de leurs visages hâves, de leurs vêtements en lambeaux, de leurs regards curieux ou farouches, les glaces splendides où se répétaient naguère à l'infini les élégances d'une société qui n'avait jamais vu que de loin la misère.

À l'extrémité d'un long couloir, dans un cabinet encombré déjà de solliciteurs, d'importants, de déserteurs de la royauté, de cette tourbe vile qui pullule dans toutes les antichambres et apporte à tous les souverains, quels qu'ils soient, l'hommage de ses lâchetés, un petit nombre d'hommes étrangers l'un à l'autre, surpris de se trouver ensemble, essayaient, en vertu d'une autorité dont eux-mêmes n'avaient pas le secret, d'arracher au hasard des événements la société éperdue. De braves jeunes gens, accourus de l'école de Saint-Cyr et de l'école polytechnique, des écoles de droit et de médecine, formaient autour du gouvernement provisoire une sorte de garde volontaire, et portaient par la ville ses ordres, ses proclamations, ses décrets. Dans un cabinet voisin, la mairie de Paris tentait de se reconstituer, et entrait en fonctions par d'urgentes mesures administratives. A deux pas de là, séparés seulement par l'épaisseur d'une cloison, une douzaine d'individus, se disant *délégués du peuple*, s'installaient en permanence et tenaient conseil, le sabre au côté, le fusil chargé sur l'épaule, pour savoir s'ils toléreraient, soutiendraient ou chasseraient un gouvernement d'origine suspecte.

Cependant les heures marchaient. L'agitation, en se prolongeant, prenait un caractère plus déterminé. Une partie du peuple demandait à grands cris qu'on le conduisît à Vincennes pour désarmer la garnison, tandis qu'une autre partie, se formant en groupes autour de quelques chefs, paraissait, à son animation extraordinaire, concerter un nouvel assaut de l'Hôtel de Ville. On voyait, depuis quelques instants, des hommes accourus comme à un signal, distribuer avec une activité extrême, en haranguant la foule, des ceintures, des brassards, des cocardes rouges. Aux fenêtres, et jusque sur le toit des maisons qui entourent la place, des drapeaux rouges paraissaient et provoquaient des acclamations bruyantes. Le conseil s'alarma de ces démonstrations dont il ne devinait pas le but; il envoya sur la place des émissaires, qui revinrent presque aussitôt, épouvantés de ce qu'ils avaient entendu. Le gouvernement, dirent-ils, allait tout à l'heure être sommé, au nom du peuple, de faire descendre le drapeau tricolore, et d'arborer le drapeau rouge. En cas de refus, on devait s'attendre aux dernières violences.

La chose était grave et méritait qu'on y réfléchît mûrement. Mais à la réflexion le temps manquait. Les clameurs de la place, l'expression des physionomies, le choc des armes dans les salles voisines, tout commandait de se hâter. Il fallait saisir d'instinct le caractère et la portée d'un acte qui n'avait pu être ni prévu ni mesuré. Pour des imaginations exaltées au plus haut degré par la grandeur et la rapidité des événements, le signe extérieur par lequel on proclamerait l'avénement de la République prenait une importance extrême. Les membres du gouvernement étaient dans la perplexité la plus grande. Était-ce un vœu légitime et véritablement populaire qui allait leur être apporté? N'était-ce, au contraire, que l'expression d'une volonté factice, soufflée à la foule par d'obscurs meneurs? Terrible question pour des hommes devenus à l'improviste le centre d'un mouvement dont personne encore ne comprenait bien toute l'étendue! Leur vie et leur honneur étaient intéressés dans ce conflit. On leur doit ce témoignage qu'aucune faiblesse ne se trahit néanmoins, malgré leur incertitude, ni dans leurs paroles, ni dans leur accent. Dans les deux opinions qui s'élevèrent, si l'intuition de ce que devait être la révolution fut différente, il y eut égal courage, égale loyauté, égal patriotisme.

En ce moment, le conseil n'était pas au complet, MM. Dupont (de l'Eure) et Arago, épuisés des fatigues de la veille, étaient restés au sein de leur famille. M. Ledru-Rollin, après avoir été prendre possession du ministère de l'intérieur, de retour à l'Hôtel de Ville, n'avait pu parvenir à fendre le flot populaire. Après d'inutiles efforts pour se faire reconnaître et se frayer un passage, il s'était vu contraint de chercher un refuge dans la loge du concierge, où, seul et sans aucune communication avec ses collègues, il entendit, pendant trois heures, gronder une insurrection dont il ne devinait ni la cause ni le but[1]. MM. de Lamar-

[1] M. Ledru-Rollin se rendait si peu compte de la passion qui mettait cette multitude en mouvement, qu'on l'entendit, à plusieurs reprises, exprimer son étonnement de ce que l'on n'allait pas briser les presses royalistes. Cet épisode, qui a passé inaperçu, ne figure-t-il pas d'une

tine et Louis Blanc soutenaient avec animation deux avis opposés, entre lesquels hésitaient MM. Marie, Crémieux et Garnier-Pagès. M. Louis Blanc se prononçait pour le drapeau rouge. Plus en rapport que ses collègues avec les ouvriers qui formaient le véritable nerf de la révolution, M. Louis Blanc savait que le motif de ce changement de couleur n'avait rien de répréhensible. Il n'ignorait pas, ce que M. de Lamartine reconnut plus tard, que ce n'était pas pour eux un *symbole de menaces et de désordre*[1], mais seulement un signe nouveau pour une institution nouvelle. Le règne de Louis-Philippe, la paix à tout prix, les bassesses du pays légal, avaient, aux yeux d'un grand nombre d'entre eux, enlevé tout prestige au drapeau tricolore. Ceux-ci voulaient, en le quittant, marquer avec éclat qu'ils répudiaient dix-sept années d'un gouvernement corrupteur; ou, plus simplement encore, ils entendaient garder après la victoire le drapeau du combat. L'abolition de la royauté, l'union politique de toutes les classes par le suffrage universel, l'établissement d'une république démocratique, n'était-ce pas là, d'ailleurs, disait M. Louis Blanc, des choses assez grandes et assez nouvelles pour réclamer un symbole qui leur fût propre? Par un instinct dont l'explication se trouverait peut-être dans une des plus secrètes lois de la nature, le peuple souverain revêtait la pourpre pour son joyeux avénement; il choisissait pour exprimer son triomphe la couleur la plus éclatante. Sans connaître l'histoire, il imitait les souverainetés spirituelles et temporelles des temps passés, l'Église et l'Empire[2]. Il n'y avait

---

manière bizarre la rapidité avec laquelle les révolutions populaires échappent à leurs premiers chefs, et combien ceux-ci en méconnaissent vite le sens et le caractère?

[1] Voir le compte rendu de M. de Lamartine à l'Assemblée constituante (séance du 6 mai 1848).

[2] On sait que la pourpre a été de tous temps, chez tous les peuples, affectée aux honneurs suprêmes. L'Église considère le rouge comme l'emblème de *l'ardente charité*. Elle le consacre spécialement, dans sa liturgie, aux fêtes commémoratives des martyrs, et à cette adoration

rien que de naïf et d'honnête dans l'impulsion qui le faisait agir. A ces considérations tirées du sentiment et de la circonstance, M. Louis Blanc en mêlait d'autres qu'il empruntait à l'érudition, et qui n'étaient pas de nature à faire autant d'impression sur les esprits. Il parle de l'étendard des Gaulois, de l'oriflamme. Il explique que le drapeau tricolore, adopté en 1789 par la Fayette, au retour de Versailles, exprimait la coexistence des trois ordres sous le patronage de la royauté constitutionnelle, et ne pouvait plus convenir à l'unité républicaine. En présence d'une réalité si pressante, c'étaient là des arguments un peu subtils. La question était ailleurs. Il s'agissait uniquement de savoir ce que signifierait, dans les circonstances actuelles, l'adoption d'un signe nouveau; de quelles prétentions il serait le point de départ pour ceux qui le réclamaient; quels sentiments il ferait naître chez ceux qui l'avaient en appréhension. C'est à cet ordre d'idées que M. de Lamartine emprunta des objections qu'il fit valoir, son adversaire en convient lui-même, avec beaucoup de force [1]. Frappé plus que son jeune collègue du danger de donner un gage aux factions, craignant par l'abandon du drapeau tricolore de froisser l'armée et de laisser au parti orléaniste un signe glorieux de ralliement, M. de Lamartine exprima ses scrupules et ses craintes de manière à tenir en suspens l'avis du conseil. Cependant l'impossibilité complète où l'on se voyait d'opposer une résistance sérieuse à la volonté populaire qui s'accusait de plus en plus par l'intensité de ses clameurs, et surtout la pensée du sang qui allait couler peut-être pour une contestation de pure forme, finirent par l'emporter. Déjà l'on préparait un drapeau rouge, quand l'un des ministres, M. Goudchaux, entra précipitamment dans la salle des délibérations, et, protestant avec véhé-

---

du mystère suprême de l'amour divin qu'elle nomme par excellence la *Fête-Dieu*.

[1] Voir *Appel aux honnêtes gens*, par M. Louis Blanc.

inence contre le terrorisme qui, disait-il, frappait aux portes et n'attendait qu'un premier triomphe pour imposer à la France sa dictature sanguinaire, il conjura ses collègues de ne point faiblir. Sa voix était émue, sa parole chaleureuse; il raffermit de son accent énergique l'opinion un moment ébranlée de M. de Lamartine, et ranima dans tous les cœurs la résolution de maintenir à tout prix le drapeau tricolore. M. Louis Blanc lui-même céda; soit que la violence de l'insurrection eût fait naître dans son cœur fier et honnête quelques doutes, soit qu'il se souvînt d'avoir, en d'autres temps, flétri d'une plume sévère une tentative analogue[1]. Seulement, par transaction et pour ne pas heurter de front ce qu'il affirmait toujours être le vœu général du peuple, M. Louis Blanc, en rédigeant le décret qui déclarait que *le drapeau national était le drapeau tricolore*, obtint d'y ajouter la phrase suivante : « Comme signe de ralliement et comme souvenir de reconnaissance pour le dernier acte de la révolution populaire, les membres du gouvernement provisoire et les autres autorités porteront la rosette rouge, laquelle sera placée aussi à la hampe du drapeau. »

Alors, M. de Lamartine, qui déjà à plusieurs reprises avait paru aux fenêtres de l'Hôtel de Ville pour tenter de conjurer la tempête, résolut, au péril de ses jours, de descendre, en fendant une foule compacte et toute hérissée d'armes, jusqu'à l'entrée de la voûte principale, d'où sa voix sonore retentirait peut-être avec assez de force pour être entendue sur la place. Là, entouré, pressé, poussé, étouffé, menacé de mort par l'inadvertance, la passion, la folie ou l'ivresse de ces hommes hors d'eux-mêmes, M. de Lamartine, calme, imperturbable, ne perdit pas un instant, et c'est ce qui le sauva, le sentiment de l'ascendant que donne sur les passions impersonnelles et irresponsables de la multitude une volonté qui a conscience d'elle-même.

[1] Voir *Histoire de dix ans*, t. III, p. 278, 7ᵉ édit.

Tantôt se livrant à l'inspiration, comme s'il n'eût entendu au sein de cet épouvantable rumeur que la voix de la muse, tantôt silencieux, les bras croisés sur sa poitrine, laissant planer son œil confiant et doux sur des visages crispés par la colère et désarmant d'un sourire les soupçons les plus farouches, il soutint, sans faiblir une minute, une lutte presque surnaturelle. L'électricité révolutionnaire, dont son organisation nerveuse s'était tout imprégnée depuis vingt-quatre heures, son attitude fière, l'abondance et la souplesse de sa parole, tour à tour impérieuse ou caressante, exerçaient sur le peuple une séduction à laquelle les plus endurcis cherchaient vainement à se soustraire. Vingt fois, pendant ces heures critiques, la vie de Lamartine dépendit d'un mot, d'un regard. Un instant, on vit osciller au-dessus de sa tête une hache dont l'éclair sinistre arracha à la foule un cri d'effroi. Soit qu'il ne l'eût pas aperçue, soit que, toujours maître de lui, il sentît que cet incident déterminait en sa faveur un mouvement sympathique dont il fallait se hâter de profiter, Lamartine pressa sa parole et prodigua, dans un effort suprême, toutes les ressources d'une éloquence consommée. Il sut captiver, attendrir le peuple au récit des prodiges opérés pendant ces trois jours; il l'exalta au tableau de sa propre grandeur; et quand, par un heureux tour oratoire, il opposa *le drapeau rouge, faisant le tour du Champ de Mars traîné dans le sang du peuple, au drapeau tricolore faisant le tour du monde, et portant partout le nom et la gloire de la patrie*, une immense acclamation de ce peuple artiste lui apprit qu'il demeurait vainqueur. Un prolétaire en haillons, la poitrine nue, saignante encore d'une récente blessure, se jeta dans ses bras et l'étreignit en pleurant.

Tout fut dit. La tempête s'apaisa. Le drapeau rouge, qui flottait aux mains de la statue d'Henri IV, fut enlevé aux cris de « Vive la République ! » Le drapeau tricolore se releva; les meneurs disparurent. Le peuple, qui n'avait alors que des pensées de paix, se persuada pour un moment qu'il s'était trompé; après avoir salué Lamartine de mille vivat, il s'écoula peu à peu et rentra dans ses foyers en chantant la *Marseillaise*. La lutte n'avait pas duré moins de huit heures.

Cette première victoire de l'Hôtel de Ville sur la place publique ne fut immédiatement comprise que d'un très-petit nombre. La plupart ne voyaient, dans cette question de drapeau qu'une chose en soi de médiocre importance [1]. Beaucoup, même dans les rangs de la bourgeoisie, avaient pris et portèrent encore pendant plusieurs jours la rosette rouge à la boutonnière, tant il paraissait naturel qu'un changement de gouvernement amenât un changement dans les insignes. Personne ne se doutait, dans Paris, qu'il dût y avoir au fond de cette discussion sur les couleurs la guerre civile. Elle n'y était pas en effet alors, on ne saurait trop le redire. Comme il arrive presque toujours, les évènements qui suivirent accusèrent profondément des différences très-peu sensibles à l'origine.

Si, par suite d'une réaction aveugle contre l'esprit de la révolution, le drapeau rouge et le drapeau tricolore signalent aujourd'hui deux camps hostiles, le 24 février, ils n'indiquaient que deux tendances à peine divergentes. L'union des classes n'était pas rompue. La bourgeoisie, par les banquets de l'année 1847, avait donné l'impulsion au mouvement révolutionnaire; la garde nationale, pendant les trois jours, avait d'abord favorisé, puis très-mollement repoussé l'insurrection. L'ouvrier de Paris, à son tour, n'avait ni insulté ni menacé le *pays légal*. Heureux jusqu'au délire de la proclamation de la République, il ne songeait

---

[1] La *Presse* du 27 février ayant dit : « Le ruban rouge, le ruban du communisme ne se rencontre plus que pour attester son immense minorité, » le journal le *Populaire*, rédigé par M. Cabet, répondit en ces termes : « Nous n'examinerons pas si nos doctrines sont en minorité ou en majorité; mais *nous déclarons qu'il est faux que le drapeau rouge soit le drapeau du communisme.* » Et ailleurs : « Nous approuvons le drapeau tricolore plutôt que le drapeau rouge. » Le *Populaire*, 29 février 1848.

ni au roi, ni aux princes, ni aux ministres, ni aux pairs, ni aux députés. Il oubliait tout, même sa misère, pour se réjouir de pouvoir enfin se montrer tel qu'il était : généreux, doux, humain, dévoué à la patrie.

L'adoption d'un nouveau drapeau, dans des circonstances aussi favorables, n'aurait pas eu le caractère de menace qu'une formidable insurrection lui a donné plus tard. Le gouvernement provisoire, en recevant des mains du peuple victorieux le drapeau des barricades, pouvait à son gré en marquer le sens. Il ne s'engageait point dans les voies d'un terrorisme repoussé par la conscience universelle. Si l'appréciation de M. de Lamartine avait été juste, s'il y avait eu alors dans Paris soixante mille hommes avides de sang et de pillage, ils n'eussent point attendu, pour se donner carrière, le congé du gouvernement. Paris, sans défense, était à la merci des prolétaires. Ils n'avaient besoin de la permission de personne pour saccager et tuer tout à leur aise.

M. de Lamartine s'exagéra le danger. Il grossit en artiste, plutôt qu'en politique, ce qui n'était qu'accident, fièvre passagère. A la vérité, au sein de la masse des prolétaires qui souhaitaient le changement de couleurs par un sentiment très-noble et très-légitime, s'agitaient un petit nombre de factieux, qui s'intitulaient eux-mêmes communistes matérialistes et dont les intentions n'étaient pas douteuses. Ceux-ci voulaient rendre au drapeau rouge le sens que lui avait donné, le 25 juillet 1792, une réunion de fédérés qui prirent le nom de *Directoire de l'insurrection*, et qui avaient inscrit sur leur bannière ces mots : *Loi martiale du peuple contre la rébellion du pouvoir exécutif.*

Ce furent ces révolutionnaires d'un autre temps qui eurent l'initiative de la scène à laquelle nous venons d'assister et qui faussèrent la pensée du drapeau rouge. Mais ces hommes audacieux ne formaient, dans la population parisienne, qu'un groupe isolé dont la violence apparente n'était nullement en rapport avec l'action réelle. Le gouvernement provisoire ne sut pas distinguer d'une vue assez nette la fermentation de quelques esprits surexcités d'avec le mouvement spontané du peuple. Dans son trouble, il grossit l'une et rapetissa l'autre. Le grand essor de la démocratie s'amoindrit pour lui aux proportions d'un complot ourdi dans les ténèbres par un chef habile. Sans tenir compte de la différence des temps et des mœurs, le gouvernement provisoire crut voir dans la personne de Blanqui un nouveau Marat, méditant, du fond de son antre, la destruction et le meurtre. Déjouer et démasquer Blanqui devint sa préoccupation principale. Force nous est donc aussi de donner à cet homme, non pas son importance véritable, mais l'importance exagérée que lui créa la peur. En étudiant, d'ailleurs, cette figure étrange, dès son entrée en scène, à l'occasion du drapeau rouge, nous aurons une mesure exacte pour apprécier la part qu'il convient de faire à l'action du terrorisme dans les événements qui vont se dérouler sous nos yeux, pendant la période révolutionnaire qui commence au 25 février, sur la place de l'Hôtel de Ville, et se termine si fatalement, après les journées de juin, dans les prisons et l'exil.

Auguste Blanqui est né à Nice, en 1805, d'un père qui fut député à la Convention et décrété d'arrestation avec les girondins. Venu à Paris dans les dernières années de la Restauration, avec son frère aîné, Adolphe, tous deux se jetèrent dans le mouvement libéral et restèrent quelque temps ensemble attachés en qualité de sténographes à la rédaction du journal le *Globe*. Mais bientôt la différence de leur caractère les entraîna dans des voies opposées. Adolphe Blanqui devint célèbre par ses travaux d'économie politique et par un professorat éloquent, tandis qu'Auguste, agité de plus sourdes ambitions, s'affilia aux sociétés secrètes qui complotaient déjà le renversement de la dynastie. La nature avait fait de lui un chef de conjurés. Par une certaine puissance fébrile de pensée et de langage, il attirait à lui et soumettait à ses volontés les hommes de tempérament révolutionnaire. Petit[1], pâle, chétif, l'œil brillant d'un feu concentré, portant déjà le germe d'une maladie de cœur que les veilles, le dénûment, la prison, devaient rendre incurable, il paraissait chercher, par l'ardeur de ses colères, à ranimer dans son sein le souffle frêle d'une existence qui menaçait de s'éteindre avant qu'il eût assouvi ses ambitions.

Ses ambitions, où le portaient-elles?

Resserrer fortement le lien détendu des traditions jacobines, planter plus haut et plus loin que personne le drapeau de l'égalité, personnifier en lui la douleur, la plainte, la menace du prolétaire tant de fois déçu par des révolutions avortées, s'emparer ainsi de la dictature des vengeances, pousser en un jour de triomphe ce qu'il a appelé le *mugissement de la Marseillaise*, tenir, ne fût-ce qu'une heure, la société tremblante sous sa main de fer, tel paraît avoir été le rêve de ce cœur taciturne. Ce rêve, communiqué à demi, exalté par un ascétisme qui accroissait chaque jour son besoin d'émotions, lui donnait sur la jeunesse un grand ascendant. Il était doué, d'ailleurs, de facultés rares. Il possédait, avec l'audace de l'initiative, une vive intelligence des oscillations de l'opinion et des prises que donne sur elle la circonstance. Jamais entravé par le besoin de repos, patient, habile au travail souterrain des conjurations, *simulé et dissimulé*, comme parle Salluste, prompt à ouvrir des courants électriques à travers les masses, il était versé dans l'art d'attiser, en le contenant, le feu des passions. Par sa vie pauvre et cachée, par la souffrance empreinte sur tous ses traits, par le sourire sarcastique de sa lèvre fine et froide, par la verve d'imprécation qui, tout à coup, jaillissait comme malgré lui de sa réserve hautaine, il inspirait tout ensemble la compassion et la crainte, et

---

[1] On l'appelait familièrement dans les sociétés secrètes : *le petit Blanqui*. Après le 12 mai 1839, Barbès disait en expliquant la déroute des insurgés : *Le petit a eu peur.*

faisait jouer à son gré ces deux grands ressorts de l'âme humaine.

Aussi, pendant plusieurs années, fut-il l'idole des sociétés secrètes. Les républicains les plus éprouvés se rangèrent à sa suite. Mais, après l'émeute du 12 mai, Barbès, surpris de rencontrer dans un conspirateur si intrépide en apparence des prudences, des habiletés que sa simplicité généreuse ne pouvait comprendre, étonné surtout des ménagements dont il le vit l'objet de la part du gouvernement, entra en défiance. Il alla jusqu'à l'accuser d'avoir, par lâcheté ou par trahison, fait manquer le coup de main dont il avait été l'instigateur. Le parti républicain, pour qui la parole de Barbès était sacrée, s'éloigna d'un homme auquel il retirait son estime; bientôt il ne resta plus autour de Blanqui qu'un petit nombre de séides dont l'esprit s'exalta par la contradiction et dont le fanatisme ne connut plus de bornes.

La révolution de février trouva Blanqui dans une maison de campagne, aux environs de Blois, où, depuis 1846, la police le laissait jouir d'une liberté relative. Pendant que M. de Lamartine faisait tomber des mains du peuple ému le signe de la victoire, Blanqui, suivi de quelques-uns de ses séides, allait et venait dans les rues sombres qui avoisinent le Palais-Royal, s'entretenant avec eux des événements de la journée. D'amères critiques sur la marche d'un gouvernement usurpateur, émané des bureaux du *National*, animaient le discours. Qu'avait-il fait depuis vingt-quatre heures, qu'allait-il faire en faveur du peuple, ce gouvernement déjà rétrograde, qui n'appelait à lui que les hommes corrompus? Il laissait à l'écart les véritables patriotes. Blanqui était oublié! La révolution, en des mains pareilles, serait infailliblement escamotée, ainsi que l'avait été celle de 1830.

Comme on raisonnait de la sorte, un messager envoyé sur la place de Grève accourt hors de lui. Il vient de voir abaisser le drapeau rouge; il a assisté au triomphe de Lamartine. Un concert d'imprécations s'élève à cette nouvelle. D'un commun accord, on s'écrie qu'il n'y a plus à balancer; le gouvernement provisoire doit être renversé sur l'heure. Aussitôt Blanqui dicte à l'un des siens une proclamation insurrectionnelle qui est immédiatement portée à l'imprimerie[1]; après quoi on se donne rendez-vous pour sept heures du soir, sur la place du Palais de Justice, dans la salle publique appelée le *Prado*, et l'on convient de s'y rendre en armes, pour de là se porter sur l'Hôtel de Ville et intimer au gouvernement provisoire l'ultimatum de la révolution.

Alors Blanqui, resté seul, s'achemine vers la Préfecture de police afin de sonder les dispositions de Caussidière. Celui-ci était déjà fort irrité contre le gouvernement provisoire; toutefois, il reçut les ouvertures de Blanqui avec froideur et ne parut aucunement disposé à servir un coup de main dont Ledru-Rollin et Louis Blanc auraient été victimes. Il y eut même, assure-t-on, une prise violente entre le nouveau préfet de police et le conspirateur, qui se quittèrent ennemis. Blanqui prit le chemin de l'Hôtel de Ville, voulant, avant de rien tenter, examiner par lui-même la position et juger par ses propres yeux des chances d'un coup de main.

Vraisemblablement, quoiqu'un assez grand nombre d'hommes à lui occupassent les postes intérieurs, il trouva des difficultés trop grandes à son entreprise. Peut-être même quelques furtives paroles lui donnèrent-elles l'espoir d'être à son tour, prochainement, par une voie moins périlleuse, introduit au sein du conseil. Quoi qu'il en soit, quand il rejoignit ses amis à la salle du *Prado*, où il se fit longtemps attendre, Blanqui n'était plus le même homme.

Depuis une heure environ, cinq à six cents sectionnaires, la plupart coiffés du bonnet rouge, tous armés jusqu'aux

---

[1] Voir aux *Documents historiques* à la fin du volume, n° 9.

dents d'armes bien éprouvées, tenaient un conseil tumultueux dans une salle à peine éclairée et dont l'aspect était lugubre. A travers une atmosphère épaisse et fumeuse, à la lumière rougeâtre des quinquets, on voyait s'agiter un assemblage fantastique de figures sinistres. C'étaient des hommes hardis, sans scrupules, rompus à tout. Le plus grand nombre avaient, pendant les dix premières années du règne de Louis-Philippe, trempé dans les complots, préparé les embûches, fabriqué les machines meurtrières, conspiré les attentats qui portèrent à la cause républicaine une si grave atteinte morale. A voir ces rudes physionomies, ces fronts fuyants, ces regards secs, les gestes crispés de ces bras musculeux, à entendre les éclats brisés et stridents de ces voix sans timbre, on comprenait que c'étaient là des hommes chez qui la pensée troublée et le cœur endurci laissaient tout empire aux instincts[1].

Les motions les plus extravagantes se succédaient sans interruption, au bruit des crosses de fusils frappant les dalles, entrecoupées de rires et de bravos convulsifs. Expulser sur l'heure le gouvernement provisoire, punir de mort la trahison de Lamartine, châtier et terrifier la bourgeoisie par des exemples fameux, désorganiser par deux ou trois décrets l'armée, la magistrature, tous les corps constitués, mettre hors la loi les hommes suspects, confisquer les biens des riches, fonder sous un niveau de fer l'égalité absolue, gouverner par un comité de salut public et selon les traditions de la *Commune de Paris* en 93, telles étaient les idées fixes des *communistes-matérialistes*; mais, ni le président ni aucun des plus violents sectionnaires n'osaient presser la conclusion. Les yeux sans cesse tournés vers la porte d'entrée, ils épiaient avec impatience l'arrivée de

[1] En racontant la conspiration du 12 mai, M. Louis Blanc caractérise ces natures de conspirateurs « qui, dit-il, ayant plus de foi aux victoires de la force qu'aux pacifiques et inévitables conquêtes de l'intelligence, font du progrès de l'humanité une affaire de coup de main, une aventure. » (*Histoire de dix ans*, t. V, chap. XIII.)

Blanqui. Le grand conspirateur parut enfin. Avec une lenteur calculée, l'œil impassible, le visage composé et impénétrable, il traversa l'assemblée et prit place au bureau. La proclamation insurrectionnelle qu'il avait dictée était collée à la muraille; il y jeta un regard sombre et se tut longtemps.

« Citoyens, dit-il enfin, la république est en ce moment menacée de dangers immenses. Les royalistes épient nos dissensions pour renverser le gouvernement provisoire et rappeler la régente. L'heure n'est pas venue d'en appeler au peuple des décrets du gouvernement. En présence de difficultés sans nombre, ce gouvernement a marché lentement jusqu'ici dans les voies révolutionnaires, mais enfin il y a marché. Si l'on compte dans son sein trop d'hommes tièdes ou timides, il s'en trouve aussi qui méritent la confiance du peuple. Sachons attendre qu'ils puissent agir. » Puis, déroulant avec un flegme étudié devant son auditoire tout haletant, mais qu'il refroidissait peu à peu, les difficultés de la situation, montrant en pilote consommé, à ces forbans politiques, les écueils, les récifs de ces mers inconnues, il conclut en déclarant qu'il fallait *veiller sur la République* et remettre toute action au jour où le péril extérieur serait conjuré.

Les conspirateurs, accoutumés à l'obéissance passive, se turent. Le président annonça que la séance était close et fixa l'heure du rendez-vous pour le lendemain. La proclamation fut enlevée du mur et déchirée en mille morceaux. Chacun s'éloigna. Blanqui rentra chez lui en compagnie de deux amis fidèles. En route, il s'arrêta devant la boutique d'un boulanger pour acheter un pain; il venait de s'apercevoir qu'il n'avait rien mangé de la journée.

Ainsi s'évanouit, à sa première heure, la tempête artificielle dont le gouvernement provisoire conçut tant d'épouvante; ainsi un juste sentiment de son isolement au sein d'un peuple ennemi de toute violence, et l'intelligence parfaite de son impuissance à faire revivre dans les masses l'esprit de 93, arrêtèrent Blanqui dès les premiers pas. La finesse de son tact politique lui fit sentir qu'autant il lui était aisé de surprendre l'Hôtel de Ville et de laisser assassiner Lamartine, comme il en était sollicité par quelques-uns des siens, autant il lui serait impossible de transporter sur d'autres l'autorité morale que donnaient en ce moment au poëte inspiré l'amour du peuple et les frayeurs de la bourgeoisie.

Il vit l'inanité d'un complot au sein d'une révolution si profonde. Ce jour-là, comme plus tard, après s'être donné l'émotion de l'insurrection, après avoir joui, à part lui, de l'effroi qu'il faisait naître, il rentra dans l'ombre et laissa dédaigneusement ses conjurés subalternes interpréter, selon leurs vues étroites, le mystère de sa conduite.

On comprend que, sous l'empire des inquiétudes que lui causaient Blanqui et les communistes révolutionnaires, l'une des plus vives préoccupations du gouvernement provisoire fut de reconstituer et d'appeler à sa défense la force armée. Pour cela, il était urgent d'arrêter le mouvement de désorganisation qui, s'il eût continué quelques jours encore dans l'armée, amenait sa dissolution complète. Déjà un très-grand nombre de soldats avaient quitté leurs corps, entraînés par des hommes du peuple; et il était à craindre que, autant par fausse honte que par désir de rentrer dans leurs familles, ils ne vinssent plus rejoindre le drapeau. La plupart des casernes avaient été forcées par les insurgés qui s'étaient emparés des armes et des équipements. Dans la matinée du 25, le 52ᵉ régiment de ligne, caserné dans la rue de la Pépinière, après avoir résisté pendant quelques heures, avait, sur l'ordre du général Bedeau[1], rendu ses armes, et on l'avait vu, suivi d'un cortège populaire, promener dans Paris son humiliation.

La garde municipale, forcée de se dérober aux colères de la multitude, n'osait plus paraître. Un décret du gou-

[1] Voir le discours du général Bedeau à l'Assemblée législative (séance du 24 mai 1850).

vernement venait de la dissoudre. La garde nationale, qui montrait du zèle et qui conservait encore assez d'ascendant sur le peuple, était harassée et ne pouvait suffire à tous les besoins.

Trois décrets furent rendus consécutivement dans l'après-midi du 25, à l'Hôtel de Ville, en vue de reconstituer une force publique. Le premier de ces décrets, qui suivait dans le *Moniteur* une proclamation où le gouvernement invitait *l'armée à jurer amour au peuple*, lui promettant que *le peuple oublierait tout en serrant les mains de ses frères*[1], enjoignait aux autorités départementales de sévir contre les déserteurs selon toute la rigueur des lois. Le second, dont M. de Lamartine a revendiqué l'initiative, portait création de 24 bataillons d'une garde nationale mobile qu'on devait recruter au sein même de cette partie de la population parisienne qui venait de faire la révolution. On confiait le soin de son organisation à un militaire d'un caractère et d'un talent éprouvés, le général Duvivier. On assurait à ce nouveau corps une solde exceptionnelle. Le troisième décret réorganisait les gardes nationales dissoutes par le dernier gouvernement pour des causes politiques.

Dans le même temps, l'un des secrétaires du gouvernement, M. Flocon, se mettait à la tête d'une colonne populaire qui marchait sur Vincennes et, la calmant peu à peu pendant le trajet, obtenait d'elle que, respectant l'honneur du soldat, elle se contenterait de sa soumission à la République et n'exigerait qu'une distribution partielle d'armes et de munitions.

Après avoir pourvu de la sorte à ce qu'il considérait comme nécessaire à la sûreté générale, le gouvernement songea à ses obligations plus particulières envers le peuple et prit quelques mesures inspirées par le sentiment populaire. Dès les premiers moments de l'invasion des Tuile-

---

[1] Voir aux *Documents historiques*, à la fin du volume, n° 10.

ries, quand tout pouvait faire craindre la dévastation ou l'incendie, une main invisible avait tracé à la craie sur les pilastres de la grille ces simples mots : INVALIDES CIVILS. Le conseil régularisa par un décret cette pensée anonyme; puis il adopta les enfants des citoyens *morts en combattant pour la patrie* et mit en liberté les détenus politiques ; enfin, il rendit un décret à jamais mémorable : il abolit la peine de mort en matière politique.

La peine de mort, attaquée dans son principe par Thomas Morus, par Beccaria, par la plupart des philosophes du dix-huitième siècle, mise en question à l'Assemblée constituante et à la Convention par Condorcet, Dupont, Robespierre, de plus en plus réprouvée par l'esprit général de la civilisation moderne, reste dans nos lois comme un vestige attardé de la fatalité antique et de la barbarie féodale. Un philosophe contemporain avait dit sous le règne de Louis XVIII : « L'abolition de la peine de mort est réclamée avec cette sorte d'unanimité qui ne peut tarder de triompher, parce que c'est l'unanimité des hommes qui ont la pensée sympathique de ce siècle. » En effet, depuis bien des années, on voyait dans les hésitations du jury un symptôme non douteux de cette répugnance à prononcer la peine capitale. Les acquittements en matière criminelle, les amnisties en matière politique, n'étaient plus en proportion de la gravité des crimes, mais en proportion du sentiment grandissant dans la conscience publique de l'inviolabilité de la vie humaine.

En 1830, pour sauver les ministres de Charles X, Louis-Philippe fit proposer aux Chambres l'abolition de la peine de mort en matière politique. Une pétition qui appuyait cette proposition fut signée par les *blessés de juillet;* mais la masse populaire protesta. Des bandes armées portant un drapeau sur lequel se lisaient ces mots : *mort aux ministres*, marchèrent sur Vincennes et peu après menacèrent le Luxembourg. La garde nationale elle-même se montrait animée de passions violentes et souhaitait ouvertement une sentence de mort. Un discours de M. Eusèbe Salverte, dont la logique rigoureuse écrasa les considérations un peu vagues de MM. de Tracy, la Fayette et Kératry, fit rejeter par la Chambre des députés une proposition dont la circonstance rendait l'application particulière trop évidente. Cependant Louis-Philippe resta sur ce point fidèle à ses principes philosophiques. Pendant les dix-huit années de son règne il ne souffrit aucune exécution capitale en matière politique. La rareté des supplices adoucit singulièrement les mœurs ; et le même peuple qui, en 1830, demandait pour prix de sa victoire la tête des ministres de Charles X, applaudit avec enthousiasme, en 1848, le décret qui sauvait la vie aux ministres de Louis-Philippe. Ainsi s'accomplissent au sein des sociétés, sans qu'elles en aient conscience, ces progrès de la raison dont la puissance morale finit par nécessiter les réformes politiques. Les lois sont plus souvent le résultat que la cause de ce progrès ; plus souvent l'expression que la règle des mœurs.

M. de Lamartine fut, dans le conseil du gouvernement provisoire, le premier interprète du sentiment universel. M. Louis Blanc, souhaitant pour l'honneur de la République de démentir avec éclat les accusations de terrorisme qui déjà se répandaient, appuya la motion de M. de Lamartine avec une chaleur extrême. Les objections secondaires furent entraînées par les considérations supérieures qu'il développa. Le décret fut signé avec émotion. Unis un moment dans une effusion sincère, ces hommes étrangers, hostiles bientôt l'un à l'autre, se tendirent la main en se félicitant de consacrer par un acte d'éternelle justice leur pouvoir éphémère. Le vieux Dupont (de l'Eure) rendit grâces à sa longue existence de lui avoir donné ce jour. Puis, tous ensemble, ils se rendirent sur le perron de l'Hôtel de Ville, afin d'annoncer au peuple cette victoire nouvelle de l'esprit de clémence et de vie sur la fatalité et la mort.

Une foule d'ouvriers et de gardes nationaux stationnait depuis quelques heures sur la place, dans l'attente d'une communication de ce gouvernement que le peuple implorait et bénissait déjà comme une providence visible. M. de Lamartine s'avança ; tous les yeux se tournèrent vers lui. Un silence profond succéda tout d'un coup au tumulte de la foule et au bruissement des armes. Il parla ainsi :

« Citoyens! le gouvernement provisoire de la République vient prendre le peuple à témoin de sa reconnaissance pour ce magnifique concours national qui vient accepter les nouvelles institutions.

« Le gouvernement provisoire de la République n'a que d'heureuses choses à annoncer au peuple assemblé.

« La royauté est abolie.

« La République est proclamée.

« Le peuple exercera ses droits politiques.

« Des ateliers nationaux de travail sont ouverts pour les ouvriers sans salaire.

« L'armée se réorganise. La garde nationale s'unit indissolublement avec le peuple pour fonder promptement l'ordre, de la même main qui vient de conquérir la liberté.

« Enfin, messieurs, le gouvernement provisoire a voulu vous apporter lui-même le dernier décret qu'il vient de délibérer et de signer, dans cette séance mémorable : l'abolition de la peine de mort en matière politique.

« C'est le plus beau décret, messieurs, qui soit jamais sorti de la bouche d'un peuple le lendemain de sa victoire.

« C'est le caractère de la nation française qui échappe en un cri spontané de l'âme de son gouvernement. Nous vous l'apportons. Il n'y a pas de plus digne hommage au peuple que le spectacle de sa propre magnanimité. »

Une acclamation enthousiaste salua ces paroles et s'étendit, en se prolongeant, de la place de l'Hôtel de Ville aux quais et aux rues environnantes. Des cris passionnés de : Vive la République! vive le gouvernement provisoire! vive Lamartine! s'élevèrent dans l'air et retentirent pendant longtemps. Le règne du peuple fut inauguré, en cette heure solennelle, par une reconnaissance éclatante du *droit humain*, par le seul sacrifice compatible avec le dogme nouveau de l'humanité libre, par l'abolition même du sacrifice.

CHAPITRE XVII

Droit au travail. — Ministère du progrès. — Adhésion générale au gouvernement de la République.

Cette acclamation unanime dont fut salué le décret qui, en abolissant la peine capitale en matière politique, réprouvait indirectement les excès de 93, révélait un état moral de la population qui devait rendre la révolution de 1848 beaucoup plus facile à arrêter, infiniment plus difficile à conduire que les révolutions précédentes.

En effet, depuis 1830, la classe ouvrière, dans Paris surtout, n'était plus la même. L'enseignement des écoles socialistes pendant le règne de Louis-Philippe, tout en répandant dans le peuple des idées erronées, avait éveillé en lui des sentiments moraux et des curiosités intellectuelles de l'ordre le plus élevé. Ouvert aux idées organisatrices et à des notions supérieures de progrès, l'esprit des masses imposait au gouvernement une tâche moins rude, mais aussi beaucoup plus étendue. Les prolétaires étaient convaincus qu'il existait des moyens pacifiques d'améliorer leur sort. Ils ne doutaient pas que l'État, sans violence aucune, sans porter atteinte à l'ordre social, par cela seul qu'il le voudrait sincèrement, ne dût leur procurer l'instruction, le travail, le loisir. Des prédications qui prenaient de jour en jour un caractère plus prophétique, entretenaient au fond de leur cœur l'espoir d'une prochaine et complète satisfaction de tous les intérêts dans un bien-être commun.

En 1839, M. Louis Blanc avait résumé les différentes questions agitées dans les écoles socialistes sous une formule qui indiquait nettement la tendance organisatrice du mouvement populaire. Depuis la publication de son livre, le mot *organisation du travail* répondait à toutes les aspirations du prolétariat. En adoptant cette formule, l'ouvrier des villes protestait contre toute pensée subversive ou spoliatrice. Il savait très-bien, aussi bien que les plus profonds politiques, que ni l'échafaud ni la persécution ne sont des moyens d'organisation sociale. Il comprenait, beaucoup mieux que les classes riches n'ont paru le comprendre plus tard, que la vraie justice exclut la vengeance et que les passions haineuses ne sauraient fonder rien de durable. Mais si, d'une part, cette formule économique : *organisation du travail* enlevait aux axiomes surannés du terrorisme leur prestige et leur puissance, d'autre part, elle posait en trois mots, dans sa généralité la plus vaste, le problème encore insoluble de la civilisation moderne. Elle annonçait la fin d'une lutte aussi ancienne que le monde dans l'ordre religieux, politique et moral, mais toute récente et acharnée dans l'ordre industriel : la lutte entre l'autorité et la liberté. Portée par son auteur jusque dans les conseils du gouvernement, cette formule hardie d'une science qui n'existait pas encore, allait tout à coup s'imposer à la société et la jeter dans le plus grand trouble.

L'erreur du peuple de Paris fut de croire qu'une réforme de cette nature pouvait s'improviser par décret et s'opérer par la seule action du gouvernement. La faute du gouvernement fut, tout en s'exagérant la difficulté des améliorations immédiatement réalisables, de consentir à des mesures trompeuses qui perpétuèrent dans les masses une erreur funeste. Par une inconséquence singulière, ce gouvernement que nous venons de voir repousser avec tant d'opiniâtreté le drapeau rouge, c'est-à-dire la simple promesse de mettre en pratique l'axiome qu'il venait de proclamer : Que la révolution *faite par le peuple devait être faite pour le peuple,* eut cette fois la faiblesse de céder à une exigence bien autrement précise et grave. Il s'engagea à des réformes radicales, instantanées, qui n'étaient point de sa compétence. Il promit inconsidérément ce qu'il savait bien ne pouvoir tenir : il *garantit l'existence de l'ouvrier par le travail.*

Les choses se pressent de telle sorte dans les temps révolutionnaires, que ce fut le jour même où le gouvernement se flattait d'avoir remporté sur le peuple une victoire signalée, qu'on vit le prolétariat paraître pour la première fois sur la scène politique et faire, par l'organe d'un ouvrier en armes, sa première sommation directe et en quelque sorte officielle à la société constituée.

Il s'était écoulé une heure à peine depuis que les bandes qui portaient le drapeau rouge avaient disparu, quand la place de Grève, un moment presque vide, reprit tout à coup son aspect tumultuaire. De nouveaux flots de peuple, poussés par une nouvelle tempête, y firent invasion et la remplirent de rumeurs. Le gouvernement comprit qu'il était menacé d'un nouveau danger; mais à peine avait-il eu le temps de se demander quel il pouvait être, que la porte du conseil s'ouvrit brusquement. Un homme entra, le fusil en main; son visage était pâle et crispé, sa lèvre tremblait de colère. Il s'avança d'un pas hardi jusqu'à la table des délibérations et, frappant le parquet de la crosse de son fusil, il montra du geste la place de Grève. Une clameur prolongée s'élevait à ce moment du sein de la foule et donnait un sens effrayant à ce geste muet. Chacun se taisait. La physionomie expressive de l'ouvrier, son attitude, le défi hautain empreint dans toute sa personne avaient saisi d'étonnement et d'un certain respect les hommes mêmes à qui sa présence semblait une insulte. Quelques ouvriers, entrés à sa suite, s'étaient groupés derrière lui sans proférer une parole. Cette attente, cette émotion contenue avait quelque chose de solennel. Enfin le prolétaire rompit le silence. D'une voix ferme, avec l'accent du commandement, il déclara qu'il venait, au nom du peuple, sommer le gouvernement de reconnaître et de proclamer sur l'heure le *droit au travail.*

« Citoyens, continua-t-il, depuis vingt-quatre heures la révolution est faite, le peuple attend encore les résultats. Il m'envoie vous dire qu'il ne souffrira plus de délais. Il veut le droit au travail; le droit au travail tout de suite. »

En parlant de la sorte, Marche, c'était le nom de l'orateur populaire, fixait sur M. de Lamartine ses grands yeux brillants d'audace, pour lui faire entendre, sans doute, qu'il le soupçonnait plus encore que les autres de trahir la cause du peuple.

M. de Lamartine le devina. S'avançant vers l'ouvrier, il voulut essayer de le captiver par des caresses oratoires; mais, à peine commençait-il sa harangue, que Marche l'interrompit : « Assez de phrases comme cela, s'écria-t-il ironiquement, assez de poésie! Le peuple n'en veut plus. Il est le maître, et vous ordonne de décréter sans plus de retard le droit au travail. »

Alors, M. de Lamartine, irrité à son tour et provoqué par une sommation si impérieuse, reprit, d'un ton altier : « Que mes collègues fassent sur ce point ce qu'ils jugeront utile; quant à moi, je le déclare, fussé-je menacé de mille morts, fussé-je conduit par vous en face de ces canons chargés à mitraille qui sont là sous nos fenêtres, jamais je ne signerai un décret que je ne saurais comprendre. » Puis, baissant un peu le ton et radoucissant les inflexions de sa voix, il mit la main sur le bras de l'ouvrier, pour mieux s'emparer de son attention, et, tout en lui accordant que le vœu du peuple était légitime et méritait d'être pris en considération, il tenta de nouveau de le persuader. Il lui peignit, en traits éloquents, la situation critique du gouvernement en proie à mille soucis, obligé de pourvoir à la fois à tous les besoins; il lui montra la République en danger, ses ennemis aux portes; il insista sur ce qu'un aussi grand problème que celui du droit au travail ne pouvait être résolu sans le concours et l'avis de tous les hommes compétents, de tous les républicains éclairés en qui le peuple avait mis sa confiance.

A mesure que M. de Lamartine, de plus en plus calme, développait sa pensée, Marche, troublé dans sa conviction, hésitant, insensiblement ému, gagné, se tournait vers les délégués venus avec lui comme pour leur demander conseil. Ceux-ci, hommes de bonne foi et de sincérité, se rendaient à la voix de la raison et s'autorisaient l'un l'autre, du regard et du geste, à ne point insister. Marche les comprit. « Eh bien ! oui, s'écria-t-il enfin, nous attendrons. Nous aurons confiance dans notre gouvernement, puisqu'il a confiance en nous ; le peuple attendra; il met trois mois de misère au service de la République. »

Chose étrange ! pendant que M. de Lamartine dissuadait les ouvriers d'une mesure prématurée, pendant que les prolétaires, par l'organe de Marche, remettaient à de meilleurs temps la réalisation de leurs vœux, M. Louis Blanc, retiré avec M. Ledru-Rollin et M. Flocon dans l'embrasure d'une fenêtre, improvisait au courant de la plume un décret qui leur accordait précisément la demande à laquelle ils venaient de renoncer. L'audace du jeune socialiste l'emportait ainsi au delà de ce qu'exigeait véritablement la raison populaire. Ce n'était plus le peuple qui l'entraînait, c'était lui qui entraînait le peuple. Cependant, en voyant entrer Marche, en entendant ses menaces, la fierté de M. Louis Blanc s'était tout d'abord révoltée et il avait partagé le sentiment de ses collègues [1]; mais, revenu de ce premier mouvement, il félicita l'ouvrier de sa démarche et, laissant M. de Lamartine aux prises avec lui, sans s'inquiéter du résultat de leur colloque, il rédigea le décret suivant :

« Le gouvernement provisoire de la République fran-

---

[1] Voir *Pages d'histoire*.

çaise s'engage à garantir l'existence de l'ouvrier par le travail ;

« Il s'engage à garantir du travail à tous les citoyens ;

« Il reconnaît que les ouvriers doivent s'associer entre eux pour jouir du bénéfice légitime de leur travail ;

« Le gouvernement provisoire rend aux ouvriers, auxquels il appartient, le million qui va échoir de la liste civile. »

Cette dernière phrase, qui méconnaissait le peuple en lui jetant comme à un esclave cupide une pâture qu'il ne demandait pas, fut ajoutée au décret par M. Ledru-Rollin [1]. Par quelle inconséquence ou par quel calcul les membres du gouvernement provisoire apposèrent-ils tous leur signature à ce décret? Se payèrent-ils de quelque modification dans le texte? Parce que M. Louis Blanc avait omis, à dessein sans doute, le mot *droit* et le mot *organisation*, se persuadèrent-ils que le caractère de ce décret était changé? M. de Lamartine, satisfait de son succès oratoire, signa-t-il sans le lire, ou en le parcourant avec distraction, un décret si contraire à ses convictions intimes? M. Ledru-Rollin, qui se montra depuis si hostile au socialisme, eut-il peur de se voir dépasser dans la voie révolutionnaire par son rival? M. Marie, dont l'opposition avait été si vive, fut-il tout d'un coup ramené à d'autres pensées? M. Marrast, enfin, qui écrivit son nom avec une répugnance marquée, n'eut-il pas le courage de protester contre l'entraînement général? Ces questions demeurent sans réponse.

Toujours est-il que le décret irréfléchi qui bouleversait d'un trait, sans rien statuer sur leur constitution nouvelle, toutes les lois et tous les rapports industriels et commerciaux de la société, fut signé par la totalité des membres

---

[1] M. Ledru-Rollin appartenait à cette catégorie de républicains qui se font de la raison du peuple une idée médiocre et gardent, jusque dans leur recherche de la popularité, comme un reste de préjugé aristocratique, la notion de *condescendance* envers une nature inférieure.

du gouvernement provisoire. Ce qui devait s'opérer graduellement, librement surtout, par consentement de l'opinion publique et par accord international, la transformation du monde industriel, fut décrété d'autorité par quelques hommes étrangers aux études économiques, à l'instigation d'un esprit versé, il est vrai, dans ces questions ardues, mais sans expérience des affaires et circonscrit dans l'étroitesse d'un système. La présomption et la faiblesse se jetèrent étourdiment dans un chaos où l'œil même du génie n'eût osé pénétrer qu'avec prudence.

Inséré au *Moniteur* du 26 février, ce décret donna quelque satisfaction aux prolétaires. Leur esprit, plein de droiture, ne considérait en ceci que la justice de leur cause et la modération de leur requête. Rien de plus explicable. Car, enfin, demander le *droit au travail*, ce n'était vouloir s'affranchir d'aucun devoir envers la société; ce n'était pas même exiger d'elle le délassement après la peine, la jouissance après le labeur. *Du travail et du pain*, quelle simple et noble exigence au lendemain de la plus complète des victoires! La plèbe de Rome ancienne implorait de ses empereurs *du pain et les jeux du cirque*. Le peuple souverain de Paris demande à ceux qu'il a lui-même chargés de le conduire du *travail et du pain*. Toute la grandeur austère de la civilisation chrétienne se peut mesurer dans cette substitution d'un seul mot à un autre. Il n'est pas de civilisation dans l'avenir qui ne doive rendre hommage à cette humble et fière formule de l'émancipation républicaine.

Il ne rejaillit donc rien sur le prolétariat du blâme que l'histoire fera peser sur l'imprévoyance du gouvernement provisoire; le peuple n'en est point solidaire. N'ayant encore reçu aucune éducation ni historique, ni scientifique, comment aurait-il pu pénétrer tout d'un coup l'un des mystères les plus obscurs de la vie sociale? La culture que, par une constance admirable, il était parvenu à se donner lui-même, en sacrifiant son temps, ses épargnes, ses amusements et souvent ses joies de famille, avait bien pu élever son esprit jusqu'à des notions générales de droit et de devoir ; mais cette philosophie des lois de la société qui ressort de l'ensemble des connaissances humaines, comment aurait-il été capable, je ne dis pas de la comprendre, mais seulement d'en soupçonner l'existence ?

M. Louis Blanc, qui avait provoqué le décret et l'avait en quelque sorte imposé à ses collègues, n'était pas, lui, sans en pressentir l'inanité. Homme d'étude, il n'ignorait pas que les lois de l'association, sur lesquelles seules peut s'appuyer le *droit au travail*, n'étaient encore que très-imparfaitement connues. Décréter qu'on les découvrirait, c'était chose aussi dérisoire qu'eût pu l'être, en d'autres temps, un décret par lequel on aurait ordonné la découverte du nouveau monde. Mais le jeune législateur se persuadait que si, par suite de l'initiative qu'il venait de prendre, on l'investissait de la dictature des travaux publics, il pourrait du moins imprimer au mouvement du commerce et de l'industrie un essor tout nouveau favorable au prolétariat. Il était animé de cette confiance en soi que donnent les convictions ardentes et les excitations de la popularité. Aussi apprit-il avec une satisfaction extrême que les ouvriers projetaient de se présenter une seconde fois à l'Hôtel de Ville, afin d'exiger du gouvernement provisoire la création d'un ministère spécial chargé de l'exécution du décret sur le droit au travail.

Ce projet ne demeura pas longtemps en suspens. Le 28, vers midi, un grand nombre de corporations, formant environ douze mille hommes, débouchèrent sur la place de Grève, où elles se rangèrent en silence. Elles portaient des bannières, distinctives des différents métiers, sur lesquelles se lisaient, en gros caractères, ces mots : *Ministère du progrès ; Organisation du travail ; Abolition de l'exploitation de l'homme par l'homme.* A cette vue, le conseil s'émut. Une discussion s'éleva, la plus vive qui l'eût encore agité, entre M. Louis Blanc qui réclamait impérieusement l'adoption de la mesure demandée par le peuple, et M. de Lamartine, dont le refus n'était ni moins hautain ni moins péremptoire. Sans doute, il existait entre ces deux hommes des différences profondes d'opinion; mais cela seul ne les divisait pas. La passion de la popularité qui les commandait tous deux, la rivalité de leurs ambitions et de leurs talents les faisaient ennemis plus que tout le reste. Tous deux ils aspiraient à subjuguer le peuple et se croyaient appelés par lui à diriger la République. De là, une aversion réciproque qui devait aller croissant avec leur fortune et se perpétuer dans leur chute en récriminations amères.

Ce jour-là, M. de Lamartine resta maître de la discussion. MM. Ledru-Rollin, Crémieux, Flocon, qui le combattaient d'ordinaire, se rangèrent de son côté. Chacun d'eux connaissait trop bien l'ascendant de M. Louis Blanc sur les masses, pour désirer d'y joindre un pouvoir au moyen duquel il lui deviendrait facile, en peu de temps, de s'élever sur leur ruine à la dictature. La création d'un ministère du progrès fut donc unanimement rejetée.

Irrité, offensé, M. Louis Blanc se leva et déclara que, puisqu'on ne faisait plus aucun état des volontés du peuple, ni lui ni son ami Albert, *l'ouvrier*, ne pouvaient plus faire partie du gouvernement. Cette démission, dans un moment pareil, c'était le signal du combat dans les rues. La population ouvrière, passionnément attachée à M. Louis Blanc, en le voyant quitter l'Hôtel de Ville, allait considérer comme ennemi du peuple un gouvernement dont il répudiait les actes. Un mot, un geste, et la plus formidable insurrection éclatait dans Paris.

Tous comprirent l'imminence du danger; se pressant autour de leur collègue, ils le conjurèrent de rétracter une parole dont les suites étaient incalculables. Mais M. Louis Blanc demeurait sourd à leurs supplications; alors M. Garnier-Pagès, s'interposant, mit en avant l'idée d'une commission de travailleurs qui, présidée par M. Louis Blanc, serait chargée de préparer, pour l'Assemblée nationale, le plan complet d'une organisation nouvelle de l'industrie.

M. Marrast, saisissant cette idée, dans l'espoir sans doute d'éblouir l'imagination artiste de M. Louis Blanc et de flatter l'orgueil des prolétaires, ajouta qu'il jugerait convenable d'affecter pour résidence à cette commission, afin de mieux marquer son importance, le palais du Luxembourg. Ce fut en vain; M. Louis Blanc persista dans ses refus. « Que ferai-je, répétait-il, sans pouvoir, sans budget, sans aucun moyen de réaliser mes idées? Que dirai-je à ce peuple qui m'aime s'il me reproche de l'avoir trompé? On voudrait l'endormir par des paroles capticuses. On me juge propre à mieux jouer qu'un autre ce rôle perfide. On me demande de faire devant des hommes affamés un cours sur la faim. Mon honneur s'y refuse autant que ma conscience. Si le peuple doit être trahi encore, que ce soit du moins par d'autres que par moi. » Ces paroles, si bien senties, ne laissaient guère d'espoir de conciliation. Cependant M. Arago voulut tenter un dernier effort. Au nom d'une intimité ancienne, au nom de l'intérêt paternel qu'il avait porté pendant de longues années au jeune écrivain encore inconnu, il pria, il supplia d'un accent irrésistible. Il s'engagea formellement à partager avec M. Louis Blanc les dangers d'une situation si difficile et l'impopularité qui ne pouvait manquer d'en résulter. Il offrit d'être le vice-président de la commission que devait présider son collègue.

Ces prières d'un homme de tant d'autorité émurent M. Louis Blanc. D'honorables scrupules s'élevèrent en lui. L'opiniâtreté naturelle à son esprit, son ambition très-grande, son orgueil plus grand encore et roidi sous l'offense, s'apaisèrent peu à peu. Les paroles du vieillard, abondantes et persuasives, enveloppaient, pour ainsi dire, et amollissaient sa colère. Pour se disculper à ses propres yeux d'une apparente faiblesse, M. Louis Blanc faisait dans son for intérieur ces réflexions rapides : Que, si la commission des travailleurs devait rester sans effets immédiats et pratiques, elle lui donnerait, du moins, l'occasion d'une propagande immense; qu'on lui offrait au palais du Luxembourg ce qu'il avait souhaité ardemment depuis tant d'années, une chaire libre, une tribune retentissante, une prédication sans contrôle. N'y aurait-il pas folie à rejeter de pareils avantages? M. Louis Blanc déclara qu'il se rendait à l'avis du conseil.

Les délégués du peuple furent alors introduits. Un ouvrier mécanicien parla au nom de tous. Après qu'il eut achevé sa harangue, il y eut dans le conseil un moment d'embarras. Les membres du gouvernement qui avaient le plus insisté sur l'inopportunité d'un ministère du progrès s'étaient retirés dans le fond de la pièce, comme pour indiquer que cette affaire ne les concernait pas. Seul, M. de Lamartine, toujours prêt à accepter la responsabilité de ses actes, restait sur la brèche et, voyant que personne ne se souciait de prendre la parole, il répéta au nom de ses collègues ce qu'il avait dit déjà en plusieurs rencontres. Il demanda aux ouvriers de la patience, du dévouement à la République. Ceux-ci l'écoutaient à peine. Ils questionnaient du regard celui en qui ils mettaient toute leur confiance, épiant un mot, un signe qui leur apprît ce qu'ils avaient à faire.

Longtemps M. Louis Blanc détourna les yeux en silence. Enfin, il se décida à parler; mais avec quel effort! Son geste si prompt, auquel le commandement semblait si familier, devint hésitant, presque timide. Son œil sincère se voila. D'une voix mal affermie, il répéta, comme une leçon mal apprise, des considérations tirées d'une politique qui n'était point la sienne et prononça sur lui-même une sentence dont il comprenait toute l'ironie. Les ouvriers, déconcertés, n'en pouvant croire leurs oreilles, se turent. On leur donna lecture du décret qui éludait leur vœu, après quoi ils se retirèrent, l'esprit rempli d'incertitude, se demandant l'un à l'autre le mot de cette énigme.

C'est ici le lieu de faire remarquer comment, dans des situations et à des heures différentes de la crise révolutionnaire, des hommes très-différents aussi voient également s'évanouir leurs espérances de dictature devant une force des choses qu'ils ne peuvent combattre, car ils ne savent pas même où la prendre. Nous avons vu Blanqui, presque aussitôt après l'installation du gouvernement provisoire, prêt à lancer sur l'Hôtel de Ville ses bandes armées, les arrêter, les disperser, détourner lui-même le coup qu'il venait de préparer. Quatre jours plus tard, M. Louis Blanc, appuyé sur une force populaire bien autrement considérable, fermement résolu de s'imposer avec elle et par elle à un gouvernement sans vigueur, hésite à son tour, se trouble et finit par supplier les envoyés du peuple de ratifier un décret qui déjoue leurs espérances communes. Plus tard encore, nous verrons le général Cavaignac, à la tête d'une armée victorieuse, triomphant des factions, cher à l'Assemblée nationale, laisser glisser le pouvoir entre ses mains, sans essayer de le retenir. A six mois de là, l'héritier d'un nom glorieux, porté au pouvoir par six millions de voix populaires, poussé par une croyance fataliste en son étoile, demeure aussi comme paralysé par la même force occulte, insaisissable. Cette force que personne ne nomme ni ne comprend, que tout le monde subit, c'est l'esprit même du dix-neuvième siècle.

Cependant la majorité du conseil restait consternée de ce qu'elle venait de faire. Elle s'alarmait de l'incroyable popularité de M. Louis Blanc et prenait son audace pour de la force. Il lui semblait qu'elle venait d'abdiquer et de remettre entre ses mains le gouvernement du prolétariat. Aussi entendit-elle avec une joie extrême une proposition que la situation semblait commander et qui, en venant en aide à la détresse des ouvriers d'une manière pratique, allait, selon toute apparence, contre-balancer l'influence de M. Louis Blanc et de ses théories. Le ministre des travaux publics apportait un projet d'ateliers nationaux, d'après lequel les ouvriers sans ouvrage seraient embrigadés et tenus, sous des chefs militaires, à la disposition du gouvernement.

Débarrasser la place publique, se donner, pour combattre la révolution, comme on l'avait fait déjà par la création de la garde mobile, une force armée tirée du sein même du peuple, opposer ainsi le prolétariat au prolétariat, parut au gouvernement le chef-d'œuvre de l'habileté politique. La chose ne fut point discutée; le décret, rédigé par M. Marie, fut signé sans que personne élevât d'objection.

Par l'organisation des ateliers nationaux, la majorité du conseil pensa non-seulement avoir paré aux difficultés pressantes que lui créaient la cessation du travail et la détresse des ouvriers, mais elle crut encore organiser contre M. Louis Blanc et le socialisme une force supérieure; l'événement fit trop voir, à quelque temps de là, qu'elle n'avait fait autre chose que préparer et organiser contre elle-même la guerre sociale.

Mais toutes ces animosités, toutes ces discordes qui fermentaient au sein du gouvernement ne se trahissaient point au dehors, bien au contraire. Les traces du combat des trois jours disparaissaient rapidement. Les barricades étaient abandonnées, les pavés rentraient en place. On enlevait les arbres abattus, les bancs brisés qui obstruaient les promenades; on réparait à la hâte tous les dommages. La police active de Caussidière rétablissait partout les apparences de l'ordre. Insensiblement les boutiques se rouvraient; les voitures, dont on s'était hâté d'effacer les armoiries, pour se conformer au décret du gouvernement provisoire [1], se hasardaient une à une dans les rues fréquentées. La population qui était restée étrangère à la

---

[1] M. Louis Blanc avait jugé utile un décret sur l'abolition des titres de noblesse. Ce décret déjà rendu par l'Assemblée constituante, mais qui ne spécifiait rien, pas plus en 1790 qu'en 1848, sur les peines attachées aux infractions, fut observé aussi longtemps que les amateurs de titres eurent peur. Mais la bourgeoisie, qui tenait fortement à ces distinctions de récente conquête, se hâta de les reprendre dès qu'elle crut le pouvoir faire sans danger On vit alors une fois de plus combien il est puéril de décréter des changements dans les usages quand on ne peut rien changer à l'esprit des mœurs.

révolution, sortait, curieuse, de sa retraite et se laissait gagner à l'allégresse qui paraissait sur les physionomies populaires. Les affiches bizarres qui couvraient les murs, les caricatures qu'on vendait au coin des rues, les titres excentriques des feuilles nouvelles criées sur la voie publique, égayaient les promeneurs. Les femmes remarquaient avec surprise le respect dont elles étaient l'objet, et se trouvaient mieux protégées par la décence publique depuis que les rues et les promenades étaient, en quelque sorte, à la garde des prolétaires.

Le 27, la proclamation de la République au pied de la colonne de Juillet présenta l'aspect d'une fête patriotique. Il est intéressant de voir comment le *Moniteur* rend compte de cette solennité. Son langage, tout empreint du sentiment des masses, exprime mieux que ne le pourrait faire un récit composé plus tard, la naïveté des espérances et des enthousiasmes populaires.

« Paris, dit le *Moniteur* du 28 février, a eu une des plus grandes et des plus belles fêtes dont ses annales aient conservé le souvenir. Deux bataillons par chaque légion de la garde nationale avaient été convoqués hier soir; quelques heures après, tout le monde était à son poste, et jamais les rangs ne furent mieux garnis. Les combattants encore armés, et qui, depuis plusieurs jours, partagent avec les gardes nationaux tous les services d'ordre et de sécurité publique, ajoutaient encore au nombre de cette milice populaire, et témoignaient ainsi de l'union fraternelle commencée sous les feux du combat et cimentée par la victoire. Ce peuple entier, sûr de sa force comme de sa grandeur, s'était donné rendez-vous sur cette immortelle place de la Bastille, qui remplit plus d'une noble page dans l'histoire de la Révolution et de la Liberté. Les membres du gouvernement provisoire sont partis de leur salle de délibération à deux heures précises; ils ont descendu le grand escalier de l'Hôtel de Ville au milieu d'un concours nombreux de citoyens, la garde présentant les armes et le tambour battant aux champs. Les cris de *Vive la République!* poussés par la foule enthousiaste, ont bientôt retenti dans la place encombrée d'une multitude infinie.

« Le cortége aussitôt s'est ébranlé. En tête marchait un détachement de la garde nationale à cheval, puis les élèves de l'école d'état-major. Ils étaient suivis par une légion de la garde nationale, où se mêlaient beaucoup d'autres citoyens dont les armes et le costume étaient comme le signe vivant de la révolution accomplie; entre les compagnies de cette légion, les jeunes gens de toutes nos écoles, dont la bravoure et le dévouement relèvent l'intelligence et le patriotisme. Les membres du gouvernement provisoire venaient ensuite, en habit noir, avec l'écharpe tricolore et la rosette rouge à la boutonnière. Les ministres de la guerre, des finances, du commerce et de l'instruction publique, les adjoints de Paris, le directeur général des postes, s'étaient joints aux membres du gouvernement provisoire. Tous ces élus de l'insurrection ont été salués par les acclamations les plus vives. Les officiers de Saint-Cyr les précédaient immédiatement, et un détachement des élèves de l'École polytechnique, l'épée nue, formait la haie. Derrière eux venait une masse immense qui a été grossissant jusqu'à la fin. La cour de cassation, la cour d'appel, le général Bedeau, commandant la division militaire, des officiers de l'armée et de la marine, des fonctionnaires des autres départements, s'étaient rendus sur la place de la Bastille, où la foule pressée se serrait autour de la colonne de Juillet, dont le sommet était pavoisé d'étendards aux trois couleurs. Le temps, qui avait été jusque-là pluvieux, s'est éclairci, et le soleil a voulu éclairer de ses rayons cette première fête de la République. Arrivés au pied de la colonne, les membres du gouvernement provisoire se sont rangés sur une file pendant que la musique jouait la *Marseillaise*. Les drapeaux se sont placés en face d'eux. Après un roulement de tambour, M. Arago a pris la parole; il a d'une voix forte annoncé au peuple que le gouvernement provisoire avait cru de son devoir de proclamer solennellement la République devant l'héroïque population de Paris, dont l'acclamation spontanée avait déjà consacré cette forme de gouvernement. La sanction de la France entière y manque sans doute encore ; mais nous espérons qu'elle ratifiera le vœu du peuple parisien, qui a donné un nouvel et magnifique exemple de son courage, de sa puissance, de sa modération. Il tient à prouver à la patrie et au monde qu'il n'a pas seulement l'instinct de ses droits, mais qu'il en possède aussi l'intelligence et la sagesse. Calme et fort, énergique et généreux, le peuple de Paris peut être présenté à la France comme un de ses titres d'orgueil. Il semble avoir laissé tomber dans le plus dédaigneux oubli une royauté malfaisante pour ne s'occuper que des grands intérêts, qui sont ceux de tous les peuples, des principes immortels qui vont devenir pour eux la loi morale de la politique et de l'humanité.

« Citoyens ! s'est écrié M. Arago avec enthousiasme, ré-
« pétez avec moi ce cri populaire : Vive la République ! »
Tous les membres du gouvernement provisoire se sont découverts, les drapeaux se sont inclinés, et, au bruit des tambours battant aux champs, au bruit des trompettes et de la musique s'est joint cet autre bruit immense du peuple qui couvrait tous les autres : Vive la République !

« Le vénérable président du conseil, M. Dupont (de l'Eure), a remercié alors en ces termes la population de Paris de la conquête qu'elle venait d'accomplir :

« Citoyens,
« Le gouvernement provisoire de la République profite
« avec bonheur et empressement de la première réunion
« de la garde nationale de Paris pour venir la remercier
« des immenses services qu'elle a rendus à la patrie dans
« les grandes circonstances que nous venons de traverser.
« Nous comptons toujours sur votre patriotique concours
« pour la consolidation du gouvernement républicain, que

« le peuple français vient de conquérir au prix de son sang,
« pour le maintien de l'ordre social et pour l'affermisse-
« ment de toutes nos libertés. »

« Des bravos répétés ont accompagné cette allocution du vénérable président. L'enthousiasme a augmenté encore quand M. Arago a dit avec émotion : « *Citoyens, ce sont* « *quatre-vingts ans d'une vie pure et patriotique qui vous* « *parlent!... — Oui, oui, vive Dupont (de l'Eure)!* » Et celui-ci ayant répondu en s'écriant *Vive la République!* ce cri s'est prolongé pendant plusieurs minutes.

« M. Crémieux, dans de chaleureuses paroles, a invoqué la mémoire des braves citoyens morts à la révolution de Juillet et dont les noms sont gravés sur le bronze de la colonne. Cette journée doit consoler leurs âmes affligées pendant dix-huit ans. Nul ne pourra désormais enlever au peuple les fruits de sa conquête. Le gouvernement républicain dérive du peuple, et il s'y appuie. Toutes les distinctions de classe sont effacées devant l'égalité, tous les antagonismes se calment et disparaissent par cette fraternité sainte qui fait des enfants d'une même patrie les enfants d'une famille, et de tous les peuples, des alliés. Ces paroles ont été interrompues par les applaudissements les plus vifs.

« Le colonel de Courtais, commandant la garde nationale, a fait alors commencer le défilé; mais la foule était tellement entassée qu'elle rompait les rangs. Elle défilait aussi devant le gouvernement provisoire, et, à chaque instant, les cris de *Vive la République!* retentissaient avec éclat. Il a fallu près d'une heure pour le défilé de la première et de la deuxième légion. Les membres du gouvernement provisoire se sont alors mis en marche, afin de passer devant le front des autres légions échelonnées le long des boulevards. Depuis la place de la Bastille jusqu'à la hauteur du faubourg Poissonnière, ce n'a été qu'un seul cri dont l'écho se prolongeait au milieu d'une foule innombrable. Le peuple de Paris semblait vouloir prendre à témoin le ciel et la terre, et il consacrait la République française par les accents les plus vigoureux que le désir et la conviction aient jamais arrachés à des poitrines humaines. Toutes ces figures avaient le caractère de la confiance et de la joie, non pas d'une joie emportée et frivole, mais d'une joie sereine et réfléchie. Quand on se retournait du haut du boulevard Saint-Denis, on apercevait, marchant derrière le Gouvernement provisoire, une masse de citoyens, énorme, immense, qui remplissait la grande voie dans toute sa largeur, et qui s'étendait jusqu'à perte de vue. C'était le plus important ; rien n'égale la pompe que donne la présence du peuple, rien n'est comparable à sa majesté.

« Cette journée est désormais inscrite au nombre de celles qui laissent dans l'histoire les traces qu'on aime le mieux à retrouver. Ce peuple, si indigné, il y a trois jours, si animé de toute la chaleur de la bataille, était là aujourd'hui tout entier, mêlant, confondant ses impressions, n'éprouvant plus qu'un sentiment de concorde, et s'abandonnant à toutes les espérances d'un avenir de grandeur et de prospérité avec une confiance qui, cette fois, du moins, ne sera pas trompée. On peut le dire avec un juste orgueil, le gouvernement, appuyé sur cette force populaire, sera le plus puissant des gouvernements. En servant la France, il servira toutes les nations de l'Europe; le peuple de Paris a ouvert une ère nouvelle. La République française fait reprendre à notre patrie le cours glorieux de ses destinées ; elle lui rend l'initiative du progrès ; elle vient enfin au secours du temps et des idées qui préparent peu à peu les États-Unis de l'ancien continent. »

Et comment le gouvernement provisoire aurait-il pu entrer un seul instant en doute sur les sentiments que lui portait la nation? Les adhésions lui arrivaient de toutes parts, non pas tardives, isolées ou contraintes, mais empressées, ferventes. Les colonnes du journal officiel en étaient remplies. L'Hôtel de Ville semblait trop peu spacieux pour recevoir tous les dévouements qui venaient s'offrir à la République. Adresses, félicitations, offrandes, y affluaient sans relâche. Autant que la soumission au gouvernement provisoire, l'admiration pour le peuple était à l'ordre du jour. Le ton dithyrambique s'élevait de minute en minute. Chacun voulait se signaler en excédant la mesure de la flatterie; les plus effrayés étaient les plus prodigues de louanges. Les suffocations de la peur se soulageaient par des élans d'enthousiasme.

Le clergé avait donné l'exemple d'une adhésion spontanée. Dès le 24 février au soir, monseigneur Affre, archevêque de Paris, déclarait se rallier sincèrement à la République et ordonnait aux curés de son diocèse de chanter aux offices le *Domine salvum fac populum*. Peu de jours après, le P. Lacordaire exaltait dans la chaire de Saint-Merry *ce peuple superbe en sa colère*. L'*Univers*, journal du parti catholique, s'exprimait en ces termes :

« Dieu parle par la voix des événements. La révolution de 1848 est une notification de la Providence. A la facilité avec laquelle ces grandes choses s'accomplissent, et lorsque l'on considère combien, au fond, la volonté des hommes y a peu contribué, il faut reconnaître que les temps étaient venus. Ce ne sont pas les conspirations qui peuvent de la sorte bouleverser de fond en comble et en si peu de temps les sociétés humaines. Une conspiration qui réussit allume instantanément la guerre civile. Le principe politique attaqué et renversé par surprise cherche immédiatement à se défendre. Qui songe aujourd'hui en France à défendre la monarchie? Qui peut y songer? La France croyait encore être monarchique et elle était déjà républicaine. Elle s'en étonnait hier, elle n'en est point surprise aujourd'hui. Revenue d'un premier mouvement de trouble, elle s'appliquera sagement, courageusement, invinciblement, à se donner des institutions en rapport avec les doctrines qu'elle a depuis longtemps définitivement acceptées. La monarchie succombe sous le poids de ses fautes. Personne n'a autant qu'elle travaillé à sa ruine. Immorale avec Louis XIV, scandaleuse avec Louis XV, despotique avec Napoléon, inintelligente jusqu'en 1830, astucieuse, pour ne rien dire de plus, jusqu'à 1848, elle a vu successivement décroître le nombre et l'énergie de ceux qui la croyaient encore nécessaire. Elle n'a plus aujourd'hui de partisans. Charles X avait encore des amis personnels et des serviteurs dévoués. De nobles cœurs ont porté son deuil; son héritier a pu pendant un temps trouver des soldats. Louis-Philippe n'a été reconduit que jusqu'à la porte de sa demeure. On a protégé sa vie, mais pas sa couronne, et on l'a laissé se sauver sans lui faire l'honneur de le croire dangereux. Jamais trône n'a croulé d'une façon plus humiliante. C'est que ce trône n'était plus un trône. *Il n'y aura pas de meilleurs et de plus sincères républicains que les catholiques français.* Parmi les principes sociaux qui viennent de triompher et qui vont se formuler en institutions, quels sont ceux que l'Église repousse? Quels sont ceux que sa voix n'ait pas fait retentir depuis dix-huit siècles à l'oreille des peuples et des rois? Nous n'en voyons aucun. »

Pendant deux mois le clergé de Paris bénit les arbres de la liberté, les comparant à l'arbre de la croix, rappelant avec complaisance que la cause du prêtre est la cause du peuple et que Jésus-Christ a le premier donné au monde la formule républicaine : *Liberté, Égalité, Fraternité*, le plus souvent, les peupliers symboliques étaient pris dans les beaux jardins des congrégations, et les religieuses les décoraient elles-mêmes de guirlandes, de nœuds, de banderoles. Elles offraient des lits pour les invalides du travail, adoptaient les filles des combattants morts pour la patrie. Le concours du clergé régulier et séculier fut unanime. Il ne s'éleva pas dans son sein une seule voix pour regretter la royauté déchue.

La magistrature n'opposa, non plus que le clergé, aucune résistance à l'entraînement général. La cour de cassation, la cour d'appel, la cour des comptes, le tribunal de commerce, la chambre des notaires, celle des avoués, l'ordre des avocats, les agents de change apportaient à l'envi à l'Hôtel de Ville l'assurance de leur *dévouement sans réserve à la République* et leur *adhésion complète* à l'*entreprise généreuse*, à l'*œuvre admirable* du gouvernement [1].

Par la bouche de M. de Cormenin, le conseil d'État exprimait « *son dévouement à cette grande et sublime révolution qui palpitait déjà dans le cœur du peuple avant d'être arrosée de son généreux sang et d'être portée dans ses bras héroïques jusqu'au pavois de la souveraineté.* »

On a vu que, dès le 28, l'armée, par l'organe des chefs les plus attachés à la dynastie, les maréchaux Soult, Bugeaud [2], Sébastiani, Gérard, les généraux Oudinot, Baraguay-d'Hilliers, de Fézensac, Lahitte, se mettaient au service de la République. Le général Changarnier demandait en termes pressants, dans sa lettre officielle au gouvernement provisoire, que l'on voulût bien utiliser *son habitude de vaincre* [3].

L'Université, par la voix de M. Gérusez, exaltait « *cette révolution accomplie au profit du genre humain et qui avait eu pour instrument le peuple armé de la force invincible de Dieu.* » Elle saluait le *nom désormais impérissable de République* [4].

Les journaux orléanistes ou légitimistes exprimaient à

---

[1] Voir, au *Moniteur* du 2 mars et des jours suivants, les discours de MM. Séguier, Dupin, Portalis, Baroche, etc.

[2] « Je n'ai pas besoin de vous dire que je ne désirais pas la République, écrivait le maréchal Bugeaud dans une lettre intime, datée du 16 mars, mais, enfin, nous l'avons. Elle s'annonce infiniment plus honnête que son aînée; les hommes qui sont au pouvoir ont fait et font encore des efforts inouïs pour protéger la société contre les anarchistes. Il faut donc les aider sincèrement et activement dans cette œuvre sainte. Si la République tient ce qu'elle promet en ce moment, je l'aimerai bientôt; en attendant, je la défendrai s'il le faut, à l'extérieur, tant qu'elle sera dans les voies de la liberté et de la fraternité vraies. »

[3] Voir aux *Documents historiques*, à la fin du volume, n° 11.

[4] *Moniteur* du 4 mars 1848.

leur manière le sentiment public. « Confiance ! confiance ! » s'écriait M. de Girardin dans la *Presse* en repoussant avec énergie l'hypothèse d'une régence et en démontrant que, désormais la République seule, pouvait rallier tous les partis. Le *Journal des Débats* parlait des *tempêtes par lesquelles Dieu et le peuple manifestent leur colère et leur puissance.* Il semblait prendre aisément son parti de ce qu'il appelait *le naufrage des rêves et des illusions.* Le *Siècle* affirmait *avec orgueil qu'il n'y aurait pas dans l'histoire de gloire qui pût effacer celle des vainqueurs de Février.* La *Revue des Deux-Mondes*, enfin, prodiguait les éloges au gouvernement provisoire, vantait son *énergique patriotisme*, le félicitait d'avoir *garanti du travail à tous les citoyens*, donné aux ouvriers le million échu de la liste civile et disait : « Depuis que la pensée française a commencé, dans le dernier siècle, l'émancipation politique du monde, personne n'a plus nié en principe le droit des individus et des masses au bien-être comme récompense de leur travail. Il y a eu même pour arriver à un résultat aussi légitime de sincères efforts honorablement tentés ; mais, il faut en convenir, aucun gouvernement jusqu'ici ne s'est mis en mesure de marcher à un pareil but avec une énergie, avec une activité vraiment efficaces. Une pareille négligence n'est pas une des moindres causes de ces chutes profondes qui, au premier abord, confondent les imaginations. Assurément il n'est pas à craindre que le régime qui sortira de la révolution de 1848 tombe dans la même faute ; mais il faut qu'à l'ardent amour de l'humanité et du peuple qui fait battre aujourd'hui tant de cœurs, s'associe une science sociale compréhensive et impartiale, qui aille au fond de tous les problèmes, tienne compte de tous les droits et sache établir entre toutes les classes de travailleurs des relations légitimes et de sincères sympathies. »

Pour aider le gouvernement provisoire à faire face aux dépenses urgentes, les principaux banquiers de Paris prenaient l'initiative d'une souscription. M. Rothschild faisait acte de confiance et même de zèle en refusant de fuir et en envoyant une somme de cinquante mille francs pour les blessés de Février. On voyait en tête des listes de souscription les noms les plus illustres. Les grandes dames légitimistes ou orléanistes, la duchesse de Maillé, la marquise de Lagrange, la comtesse de Chastenay, la comtesse de Biencourt, la comtesse de Lamoignon, etc., quêtaient en compagnie de mesdames Flocon, Ledru-Rollin, Marrast, pour les blessés de Février [1].

M. Thiers et les principaux membres de la Chambre des députés, MM. Odilon Barrot, de Malleville, Duvergier de Hauranne, qui croyaient la royauté *bien finie*[2], envoyaient assurer le gouvernement provisoire qu'ils aideraient sans arrière-pensée à son établissement. M. de la Rochejacquelein répétait partout que c'en était fait à jamais de la monarchie et faisait afficher sur les murs de Paris une adresse au gouvernement provisoire qu'il terminait par ces mots : *Comptez sur moi*[3]. Les familiers du Château, les aides de camp de Louis-Philippe, M. d'Haubersaërt, MM. Liadière, d'Houdetot, de Berthois, etc., ne se faisaient attendre ni à l'Hôtel de Ville ni dans les différents ministères. La famille Bonaparte, le roi Jérôme et son fils Napoléon, Pierre, fils de Lucien, adressaient au gouvernement provisoire des lettres toutes républicaines[4]. Le prince Louis-Napoléon accourait de l'exil. Enfin on recevait d'Algérie la soumission du duc d'Aumale et du prince de Joinville.

Assurément un pareil concours de dévouements et d'hommages était de nature à rassurer pleinement le gouvernement provisoire s'il avait conçu quelque doute sur sa légi-

---

[1] Voir au *Moniteur* le numéro du 24 mars et les suivants.
[2] Expression de M. Thiers.
[3] Voir dans la publication intitulée *Murailles révolutionnaires*, 9ᵉ livraison, l'adresse signée de M. de la Rochejacquelein.
[4] Voir aux *Documents historiques*, à la fin du volume, n° 21.

timité. Et ce ne fut pas l'effervescence d'une première heure. Six semaines plus tard, les mêmes sentiments se manifestaient encore sous une forme plus authentique, plus calme et plus réfléchie, dans les professions de foi des candidats à la représentation nationale; le 4 mai suivant, à l'heure où l'Assemblée entrait pour la première fois en séance, ils éclatèrent de nouveau par une salve répétée à vingt reprises, par un cri unanime de *Vive la République!*

Aujourd'hui que nous connaissons avec certitude, par de cyniques répudiations, combien ces adhésions étaient mensongères, les esprits sévères ont le droit de regretter, jusqu'à un certain point, cette unanimité dans l'expression d'un dévouement qui ne pouvait honorablement exister que dans les âmes républicaines. On a pu sans injustice flétrir cet empressement des amis personnels de la maison d'Orléans, de ces hommes qui tenaient de la royauté leur fortune, leur position, leur existence tout entière. Les consciences honnêtes ont gémi, pour l'honneur du pays, des indignités, des ingratitudes, des sentiments bas de cette société cultivée, faite pour donner l'exemple des bienséances et pour imprimer aux mœurs leur caractère. Mais peut-être a-t-on exagéré un peu la part de la lâcheté dans cette déroute morale. S'il y eut lâcheté, ce qui semble aujourd'hui trop certain, il y eut aussi entraînement, et cet entraînement, bien qu'il se soit renié lui-même, fut sincère. La grandeur du peuple était si manifeste qu'elle attira à lui jusqu'à ses adversaires. Sa magnanimité sa naïveté, touchèrent les cœurs les plus endurcis. Plus d'un qui, depuis vingt ans, raillait toute grande pensée, se laissa gagner à l'émotion générale. Ce fut là la véritable *surprise* de Février. Cette société froide, calculée, sceptique, parut un moment comme enlevée à elle-même. Elle sentit que ces hommes du peuple, si au-dessous d'elle par la culture, lui étaient supérieurs par la vertu. Elle leur rendit un hommage involontaire en s'engageant d'honneur à servir le gouvernement qu'ils lui imposaient, en reconnaissant hautement qu'il n'y avait plus d'autre état possible en France que l'état républicain fondé sur l'égalité démocratique.

CHAPITRE XVIII

Ministère de l'intérieur. — M. Ledru-Rollin. — Ministère des affaires étrangères. — Manifeste de M. de Lamartine.

Les nouvelles que le gouvernement provisoire recevait des départements venaient chaque jour le confirmer dans le sentiment de son droit et de sa force.

Au premier bruit de la lutte engagée dans Paris, des comités révolutionnaires, composés des hommes les plus actifs et les plus décidés entre les républicains s'étaient, dans tous les chefs-lieux de département, formés spontanément et déclarés en permanence. Aussitôt la proclamation de la République connue, ces comités, s'emparant du mouvement, avaient tenté d'occuper les préfectures et les mairies; presque partout ils avaient réussi; de concert avec les conseils municipaux, ou bien à leur place, ils avaient pris la direction des affaires en attendant les ordres du nouveau pouvoir. La plupart des fonctionnaires s'étaient retirés sans contestation, en toute hâte; quand les commissaires envoyés par le ministre de l'intérieur arrivèrent au lieu de leur destination, ils trouvèrent sur tous les points l'administration départementale ou dans les mains des chefs populaires, ou soumise et s'offrant à servir le gouvernement républicain.

Le choix de ces commissaires était une des difficultés et devint bientôt un des embarras les plus considérables du gouvernement provisoire. Laisser les fonctionnaires politiques de la royauté présider à l'établissement des institutions républicaines, c'eût été, non-seulement une faute, mais encore un scandale. Ceux d'entre les fonctionnaires qui ne rougissaient pas de prétendre à ce triste avantage marquaient assez par cette impudeur qu'ils étaient indignes de l'estime publique, car la révolution qui venait de s'accomplir n'impliquait pas seulement un changement de personnes ou de tendance dans le gouvernement, elle devait être l'application sincère d'un principe éludé jusque-là et d'une conception différente de l'ordre social. Pour aider la société à reconnaître le droit commun fondé sur une véritable souveraineté du peuple, pour lui inspirer confiance dans la bonté des institutions républicaines, il fallait sans doute une certaine expérience des hommes et des choses, mais il fallait surtout un amour raisonné de ces institutions, une conviction profonde de leur parfaite harmonie avec l'esprit du siècle. Les fonctionnaires choisis par MM. Duchâtel et Guizot, eussent-ils voulu se donner pour tâche de faire comprendre à des populations peu éclairées le sens nouveau que le progrès des mœurs allait donner au mot de république, ils ne l'auraient pas pu. La pratique vénale des élections sous le règne de Louis-Philippe avait abaissé leur caractère. Leur servilité, à la fois constante et variable, selon les vicissitudes parlementaires, et qui avait contribué à introduire dans la langue politique le terme abject de *ministérialisme,* avait énervé en eux cette vigueur de volonté, cette confiance dans la sympathie des masses sans laquelle aucune action morale n'est imaginable.

M. Ledru-Rollin ne faisait donc qu'un acte de pure nécessité en envoyant dans les départements des commissaires chargés d'administrer provisoirement la chose publique et de remplacer les hommes trop notoirement solidaires de la politique du gouvernement déchu. La mauvaise foi et le cynisme de l'apostasie passés dans les mœurs de la société officielle ont pu seuls accuser d'intolérance révolutionnaire une mesure de prudence et de convenance commune à tous les gouvernements. Ce qu'on peut plus justement reprocher au ministre de l'intérieur, c'est de n'avoir pas porté dans son choix tout le discernement souhaitable. La faiblesse naturelle de son caractère et son tact politique trop peu exercé l'entraînèrent en des erreurs dont l'établissement de la République eut à souffrir. Il se laissa circonvenir par des influences subalternes. Il y eut dans l'ensemble de ses choix peu d'homogénéité, dans les instructions qu'il donna peu de précision. Toutefois les fautes des commissaires ne furent ni aussi graves ni aussi nombreuses qu'on l'aurait pu craindre dans une situation où la plus grande hâte et la plus parfaite prudence étaient à la fois commandées. Et l'on devra plutôt s'étonner des erreurs évitées que des erreurs commises, si l'on vient à considérer la multiplicité des charges et la rareté des hommes auxquels il convenait de les confier à ces premières heures décisives de la République.

Le parti républicain, après la mort d'Armand Carrel et de Godefroy Cavaignac, était assez riche en talents oratoires et littéraires, mais pauvre en capacités politiques. Au premier rang dans l'estime générale paraissaient quelques hommes de cœur dont le sentiment faisait toute la force. C'étaient de ces natures plus généreuses que réfléchies qui croient mener les sociétés par l'enthousiasme et comptent sur l'esprit de sacrifice, comme sur un état permanent de l'âme humaine, pour établir dans le monde le règne de la vertu. Ces patriotes sincères, dont Barbès était le type, ne connaissaient pas le pays auquel ils se dévouaient ni n'en étaient connus. Exaltés par la solitude des prisons et par l'acharnement d'un sort toujours contraire, ils vivaient dans le monde des rêves, familiers avec l'idéal immuable de la justice abstraite, ignorant les intérêts mobiles et les droits relatifs qui gouvernent les choses humaines.

Dans les rangs plus serrés qui formaient comme le centre de l'armée républicaine, on comptait en grand nombre des avocats, des journalistes, hommes d'improvisation et de critique, que leur profession mettait chaque jour dans la nécessité de parler ou d'écrire sur les affaires publiques en leur ôtant le loisir de les étudier et même l'occasion de les bien connaître. Pris ensemble, ces écrivains, qui s'étaient pour la plupart groupés autour du *National* ou de la *Réforme* et suivaient la fortune de M. Marrast ou celle de M. Ledru-Rollin, avaient apporté dans la guerre offensive un concours efficace ; mais, isolément, leurs talents inexpérimentés et leurs personnalités rivales allaient être d'une médiocre assistance pour l'organisation du pouvoir. Enfin, dans les derniers rangs du parti, se pressaient une foule de gens de mœurs basses, de caractère équivoque, tour à tour ouvriers de complots ou limiers de police, qui s'efforçaient de tirer de leur abjection même la popularité d'une heure et de détourner, par le fracas de leurs emportements démagogiques, les soupçons et les répugnances que faisait naître leur existence suspecte. La plupart s'étaient glissés dans les sociétés secrètes et y avaient contracté des intimités dont il était difficile de ne tenir aucun compte. C'est le malheur des partis qui conspirent, quand ils arrivent au pouvoir, d'avoir à récompenser des hommes et des actes qu'il faut désavouer au grand jour de l'opinion publique. Ce fut l'entrave, ce fut la fatalité de M. Ledru-Rollin de ne pas trouver immédiatement sous sa main des hommes de caractère, d'esprit, de mœurs véritablement démocratiques. Mais ceux-là ne se rencontraient pas dans la portion remuante du parti républicain. Ils se tenaient à l'écart, ils agissaient sans bruit; il aurait fallu une volonté active pour les chercher, du temps pour les attendre. Or les minutes étaient comptées et le zèle du ministre se laissait facilement distraire. Assailli par des républicains pleins d'exigences qui, ne voyant dans la République qu'un coup de fortune favorable à leurs intérêts privés, évaluaient les persécutions subies, fixaient le taux des services rendus, sollicitaient au nom de leur pauvreté ou menaçaient au nom de leur influence sur les masses, le ministre de la République se voyait à leur égard dans une situation assez analogue à celle où s'étaient trouvés les ministres de la Restauration en présence des vieux émigrés. Une aristocratie d'un nouveau genre, mais aussi exclusive, aussi arrogante qu'aucune autre, s'imposait à lui. Les ultra-républicains de 1848, infatués à l'égal des ultra-royalistes de 1814, prétendaient, sous prétexte de puritanisme, éloigner des emplois et des places tout ce qui n'avait pas été éprouvé depuis 1830 dans les complots ou du moins dans les affiliations secrètes. M. Ledru-Rollin n'avait pas une volonté assez bien assise pour résister à de semblables violences. Nous l'avons vu déjà, le ministre de l'intérieur possédait un ensemble d'avantages très-propres à le signaler dans les rangs de la démocratie militante, mais, du moment qu'il fut porté au gouvernement, ces avantages devaient perdre beaucoup de leur valeur par l'absence d'une qualité qui relie et couronne en quelque sorte toutes les autres : M. Ledru-Rollin manquait d'autorité. Ni sa vie privée qu'il n'avait pas su plier à une règle assez sévère, ni son patriotisme sincère mais emphatique, ni son caractère ouvert et généreux mais sans fixité, ni ses connaissances plus apparentes que solides, ni même sa droiture naturelle trop souvent altérée par le désir excessif de la popularité, ne le rendaient propre au commandement. Il avait conscience de cette incapacité et, pour échapper au malaise qu'elle lui causait, il mettait en œuvre un artifice familier aux caractères dont l'ardeur n'est ni soutenue ni tempérée par le jugement. Il outrait son langage, il enflait sa voix ; il affectait des allures despotiques. Craignant de ne pouvoir imposer le respect, il voulait imprimer la terreur. Ne se sentant pas assez fort pour conduire la révolution, il la voulait brusquer. Là gît tout le secret de ses contradictions et de ses inconséquences. Dès qu'il eut entrevu le succès de sa tactique, dès qu'il vit l'effroi s'emparer des imaginations et son nom prononcé avec tremblement, dès qu'il entendit ses flatteurs l'égaler à Danton, il se tint pour assuré d'un pouvoir sans bornes. Plus son langage excédait sa pensée et mentait à la bénignité de son caractère, plus ses paroles étaient en désaccord avec ses intentions, plus il se croyait profond politique. Il pensa naïvement que le meilleur moyen de prévenir les fureurs de 93, c'était d'en laisser gronder la menace. Il ne comprit pas que cet effet momentané, obtenu par des fanfaronnades, ne pouvait tromper que le vulgaire. Il s'entoura avec complaisance d'un appareil théâtral. Autour de lui on s'affubla de costumes excentriques; on porta des chapeaux *montagnards*, des gilets *à la Robespierre*; on se tutoya sans se connaître; on affecta de choquer les bienséances par des rudesses triviales; on mesura au cynisme des formes l'énergie des vertus républicaines[1]. M. Ledru-Rollin encouragea d'abord ce tapage révolutionnaire sans y participer; mais bientôt il arriva qu'en pensant étourdir le pays, il s'étourdit lui-même. Poussé par les plus extravagants démagogues, il s'imagina qu'il entraînait le peuple à sa suite. Parce qu'il avait autant de flatteurs qu'un roi, il eut les illusions de la royauté. Il se crut le chef de la démocratie, tandis qu'il n'était en réalité que le porte-voix du jacobinisme.

Lorsqu'il se rendit, le 25 dans la matinée, au ministère de l'intérieur, M. Ledru-Rollin le trouva occupé par M. Andryane, jadis prisonnier de l'Autriche dans les cachots du Spielberg. Délégué provisoirement dans les bureaux par M. Garnier-Pagès, M. Andryane s'était hâté d'user de son

---

[1] Une des puérilités de cette vieille école révolutionnaire, ce fut de reprendre avec une affectation outrée l'appellation de *citoyen* et la formule : *salut et fraternité*. J. J. Rousseau, dont l'enthousiasme n'aveuglait pas le bon sens, avait expliqué et condamné cette manie : « Les seuls Français, dit-il dans le *Contrat social*, prennent tous familièrement ce nom de citoyen, *parce qu'ils n'en ont aucune véritable idée*. »

pouvoir en faveur d'un homme devenu tristement fameux sous le dernier règne. Il avait mis en liberté un ancien ministre des travaux publics condamné pour cause de concussion : M. Teste. Ce ne fut pas sans peine que M. Ledru-Rollin parvint à éconduire M. Andryane ainsi qu'une foule de serviteurs de la dynastie qui témoignaient déjà d'un zèle immodéré pour la République, en s'emparant des titres et des emplois vacants. Par malheur, en éliminant les parasites royalistes, M. Ledru-Rollin ne sut pas tenir à distance les parasites démocrates, et bientôt les bureaux du ministère, encombrés à toute heure du jour et de la nuit par les solliciteurs, présentèrent le spectacle du plus affligeant désordre. Cependant le ministre avait hâte de rétablir le service public; il s'adjoignit, pour l'aider dans cette tâche difficile, M. Élias Regnault, ancien rédacteur du *Courrier de la Sarthe*, auteur de quelques travaux historiques estimés, dont il fit son chef de cabinet; M. Jules Favre, avocat connu dans le parti démocratique depuis le procès d'avril, auquel il remit les fonctions de secrétaire général; M. Carteret, journaliste zélé, qu'il mit à la tête de la direction de la sûreté générale; puis il s'occupa de l'envoi des commissaires dans les départements.

Les premières nominations avaient été faites dans le conseil du gouvernement provisoire. M. Ledru-Rollin n'eut qu'à signer des pouvoirs dont le caractère n'avait pas été et ne pouvait pas être bien défini. Il se borna, en remettant ces pouvoirs aux nouveaux fonctionnaires, à les accompagner de quelques explications verbales, promettant d'envoyer sous peu de jours ses instructions écrites, officielles ou secrètes.

Suivre l'exemple du gouvernement provisoire, éviter comme à Paris l'effusion du sang, veiller sur les partis royalistes sans toutefois porter atteinte ni aux propriétés ni aux libertés des personnes, en un mot faire connaître, comprendre, aimer la République, tel était le résumé des instructions données verbalement aux commissaires. Nous verrons bientôt comment elles furent comprises et interprétées par les partis.

Pendant que M. Ledru-Rollin essayait de saisir les rênes de la révolution à l'intérieur, M. de Lamartine, en s'installant au ministère des affaires étrangères, préparait les instructions qu'il allait donner aux agents diplomatiques et fixait dans son esprit l'attitude qu'il convenait à la République de prendre vis-à-vis des puissances européennes.

Comme tous les autres édifices, le ministère des affaires étrangères avait été envahi par les combattants; mais, malgré la haine personnelle que le peuple de Paris portait à M. Guizot, malgré l'irritation produite par la catastrophe de la veille, tout y avait été respecté. Ces simples mots tracés à la craie, le 24 février, sur la porte d'entrée : *Ambulance, respect aux blessés*, et les efforts individuels de quelques ouvriers avaient suffi pour retenir une bande furieuse qui menaçait de mettre le feu. Quand la garde nationale arriva, le 25, sur un ordre du maire du premier arrondissement, au nom du salut public, elle trouva partout l'ordre et la discipline. A tous les étages, les ouvriers avaient d'eux-mêmes établi des postes de sûreté. Aux portes des archives, à l'entrée même du cabinet particulier de M. Guizot, des factionnaires en blouse gardaient religieusement les secrets d'un gouvernement et d'un homme détestés. La garde nationale se mêla aux bandes populaires. On bivouaquait ensemble dans les cours, dans les antichambres, sur les escaliers, en s'entretenant des événements accomplis, avec une simplicité cordiale. Sur ces entrefaites, M. Bastide, envoyé par le gouvernement provisoire, vint se faire reconnaître en qualité de sous-secrétaire d'État au ministère. Il était suivi de M. Hetzel, nommé chef du cabinet de M. de Lamartine, et de M. Payer qui devait remplir auprès du ministre les fonctions de secrétaire. La principale occupation de ces nouveaux fonctionnaires, pendant vingt-quatre heures, fut de signer des passe-ports pour les peureux, parisiens ou étrangers, qui, selon l'opinion qu'on s'était faite du peuple dans les classes riches, croyaient devoir fuir une ville aux mains des barbares. M. de Lamartine ne vint que le 26 dans la soirée. Il était épuisé de fatigue ; mais son visage exprimait la confiance. Une certaine solennité tranquille, qui paraissait dans toute sa personne, contrastait avec le trouble et l'agitation de ceux qui l'abordaient. En tendant la main à M. Bastide : « Soyez content, lui dit-il, soyez heureux. Vous pouvez considérer la République comme fondée en France. » Mais M. de Lamartine ne put se défendre d'une impression de tristesse lorsqu'on lui ouvrit la chambre et le cabinet de M. Guizot ; il semblait que quelqu'un venait d'en sortir à peine et pour y rentrer aussitôt. Les meubles en désordre n'avaient point été remis en place depuis le 22. On voyait çà et là les vêtements que le ministre de Louis-Philippe avait quittés précipitamment pour se rendre aux Tuileries. Dans les tiroirs ouverts, sur les tables et les bureaux, étaient épars de l'or, des médailles, des objets précieux, des décorations, des lettres intimes. Par un singulier hasard, l'œil de M. de Lamartine tomba sur une note tracée en marge de son dernier discours à la Chambre des députés et ainsi conçue : « Répondre à M. de Lamartine. Décidément M. de Lamartine et moi nous ne nous entendrons jamais. » La Providence n'avait pas attendu longtemps pour mettre en action, de la manière la plus saisissante, cette réflexion si simple écrite dans un dégagement d'esprit si parfait. Une amie du ministre déchu était présente à l'inspection décente et attristée de ses papiers publics ou privés. M. de Lamartine lui remit, ou plutôt lui laissa prendre tout ce qui pouvait être, pour la famille de M. Guizot, d'une valeur ou d'un intérêt quelconque. Par un sentiment délicat des convenances, M. de Lamartine ne voulut point habiter l'appartement particulier de M. Guizot et fit placer à la hâte quelques matelas dans les appartements de réception pour y passer la nuit, donnant ainsi l'exemple trop rare du respect qu'en des âmes élevées le succès doit à la défaite, le sort propice à la mauvaise fortune.

Après ces premiers soins intimes, le nouveau ministre rédigea et fit partir sur-le-champ une circulaire fort courte, par laquelle il enjoignait aux agents diplomatiques de notifier aux différentes cours auprès desquelles ils étaient accrédités l'avénement de la République : « La forme républicaine du gouvernement, disait M. de Lamartine dans cette circulaire, n'a changé ni la place de la France en Europe, ni ses dispositions loyales et sincères à maintenir ses rapports de bonne harmonie avec les puissances qui voudront, comme elle, l'indépendance des nations et la paix du monde. Ce sera un bonheur pour moi, monsieur, de concourir par tous les moyens en mon pouvoir à cet accord des peuples dans leur dignité réciproque et à rappeler à l'Europe que le principe de paix et le principe de liberté sont nés le même jour en France. » Puis, rassemblant ses idées sur le rôle que la France allait avoir à jouer en Europe, M. de Lamartine composa plus à loisir, pour la soumettre au gouvernement provisoire, une seconde circulaire ou programme diplomatique auquel on donna le nom de *Manifeste* et qui porta bientôt à tous les souverains les assurances de bon vouloir et le salut pacifique de la République nouvelle.

Avant d'examiner ce document tant admiré d'abord, puis si violemment attaqué, avant de juger si la pensée de M. de Lamartine était, au moment où il l'exprimait, politique ou impolitique, il est nécessaire de jeter un coup d'œil sur l'état général de l'Europe, dans ses rapports avec la Révolution française et de préciser quelle était la situation de la France telle que l'avait faite le règne de Louis-Philippe.

Bien que cette situation fût, depuis 1830, un isolement observé avec défiance par les royautés légitimes, bien que la seule alliance formée par Louis-Philippe fût une alliance de famille, rompue de fait par la révolution de Février, bien que la proclamation de la République dût irriter et inquiéter au dernier point les maisons royales, cependant il n'y avait à redouter de leur part aucune coalition, aucune tentative pour rétablir sur le trône de France l'une ou l'autre branche de la maison de Bourbon. Des esprits peu judicieux pouvaient seuls concevoir cette crainte en rapprochant des dates aussi différentes que 1792 et 1848.

En 1792, l'esprit monarchique et théocratique régnait encore dans toute sa vigueur sur les États du continent. Les souverains croyaient d'une foi sincère à leur droit. Unis par des alliances intimes et par une diplomatie dont les fils secrets échappaient à l'œil le plus pénétrant, ils formaient tous ensemble comme une famille sacrée que les rivalités d'ambitions territoriales venaient bien troubler temporairement, mais sans altérer dans son principe ce sentiment de race qui en rendait les membres solidaires. Les peuples, au contraire, s'ignorant l'un l'autre, sans communication, sans échange de pensées, demeuraient livrés isolément au bon plaisir des rois. La démocratie n'avait pas conscience d'elle-même; elle ne s'était pas encore nommée par son nom. Elle ne se connaissait ni droit ni Dieu. La Providence était encore avec les princes. Ils gouvernaient en son nom, par son ordre, avec son appui rendu sensible dans les prières du sacerdoce et dans les serments chevaleresques de la noblesse.

Mais depuis un demi-siècle combien l'état de l'Europe avait changé! Les armées royales battues par nos volontaires républicains; une archiduchesse d'Autriche menée dans un triomphe insolent de Vienne à Paris, jusqu'au lit du grand parvenu de la Révolution française et, même après la défaite, nos soldats, vaincus sur le sol étranger, y laissant après eux je ne sais quel ferment de liberté qui troublait la victoire; les esprits gagnés à mesure que les batailles étaient perdues; Paris occupé, humiliant ses vainqueurs par le spectacle de sa grandeur morale; les routes, les canaux, les voies de fer enrichissant les peuples à mesure que les finances royales s'épuisaient par la permanence des armées, et portant bientôt jusqu'au cœur des nations les plus lointaines, avec les produits de l'industrie, les agitations de la pensée du siècle; un doute salutaire, précurseur de la foi nouvelle, inquiétant les consciences; la science interrogeant la révélation; la philosophie refaisant l'histoire; la Germanie des Niebelungen devenue l'Allemagne de Faust; enfin l'émigration polonaise, plus funeste au despotisme que l'émigration française ne s'était montrée jadis hostile à la liberté, propageant partout sur son passage la fièvre de l'indépendance : tel était l'ensemble des faits, des idées, des progrès accomplis au sein de la société européenne. Et cette révolution morale mettait les monarques, abandonnés de l'opinion, dans l'incapacité d'entreprendre quoi que ce fût contre la France et sa révolution politique.

Que si de ces généralités de l'état social nous passons à l'état particulier, national ou territorial des puissances européennes; si nous nous plaçons au point de vue diplomatique de ce qu'on a nommé l'équilibre européen, l'impossibilité d'attaquer la République devient encore plus manifeste.

Les traités de 1815 ont réduit la France à des limites trop resserrées pour que les rivalités les plus ombrageuses puissent sans folie rêver de les resserrer encore, tandis qu'aux premières hostilités l'occasion des conquêtes s'offrirait de tous côtés à notre ambition. Les deux grandes puissances allemandes poursuivent, d'ailleurs, chez elles, depuis la fin de la guerre continentale, un but qui les absorbe tout entières en les faisant ennemies. La prépondérance prussienne ou la domination autrichienne en Allemagne, c'est là entre elles l'objet d'une lutte opiniâtre et les embarras intérieurs les plus graves compliquent encore les difficultés de leur situation respective.

L'empire d'Autriche, sur le point d'être démembré après la mort de Charles VI, n'est parvenu depuis lors à retarder l'explosion des haines qu'il inspire à ses sujets de races étrangères, qu'en fomentant les rivalités nationales d'État à État, les animosités de classe à classe dans chaque État séparé. Tour à tour centralisateur et décentralisateur, éteignant ou attisant le sentiment patriotique, excitant les passions subversives ou étouffant l'esprit de liberté, captant la noblesse ou provoquant les jacqueries, flattant tous les vices aussi bien du peuple que des grands, se jouant de la foi jurée et violant sans pudeur les droits les plus manifestes, le gouvernement autrichien s'est usé lui-même dans ce travail désorganisateur. En ces années dernières la décadence avait été rapide. Sous la conduite d'un vieux ministre sans passions et sans principes, le gouvernement impérial voyait ses finances délabrées, son crédit ruiné, son autorité affaiblie. Pressentant l'appui dont il aurait besoin pour écraser des peuples qu'il n'avait pas su gouverner, inquiet de voir le goût des libertés constitutionnelles pénétrer jusque dans l'armée, il se tournait vers son éternelle ennemie historique, vers une rivale astucieuse qui épiait avec joie les progrès de son mal : il recherchait l'alliance de la Russie et livrait ainsi le secret de son impuissance.

Bien que la Prusse semble, à ne considérer que ses finances et son administration, dans un état assez prospère pour expliquer jusqu'à un certain point l'esprit d'ambition qui l'agite, cependant, en 1848, elle n'était pas plus que l'Autriche en état de rien entreprendre contre la République française. Sans parler des obstacles que présente à l'action militaire de son gouvernement un territoire très-étendu, sans limites naturelles, un royaume de formation récente et factice, où se touchent sans se confondre des populations d'origine slave, saxonne, française et que la fermentation dissolvante d'un protestantisme industriel et d'un panthéisme communiste travaille jusque dans leurs profondeurs, il s'en rencontrait d'insurmontables dans le caractère du roi Frédéric-Guillaume IV et dans la position personnelle qu'il s'était faite. Ce prince versatile et sans franchise avait essayé à son avènement, par inquiétude d'esprit et par frivolité de cœur, ce que Pie IX avait sincèrement voulu par humanité évangélique.

Il avait fait passer devant les yeux de son peuple jusqu'à l'en éblouir mille images de liberté, mille chimères d'ambitions nationales. Tout en se croyant profondément religieux, sous les dehors d'une sollicitude paternelle, il avait abusé de la manière la plus détestable de cette piété pour le souverain si naturelle aux peuples germaniques. Toutes ses promesses, il les avait successivement éludées ou violées; tout son libéralisme littéraire, il l'avait fait tourner au profit d'un absolutisme politique d'autant plus odieux qu'il n'avait pas le courage de se nommer par son nom. En six années, ce prince ingrat, gâté par son peuple et par la fortune, était parvenu à user jusqu'aux derniers restes d'une étonnante popularité. Toutes les classes, toutes les opinions, tour à tour flattées et jouées, s'étaient également retirées de lui. Le mécontentement général éclatait et déjà, comme son rival l'empereur d'Autriche, le roi Frédéric-Guillaume, se voyant menacé au cœur même de ses États, prêtait l'oreille aux suggestions de la Russie. Le tzar Nicolas s'insinuait dans les conseils du cabinet de Berlin avec plus de facilité encore qu'il n'en avait trouvé à pénétrer les secrets du cabinet de Vienne. Le peuple prussien s'en indignait; par haine de la Russie, il exagérait l'expression de ses sympathies pour la France. De là l'impossibilité radicale pour le roi Frédéric-Guillaume de faire la guerre. Une guerre d'ambition contre l'Autriche, dans laquelle il eût été soutenu par l'esprit national, lui était interdite par sa menaçante alliée la Russie; une guerre de coalition avec la Russie et l'Autriche contre la France eût été le signal d'une révolution intérieure plus terrible peut-être que ne l'avait été la première révolution française.

La pensée d'une guerre continentale ne pouvait être sérieusement conçue que par l'empereur Nicolas. Seul entre les monarques européens, ce prince représentait encore dans son empire l'orthodoxie religieuse et politique d'une souveraineté absolue. Le passé et l'avenir de la nation russe se personnifiaient en lui. Malgré son origine allemande qu'il avait su faire oublier, il personnifiait aux yeux des multitudes l'idéal de la Russie. Dans la noblesse de son visage, dans la fierté de son port, la nation se plaisait à reconnaître et à saluer son propre génie. Depuis son avènement au trône, l'empereur Nicolas s'était proposé de reprendre la politique tracée à la Russie par le testament de Pierre le Grand. Cette politique d'inspiration orientale, militaire et religieuse, que le libéralisme cosmopolite d'Alexandre avait un moment troublée, visait à la destruction de l'empire Ottoman, à l'anéantissement de la Pologne, au refoulement de la Suède, à la conquête de la Galicie et, par suite, à la subalternité des États de l'Allemagne [1]. Nos hommes d'État du dix-huitième siècle avaient pressenti le danger pour la France de laisser s'avancer vers l'Occident cet ennemi lointain encore, mais rapide, envahisseur à la façon des peuples barbares. Une constante sollicitude pour la Turquie, en même temps que pour la Hongrie et la Pologne, considérées comme les deux boulevards du monde occidental, n'avait cessé d'animer le cabinet de Versailles depuis Louis XIV jusqu'à Choiseul. L'empereur Napoléon, en invitant la Hongrie à reprendre son indépendance [2], et plus tard en s'alliant à

[1] « Dans les vingt-trois ans qui se sont écoulés de 1792 à 1815, disait, au mois de mars 1848, la *Gazette d'Augsbourg*, la Russie nous a fait plus de mal lorsqu'elle était notre principale alliée contre la France, que lorsqu'elle était l'alliée de la France contre nous. Dans les trente-trois ans qui se sont écoulés de 1815 à 1848, ce que la Russie a fait contre la liberté et la puissance de l'Allemagne, il n'est pas un enfant en Allemagne qui ne le sache dire. Les dangers dont la Russie nous menace ne dépendent pas du caractère de tel ou tel empereur, ils tiennent au caractère de la Russie, à sa politique séculaire, à sa destinée. »

[2] « Hongrois, disait l'empereur, dans un manifeste adressé aux Hongrois après qu'il fut entré à Vienne et daté de Schönbrunn, 15 mai 1809, le moment est venu de recouvrer votre indépendance. Je vous offre la paix, l'intégrité de votre territoire, de votre liberté et de vos constitutions, soit telles qu'elles ont existé, soit modifiées par vous-mêmes, si vous jugez que l'esprit du temps et l'intérêt de vos concitoyens l'exigent. Je ne veux rien de vous, je ne désire que vous voir nation libre et indépendante. Votre union avec l'Autriche a fait votre malheur.

l'Autriche, suivait une pensée analogue. Mais les dispositions favorables de la Restauration et les embarras du règne de Louis-Philippe avaient laissé le champ libre aux ambitions du tzar. Il avait pu suivre, sans presque les dissimuler, ses plans d'agrandissement. Il avait achevé, sous les yeux d'une papauté complaisante, par violence et par ruse, par l'exil en Sibérie, par la confiscation, par la substitution frauduleuse du rite grec au rite catholique, par l'éducation despotique de la jeunesse, la ruine de la Pologne. Il se jouait à son gré, sous prétexte de protectorat, des provinces danubiennes. Il éveillait dans les populations slaves de la Bohême, de la Moravie, de la Hongrie, un esprit d'orgueil traditionnel, hostile à la Pologne catholique et à la Hongrie magyare, et qui pouvait, au premier jour, favoriser, en les détachant de l'Autriche germanique, la création d'un vaste empire néo-byzantin auquel il aurait dicté des lois. Vénéré d'un peuple dont les instincts sont nobles, le caractère fidèle, patient, courageux, prompt au sacrifice; maître à la fois des deux plus grandes forces organisées de toute civilisation, le sacerdoce et l'armée, l'empereur Nicolas regardait de loin ce qu'il considérait comme la dissolution de la vieille société occidentale, catholique et protestante, absolutiste et constitutionnelle; mais il avait trop de sagacité pour ne pas comprendre que tout lui commandait envers la France républicaine une politique d'abs-

Votre sang a coulé pour elle dans des régions éloignées et vos intérêts les plus chers ont été constamment sacrifiés à ceux de ses États héréditaires. Vous formiez la plus belle partie de son empire et vous n'étiez qu'une province toujours asservie à des passions qui vous étaient étrangères. Vous avez des mœurs nationales, une langue nationale; vous vous vantez d'une illustre et ancienne origine : reprenez donc votre existence comme nation! Ayez un roi de votre choix, qui ne règne que pour vous, qui réside au milieu de vous, qui ne soit environné que de vos citoyens et de vos soldats! Hongrois, voilà ce que vous demande l'Europe entière, qui vous regarde; voilà ce que je vous demande avec elle. Une paix éternelle, des relations de commerce, une indépendance assurée, tel est le prix qui vous attend, si vous voulez être dignes de vos ancêtres et de vous-mêmes. »

tention et d'expectative. Il n'ignorait pas que l'empire russe, auquel il rêvait un si grand avenir, portait aussi dans ses flancs des germes révolutionnaires. L'état régulier de ses finances et la force numérique de son armée le trompaient moins que personne. Il savait que, si le numéraire abondait dans les caisses de l'État, le crédit manquait à son gouvernement. Il connaissait la mauvaise administration de ses armées et leur infériorité dans les armes savantes. L'organisation de la propriété et de la commune dans ses États pouvait donner lieu, il n'en était que trop averti, à des secousses intérieures, à des jacqueries épouvantables[1]. Les dispositions d'une partie de la noblesse à son égard n'étaient pas de nature non plus à lui enlever tout souci ; il ne pouvait pas oublier la révolte prétorienne de 1825. D'ailleurs, en examinant les choses de sang-froid, n'avait-il pas tout lieu de se féliciter de la proclamation de la République en France? Elle donnait raison à son mépris pour ce qu'il avait toujours appelé la *mystification* des monarchies représentatives[2]; et elle réalisait ses prophéties, en montrant à la Prusse, à la Belgique, à la Hollande, au

[1] La commune agricole libre comprend plus des deux tiers de la population rurale dans les provinces russes. L'autre tiers appartient aux nobles. Toutes les fois que les seigneurs ont voulu tenter d'introduire chez eux le système occidental du morcellement de la terre et de la propriété privée, les paysans se sont soulevés. On évaluait, avant l'année 1848, à soixante-dix, en moyenne, le nombre des seigneurs annuellement massacrés par leurs paysans.

[2] Il sera intéressant, pour bien comprendre la politique de la Russie et les idées de l'empereur, de consulter un *Mémoire* présenté en 1848 à l'empereur Nicolas par un employé supérieur de la chancellerie russe. Ce document, tout à fait authentique, mais encore inédit, était destiné à la publicité. Il fut envoyé, au mois d'octobre 1848, à Munich, avec l'assentiment tacite du gouvernement impérial pour y être imprimé. Des circonstances indépendantes de la volonté de son auteur en retardèrent l'impression, mais de nombreuses copies circulèrent dans les cercles diplomatiques. De longs et curieux extraits en ont été donnés dans une brochure intitulée : *Politique et moyens d'action de la Russie*, par P. de B. (Paul de Bourgoing), avril 1849, et tiré à un petit nombre d'exemplaires. Imprimerie de Gerdès, rue Saint-Germain-des-Prés, 10.

Danemark, à la Suède, aux États secondaires de l'Allemagne, le peu de vertu des chartes constitutionnelles; elle frappait d'une terreur salutaire les rois abusés quelque temps par la fiction parlementaire et les jetait tout tremblants dans les bras de la Russie. Si la démagogie enfin débordait et menaçait l'Allemagne, l'occasion épiée depuis tant d'années s'offrait; la Providence ferait le reste.

La République de 1848 pouvait donc se considérer comme parfaitement assurée contre les coalitions de Pilnitz et les manifestes de Brunswick. Non-seulement les États du continent n'avaient pas d'intérêt à commencer les hostilités, mais encore l'Angleterre, sans le secours de laquelle ils n'auraient pu entretenir leurs armées, avait un intérêt directement contraire. Depuis longtemps son animosité contre la France n'avait plus de motifs graves. L'empire des mers ne lui était plus disputé par cette vieille rivale. Ce n'étaient plus les Labourdonnays, les Dupleix, qui se jetaient à la traverse de ses ambitions ; elle voyait s'avancer par Constantinople, par le Caucase et la Perse, une autre ennemie. Une Rome orientale se dressait contre la Carthage du Nord, s'avançait en silence et se préparait à lui disputer la domination des Indes. La savante politique de l'Angleterre n'avait garde, en de pareilles occurrences, d'écouter les instincts de la haine nationale contre la France. Sous la conduite de lord Palmerston, aussi bien que sous celle de Pitt, elle voulait maintenir l'équilibre européen afin de réaliser ses plans de monopole commercial. Intéressée à nous voir engagés dans des révolutions intérieures nuisibles au rétablissement de notre marine et au développement de notre industrie, elle était lasse de soudoyer contre nous des coalitions inutiles. Ses hommes d'État poursuivaient d'autres desseins. Ils s'appliquaient depuis bien des années à favoriser l'émancipation des peuples pour créer à l'industrie et au commerce anglais de nouvelles relations d'échange et s'efforçaient de prévenir par tous les moyens possibles l'agrandissement de la Russie.

De tout ce qui précède, il ressort que la République française ne pouvait raisonnablement redouter aucune hostilité de la part des puissances étrangères et que personne ne songerait à l'inquiéter dans ses affaires intérieures. S'ensuivait-il qu'elle dût profiter de ces circonstances pour prendre l'offensive et, déclarant les traités de 1815 rompus par le seul fait de son avénement, ranimer dans la population l'esprit de conquête, franchir la frontière, tenter de s'emparer à main armée de la rive gauche du Rhin, de la Belgique et de la Savoie? Je ne crois pas que personne en France eût, au mois de février 1848, une aussi téméraire ambition. Cette politique napoléonienne aurait été en opposition complète avec les tendances prononcées du pays. Si une minorité imperceptible d'ultra-républicains en parlait bien haut, c'était par habitude révolutionnaire encore plus que par conviction sérieuse. L'influence du règne de Louis-Philippe avait considérablement modifié sur ce point, plus que sur tout autre, le caractère national. L'activité française s'était tournée vers l'industrie. Les inclinations de la bourgeoisie n'étaient que trop naturellement portées à la paix. Pour intéresser le prolétariat, devenu indifférent aux questions de politique pure, à la guerre de conquête, il eût fallu donner à cette guerre un caractère de propagande sociale, c'est-à-dire déclarer qu'on marchait à la délivrance du prolétariat dans toute l'Europe. La pensée d'une telle entreprise ne pouvait venir ni au gouvernement ni à aucun parti. Pour conduire une guerre d'agression purement politique, tout manquait à la fois, soldats, argent, crédit. On verra tout à l'heure combien était faible l'effectif de notre armée et quelles finances nous léguait le gouvernement de Louis-Philippe. On eût été contraint de recourir aux ressources extrêmes sans aucun des grands moyens d'action de la première révolution. Dans la nécessité d'abolir immédiatement des impôts très-productifs mais très-impopulaires, la République n'avait plus, comme en 1792, trois milliards de biens à saisir; l'adoucissement des mœurs et la solidarité des classes, favorisés par trente ans de régime constitutionnel, présentaient, d'ailleurs, un obstacle latent, mais presque insurmontable, au système de la violence politique.

Et quelle résistance, non-seulement des gouvernements, mais des peuples, n'eût pas soulevée partout une provocation de la France. A l'instant même l'Angleterre, disposée à la neutralité, nous devenait hostile; l'esprit national se réveillait en Allemagne; la démocratie allemande elle-même entonnait sa chanson du Rhin. Le Piémont et la Belgique, en admettant qu'ils se fussent prononcés pour nous, n'auraient été que des alliés défiants et tièdes. Bientôt, à l'intérieur, les mesures révolutionnaires, commandées par une aussi vaste entreprise, eussent ranimé les partis royalistes et conservateurs. Un déchirement profond nous livrait encore une fois peut-être à l'invasion étrangère. M. de Lamartine, qui avait, pendant toute sa carrière politique, combattu l'esprit napoléonien d'un parti peu intelligent, selon lui, des intérêts nouveaux de la France, fût entré, d'ailleurs, en contradiction avec tout son passé, s'il n'avait pas tenté d'établir la République sur les bases de la paix. Le langage de sa circulaire aux agents diplomatiques fut l'expression de sa pensée constante aussi bien que des tendances générales de l'opinion et des intérêts du pays.

« La Révolution française, y disait-il, vient d'entrer dans sa période définitive. La France est République; la République française n'a pas besoin d'être reconnue pour exister : elle est de droit naturel, elle est de droit national. Elle est la volonté d'un grand peuple qui ne demande son titre qu'à lui-même. Cependant la République française, désirant entrer dans la famille des gouvernements institués comme une puissance régulière et non comme un phénomène perturbateur de l'ordre européen, il est convenable que vous fassiez promptement connaître au gouvernement près duquel vous êtes accrédité les principes et les tendances qui dirigeront désormais la politique extérieure du gouvernement français.

« La proclamation de la République française n'est un acte d'agression contre aucune forme de gouvernement dans le monde. Les formes de gouvernement ont des diversités aussi légitimes que les diversités de caractère, de situation géographique et de développement intellectuel, moral et matériel chez les peuples. Les nations ont, comme les individus, des âges différents. Les principes qui les représentent ont des phases successives. Les gouvernements monarchiques, aristocratiques, constitutionnels, républicains, sont l'expression de ces différents degrés de maturité du génie des peuples. Ils demandent plus de liberté à mesure qu'ils se sentent capables d'en supporter davantage; ils demandent plus d'égalité et de démocratie à mesure qu'ils sont inspirés par plus de justice et d'amour pour le peuple. Question de temps. Un peuple se perd en devançant l'heure de cette maturité, comme il se déshonore en la laissant échapper. La monarchie et la république ne sont pas, aux yeux des véritables hommes d'État, des principes absolus qui se combattent à mort; ce sont des faits qui se contrastent et qui peuvent vivre face à face, en se comprenant et en se respectant.

« La guerre n'est donc pas le principe de la République française, comme elle en devint la fatale et glorieuse nécessité en 1792. Entre 1792 et 1848, il y a un demi-siècle. Revenir, après un demi-siècle, au principe de 1792 ou au principe de l'Empire, ce ne serait pas avancer, ce serait reculer dans le temps. La révolution d'hier est un pas en avant, non en arrière. Le monde et nous, nous voulons marcher à la fraternité et à la paix.

« Les traités de 1815, disait encore le manifeste, n'existent plus en droit aux yeux de la République française; toutefois les circonscriptions territoriales de ces traités sont un fait qu'elle admet comme base et comme point de départ dans ses rapports avec les autres nations.

« Mais si les traités de 1815 n'existent plus que comme fait à modifier d'un accord commun et si la République déclare hautement qu'elle a pour droit et pour mission d'arriver régulièrement et pacifiquement à ces modifications, le bon sens, la modération, la conscience, la prudence de la République existent et sont pour l'Europe une meilleure et plus honorable garantie que les lettres de ces traités si souvent violés ou modifiés par elle.

« Attachez-vous, monsieur, à faire comprendre et admettre de bonne foi cette émancipation de la République des traités de 1815 et à montrer que cette franchise n'a rien d'inconciliable avec le repos de l'Europe.

« Ainsi, nous le disons hautement, si l'heure de la reconstruction de quelques nationalités opprimées en Europe, ou ailleurs, nous paraissait avoir sonné dans les décrets de la Providence; si la Suisse, notre fidèle alliée depuis François Ier, était contrainte et menacée dans le mouvement de croissance qu'elle opère chez elle pour prêter une force de plus au faisceau des gouvernements démocratiques; si les États indépendants de l'Italie étaient envahis; si l'on imposait des limites ou des obstacles à leurs transformations intérieures; si on leur contestait à main armée le droit de s'allier entre eux pour consolider une patrie italienne, la République française se croirait en droit d'armer elle-même pour protéger ces mouvements légitimes de croissance et de nationalité des peuples.

« La République, vous le voyez, a traversé du premier pas l'ère des proscriptions et des dictatures. Elle est décidée à ne jamais violer la liberté au dedans; elle est décidée également à ne jamais violer son principe démocratique au dehors. Elle ne laissera mettre la main de personne entre le rayonnement pacifique de sa liberté et le regard des peuples. Elle se proclame l'alliée intellectuelle et cordiale de tous les droits, de tous les progrès, de tous les développements légitimes d'institution des nations qui veulent vivre du même principe que le sien. Elle ne fera point de propagande sourde ou incendiaire chez ses voisins. Elle sait qu'il n'y a de libertés durables que celles qui naissent d'elles-mêmes sur leur propre sol. Mais elle exercera, par la lueur de ses idées, par le spectacle d'ordre et de paix qu'elle espère donner au monde, le seul et honnête prosélytisme, le prosélytisme de l'estime et de la sympathie. Ce n'est point là la guerre, c'est la nature. Ce n'est point là l'agitation de l'Europe, c'est la vie. Ce n'est point là incendier le monde, c'est briller de sa place sur l'horizon des peuples pour les devancer et les guider à la fois. »

Le 6 mars, M. de Lamartine soumit son manifeste à la délibération du conseil. L'approbation qu'il reçut, quant au fond, fut unanime. Seulement, M. Louis Blanc, tout en applaudissant à la pensée de fraternité entre les peuples qui donnait à ce manifeste un caractère nouveau et de tous points conforme aux idées socialistes, insista pour que l'on déclarât formellement les traités de Vienne rompus. M. de Lamartine céda en partie et l'on fit par transaction la phrase équivoque sur le *droit* et le *fait* que je viens de rapporter.

L'équivoque était, malheureusement, moins encore dans le langage du manifeste que dans la situation du gouvernement, car, s'il était parfaitement en droit de déclarer les traités de Vienne rompus, en rappelant l'occupation de Cracovie, il n'était pas en mesure de donner suite à cette déclaration. Le jour où il se trouva prêt, où l'occasion s'offrit de prendre l'offensive, M. de Lamartine, qui n'eût pas hésité à se prononcer pour l'intervention en Italie, n'était plus ministre. Ses successeurs traduisirent à leur gré, selon leurs vues personnelles, le sens de son manifeste. On le rendit plus tard injustement responsable de fautes et de crimes politiques qu'il n'eût jamais commis, qu'il n'était pas en son pouvoir d'empêcher, contre lesquels il protesta à la face de l'Europe [1].

[1] Voir, au *Moniteur*, le discours de M. de Lamartine à l'Assemblée nationale, séance du 23 mai 1848.

Il ne faut pas l'oublier, d'ailleurs, si le manifeste, par son ton pacifique, donna trop de satisfaction au tzar Nicolas, à l'empereur d'Autriche et au roi Frédéric-Guillaume, il n'en fut pas moins applaudi par la démocratie européenne. L'Italie et la Pologne démocratiques, Mazzini et Mieroslawski, conjuraient la France de s'abstenir de toute hostilité [1]. Chez nous le prolétariat voulait la paix tout autant que la bourgeoisie. Je lis dans un manifeste des ouvriers de Lyon, remarquable à plus d'un égard, l'expression d'une admiration très-vive pour le langage *franc*, *noble* et *digne* que parlait à l'étranger le ministre des affaires étrangères. L'approbation fut universelle. La popularité de M. de Lamartine en reçut un éclat nouveau, parce qu'il avait touché avec justesse, en écartant quelques opinions de parti, le sentiment intime de la France.

Avant que l'impression produite sur les cours par la publication du manifeste pût être connue à Paris, les représentants des puissances monarchiques s'étaient tenus, vis-à-vis du gouvernement provisoire, dans une réserve polie. Tous, en envoyant à M. de Lamartine un simple accusé de réception de sa première circulaire, qui choquait cependant tous les usages en parlant des peuples et de *leur mutuelle dignité* et non des cours et des souverains, déclarèrent qu'ils ne quitteraient point leur poste. Le nonce du pape joignit à cette déclaration des témoignages de vive satisfaction, promettant d'informer le saint-père du respect que le peuple avait témoigné pour la religion et pour ses ministres. Le comte d'Arnim, ministre de Prusse, le marquis de Brignole, ministre de Sardaigne, le prince de Ligne, ministre de Belgique, le comte d'Appony, ambassa-

---

[1] Voir, au *Moniteur* du 31 mars, une lettre de Mieroslawski, dans laquelle il dit : « La Pologne n'a pas d'intérêt plus grand en ce moment que de voir la France persévérer dans la politique du manifeste. C'est là le seul moyen de sauver la Pologne : elle conjure la France de rassurer l'Allemagne et de chercher dans la Confédération une alliée principe et d'intérêt. »

deur d'Autriche et même M. de Kisseleff, chargé d'affaires de Russie, eurent des entretiens particuliers avec M. de Lamartine. Bientôt lord Normanby fut autorisé par lord Palmerston à entamer des négociations propres à consolider l'alliance entre les deux États. D'accord en cela avec le principe de l'école whig, qui, depuis 1688, reconnaît que tout gouvernement né du peuple est légitime, espérant obtenir, en échange de cette prompte reconnaissance, que le gouvernement français respecterait l'indépendance de la Belgique et ne favoriserait ni directement ni indirectement l'Irlande et le chartisme, lord John Russell déclarait à la Chambre des communes, dans la séance du 28 février, que le gouvernement britannique n'entendait pas intervenir, « de quelque manière que ce fût, dans l'établissement que les Français pourraient faire de leur propre gouvernement. » Lord Palmerston donnait au gouvernement provisoire des explications sur l'hospitalité offerte aux princes déchus. « Cette hospitalité, disait-il dans une dépêche communiquée, le 10 mars, par lord Normanby à M. de Lamartine, n'est pas une marque de sympathie politique de nature à inquiéter la France. Il n'y a dans cet asile et dans ces égards accordés à de grandes infortunes d'autre signification que celle de l'hospitalité même. » Enfin, lord Wellington répondait à une avance indirecte de M. de Lamartine, dans une lettre pleine de courtoisie pour lui et qui devait lui être communiquée.

Les représentants de la Suisse, de la République argentine et de l'Uruguay avaient reconnu immédiatement la République. M. Richard Rush, envoyé des États-Unis, prit l'initiative d'une visite officielle au gouvernement provisoire et reçut bientôt l'approbation du président des États-Unis, M. Polk, qui s'exprima en ces termes sur la révolution, dans son *Message* :

« Le monde a rarement vu un spectacle plus intéressant et plus sublime que le dessein paisible du peuple français, décidé à se donner une liberté plus grande et à prouver, dans la majesté de sa force, la grande vérité que, dans ce siècle éclairé, l'homme est en état de se gouverner lui-même... »

Quand il fallut nommer des agents diplomatiques, l'embarras de M. de Lamartine ne fut pas moindre que ne l'avait été celui de M. Ledru-Rollin dans le choix des commissaires. Si la pratique du journalisme et du barreau n'était pas propre à former de bons administrateurs, elle préparait encore moins aux fonctions diplomatiques qui demandent, avec de grandes connaissances historiques et géographiques, le don de l'observation, la maturité et l'exactitude de l'esprit, la politesse des formes. Depuis longtemps, d'ailleurs, la diplomatie française était sensiblement déchue de sa supériorité passée. Les nobles traditions et les fières allures qu'elle avait conservées, à travers bien des vicissitudes, depuis le règne de Louis XIV avaient fait place, sous la triste inspiration du règne de Louis-Philippe, à un étroit et méticuleux esprit d'intrigue sans suite et sans fierté. Non-seulement la prépondérance de la France dans les affaires européennes était perdue, mais encore la dignité de son attitude semblait irréparablement compromise. A l'exception d'un très-petit nombre d'agents distingués, le corps diplomatique français, recruté dans les rangs de la noblesse impériale et de la bourgeoisie industrielle, n'avait montré que des talents médiocres. De tous les fonctionnaires de la monarchie, les envoyés diplomatiques étaient peut-être ceux auxquels il convenait le moins de confier les desseins de la République.

M. de Lamartine commença par rappeler tous les ambassadeurs et presque tous les ministres plénipotentiaires qui résidaient auprès des puissances étrangères. Il supprima, sauf pour des occasions extraordinaires, le titre d'ambassadeur et se borna, dans ce premier moment, à envoyer dans les cours européennes, avec des instructions confidentielles, quelques agents sans caractère officiel, qu'il chargea d'observer les dispositions des souverains et l'esprit des peuples.

Les premiers choix de M. de Lamartine tombèrent sur une personne de son intimité, dont les opinions étaient plus royalistes que républicaines, et sur des républicains de la rédaction du *National* qui lui furent en quelque sorte imposés par son nouvel entourage. Ceux-ci, abandonnant subitement la politique qu'ils soutenaient depuis quinze années dans la presse, flattèrent le penchant de M. de Lamartine pour l'alliance anglaise qui fut ouvertement recherchée; ils ne combattirent point cette antipathie personnelle pour l'émigration polonaise qui lui fit très-impolitiquement négliger les intérêts de la Pologne; ils n'éclairèrent point l'illusion qui l'inclinait à faire des avances au roi Frédéric-Guillaume. Enfin, la nouvelle diplomatie, au lieu de donner au *manifeste* l'accent et l'interprétation qui convenaient à la dignité de la France, montra bientôt le même désir de paix et le même empressement dans la recherche des alliances royales que l'opposition républicaine avait constamment reprochées au roi Louis-Philippe avec une sévérité implacable.

CHAPITRE XIX

Ministère de la guerre et de la marine. — M. Arago. — Le général Cavaignac.

Le gouvernement provisoire ne voulait pas la guerre extérieure. Cependant il prenait à cœur l'état de l'armée, parce que, prévoyant à l'intérieur de grands troubles, il sentait la nécessité d'opposer aux factions une force régulière. A cet égard, celui des ministres qui passait pour le plus révolutionnaire se montrait le plus résolu. M. Ledru-Rollin, dès sa première entrevue, le 25 février au soir, avec le général Bedeau, s'était formellement engagé à le soutenir dans toutes les mesures nécessaires pour rétablir la discipline et relever l'amour-propre humilié du soldat. Le général avait obtenu sur l'heure que tous les colonels resteraient à la tête de leurs régiments et qu'aucune dénonciation des inférieurs contre les supérieurs ne serait écoutée. Il avait pu s'assurer par cet entretien que la rentrée des troupes dans Paris était aussi vivement désirée par le ministre de l'intérieur, dans l'intérêt de la République, qu'il la pouvait souhaiter lui-même à son point de vue purement militaire.

La pensée d'un grand désarmement ne se présenta point à l'esprit du gouvernement provisoire. Cette pensée, émanée des écoles socialistes et soutenue avec beaucoup de force avant la fin du règne de Louis-Philippe par le journal la *Presse*, avait trouvé très-peu d'écho dans le parti républicain proprement dit. La rédaction du *National*, dont l'esprit influa sensiblement sur la conduite des affaires pendant toute la durée du gouvernement provisoire, avait toujours affecté, jusque dans la question si impopulaire des fortifications de Paris, les allures les plus belliqueuses. Quant à l'opinion publique, bien que favorable à la paix, elle n'aurait pas vu sans déplaisir le licenciement d'une partie des troupes. Tout le monde réclamait des économies, mais personne n'osait se dire, tant la coutume l'emporte chez nous sur le besoin d'innover, que la seule modification considérable dans l'ensemble de notre économie sociale serait la réduction du chiffre affecté à l'armée. Une initiative aussi hardie ne pouvait s'attendre d'un pouvoir aussi peu d'accord avec lui-même que le gouvernement provisoire. Aussi ne fut-elle pas mise en délibération. M. Ledru-Rollin suivait, en cela comme en toute autre chose, la tradition révolutionnaire; M. Louis Blanc s'absorbait dans sa tâche spéciale; M. de Lamartine avait hâte d'accentuer par le son belliqueux du clairon et du tambour sur nos frontières le langage un peu vague de son manifeste.

Tout le souci du gouvernement fut donc de remettre aux mains d'un homme bien à lui le soin de constituer la force publique. Nous avons vu que l'embarras n'avait pas été médiocre de trouver sur-le-champ un ministre de la guerre républicain et de le faire agréer par les officiers supérieurs de l'armée. A peine le général Subervie était-il entré en fonctions, qu'il s'était vu en butte aux hostilités de la *commission de défense*. Cette commission, composée des officiers les plus distingués de chaque arme, des généraux Oudinot, Pelet, Pailhoux, Vaillant, Bedeau, Lamoricière, de l'intendant militaire Deniée, du chef de bataillon Charras, affecta d'abord de délibérer en l'absence du ministre et d'adresser directement ses rapports au conseil. Puis elle engagea l'attaque dans le *National*. On reprocha au général

Subervie son inertie et les influences fâcheuses qu'il subissait[1]. Peu versé dans les intrigues de la politique, le général se défendit loyalement, mais faiblement, contre des adversaires impatients de l'éconduire; bientôt, dans une séance du gouvernement provisoire à laquelle n'assistaient ni M. de Lamartine, ni MM. Ledru-Rollin et Louis Blanc, il fut brusquement destitué. Dans la même séance le général Eugène Cavaignac fut nommé ministre de la guerre.

Cette élévation subite d'un officier assez peu connu surprit beaucoup. Le nom du général Cavaignac qui devait, à quatre mois de là, retentir avec un si grand éclat par toute l'Europe, avait été rarement prononcé dans la presse et n'attirait pas l'attention. Sa personne, même dans le parti républicain, était moins connue que sa parenté. Soit faute d'occasions, soit absence de don naturel, Eugène Cavaignac, tout en s'étant fait généralement estimer dans l'armée par la noblesse de son caractère et la parfaite dignité de sa vie, n'avait su inspirer ni une sympathie très-vive aux officiers, ni l'enthousiasme aux soldats qui s'étaient trouvés sous ses ordres.

Originaire d'une ancienne famille du Rouergue anoblie par Henri IV, le général Eugène Cavaignac, second fils de Jean-Baptiste Cavaignac, député à la Convention, naquit à Paris, le 15 octobre 1802. Après de bonnes études au collège Sainte-Barbe, il fut admis à l'École polytechnique, d'où il passa à l'École d'application de Metz, comme sous-lieutenant du génie. En 1828, il fit la campagne de Morée et devint capitaine en 1829. A son retour il fut envoyé à Metz. Là, l'esprit républicain qu'il avait hérité de son père lui valut une disgrâce momentanée. Pour avoir signé un projet d'association qui fut considéré comme un acte d'opposition au gouvernement, on le mit en non-activité pendant une année. Rappelé au service, il commanda en 1836, en Algérie, la garnison de Tlemcen. Cette garnison très-faible,

---

[1] On le croyait, mais à tort, bonapartiste.

isolée au milieu des tribus kabyles, dénuée de tout, dut sa conservation au talent d'organisation, à l'activité, à la constance, à l'infatigable dévouement de Cavaignac. Cependant, au lieu d'une récompense signalée à laquelle il avait droit, il reçut à la fin de la campagne sa nomination au grade de chef de bataillon des zouaves qui le plaçait sous les ordres du lieutenant-colonel Lamoricière. Cette mortification lui parut insupportable et, dans un premier mouvement de dépit, il demanda sa mise en non-activité temporaire et rentra en France[1].

En 1839, comme il se trouvait à Perpignan au moment où M. le duc d'Orléans y passait, le prince eut connaissance de cette situation qui pour être régulière n'en était pas moins défavorable à l'avancement. Tenté par l'idée de protéger un nom républicain, le duc d'Orléans obtint du ministre de la guerre que Cavaignac serait immédiatement employé comme chef de corps. On lui donna, en effet, le commandement d'un des trois bataillons de chasseurs à pied connus en Afrique sous le sobriquet de *Zéphyrs* et composés entièrement de soldats qui, pour des fautes graves contre la discipline, ont passé devant des conseils de guerre. Dans ce nouveau poste, Cavaignac, forcé de sévir fréquemment contre des hommes difficiles à conduire, contracta des habitudes de rigueur et une certaine dureté de langage dont il ne sut plus se défaire et qui nuisirent singulièrement à sa popularité. Peu de temps après, il fut nommé lieutenant-colonel des zouaves. Venu en congé à Paris, vers le milieu de l'année 1840, il se vit de la part du duc d'Orléans, et bien qu'il n'eût pas voulu se présenter aux Tuileries, l'objet d'une constante bienveillance et reçut pendant son congé même le brevet de colonel. A partir de cette époque, le général Cavaignac ne quitta plus l'Algérie qu'à de rares et courts intervalles. Le désir de rendre des

---

[1] La mise en non-activité temporaire pour cause d'*infirmités momentanées* constitue dans l'armée une situation régulière qui peut se prolonger trois ans.

soins à sa mère, qui vivait fort retirée depuis la mort de ses deux autres enfants, l'attirait seul à Paris. Madame Cavaignac chérissait son fils et recevait de lui tous les respects de la piété antique. C'était à cause d'elle et par son entremise uniquement qu'il entretenait des rapports avec le parti républicain, n'ayant personnellement aucun goût ni pour le journalisme, ni pour la vie parlementaire. A son dernier voyage, en 1847, il indisposa même fortement quelques-uns des principaux rédacteurs du *National* en repoussant l'offre qu'ils lui faisaient, au nom du parti républicain, de le rendre éligible. Sa fierté de soldat ne comprenait pas ces sortes de compromis politiques et s'en offensait. Il fondait, d'ailleurs, un médiocre espoir dans cette campagne des banquets qu'il voyait s'ouvrir par une alliance ambiguë antipathique à sa droiture ; les difficultés extrêmes qui chaque jour menaçaient l'existence de la *Réforme* le confirmaient dans la pensée que la République comptait trop peu de partisans pour ne pas être absolument impossible en France.

Quand la révolution de Février éclata, Eugène Cavaignac était maréchal de camp et commandait en Algérie la subdivision de Tlemcen[1]. Le gouvernement provisoire n'eut garde d'oublier un officier de ce nom et de ce mérite. L'un de ses premiers décrets éleva Cavaignac au grade de général de division et le nomma gouverneur général de l'Algérie[2]. C'était dans les circonstances critiques où l'on se trouvait une marque de confiance signalée. L'on n'était pas à Paris sans quelque doute sur la soumission de la colonie.

Un homme d'un talent militaire que de brillants succès

---

[1] On raconte que, en apprenant à Oran la nouvelle de la proclamation de la République, apportée par un bâtiment espagnol, le général Cavaignac s'écria : « La République ! c'est à six mois d'ici l'entrée à Paris d'Henri V ! »

[2] Les titres de général de division et de général de brigade avaient été rétablis par le gouvernement provisoire, vu « *les glorieux souvenirs que rappelaient au peuple français et à l'armée les dénominations données sous la République et l'Empire aux officiers généraux.* »

avaient mis en évidence, le général Changarnier, esprit ambitieux, capable de résolution, commandait à Alger, sous les ordres du duc d'Aumale, soixante-seize mille hommes d'excellentes troupes françaises et huit mille indigènes répartis sur les points importants du territoire. Ces forces, secondées par une escadre que la présence et l'action du prince de Joinville pouvaient entraîner peut-être à ne pas reconnaître le gouvernement révolutionnaire de Paris, seraient devenues, en faisant appel à tous les mécontents de la mère patrie, le noyau d'une résistance embarrassante. Il n'était pas très-difficile à la duchesse d'Orléans de gagner avec son fils la côte d'Afrique. La tentative timide qui avait échoué devant la froideur politique du parlement français aurait pris sur cette terre lointaine un caractère d'audace propre à frapper l'esprit des soldats. L'apparition dans le camp africain de la royale fugitive, deux jeunes princes très-braves et très-populaires à ses côtés, un brillant capitaine tirant l'épée pour venger son humiliation et lui rendre un trône, c'étaient là, sous les ardeurs d'un ciel qui fait le sang plus généreux et l'imagination plus vive, des prestiges puissants. Et si le drapeau monarchique se relevait en Algérie, qui sait ce que les partisans de la dynastie d'Orléans pouvaient encore tenter en France! Heureusement, ces appréhensions du gouvernement provisoire ne furent pas de longue durée. On ne tarda pas à apprendre que le général Cavaignac était entré paisiblement en possession de son commandement, le prince de Joinville et le duc d'Aumale ayant très-noblement repoussé, en les qualifiant de rébellion, toutes les propositions de résistance qui leur furent faites.

Les deux dépêches par lesquelles M. Arago et l'amiral Baudin annonçaient aux princes les événements de Paris étaient arrivées à Alger le 2 mars. Afin sans doute d'atténuer le premier choc d'une nouvelle aussi inattendue, M. Arago n'insistait pas sur le caractère définitif du gouvernement républicain; laissant même entrevoir comme un retour possible de l'opinion par la voie des élections générales, il faisait appel au patriotisme des princes et les exhortait à accepter d'avance l'arrêt, quel qu'il dût être, de la volonté nationale.

Soit donc que le jour douteux où ce langage plaçait toutes choses ôtât aux princes l'audace qu'inspirent les situations extrêmes, soit plutôt que leurs tendances naturelles et leur éducation les portassent à reconnaître le droit révolutionnaire et la souveraineté du peuple, toujours est-il qu'ils ne conçurent l'un et l'autre que des pensées d'obéissance et de résignation. Ils quittèrent sans effort apparent le rôle de princes pour parler et agir en citoyens. On vit à plusieurs reprises le duc d'Aumale descendre dans la cour de son palais et communiquer lui-même, sans en rien dissimuler, aux soldats et au peuple les revers de sa famille. Il contenait son émotion, réprimait avec douceur l'enthousiasme qu'inspirait sa conduite et, faisant taire les *vivat* qui s'adressaient à lui, il demandait qu'à son exemple on ne criât plus que : *Vive la France*[1]! Le 3 mars, les deux frères s'embarquèrent avec leurs jeunes femmes et leurs enfants à bord du bateau à vapeur le *Solon* et firent voile sur Gibraltar, où ils se proposaient d'attendre des nouvelles de Paris. On dit qu'en prenant congé de la foule qui l'accompagnait en pleurant jusqu'au rivage, le prince de Joinville, vivement touché de ces témoignages d'affection, s'écria : « Bientôt, mes amis, vous aurez la guerre. L'Océan et la Méditerranée se couvriront de vaisseaux ennemis. Vous verrez alors arriver à l'improviste un schooner américain commandé par un jeune homme. Vous entendrez dire que ce jeune homme est le capitaine Joinville, et vous reconnaîtrez s'il est bon Français aux boulets que lancera son petit navire sur les vaisseaux des ennemis de la France. »

Après le départ des princes, le général Changarnier resta seul chargé du commandement jusqu'à l'arrivée du géné-

---

[1] Voir aux *Documents historiques*, à la fin du volume, n° 13.

ral Cavaignac. La République ne convenait guère à son humeur. Elle venait, d'ailleurs, l'arrêter brusquement au moment où il touchait au but de ses ambitions. Aussi son dépit extrême se trahissait-il dans tous ses propos. Une partie de la population s'étant portée vers sa demeure pour lui demander de reconnaître la République et d'organiser une garde nationale, il s'y refusa ; et, de peur qu'on ne s'armât malgré lui, il fit secrètement enlever par la troupe les armes du dépôt de la milice. Quand le général Cavaignac arriva à Alger, le général Changarnier affecta de ne pas se rendre à sa rencontre.

Le nouveau gouverneur général, en prenant possession de son commandement, adressa aux soldats et à la population deux proclamations dans lesquelles, comme pour expliquer la faveur dont il se voyait l'objet, il rappelait la mémoire de son frère : « Soldats, disait-il dans la première, « le gouvernement provisoire m'a appelé à votre tête. Je « ne m'y trompe pas : si la nation n'avait eu besoin que « d'un homme dévoué, son gouvernement pouvait presque « jeter au hasard parmi vous le bâton de commandement. « Le gouvernement a voulu autre chose : il a voulu répon- « dre à la pensée du pays tout entier. En me désignant, il « a voulu honorer, au nom de la nation, la mémoire d'un « citoyen vertueux, d'un martyr de la liberté. » Dans la seconde, il s'exprimait ainsi : « La mémoire de mon no- « ble frère est vivante parmi les grands citoyens qui m'ont « choisi. En me désignant, ils ont voulu faire comprendre « que la nation entend que le gouvernement de cette colo- « nie soit établi sur des bases dignes de la République. »

On voit, par ces premières paroles du général Cavaignac à son entrée dans les fonctions de la vie publique, combien il est pénétré de ses souvenirs de famille. Nous retrouverons perpétuellement dans la suite cette préoccupation honnête, mais un peu étroite, de l'honneur de son nom attaché au mot de république ; elle absorbe sa pensée et lui imprime une sorte de fixité qui contraste avec l'indécision générale de son esprit que ne gouverne pas toujours une conviction personnellement acquise. Fixité du soldat et du citoyen dans la volonté de servir la République; indécision de l'homme politique dans l'idée même qu'il doit se former de l'institution républicaine, telle est l'origine principale des contradictions dont la carrière du général Cavaignac nous offrira plus d'un exemple et des accusations opposées auxquelles nous le verrons si souvent en butte. Ce point d'honneur de famille qui l'engage à suivre opiniâtrément la tradition révolutionnaire est, d'ailleurs, en lutte constante avec son caractère formé pour la grandeur, mais où dominent la superstition de l'autorité absolue et le respect aveugle du commandement[1]. Dans l'histoire de nos révolutions, on compterait peu d'hommes aussi visiblement combattus qu'il le fut à tous les moments graves de sa vie politique par ce qu'on pourrait appeler sa conscience traditionnelle et sa conscience individuelle; peut-être n'y en eut-il jamais aucun à qui le sort imposa un rôle aussi peu conforme à sa nature.

Le général Cavaignac était à peine arrivé à Alger, que les hésitations de son esprit parurent en deux circonstances assez importantes et compromirent singulièrement son autorité. Par une inspiration regrettable où se trahit déjà cette

---

[1] On raconte de la première enfance d'Eugène Cavaignac un trait où paraît, dans sa naïveté, cette croyance innée chez lui à la toute-puissance du commandement militaire. Cette anecdocte, bien que puérile, me semble assez caractéristique pour que je la rapporte ici. Un des oncles d'Eugène Cavaignac lui avait donné pour le jour de sa fête (il comptait alors cinq ou six ans) un petit sabre de dragon. L'enfant, tout fier et tout ravi, se mit à courir par le jardin en brandissant contre tout ce qu'il rencontrait sur son chemin une arme qu'il supposait fort redoutable. Oiseaux, papillons, insectes, arbustes, il menaçait tout, il poursuivait tout; enfin, arrivé à l'extrémité du jardin, au bord d'un bassin d'où s'échappait une eau courante, il prit gravement à tâche d'arrêter le cours de l'eau en le tranchant du fil de son sabre. On le trouva au bout d'un quart d'heure encore très-appliqué à son entreprise et s'écriant avec une énergie de commandement que l'insuccès n'avait pas découragée : « Eau, je te défends de couler! Eau, je te défends de couler!... »

étroitesse de l'idée républicaine dont je viens de parler, le nouveau gouverneur, malgré la réserve particulière que lui commandait le souvenir de ses rapports personnels avec le duc d'Orléans, donna l'ordre de faire enlever de la place publique la statue du prince. A cette nouvelle, la population s'émeut. On se rassemble en foule autour du piédestal, on en défend l'approche; le tumulte prend un caractère assez grave pour que le général Cavaignac croie devoir céder et fasse annoncer au peuple que la statue du duc d'Orléans restera en place. A quelque temps de là, il donne de son indécision une preuve nouvelle et plus fâcheuse encore. Une partie de la population vient le chercher pour assister à la plantation d'un arbre de la liberté qu'on avait couronné d'un bonnet phrygien. Le général Cavaignac ne fait aucune difficulté de présider officiellement à la cérémonie, en présence de toute la troupe et des autorités constituées. Mais, le lendemain, une autre partie de la population, ayant pris ombrage de l'emblème révolutionnaire, exige à son tour qu'il soit enlevé, et le gouverneur préside encore, sans faire plus de difficulté que la veille, à cette seconde cérémonie. A coup sûr, et il fut sincère en le déclarant plus tard, le général Cavaignac ne pouvait pas attacher de l'importance à ce que le bonnet phrygien fût ou non suspendu à l'arbre de la liberté. Pour les esprits sérieux, les emblèmes ne sont plus aujourd'hui que des puérilités ou des anachronismes; mais il n'ignorait pas, sans doute, l'effet moral de ces contradictions de l'autorité et sa conscience de soldat n'était pas sans en souffrir.

Cependant le ministre de la marine, qui avait pris *par intérim*, en attendant l'arrivée à Paris du général Cavaignac, le portefeuille de la guerre, s'occupait activement d'arrêter dans l'armée le mouvement de désorganisation dont la victoire populaire avait été le signal. Cela ne fut ni long ni difficile. Dès le 26, par ordre du gouvernement, l'École militaire, Vincennes et tous les autres forts avaient été remis à la garde nationale. Quelques séditions fomentées dans les régiments de cavalerie et d'artillerie par les sous-officiers furent promptement apaisées et punies avec rigueur. Les soldats revenaient d'eux-mêmes sous le drapeau ; la discipline s'y rétablissait d'un accord spontané. Il ne se passa qu'un fait grave : ce fut la rébellion des invalides contre leur commandant, le général Petit. Voici quelle en fut l'occasion. Les invalides avaient reçu très-récemment un legs de six mille francs environ, et le conseil d'administration avait jugé convenable de leur en faire individuellement la distribution à raison d'un franc par mois. Une cupidité naturelle, excitée encore par l'oisiveté, par un usage plus fréquent de boisson en ces jours de désordre, les pousse à réclamer avec insolence la distribution intégrale et immédiate de ce petit capital. Comme on différait d'obtempérer à leur requête, ils s'emportent en plaintes, en accusations de toute nature. A les entendre, le général Petit, l'un des plus honorables militaires de la vieille armée, détourne à son profit la somme en question. Pour intéresser dans leur ignoble rébellion les ouvriers des ateliers nationaux occupés dans le voisinage aux terrassements du champ de Mars, ils prétendent que le général conspire contre la République et vont jusqu'à soutenir qu'ils l'ont vu *traîner dans la boue* le drapeau national. Un certain nombre d'ouvriers crédules à ces calomnies grossit l'émeute. Armés de pelles, de pioches, drapeau et tambour en tête, deux à trois mille hommes se portent sur l'Hôtel des Invalides en poussant des vociférations épouvantables. Le général Petit vient à leur rencontre. Mais ni son âge ni son attitude courageuse n'imposent à la brutalité de ces furieux. Le vieillard, saisi au collet, garrotté, jeté dans une voiture de place découverte qu'entoure en se répandant en injures la troupe mutinée, est traîné dans la direction de l'Hôtel de Ville, où l'on prétend aller demander justice au gouvernement provisoire. Quelques hommes bien intentionnés qui s'étaient joints à la foule, redoutant ce long trajet au bord de la rivière, s'écrient qu'il faut conduire le général à l'état-major de la place du Carrousel. En même temps ils font avertir le colonel de Courtais des dangers que court le gouverneur des Invalides. Quand on traverse le pont Royal, des cris : A l'eau! se font entendre. Mais les bons citoyens, qui ont pris à cœur de sauver le général, pressent le pas et bientôt on arrive devant l'état-major, où le colonel de Courtais et son chef d'état-major, M. Guinard, attendaient avec anxiété cet ignominieux cortége. Dès qu'ils l'aperçoivent, ils courent au-devant du général Petit, l'enlèvent à l'émeute; le colonel de Courtais, haranguant la foule, lui fait honte d'avoir pu accuser et insulter le brave guerrier chargé d'années (le général Petit comptait alors soixante-seize ans) qui, depuis 92 jusqu'à 1815, n'a cessé de combattre pour son pays, qui a reçu à Fontainebleau les dernières paroles et la dernière accolade de l'Empereur.

Les ouvriers, ouvrant les yeux sur l'énormité de leur faute, se dissipent aussitôt. Abandonnés par eux, les invalides se voient contraints de rentrer dans l'hôtel. Le lendemain, le colonel de Courtais, après s'être assuré du concours de la population dans le quartier des Invalides et avoir fait connaître aux soldats qu'une enquête sévère serait ouverte pour découvrir les vrais coupables, annonça qu'à onze heures précises le général Petit serait solennellement ramené et réintégré dans son commandement. En effet, la réintégration se fit en grande pompe. M. Arago, au nom du gouvernement provisoire, l'état-major, une députation considérable des écoles, un peloton de la garde nationale, prirent la tête d'un cortége qui fut reçu dans la cour des Invalides par le ministre de la guerre (c'était encore le général Subervie) et par une masse de 10,000 ouvriers environ, dont les acclamations arrachèrent des larmes d'attendrissement au vieillard si cruellement outragé la veille. Les instigateurs de l'émeute furent saisis en présence de leurs camarades et jetés en prison; mais, pour détruire dans les imaginations populaires jusqu'à l'ombre d'un doute, le gouvernement décida que les scellés seraient apposés sur toutes les pièces de l'hôtel où pouvaient se trouver des documents propres à éclairer la justice et que l'enquête suivrait son cours. L'ordre du jour du général Petit ne décèle pas moins que ne le faisait cette condescendance du gouvernement l'extrême faiblesse d'un pouvoir qui, à cette heure encore, n'avait pour faire respecter ses décrets d'autres armes que la persuasion, d'autre appui que l'adhésion des masses populaires. « Nous avons éprouvé un grand malheur, » dit le général Petit en s'adressant, le 25 mars, aux soldats invalides; puis, il prend à tâche de leur démontrer qu'il ne saurait jamais avoir conçu la pensée du détournement de fonds dont on l'a accusé. « Faisons donc cesser, continue-t-il, ces bruits mensongers; rentrons dans l'ordre accoutumé, et soyez assurés que le gouvernement provisoire a constamment les yeux ouverts sur vous, ce qui sera prouvé, d'ailleurs, par les deux enquêtes qui vont avoir lieu. » Ces enquêtes, comme on pense, n'eurent et ne pouvaient avoir aucun résultat. Si j'ai insisté sur une affaire peu importante en apparence, c'est qu'elle montre d'une manière frappante les embarras que le gouvernement voyait chaque jour surgir. En détournant sur des incidents déplorables l'application qu'il devait tenir attachée aux grandes affaires, ces misères entravaient une marche qu'il eût fallu si rapide et si sûre.

Selon le rapport du comité de défense nationale, l'état de l'armée, telle que la laissait le gouvernement de Louis-Philippe, ne permettait pas de songer à la guerre. L'effectif, dans tous les corps, était si faible que les régiments d'infanterie, en réunissant tous les hommes disponibles, arrivaient à peine à fournir deux bataillons de guerre de 500 hommes chacun. Dans la cavalerie, chaque régiment ne pouvait former que quatre escadrons de guerre, comptant ensemble 525 chevaux[1]. Les régiments d'artillerie, à

---

[1] Voir le rapport de M. Arago à l'Assemblée nationale, séance du 8 mai 1848.

moins de désorganiser les dépôts et d'arrêter ainsi l'instruction des recrues, ne pouvaient mettre chacun qu'une batterie sur le pied de guerre. Les services administratifs manquaient presque complétement de moyens de transport. Dans la situation la plus précaire où se soit jamais trouvé un gouvernement, sans argent, sans crédit, avec la volonté bien arrêtée de ne point faire appel aux passions révolutionnaires, il fallait parer tout à coup aux éventualités d'une guerre de coalition monarchique; il fallait garnir nos côtes et nos frontières sans affaiblir l'Algérie; nous tenir prêts, au premier signal des Lombards ou des Polonais, à franchir le Rhin ou les Alpes, sans toutefois abandonner le cœur du pays, où l'on redoutait les menées des partis royalistes et les insurrections ultra-révolutionnaires. Le ministre des affaires étrangères ne demandait pas moins de 215,000 hommes pour soutenir la politique pacifique du manifeste; 150,000 hommes sur le Rhin, 50,000 au pied des Alpes, 15,000 à la frontière des Pyrénées, étaient, selon lui, nécessaires. Ces exigences, combinées avec la sûreté de l'Algérie, que le comité de défense et le ministre ne voulaient en aucune façon compromettre, et avec les besoins du service intérieur, portaient à 514,000 hommes le chiffre des troupes à mettre sur pied. La dépense supputée pour atteindre ce résultat montait à 114 millions. Or les caisses de l'État étaient à peu près vides et, selon le rapport de la commission de défense, on ne pouvait pas compter sur plus de 101,000 hommes immédiatement disponibles.

L'activité de M. Arago et son intelligence organisatrice surmontèrent tous les obstacles. Arraché à des travaux scientifiques qui avaient illustré sa jeunesse, à un professorat qui avait porté son nom au niveau des plus grands noms contemporains, mais qui ne semblaient pas devoir le préparer à cette application aux détails administratifs, à cette aptitude spéciale qu'exigeait sa situation nouvelle, M. Arago, entré déjà dans l'âge où, chez la plupart des hommes le besoin de repos domine toutes les passions, retrouva dans son ambition républicaine la verdeur de la jeunesse. Aidé d'un officier de grand mérite, le lieutenant-colonel Charras, ancien élève de l'école polytechnique, qu'il avait attaché à son ministère en qualité de sous-secrétaire d'État, il mit en deux mois l'armée sur le pied de guerre.

L'appel des classes arriérées, depuis 1842 jusqu'à 1846, le rappel des militaires en congé, les engagements volontaires pour deux ans, l'achat de près de 30,000 chevaux de selle et de trait comblèrent les premiers vides. L'armée des Alpes, portée à 31,000 hommes, occupa les vallées de l'Isère, de la Saône et du Rhône [1]. Une réserve de 12,000 hommes de troupes aguerries, rappelées d'Afrique, fût concentrée dans la vallée de la Durance. On les remplaça par des hommes prélevés sur les contingents arriérés de 1843 et 1844, de manière que l'armée d'Afrique ne se trouvât point diminuée. Les gardes nationales furent armées. On leur délivra, au ministère de la guerre, pendant le mois de mars, 446,689 fusils, dont 150,000 pour la seule ville de Paris. Une réserve de 200 bataillons de gardes nationaux mobiles fut formée. Huit escadrons de guides furent créés pour les états-majors et pour le service de la correspondance. Cependant des économies considérables effectuées par la réduction des cadres de l'état-major, par la diminution des divisions et subdivisions militaires, par le licenciement de la garde municipale et par d'autres réformes opérées sur différents services permirent au ministre, lorsqu'il présenta à l'Assemblée consti-

---

[1] Le général de division Oudinot fut nommé commandant en chef de cette armée. Les événements qui ont tristement illustré son nom donnent de l'intérêt à la proclamation adressée par lui aux soldats, à son arrivée à Grenoble. J'y lis le passage suivant : « La République est amie de tous les peuples ; *elle a surtout de profondes sympathies pour les populations de l'Italie.* Les soldats de ces belles contrées ont souvent partagé, sur d'immortels champs de bataille, nos dangers et notre gloire ; peut-être de nouveaux liens ressortiront-ils bientôt d'une fraternité d'armes si chère à nos souvenirs. »

tuante le compte rendu de son administration, d'annoncer, sur le budget de 1848, une économie totale de plus de 16 millions.

L'organisation de la garde mobile, confiée au général Duvivier, marchait aussi avec une rapidité extrême. La première idée de ce corps, tiré des combattants de février, avait été jetée en avant, dès le 24, à l'Hôtel de Ville, par un M. Dubourg qui, en 1830, avait organisé les *volontaires de la Charte* et qui depuis ce temps s'était adjugé le titre de général. Accouru à l'Hôtel de Ville dans le premier tumulte, il y resta sans désemparer pendant trente-six heures, demandant avec beaucoup d'instance, et comme une récompense qui lui était due, le ministère de la guerre. On parvint à l'éloigner; mais M. de Lamartine retint son idée et la formula aussitôt en un décret qui portait création, par engagements volontaires, de 20,000 hommes de garde nationale mobile. Les listes d'enrôlement ouvertes dans les mairies furent remplies en peu de jours. Une solde privilégiée de 1 fr. 50 c. (le soldat de la ligne ne reçoit que 25 c.) était un grand appât pour la jeunesse parisienne que son instinct de tous les temps, l'enivrement des jours révolutionnaires, la tradition du *petit caporal* devenu de rien empereur, l'amour du bruit, du mouvement, de l'uniforme et aussi l'absence de toute autre ressource, attiraient sous les drapeaux. Le général Duvivier prit aussitôt, sur cette jeunesse turbulente, un grand ascendant. Esprit ambitieux, caractère énergique, imagination vive et d'une richesse orientale [1], comprenant toutes les ardeurs de la jeunesse parce qu'il les avait connues toutes, il exerça sur ces enfants indisciplinés, moqueurs, déjà dépravés pour la plupart par le vagabondage des grandes villes, une autorité paternelle. Bientôt, par la rivalité du point d'honneur qu'il sut éveiller dans les rangs, on vit ces bandits de la

---

[1] Le général Duvivier avait rêvé un grand rôle en Orient. On assure même que, dans des vues secrètes d'ambition, il avait embrassé la religion musulmane.

veille, portant fièrement leurs haillons, l'arme au bras, attentifs au commandement, parcourir en patrouilles serrées les rues de la ville, dissiper les rassemblements, faire taire les cris, les pétards, les chants nocturnes qui troublaient le repos public, aussi zélés au rétablissement de l'ordre qu'on les avait vus jusque-là prompts au tapage et à la mutinerie.

Les soins donnés à la réorganisation de l'armée de terre ne détournaient pas M. Arago de l'attention particulière que réclamait l'état de notre marine. A la vérité, la réduction immédiate de son budget, fixé de 10 millions à 5, ne lui permettait pas de songer à augmenter nos forces navales, et il dut se borner à rallier, dans le port de Toulon, une belle escadre d'évolution, destinée à montrer le pavillon de la République sur les côtes de la Méditerranée[1]. Mais l'état moral et matériel de l'armée de mer appelait de notables réformes ; M. Arago en prit avec bonheur l'initiative. Malgré le Conseil de l'Amirauté qui jugeait toute discipline perdue si l'on se relâchait de l'ancienne rigueur, M. Arago, dès son entrée au ministère, fit décréter l'abolition des châtiments corporels à bord des bâtiments de l'État, effaçant ainsi de notre code maritime un système de répression qui n'était plus depuis longtemps en harmonie avec l'ensemble de notre pénalité. En même temps il s'occupait d'améliorer l'existence des marins à bord de la flotte. Des plaintes légitimes s'étaient élevées à ce sujet. Les marins recevaient des vivres de qualité défectueuse, en quantité insuffisante. Souvent on voyait les matelots descendre à terre pour *acheter du pain*. Sous un gouvernement qu'on disait paternel, quand un prince du sang était amiral, de telles rigueurs, jointes à une négligence si coupable n'avaient point d'excuses. Ce fut un honneur pour le gouvernement provisoire d'avoir, sur ce point comme sur

---

[1] Six vaisseaux de haut bord, une frégate à voiles, plusieurs frégates à vapeur.

tous les autres, au plus fort de la crise révolutionnaire, rétabli les droits de l'humanité et, quand tout menaçait sa propre existence, d'avoir relevé ces existences lointaines et obscures qu'une royauté prospère avait laissées dans l'oubli. Le Conseil de l'Amirauté reçut aussi, par l'initiative de M. Arago, des modifications importantes. Des officiers de tout grade, jusqu'à celui de lieutenant de vaisseau inclusivement, furent appelés à en faire partie. Ce Conseil, devenu ainsi plus apte à représenter tous les intérêts de l'armée navale, on le chargea de former un état d'avancement des officiers par ordre de mérite avec un tableau particulier de ceux que l'on jugeait capables d'être appelés au commandement des bâtiments de l'État, le gouvernement républicain ne devant plus rien accorder au privilége.

Non content de ces réformes partielles, M. Arago voulut encore attacher son nom à un grand acte historique de justice et d'humanité. Il appuya avec force dans le conseil du gouvernement provisoire les instances de M. Ledru-Rollin et obtint la création d'une commission chargée de préparer, dans le plus bref délai, l'acte d'émancipation des noirs et les mesures nécessaires pour en assurer le succès. La présidence de cette commission fut donnée à M. Victor Schœlcher, l'un des rédacteurs de la *Réforme*, démocrate convaincu, dévoué, qui, depuis bien des années déjà, poursuivait avec ardeur, en y consacrant son temps, sa fortune, ses études et ses travaux, l'extension à la race nègre des principes de liberté et d'égalité proclamés, à la face du genre humain, par la Révolution française. M. Schœlcher avait eu la plus grande part à la détermination de M. Arago qui désirait l'émancipation immédiate des noirs, mais sans la croire possible. Nommé sous-secrétaire d'État au département de la marine et des colonies, il s'adjoignit M. Mestro, directeur des colonies, M. Perrinon, officier de marine, M. Gatine, avocat aux conseils, M. Gaumont, ouvrier horloger, MM. Henri Wallon et L. Percin, auxquels il présenta le 6 mars, jour de la première séance de la commission, un projet de décret dont le premier article était ainsi conçu :

« L'esclavage sera entièrement aboli dans les colonies et possessions de la France six semaines après la promulgation du présent décret dans chacune d'elles. Tous les affranchis deviennent citoyens français. »

La commission poussa ses travaux avec zèle. Le 11 avril, elle avait achevé sa tâche et remettait à M. Arago un ensemble de décrets qui abolissaient immédiatement l'esclavage, en renvoyant à l'Assemblée nationale le soin de fixer l'indemnité demandée par les colons, étendaient aux colonies le droit de représentation à l'Assemblée nationale, supprimaient les conseils coloniaux, confiaient leurs pouvoirs aux commissaires de la République, organisaient l'instruction publique, gratuite et obligatoire, instituaient la liberté de la presse, le jury, les ateliers nationaux, etc. Ces décrets, malgré les représentations et les sollicitations des colons, auxquels M. Marrast prêta son appui dans le gouvernement, furent signés en conseil et insérés au *Moniteur* du 27 avril. La politique généreuse l'emporta cette fois sur la politique circonspecte, l'esprit novateur fit taire la prudence conservatrice [1]. Il serait difficile d'en bien établir la raison. La circonstance déterminait souvent comme au hasard l'adoption de l'une ou de l'autre de ces politiques. Il n'était pas rare que le même ministre se trouvât solidaire des mesures les plus contradictoires; qu'il eût à faire passer dans les faits les inspirations les plus hardies de la Révolution et à rétablir des systèmes et des routines incompatibles avec le génie des institutions démocratiques. Plus nous avancerons dans le récit des événements, plus nous devien-

[1] On est heureux aujourd'hui (1862) de pouvoir constater que la *politique généreuse* n'a pas eu les résultats funestes que prédisait la politique circonspecte, loin de là. Dans son livre de l'*Abolition de l'esclavage*, M. Cochin reconnaît que depuis l'émancipation la population a augmenté dans nos colonies; que le nombre des mariages y est beaucoup plus considérable; que, si l'étendue des cultures a diminué, la production s'est accrue; que les écoles se multiplient, etc.

dra sensible cette duplicité involontaire, dont aucun des membres du gouvernement n'était en particulier responsable, mais qui résultait nécessairement des concessions mutuelles qu'ils croyaient tous devoir se faire dans l'intérêt de la paix publique.

Une extrême faiblesse au dehors, un trouble malfaisant dans la conscience du pays, furent les résultats de ces contradictions. Le peuple surtout en souffrit; sa simplicité, sa droiture n'y purent rien comprendre; il se crut trompé, s'irrita, entra en défiance et finit, comme nous le verrons bientôt, par porter à la République qu'il chérissait et à lui-même des atteintes funestes.

CHAPITRE XX

Ministère des finances. — M. Goudchaux. — M. Garnier-Pagès.

A toutes les difficultés soulevées brusquement par la révolution de Février venait encore s'ajouter l'embarras des finances. Soit que le gouvernement provisoire voulût arrêter ou précipiter la révolution politique, soit qu'il voulût refouler ou favoriser la réforme sociale, faire ou non la guerre, organiser de grands travaux publics ou mettre sur pied une armée, il avait besoin d'argent et de crédit; or l'état économique de la société lui ouvrait à cet égard les perspectives les moins rassurantes.

Sous le règne de Louis-Philippe, l'activité de l'industrie, surexcitée par l'immense entreprise des chemins de fer, la passion de l'agiotage et le goût effréné du luxe qui s'étaient répandus partout, avaient poussé les classes riches à des extrémités touchant à la ruine. Les établissements de crédit s'étaient engagés dans des opérations démesurées. Des affaires à longue échéance et pleines de risques étaient entreprises avec une légèreté incroyable. Les marchandises s'accumulaient dans les entrepôts et dans les magasins des producteurs; les actions encombraient la place. La multiplication désordonnée des billets dans les transactions commerciales, l'exportation de numéraire nécessitée par l'achat des blés étrangers en 1846, avaient amené une crise métallique qui aggravait encore la crise financière. Le petit commerce ne pouvait plus suffire aux frais de maison accrus dans une proportion qui dévorait les bénéfices. Les particuliers, entraînés dans une rivalité onéreuse de dépenses, vivaient d'expédients et d'anticipations. Tous les grands financiers prédisaient une catastrophe générale, si l'on ne parvenait au plus vite à rétablir le mouvement naturel de l'industrie et du commerce [1].

Du 1er janvier 1846 au 15 janvier 1847, la réserve de la Banque de France avait diminué dans une proportion considérable. Elle était descendue à 172 millions et se voyait fort menacée, quand l'empereur de Russie la releva momentanément, en se rendant acquéreur de rentes pour une valeur de 50 millions.

Suivant le rapport de la commission du budget sur les dépenses de 1847, les finances de l'État étaient engagées pour onze ans et les engagements pris ne pouvaient être éteints dans cet espace de temps qu'à la condition d'une paix ininterrompue et d'un budget ordinaire qui ne présentât plus aucun découvert; c'était, en d'autres termes, supposer l'impossible [2]. Le gouvernement avait abusé de toutes

---

[1] Voir au *Moniteur* les discours de MM. Fould, Léon Faucher, Thiers, Bignon, à la Chambre des députés, pendant le mois de janvier 1848.

[2] Pour que les ressources cumulées de l'emprunt et des réserves de l'amortissement fussent suffisantes à la fin de 1855, il fallait les quatre conditions presque irréalisables que voici :

1° Que les budgets ordinaires de 1848 à 1855 ne présentassent aucun excédant de dépenses sur les recettes;

2° Qu'aucun travail nouveau ne fût entrepris en dehors des travaux déjà votés et en cours d'exécution;

3° Qu'aucune circonstance intérieure ou extérieure ne détournât les réserves de l'amortissement de leur action exceptionnelle pour les rendre, par suite d'une baisse de fonds publics au-dessous du pair, à leur destination légale, le rachat de la dette;

4° Que la dette flottante pût être élevée, sans dommages pour le crédit public et sans préoccupations pour le trésor, à 733 millions en 1850, à 804 millions en 1851, et à 736 millions en 1852, pour être ramenée enfin au chiffre de 539,476,180 fr., à l'expiration de 1855; évidemment ces quatre conditions n'étaient pas admissibles. Voir, au *Moniteur* du 26 avril 1849, *le rapport de M. Ducos au nom de la commission chargée d'examiner les comptes du gouvernement provisoire.*

les ressources et de tous les expédients ; il avait émis des bons du Trésor autant que le public en avait voulu prendre; il avait laissé monter au chiffre de 872 millions la dette flottante[1], non compris les caisses d'épargne ; il avait accru la dette perpétuelle par des emprunts successifs ; enfin il venait, vers les derniers mois de l'année 1847, d'en contracter un dont les payements s'échelonnaient à des termes si éloignés que c'était un secours presque illusoire. La caisse des dépôts et consignations, engagée aussi outre mesure, était surchargée d'actions de chemins de fer et de canaux.

Tous les ressorts, on le voit, étaient tendus. Le moindre événement survenant à l'improviste pouvait les briser. Depuis quelque temps on murmurait le mot de banqueroute ; la panique qui s'empara des esprits à la suite de la révolution de Février fit de ce mot le péril et l'épouvante du gouvernement républicain.

Non-seulement ce gouvernement héritait d'une situation très-compromise [2], mais encore il se voyait contraint, par son principe et par la circonstance qui le faisait sortir d'une révolution populaire, à se retrancher de ses propres mains des ressources considérables. En présence d'un milliard [3] instantanément exigible, d'un budget de 1,700 millions réglé avec un découvert probable de 76 millions sur les dépenses ordinaires et de 169 millions[4] sur l'extraordinaire; en présence d'une dette inscrite de 4 milliards 295 millions[5], les réserves de l'amortissement étant absorbées jusqu'en 1855 ; en présence de travaux publics commencés

---

[1] Voir le rapport publié dans le *Moniteur* du 10 mars 1848.

[2] Le rapport de M. Ducos établit que la dépense totale surpassait le montant des recettes de 183,436,245 fr. (*Moniteur*, 26 avril 1849).

[3] 800 millions, selon M. Fould (Voir au *Moniteur* du 22 avril 1849).

[4] Voir le rapport de M. Ducos, *Moniteur* du 26 avril 1849.

[5] Le capital de la dette publique est évalué par M. Garnier-Pagès à 5 milliards, dette fondée et dette flottante, tout compris. M. Lacave-Laplagne, ancien ministre des finances de Louis-Philippe, accepte ce chiffre.

sur une vaste étendue et qu'il fallait continuer à tout prix ; obligé de faire face, avec 192 millions trouvés dans les caisses du Trésor [1], à une dépense courante de 125 millions par mois, de salarier les ateliers nationaux, de réorganiser l'armée et la garde nationale, de soutenir l'industrie et le commerce, de venir en aide aux ouvriers sans travail, de parer enfin à l'accroissement subit des dépenses, à la diminution des recettes, à l'éclipse du crédit qu'entraîne toute révolution, le gouvernement provisoire devait encore abolir sur l'heure plusieurs impôts très-productifs, mais impatiemment supportés par le peuple [2]. L'impôt sur le sel, l'impôt du timbre sur les écrits périodiques qui portait atteinte à la liberté de la presse, l'impôt des boissons, ne se pouvaient maintenir sans que le pouvoir parût mentir à toutes les promesses du parti républicain et ne se pouvaient non plus suppléer d'aucune manière.

L'impôt sur le sel, qui produisait, en 1780, 54 millions à l'État, aboli par la première République, rétabli par l'Empire en 1806, réduit par la Restauration au chiffre de 50 millions, et qui en avait donné sous Louis-Philippe 65, allait, par sa suppression totale, créer un déficit énorme. Il était difficile de songer à grever encore la propriété foncière très-obérée et qui attendait depuis longtemps un soulagement. De quelque côté qu'il se tournât, le gouvernement ne trouvait que des exigences à satisfaire et des ressources taries ou douteuses.

L'emprunt de 250 millions, contracté par le dernier gouvernement et sur lequel 82 millions seulement avaient été versés, était abandonné par les souscripteurs. C'était dire assez qu'un nouvel emprunt devenait impraticable.

---

[1] Le 25 février, les coffres de l'État contenaient 57 millions en valeurs de portefeuille, en numéraire 135 millions dont 127 millions à la Banque. Il fallait distraire 75 millions de cette somme pour le payement du semestre de la rente 5 pour 100.

[2] Voir le rapport de M. Garnier-Pagès à l'Assemblée nationale, séance du 8 mai 1848.

Les banquiers, loin de pouvoir donner du crédit, en réclamaient tous, sous peine de faillite. Les caisses d'épargne ne recevaient plus de dépôts. Elles en avaient alors pour une somme d'environ 300 millions, mais de valeurs dépréciées et qui n'auraient pas produit, aliénées à la Bourse, plus de 150 millions. Les demandes de remboursement arrivaient, d'ailleurs, en foule. Il en était de même pour les bons du Trésor. Les capitalistes mettaient leurs fonds en réserve ou les envoyaient à l'étranger. Plus d'avances de la part des receveurs généraux, plus de dépôts à la caisse des consignations, plus de fonds provenant des communes. Les débiteurs de l'État demandaient des atermoiements, les chefs d'industrie des secours; un mouvement général de rétraction s'opérait. La catastrophe prédite par MM. Thiers et Fould à la Chambre des députés, hâtée par la révolution de Février, semblait imminente.

M. Goudchaux, d'origine israélite, chef d'une maison de banque favorablement connue sur la place de Paris, réputé personnellement pour sa probité scrupuleuse et sa régularité dans les affaires, avait été chargé par le gouvernement provisoire du portefeuille des finances. Ce choix paraissait à beaucoup de gens de bon augure. Le caractère de M. Goudchaux et la nature de ses opinions offraient des garanties d'ordre. Attaché à la rédaction du *National*, il s'était occupé sous le dernier règne des questions de finances dans leur rapport avec le prolétariat; il s'était inquiété de l'hostilité qui s'accusait entre le travail et le capital, autant dans l'intérêt des classes riches que dans celui des classes pauvres. On le savait peu porté aux innovations. Aussi les capitalistes témoignèrent-ils de la satisfaction en le voyant accepter le portefeuille. Ils fondaient sur sa sagesse bien connue dans les affaires privées l'espoir d'une influence antirévolutionnaire dans les conseils du gouvernement, oublieux de cette vérité, banale à force d'être vraie, que dans l'extrême péril, quand le temps est passé de prévoir et de prévenir, la sagesse elle-même commande l'audace.

La prudence de M. Goudchaux eût paru, d'ailleurs, même en temps ordinaire, trop timorée. Il apportait aussi au gouvernement provisoire des préventions personnelles et des antipathies outrées qui ne pouvaient que nuire à la netteté de ses vues, déjà troublées par son tempérament irascible. Dans les réunions provoquées par les rédacteurs du *National*, vers la fin du règne de Louis-Philippe, pour tenter de rallier autour de leur journal les nuances diverses de l'opinion républicaine, M. Goudchaux s'était chargé de traiter les questions de finances et en particulier de combattre les théories de M. Louis Blanc sur l'organisation du travail. Le principe de l'association avait été soutenu dans ces réunions par quelques prolétaires qui professaient les doctrines de M. Buchez et celles de M. Pierre Leroux. De tous ces débats, M. Goudchaux n'avait emporté que de l'irritation et la résolution bien arrêtée de ne jamais entrer dans un gouvernement dont M. Louis Blanc ferait partie. Peu de jours avant le 24 février, comme on s'était réuni une dernière fois pour former, à toute éventualité, la liste d'un gouvernement provisoire, il avait obtenu que M. Louis Blanc et M. Ledru-Rollin, qu'il supposait apparemment quelque peu socialiste, en seraient exclus.

Ce n'étaient pas là des antécédents favorables à la confiance mutuelle. On peut facilement se représenter le déplaisir de M. Goudchaux lorsque, en arrivant à l'Hôtel de Ville, il y fut reçu précisément par les deux personnes dont il avait exigé l'exclusion. Son premier mouvement fut d'une vivacité extrême. Il s'ouvrit à M. Garnier-Pagès, avec lequel il était lié d'une amitié étroite, lui dit qu'il ne pouvait consentir à prendre un ministère dans un gouvernement composé de la sorte et voulut déchirer immédiatement sa commission. M. Garnier-Pagès, convaincu que le nom de M. Goudchaux était le plus propre à rassurer la banque et les capitalistes, l'exhorta à sacrifier ses ressentiments personnels au bien public et réussit à le persuader. Cependant M. Goudchaux, dans la préoccupation constante des innovations auxquelles le gouvernement allait se laisser entraîner par M. Louis Blanc, ne consentit à garder le portefeuille qu'à la condition expresse qu'aucun des impôts en vigueur ne serait supprimé, ni même modifié, et fit sur-le-champ publier une déclaration de tous les membres du conseil dans laquelle il était dit que « le gouvernement provisoire considérerait comme une usurpation sur les droits de l'Assemblée nationale tout changement dans le système des impôts [1]. » Mais à peine eut-il pris l'engagement de rester dans le gouvernement qu'il s'en repentit. En examinant la situation financière, en écoutant les avis, les doléances, les prédictions lamentables des banquiers et des capitalistes que la peur pressait autour de lui, il se troublait, il entrait en angoisse, il voyait la France perdue, le gouvernement déshonoré. A ses yeux, il n'y avait plus de remède; le socialisme au Luxembourg, le jacobinisme dans les clubs, le tumulte et l'agitation dans la rue, présageaient, nécessitaient la ruine publique. Il ne voulait pas du moins laisser son honneur personnel dans cette ruine.

Comme il agitait en lui-même ces tristes pensées, il apprit que le gouvernement provisoire venait d'abolir, sans l'en avoir prévenu, l'impôt sur le sel. Déjà la suppression de l'impôt sur le timbre, réclamée avec plus d'esprit de corps que de patriotisme par les journaux, l'avait fortement indisposé. Cette nouvelle violation des engagements pris avec lui porta au comble son mécontentement. Sans plus délibérer, bien déterminé cette fois à imposer sa volonté ou à quitter la place, il demanda pour le soir même une réunion générale du conseil. C'était le 3 mars. La séance s'ouvrit sous la présidence de M. Dupont (de l'Eure). Personne n'avait manqué à l'appel; une inquiétude extrême se lisait sur tous les visages; on s'attendait à une commu-

---

[1] *Moniteur* du 1er mars 1848.

nication grave. En effet, après un long et pénible silence, M. Goudchaux, très-oppressé, très-ému, fit, en s'interrompant à plusieurs reprises, tant il avait peine à se contenir, un exposé de la situation qui jeta dans tous les esprits le trouble auquel il était lui-même en proie. Il se plaignit avec amertume des effets dangereux de certaines prédications; il protesta contre des mesures qui, répandant l'effroi dans toutes les classes de la société, paralysaient le crédit et le mouvement des affaires. Il conclut enfin en montrant la ruine certaine et sans proposer un seul remède.

Personne n'éleva la voix pour lui répondre. La consternation était profonde. « Serait-ce vrai? murmura enfin M. de Lamartine, en se penchant vers M. Garnier-Pagès. Sommes-nous perdus, irrévocablement perdus? » Et cette interrogation effrayante, chacun se l'adressait intérieurement avec une inexprimable angoisse. Lorsqu'on fut un peu revenu de la première stupeur, les membres du conseil proposèrent successivement plusieurs mesures ; mais toutes, à la discussion, parurent dangereuses ou vaines. La banqueroute fut tout d'abord écartée. Mieux valait, disait-on, courir tous les périls que d'infliger à la République un tel opprobre. Pour sauver l'honneur du pays rien ne devait sembler impossible.

M. Goudchaux, insistant sur la nécessité de couper court aux bruits alarmants qui circulaient et de ranimer la confiance publique qui pouvait seule encore sauver le gouvernement, proposa d'anticiper le payement du semestre des rentes, échéant le 22 mars ; sa proposition fut accueillie. Mais cette espèce d'ostentation à devancer un payement à échoir, quand on était en si grande peine de faire face aux engagements échus, n'était pas de nature à donner le change ni à rassurer personne ; tout au contraire. En voyant la réserve ainsi diminuée, les porteurs de billets de banque s'effrayèrent davantage ; la crise métallique, au lieu de s'arrêter, s'aggrava. La Bourse, que M. Ledru-Rollin avait espéré faire ouvrir dès le 26 à 60 et à 100, n'avait pu reprendre encore[1]. Toutes les transactions étaient paralysées ; plusieurs maisons de banque avertissaient qu'elles allaient suspendre leurs payements. Quand M. Goudchaux s'aperçut du peu d'effet de sa mesure, il désespéra de lui-même et de ses moyens de salut et porta de nouveau sa démission au gouvernement. A toutes les instances du conseil il opposa cette fois des refus inébranlables. Il se voyait écrasé, disait-il, par la fatalité de la situation ; il ne se sentait pas capable de conduire les finances de l'État quand les principaux obstacles lui venaient d'un des membres du gouvernement ; il ne voulait pas être responsable de l'embrasement général dont le foyer s'attisait au Luxembourg ; il voulait, enfin, faire honneur à ses affaires privées et soutenir sa maison menacée comme toutes les autres d'une catastrophe prochaine.

La retraite de M. Goudchaux était aux yeux du gouvernement un dernier signal de détresse. Les prières, les supplications redoublèrent ; on refusait absolument d'accepter sa démission. Mais le ministre, en proie à une exaltation nerveuse dont il n'était plus maître, loin de se laisser toucher par ces marques de confiance et d'estime, s'emporta en paroles amères et quitta brusquement la salle du conseil. Il n'y avait plus à balancer ; il fallait lui nommer un successeur. A plusieurs reprises déjà M. Goudchaux avait désigné le maire de Paris comme beaucoup plus capable que lui de porter le fardeau des affaires ; le conseil se tourna vers M. Garnier-Pagès comme vers un sauveur. Ce dernier accepta ; non qu'il se fît illusion sur le péril, il était de sa nature de l'exagérer, mais parce que son dévouement au pays était à toute épreuve.

M. Garnier-Pagès, de même que le général Cavaignac, devait sa notoriété dans le parti républicain plus encore à

---

[1] Le 5 pour 100 avait fermé le 23 février à 116 fr. 10 c. Lorsqu'on crut pouvoir rouvrir la Bourse le 7 mars au cours de 97,50, il tomba à 89. Après le décret sur l'impôt des 45 centimes et l'emprunt de 50 millions à la Banque, le 5 pour 100 descendit jusqu'à 55.

la mémoire de son frère qu'à ses mérites personnels. Cependant une estime sérieuse s'attachait à sa personne. Tout en lui, caractère, esprit, langage, dans un accord devenu bien rare, portait l'empreinte d'une nature élevée. Son patriotisme était courageux et désintéressé. La pratique des affaires commerciales et de studieux travaux l'avaient rendu familier avec tous les systèmes financiers et il apportait au gouvernement, à l'appui d'une volonté droite, des connaissances positives qui eussent été d'un grand secours, si des scrupules méticuleux ne l'avaient retenu d'une manière trop absolue dans les voies pratiquées et dans les vieilles routines. M. Garnier-Pagès amenait avec lui au ministère des finances, pour y remplir les fonctions de sous-secrétaire d'État, un jeune homme qui avait été son secrétaire particulier. M. Eugène Duclerc, longtemps collaborateur de M. Pagnerre au *Dictionnaire politique*, puis attaché à la rédaction du *National*, y avait traité, non sans talent, la question du rachat des chemins de fer et les questions d'impôt dans leurs rapports avec le principe de l'égalité. M. Duclerc partageait toutes les idées financières de son ancien maître; sa confiance dans ses propres forces était également à peu près illimitée.

Il en fallait beaucoup pour ne pas se laisser abattre en des conjonctures aussi difficiles. L'entrée de M. Garnier-Pagès coïncidait avec les symptômes les plus inquiétants. En neuf jours, du 25 février au 5 mars, l'encaisse du Trésor avait diminué de 27 millions. Le 6 mars, l'une des maisons de banque les plus accréditées de Paris, la maison Gouin, suspendait ses payements. Les maisons Ganneron et Baudon réclamaient des secours du gouvernement et déclaraient que sans ces secours elles ne pouvaient plus faire honneur à leur signature. La consternation était générale, la panique s'emparait des plus fermes esprits.

Le 9, une réunion des hommes les plus considérables de la banque, de l'industrie et du commerce fut convoquée à la Bourse. On s'y exalta mutuellement en constatant les pertes de chaque jour et le danger croissant d'une crise dont on ne voyait pas le terme. On s'en prit au gouvernement et l'on résolut de lui arracher par la menace une mesure de laquelle chacun espérait son propre salut, mais qui n'eût été rien moins que la banqueroute générale : il fut convenu que l'on exigerait la prorogation à trois mois de toutes les échéances. Le tribunal de commerce eut la faiblesse d'appuyer cette motion et, le lendemain, un cortége d'environ 3,000 personnes, sans armes, il est vrai, mais bien décidées à exercer une intimidation morale sur des hommes qu'elles croyaient peu capables de résister, prit le chemin de l'Hôtel de Ville.

Cependant la violence projetée contre le gouvernement s'était ébruitée; on avait pris l'alarme. Le gouverneur et les sous-gouverneurs de la Banque étaient venus supplier les membres du conseil de ne point céder et de sauver la Banque d'une liquidation forcée. Les élèves des écoles accouraient pour défendre l'Hôtel de Ville. On attendit de pied ferme l'émeute financière. La lutte fut longue et vive. Irrités par le refus opiniâtre du ministre des finances, quelques-uns des principaux chefs d'industrie s'oublièrent jusqu'à l'insulte. L'un des membres du conseil ayant opposé en de sévères réprimandes leur impatience égoïste au dévouement du peuple qui ajournait sa faim de peur de nuire à la chose publique, l'exaspération des fabricants excéda toutes bornes : « Vous nous vantez votre peuple, s'écria l'un d'eux, hors de lui ; eh bien! nous vous ferons voir ce que c'est que le peuple. Demain nous fermons nos ateliers, nos boutiques; nous jetons les ouvriers dans la rue ; nous leur disons à qui ils doivent s'en prendre et vous verrez alors s'il vaut mieux avoir affaire à eux qu'à nous et s'ils se contenteront longtemps de vous entendre célébrer leur patriotisme! » Mais toutes ces menaces, toutes ces sommations, ne purent ébranler le conseil. Sans en tenir aucun compte, il refusa d'accorder au delà des dix jours de prorogation antérieurement décrétés. La députation se retira en murmurant.

Les jours suivants des tentatives nouvelles furent faites au ministre des finances : l'une pour sommer M. Garnier-Pagès d'accorder des secours directs, l'autre, plus raisonnable, pour solliciter son intervention auprès de la Banque afin d'en obtenir pour les escomptes et les liquidations les plus grandes facilités possibles. La première de ces requêtes fut définitivement repoussée, mais la Banque ne refusa pas d'obtempérer en partie à la seconde. La création des comptoirs d'escompte, au moyen d'un prêt de 11 millions fait par le Trésor, vint bientôt parer aux dangers les plus imminents. En quelques jours, par les soins de MM. Pagnerre et Marrast qui en avaient été spécialement chargés, ils furent établis sur les points les plus menacés. Combinés avec l'établissement de magasins généraux où les industriels purent déposer les objets fabriqués, moyennant un récépissé sur lequel les comptoirs et la Banque firent des avances, et avec la réunion des banques des départements [1] à la Banque de France, ils fournirent au commerce, dans l'espace d'un an, un crédit de plus d'un milliard. Mais les résultats des meilleures opérations financières sont lents à obtenir, et le gouvernement n'avait le loisir de rien atten-

---

[1] Cette mesure, réclamée depuis longtemps par les économistes de l'école socialiste, ne fut point d'un effet aussi étendu ni aussi prompt qu'elle aurait dû l'être, par la raison que les banques n'existaient que dans un petit nombre de villes, et que le cours forcé des billets ne fut pas immédiatement décrété pour toute la France, mais seulement pour la circonscription du département où chaque banque avait son siége. L'unité des banques ne fut décrétée, sur la demande réitérée des directeurs des banques départementales, que le 29 avril; il fallut six mois pour que les billets de banques locales se transformassent en billets uniformes de la Banque de France. Pour généraliser et centraliser le crédit il eût fallu créer, en les reliant fortement entre elles avec la Banque de France, des succursales de la Banque et des comptoirs d'escompte dans tous les départements avec les ressources combinées de l'État, des départements, des villes et des particuliers. Cependant, dans beaucoup de localités où le taux de l'argent s'élevait d'ordinaire à 12 ou 15 pour 100, les comptoirs d'escompte l'abaissèrent à 6. A la retraite du gouvernement provisoire 44 villes possédaient des comptoirs. Un crédit de 60 millions leur avait été promis par décret; mais ils n'en touchèrent en réalité que 11.

dre. Pour se créer les ressources immédiates dont il avait un si impérieux besoin, le ministre des finances, qui répugnait aux mesures révolutionnaires, n'avait à sa disposition que des moyens de peu d'efficacité. Chaque jour, cependant, des remèdes empiriques lui étaient proposés. Les plans, les projets, les inventions arrivaient par centaines au ministère; les murs de la ville se couvraient de conseils, signés ou anonymes, et des propositions les plus extravagantes du monde. Une émission de 800 millions imposée à la Banque de France, un emprunt forcé de 60 à 80 millions extorqué par la menace aux capitalistes, furent très-sérieusement conseillés à M. Ledru-Rollin et à M. Garnier-Pagès par deux financiers des plus considérables de Paris[1]. De son côté, le gouvernement provisoire à qui M. Garnier-Pagès inspirait une confiance entière, l'autorisait par décret (le 9 mars) à aliéner, jusqu'à concurrence de 100 millions, les diamants de la couronne, les terres, les bois et forêts composant les biens de l'ancienne liste civile, les lingots et l'argenterie provenant des résidences royales. Mais, comme ces biens n'auraient pu être vendus sur l'heure qu'à moins de moitié de leur valeur réelle, M. Garnier-Pagès n'usa pas de l'autorisation qui lui était donnée; il se borna à attribuer une valeur de 75 millions sur ces biens comme garantie de

[1] Le bruit public a désigné MM. Fould et Delamarre comme ayant très-vivement insisté sur la nécessité de l'emprunt forcé et l'utilité de la banqueroute. A en croire ce bruit, M. Delamarre se serait rendu, dans les premiers jours de la révolution, au ministère de l'intérieur et aurait remis à M. Ledru-Rollin une liste contenant les noms des principaux capitalistes de Paris et la désignation de leur fortune. M. Louis Blanc (*Révélations*, t. I, p. 275) affirme que M. Delamarre vint le trouver au Luxembourg pour lui faire les mêmes ouvertures. « C'est mon opinion et celle de tous mes collègues, » lui dit M. Delamarre
Des mesures que l'on a depuis qualifiées de socialistes étaient alors proposées par la presse conservatrice. Le *Journal des Débats* (17 mars 1848) recommandait à l'attention publique la brochure de M. Lehideux, *homme éclairé et pratique*, qui voulait qu'on *ajournât les bons du Trésor et tous les créanciers de la dette flottante*, qu'on *augmentât l'impôt à partir d'un certain chiffre et de manière à doubler les cotes les plus fortes*, et qu'on *imposât la rente et les bons du Trésor*.

l'emprunt de 150 millions qu'il fit bientôt à la Banque de France.

L'emprunt national, ouvert par décret du 9 mars sur une inscription de rentes 5 pour 100 au pair, n'avait produit au bout d'un mois que la misérable somme de 400,000 francs. L'idée d'un sacrifice volontaire n'approchait point des classes où cet emprunt aurait pu être réalisé. « Il serait bien temps, quand on y serait contraint, de donner son argent à l'État; » ainsi raisonnaient les riches. Et les bourses se resserraient, et chacun diminuait ostensiblement sa dépense, prenant tous les dehors de la ruine. Les uns réformaient brusquement la moitié de leurs domestiques, d'autres vendaient à vil prix leurs chevaux ou faisaient fondre leur argenterie; les femmes de l'aristocratie sortaient vêtues comme de petites bourgeoises et affectaient de monter dans les voitures publiques. Il était entendu qu'on ne payait plus aucun fournisseur. Les confiscations et les assignats de 93 paraissaient à beaucoup de gens des motifs suffisants pour se dire ruinés en 1848.

A la vérité, ces basses et égoïstes pensées n'étaient pas générales. Dans les mansardes, dans les ateliers, partout où régnait l'esprit républicain, le patriotisme relevait les courages. L'obole du pauvre ne se cachait pas et la famille de l'artisan ne tenait pas conseil pour savoir s'il serait prudent de la mettre en réserve. Tous, émus de la détresse publique, auraient eu honte de parler de leur propre misère; c'était partout une rivalité, une folie de sacrifice : celui-ci donnait en un jour l'épargne de dix années; tel autre, qui n'avait point d'argent, offrait une montre, une chaîne d'or. Les femmes apportaient leur présent de noce. Les offrandes furent si nombreuses que le gouvernement se vit obligé de nommer pour les recevoir une *Commission des dons patriotiques* qui siégea au palais de l'Élysée sous la présidence de deux vieillards illustres, MM. Béranger et de Lamennais [1].

[1] Voir aux *Documents historiques*, à la fin du volume, n° 14.

Mais ces sacrifices énormes pour ceux qui les accomplissaient, ce denier des plus pauvres entre les pauvres produisaient une somme bien minime[1] relativement aux besoins qui allaient croissant dans une proportion effrayante. Il était urgent de trouver d'autres ressources. Par malheur, on se les créa aux dépens des intérêts qu'il importait le plus à la République de respecter. Le touchant empressement des classes pauvres à venir en aide au gouvernement aurait dû lui faire sentir, si l'esprit même de la Révolution ne l'eût dit assez, qu'il était particulièrement obligé envers le peuple et qu'à tout prix il fallait le ménager. Mais les habitudes financières transmises par les gouvernements monarchiques prévalurent sur les considérations politiques et morales. Le ministre des finances, qui avait mis son honneur à payer intégralement et à jour fixe aux rentiers de la dette inscrite l'intérêt du semestre, ne se fit pas scrupule d'ajourner les infiniment petits capitalistes dépositaires des caisses d'épargne, les nécessiteux qui vivent au jour le jour. Il arrêta le remboursement des dépôts, donnant aux déposants la somme de 100 francs en numéraire, et s'ils exigeaient le solde de leur compte, de la rente 5 pour 100 au pair (la rente en ce moment était cotée à 77, plus tard elle tomba à 51 francs) et des bons du Trésor à six mois d'échéance. Contre toute attente et toute vraisemblance, la patience du peuple soutint avec une constance admirable cette épreuve nouvelle ; pas une plainte, pas une menace ne fut proférée ; la résignation au sacrifice imposé fut aussi parfaite que l'avait été l'émulation dans le sacrifice volontaire.

Cependant la panique un moment calmée avait repris. Les conférences du Luxembourg qu'entourait une sorte de mystère, le langage officiel du ministre de l'intérieur, les discussions des clubs, la polémique des journaux révolutionnaires, jetaient de plus en plus l'alarme dans la bour-

---

[1] La Commission, lorsqu'elle rendit ses comptes, n'avait touché qu'un million.

geoisie. Les divisions qui régnaient dans le gouvernement provisoire commençaient à transpirer et l'on croyait savoir que le parti modéré avait le dessous. Dans la prévision de nouvelles catastrophes, chacun se précipita vers les caisses de la Banque pour y échanger contre de l'argent les billets dont il était porteur. Du 24 février au 14 mars, l'encaisse descendit de 140 à 70 millions. Dans la seule journée du 15 mars, 10,800,000 francs furent échangés. Le 15 au soir, il ne restait plus à la Banque de France que 65 millions dans les départements et 59 millions à Paris, sur lesquels 45 millions étaient immédiatement nécessaires pour payer l'armée, les ateliers nationaux et les divers services.

Dans cette extrémité, M. Garnier-Pagès sut prendre un parti hardi et prompt. Depuis quelques jours déjà, prévoyant le danger, il avait obtenu du gouvernement l'autorisation de décréter les billets de banque monnaie légale, en accordant à la Banque la faculté d'émettre des coupons de 200 et de 100 francs [1]. Les adversaires du gouvernement s'écrièrent qu'on rétablissait le papier-monnaie, mais le bon sens public ne se laissa pas tromper par cette accusation sans fondement. La dépréciation des actions et des billets de banque ne dura pas au delà de quelques jours. La circulation se rétablit [2]. Les billets de la Banque de France, qui, avant 1848, ne sortaient guère de Paris, pénétrèrent rapidement jusqu'au fond des campagnes [3]. La Banque reprit sa liberté d'action et put venir en aide à l'État par des emprunts successifs qui s'élevèrent en peu de temps jusqu'à la somme de 250 millions. C'était beaucoup assurément, mais ce n'était pas assez, car les besoins urgents dépassaient 400 millions.

---

[1] Cette opération si simple et qui fut si utile, MM. Thiers et Duchâtel avaient déclaré, dans une récente discussion parlementaire, qu'elle serait la ruine du crédit et qu'elle perdrait la Banque.

[2] La rente 5 pour 100 remonta de 72 à 77 du 10 au 16 mars.

[3] Le chiffre total des émissions, fixé d'abord à 350 millions, s'est élevé successivement à 525 millions.

Le ministre des finances dut songer à augmenter l'impôt. Les convictions personnelles de M. Garnier-Pagès, qu'il fit aisément partager au conseil, le portaient à décréter tout de suite l'impôt progressif sur le revenu et l'impôt sur les créances hypothécaires. Mais l'impossibilité matérielle d'établir la perception de ces deux impôts avant trois ou quatre mois lui fit abandonner ce projet; sur l'avis réitéré de M. d'Argout, il décida de proposer au conseil une augmentation de l'impôt direct dont les rôles étaient distribués et dont le recouvrement serait facile.

Le 16 mars, M. Garnier-Pagès convoqua le conseil au ministère des finances. Après avoir rappelé ce qu'il avait tenté, l'insuffisance ou l'insuccès de plusieurs mesures sur lesquelles on avait fondé de grandes espérances, il proposa de frapper sur les quatre contributions directes un impôt extraordinaire de 45 centimes. Le ministre s'autorisait de plusieurs précédents. En 1813, Napoléon, pour subvenir aux préparatifs de la guerre, avait ajouté 100 centimes aux contributions des patentes, des portes et fenêtres et 30 centimes aux contributions foncières. En 1814, il avait doublé cet impôt. En 1815, Louis XVIII frappait les départements d'une contribution de guerre de 100 millions. En 1830, Louis-Philippe élevait encore le chiffre des centimes additionnels de l'Empereur. Plus tard, il y ajoutait (budget de 1832) 30 centimes extraordinaires. M. Garnier-Pagès en concluait que la mesure était parfaitement légitime et d'un effet certain. Le conseil, pas plus que le ministre, ne voyait d'inconvénients à l'augmentation de l'impôt foncier. La proposition fut donc admise en principe; seulement M. Louis Blanc et M. Ledru-Rollin réclamèrent, dans l'application, l'exemption en faveur des petites cotes. M. Garnier-Pagès s'y refusa. Il représenta que ce terme très-vague de *petites cotes* pourrait facilement donner lieu à des interprétations arbitraires; il fit remarquer que de très-petites cotes appartenant souvent à des propriétaires très-riches, en beaucoup de cas la mesure proposée n'atteindrait pas son but.

Le ministre ajouta qu'il estimerait plus utile et plus pratique de recommander aux percepteurs d'avoir égard à la situation de chaque contribuable et de dégrever partiellement ou en entier tous ceux pour qui l'impôt serait trop onéreux. Alors M. Dupont (de l'Eure) prit la parole pour soutenir l'opinion de MM. Ledru-Rollin et Louis Blanc. Il dit qu'habitant des campagnes, il les connaissait bien; qu'il avait toujours vu partout le percepteur ménager le grand propriétaire et frapper sans merci le petit contribuable; que remettre à un fonctionnaire subalterne l'appréciation des cas où il conviendrait de ne pas appliquer la loi, c'était vouloir qu'elle épargnât le riche, dont le mécontentement pouvait se faire sentir et qu'elle pesât de toute sa rigueur sur le pauvre, dont les réclamations n'arrivent que difficilement aux oreilles du pouvoir. Il conclut en affirmant que le nouvel impôt serait la source des plus graves embarras et qu'il ferait haïr la République par cette partie même de la nation sur laquelle elle devait s'appuyer. Mais M. Garnier-Pagès ne se laissa pas persuader; il s'engagea, sur l'honneur, à ne pas faire peser l'impôt sur le pauvre; le conseil ayant toute confiance dans sa loyauté et dans ses lumières, son avis l'emporta; le décret fut signé[1].

Fidèle à sa promesse, le ministre accompagna la promulgation du décret d'une circulaire aux commissaires des départements. Il annonçait officiellement l'intention du gouvernement de dégrever les contribuables pauvres

[1] Peu de jours après, le club de la révolution apporta au gouvernement provisoire une pétition pour demander que les petits contribuables fussent affranchis de cette surcharge d'impôt. Après avoir entendu MM. Barbès, Thoré, Lamieussens, le ministre des finances répondit « qu'en effet la nouvelle République entendait le système des impôts tout au rebours du gouvernement monarchique; que les charges publiques devaient être supportées par les privilégiées et que le peuple travailleur en serait libéré complètement. » Il promit, en conséquence, qu'un nouveau décret interprétatif serait incessamment publié dans le *Moniteur*.

dans une *équitable mesure*; cette instruction ne lui paraissant pas encore suffisante, il fit rendre, le 5 avril, un nouveau décret qui enjoignait aux maires et aux employés de l'administration des finances de décharger de la contribution les pauvres et les malaisés [1]. Le 25 avril, une nouvelle circulaire impérative confirma ces instructions [2]. Selon les calculs du ministre, l'impôt, perçu dans toute sa rigueur, aurait donné un produit de 190 millions. Il affectait 30 millions au soulagement des petits contribuables; restaient donc 160 millions à percevoir. Quand le gouvernement provisoire remit ses pouvoirs à l'Assemblée nationale, 80 millions seulement étaient entrés dans les caisses de l'État.

Sous le rapport matériel, M. Garnier-Pagès ne s'était pas trompé; la perception de l'impôt des 45 centimes se fit sans difficultés sérieuses [3], les fonds arrivèrent au bout de très-peu de temps; tous les services purent être régulièrement payés; la banqueroute fut évitée. Mais, relativement à l'effet moral, l'erreur du ministre des finances fut bientôt sensible. Exploité par les partis royalistes auprès des

---

[1] Le bulletin de la République (n° 7), en date du 25 mars, prenait aussi à tâche d'atténuer le mauvais effet de l'impôt dans les campagnes. « La République, disait ce bulletin, attribué à madame Sand, commence par vous demander un sacrifice nouveau; mais ce sera à la fois le premier et le dernier, si vous secondez le mouvement courageux et sincère que la République vous imprime. Ce sacrifice, la République le considère comme un emprunt que, sous toutes les formes, elle vous rendra peu à peu et que vous pouvez l'aider à vous rendre au centuple, en veillant plus que jamais au choix de vos députés républicains. »

[2] Le décret du 5 avril, dont l'application était confiée à des agents subalternes, ne reçut qu'une exécution très-lente et très-incomplète.

[3] Les principales difficultés ne vinrent pas des petits contribuables, mais de quelques propriétaires orléanistes ou légitimistes qui contestèrent au gouvernement provisoire le droit de décréter l'impôt extraordinaire, espérant ainsi provoquer dans les campagnes un mouvement de révolte contre la République. Les départements du Midi, où les influences royalistes étaient prépondérantes, furent les plus en retard dans le payement de l'impôt des 45 centimes.

paysans qui avaient vu avec indifférence la chute de la dynastie, l'impôt des 45 centimes donna le premier branle à l'opinion; il éveilla dans les campagnes un esprit d'hostilité contre la République. Un murmure général protesta contre l'avénement d'un gouvernement qui se manifestait par l'augmentation de l'impôt[1] et ce murmure prit, à la grande épreuve de l'élection présidentielle, un caractère d'opposition pratique extrêmement préjudiciable aux intérêts du pays[2].

J'ai dit que M. Garnier-Pagès, tout en approuvant dans son principe l'impôt progressif sur le revenu, y avait renoncé à cause des longueurs inévitables dans l'exécution du décret. Des considérations analogues lui firent ajourner la perception de l'impôt de 1 pour 100 sur le capital des créances hypothécaires décrété à sa requête. Une autre mesure d'intérêt public, à laquelle il avait paru favorable, le rachat des chemins de fer, ne fut pas non plus réalisée. Au lendemain de la révolution, le plus grand nombre des compagnies, alarmées par la dépréciation subite des actions, étaient venues d'elles-mêmes au-devant des intentions du gouvernement. Les actionnaires étaient presque unanimes à souhaiter le rachat, moyennant une indemnité équitable. Un rapport suivi d'un projet de décret fut pré-

---

[1] Je trouve dans une publication récente ce passage d'une *Note* de Mirabeau pour la cour, en date du 6 octobre 1790, encore applicable à la révolution de 1848 : « On a promis au peuple plus qu'on ne pouvait promettre; on lui a donné des espérances qu'il est impossible de réaliser et, en dernière analyse, le peuple ne jugera de la révolution que par ce seul fait : lui prendra-t-on plus ou moins d'argent dans sa poche ? — Vivra-t-il plus à son aise ? — Aura-t-il plus de travail ? — Ce travail sera-t-il mieux payé ? » (*Correspondance entre le comte de Mirabeau et le comte de Lamarck*, v. II, p. 213.)

[2] Une des choses qui excitèrent le plus de mécontentement, parce qu'en réalité elle était souverainement injuste, c'est que l'impôt des 45 centimes fut assis, non sur la base de l'impôt ordinaire, mais sur la totalité des impositions extraordinaires que beaucoup de localités s'étaient imposées pour des travaux ou pour d'autres intérêts particuliers, d'où il résultait que les pays les plus grevés étaient encore surchargés.

senté dans ce sens au conseil qui l'approuva [1]. M. de Lamartine en pressait l'exécution; M. Duclerc y insistait chaque jour. Mais les administrateurs des compagnies, se voyant menacés de perdre leurs fonctions, ou du moins d'en voir les bénéfices fort réduits, et quelques actionnaires qui, tout en désirant le rachat, jugeaient utile, afin d'obtenir des conditions meilleures, de crier à la spoliation et au communisme, firent traîner en longueur les délibérations. Pendant ce temps, les événements politiques se compliquèrent. Le moment venu où l'Assemblée allait se réunir, le gouvernement ne se sentit plus assez d'autorité morale pour effectuer une opération de cette importance [2].

Quant aux réformes demandées depuis longtemps par les hommes éminents de tous les partis, ou bien elles ne se présentèrent pas à la pensée du gouvernement provisoire, ou bien elles en furent écartées. Le ministre républicain qui croyait à la justice de l'impôt progressif et de l'expropriation pour cause d'utilité publique, sans toutefois mettre à exécution ni l'une ni l'autre de ces mesures, préféra recourir à des moyens opposés à l'esprit même des institutions démocratiques. Cette révolution, que l'on déclarait faite par le peuple et *pour le peuple,* on la fit peser directement sur les masses. Cette République qui se donnait offi-

---

[1] Les actions de chemins de fer formaient un capital d'environ un milliard. Il y avait trois catégories de compagnies exploitantes : 1° celles qui avaient terminé leurs travaux; 2° les compagnies dont les travaux étaient en cours d'exécution; 3° les compagnies associées à l'État et dont les travaux étaient également en cours d'exécution.

[2] Un projet relatif à l'établissement d'un vaste réseau de chemins de fer sur toute la France avait été soumis aux délibérations de la Chambre, en 1838, par le ministre du commerce, M. Martin (du Nord). Le parti démocratique appuya ce projet. La presse radicale le *National,* le *Bon sens,* le *Journal du peuple,* le *Censeur* de Lyon, traitèrent la question au point de vue politique, industriel et moral, avec beaucoup de talent. Le système de l'exécution par les compagnies fut soutenu par MM. Berryer et Duvergier de Hauranne. Le ministre se défendit mal. Le rapport de M. Arago, qui se prononça pour les compagnies, conclut à l'ajournement.

ciellement pour but *l'amélioration du sort de la classe la plus nombreuse et la plus pauvre*, n'osa pas imposer aux classes aisées un sacrifice dont elle aurait exempté les nécessiteux.

Le gouvernement provisoire crut pouvoir faire impunément dans une société démocratique ce qu'il voyait se pratiquer dans les États monarchiques et aristocratiques : il augmenta l'impôt territorial, et cela au moment même où il remettait par le suffrage universel aux habitants des campagnes un moyen puissant de manifester leur mécontentement. Sa méprise fut chèrement expiée. De toutes les fautes qu'il commit, il n'en est point dont le contre-coup fut plus prompt, plus direct, plus manifeste.

CHAPITRE XXI

Ministère de la justice. — M. Crémieux. — Ministère de l'instruction publique. — M. Carnot. — Ministère des travaux publics. — M. Marie. — Ateliers nationaux. — Préfecture de police. — M. Caussidière. — Mairie de Paris. — M. Marrast.

Le gouvernement provisoire, absorbé par ses discordes intestines, par ses embarras financiers, par la crainte des insurrections populaires et par le souci des élections générales, ne donna qu'une attention médiocre à l'organisation de la justice.

Voyant les adhésions des magistrats arriver en foule, il ne se préoccupa point de l'esprit, bon ou mauvais, qui animait la magistrature. Cet esprit, cependant, lui était singulièrement hostile. La magistrature avait subi d'une manière toute particulière l'influence du règne de Louis-Philippe. Les destitutions qui suivirent la révolution de 1830, de nombreuses nominations, dictées par une politique de plus en plus étroite et, en dernier lieu, sous le ministère de M. Martin (du Nord), accordées au parti clérical, avaient porté de graves atteintes à son indépendance. L'esprit d'équité et de libéralisme qu'elle opposait aux tentatives de la Restauration pour étouffer la presse libre s'était insensiblement émoussé en elle. Quand arriva la révolution de Février, elle se sentait solidaire des fautes de la dynastie à ce point qu'elle estima ne pouvoir trop se racheter aux yeux du pays par des démonstrations exagérées de zèle pour la République, dont rougissaient tous les hommes intègres et fiers qu'elle comptait encore dans ses rangs. Les inquiétudes de la magistrature étaient bien concevables; le principe même de son existence, l'inamovibilité, était menacé. Il paraissait à plusieurs des membres du gouvernement incompatible avec l'état démocratique, et les magistrats ne pouvaient invoquer, pour fléchir la rigueur de cette opinion, des antécédents dont les républicains n'avaient pas à leur tenir compte. Mais ces inquiétudes ne furent pas de longue durée.

Le ministère de la justice était échu à un homme dont les magistrats reconnurent aisément, sous des allures qu'il cherchait à rendre révolutionnaires, le caractère inoffensif. M. Adolphe Crémieux, né d'une famille israélite dans le Midi de la France, envoyé en 1842 à la Chambre des députés par le département d'Indre-et-Loire, avocat au conseil d'État et à la cour de cassation, apportait aux affaires une intelligence déliée, des connaissances étendues en matière de droit et de jurisprudence, de l'habileté, un esprit tolérant, une parole facile. Mais, quoiqu'il inspirât de la bienveillance, il lui appartenait moins qu'à beaucoup d'autres, peut-être, d'imposer à l'opinion et de porter la main sur les choses établies. Aussi ne l'essaya-t-il pas. Non-seulement il ne prit aucune initiative importante, mais encore, soit de propos délibéré, soit par négligence, il fit traîner en longueur les travaux d'une commission qui, sous la présidence d'un républicain éprouvé, M. Martin (de Strasbourg), préparait un projet de réorganisation générale. Il ne fit qu'un petit nombre de changements et défendit en plusieurs circonstances des magistrats menacés de suspension par les commissaires de M. Ledru-Rollin. Au bout de très-peu de temps la magistrature avait repris ses allures accoutumées; elle se vengeait même de ses alarmes passagères par un redoublement de rigueurs contre l'esprit de la révolution et bientôt elle profita du pouvoir qu'on lui laissait pour poursuivre, partout où elle crût l'apercevoir, le progrès des idées démocratiques.

Cependant M. Crémieux, qui méconnaissait comme la plupart de ses collègues, les véritables dispositions du peuple, imagina, pour donner satisfaction aux instincts populaires, de faire exactement ce qu'avait fait la révolution de 1830. Il décida qu'un procès serait intenté aux ministres de Louis-Philippe et chargea M. Portalis, conseiller à la cour d'appel de Paris, qu'il venait de nommer procureur général, de dresser un réquisitoire contre MM. Guizot, Duchâtel, de Salvandy, Hébert, de Montebello, Trézel, Cunin-Gridaine et Jayr, inculpés de violation de la constitution par refus des banquets et d'excitation à la guerre civile, attentats prévus par l'article 91 du code pénal[1]. La cour d'appel, sous la présidence de M. Séguier, évoqua l'affaire et nomma deux conseillers instructeurs : MM. Perrot de Chezelles et Delahaye. Mais l'embarras fut grand de trouver un crime palpable dans les conseils confus de cette royauté qui s'était laissé chasser sans presque se défendre, et surtout quand il s'agit de déterminer la part de responsabilité légale qui revenait à chacun des ministres.

Ni les visites faites dans les différents ministères, ni les dépositions des nombreux témoins entendus ne produisaient de charges judiciaires. Chez M. Delessert, on ne trouva de sa main que des ordres dictés par le désir d'éviter l'effusion du sang. Au ministère de l'intérieur, les papiers de M. Duchâtel, qui aurait pu être compromis parce qu'il

---

[1] Voici les termes du réquisitoire de M. Portalis :

« Considérant que MM. Guizot, Duchâtel, de Salvandy, Hébert, de Montebello, Trézel, Cunin-Gridaine et Jayr, en prohibant un acte non défendu par la loi et en portant sur plusieurs points de Paris des masses de troupes avec ordre de faire feu sur les citoyens, sont inculpés d'un crime prévu par l'article 91 du code pénal ;

« Que cet acte, s'il est établi, doit constituer le crime d'attentat ayant pour but d'exciter les citoyens et les habitants à s'armer les uns contre les autres et à porter la *dévastation*, le *massacre* et le *pillage* dans la commune de Paris, requérons, etc. »

avait été beaucoup plus déterminé que ses collègues dans l'avis d'une résistance énergique, avaient été enlevés à temps par son secrétaire. Ceux du chef de cabinet du ministre des affaires étrangères, M. Génie, ne furent point visités. Dans la volumineuse correspondance de M. Guizot et du roi, on ne découvrit pas trace d'un plan sérieux d'attaque ou de défense. Il était bien évident que la pensée d'une guerre civile ne s'était pas présentée à l'esprit de ces deux grands personnages politiques. Une lettre de Louis-Philippe, en date du 22 février, témoignait au contraire d'une sécurité parfaite [1]. D'ailleurs, on put très-vite constater que le peuple, auquel on prêtait gratuitement des désirs de vengeance, ne donnait aucune attention aux ministres dont plusieurs étaient restés dans Paris sans se cacher beaucoup. Ni les clubs ni la presse ne songeaient à ce procès. On le ralentit de plus en plus sous un prétexte, puis sous un autre, et l'on gagna ainsi l'époque de la réunion de l'Assemblée constituante. Celle-ci nomma une commission chargée d'examiner trois portefeuilles trouvés dans les boiseries du château des Tuileries [2] et qui nécessitaient, assurait-on, un supplément d'instruction Le rapport de cette commission se fit attendre, le temps s'écoula; enfin, vers le mois de novembre, une ordonnance de non-lieu fut rendue par la chambre d'accusation sans que, à l'exception de quelques feuilles qui faisaient du bruit à propos de tout, personne en prît le moindre souci. La révolution, dans l'intervalle, avait de nouveau donné l'alerte; la société, à peine reconstituée, se sentait menacée de trop d'autres périls et vulnérable sur trop d'autres points pour qu'elle eût à s'inquiéter en-

---

[1] Dans ses dernières lettres datées de février, le roi déclarait la situation excellente; il s'en félicitait avec son ministre et ne lui recommandait autre chose que de bien soigner un mal de gorge dont il souffrait afin de pouvoir soutenir avec sa supériorité accoutumée le débat parlementaire.

[2] Ces portefeuilles contenaient, entre autres papiers, les Mémoires de Louis-Philippe.

core de condamnations rétrospectives et de chicanes constitutionnelles.

Cependant, le ministre de la justice, quoiqu'il ne voulût point faire usage de ses pouvoirs révolutionnaires pour toucher aux fondements de la législation, fut entraîné, comme tous les autres, par l'élan donné à l'opinion ; il rendit plusieurs décrets inspirés par ce sentiment supérieur de la dignité humaine qui soulevait les masses à leur insu et fondait dans la conscience publique la force et la grandeur du droit républicain[1]. En matière criminelle, l'abolition de l'exposition publique, l'abrogation des lois de septembre contre la presse ; en matière civile, l'abolition du serment politique, la suppression de la contrainte par corps, la diminution des frais de justice, les facilités données à la naturalisation des étrangers et quelques mesures analogues obtinrent l'assentiment général et furent vantées ostensiblement par les hommes et par les partis qui déjà pourtant épiaient en dessous tous les moyens de discréditer les actes et les intentions du gouvernement provisoire.

La tâche de M. Bethmont, ministre du commerce et de l'agriculture, fut beaucoup plus restreinte encore que celle de M. Crémieux. Les choses qu'en des temps réguliers on eût jugées de son ressort se trouvaient par des circonstances exceptionnelles remises en d'autres mains. Tout ce qui, dans le mouvement agricole ou commercial, touchait à la politique se discutait au Luxembourg. Le reste relevait du ministère des travaux publics, du ministère de l'intérieur, du ministère des finances, ou même, en ce qui concernait l'institution commerciale des consulats, du ministère des affaires étrangères. Aucune entreprise vaste, aucune amélioration systématique n'était possible avec une pareille di-

---

[1] Les *considérants* de ces décrets, insérés au *Moniteur* des 2 mars, 10 mars et 13 avril 1848, témoigneront, dans l'histoire, de cette grandeur. Voir aux *Documents historiques*, à la fin du volume, n° 15.

vision de l'administration. M. Bethmont, dont l'esprit n'était pas, d'ailleurs, doué d'initiative, se borna à provoquer, par la formation de commissions spéciales, un ensemble d'observations et de documents sur la situation de l'agriculture, l'examen de différentes théories sur le crédit agricole et l'étude des questions particulières les plus importantes. Il envoya en mission des hommes spéciaux chargés de lui adresser des rapports sur la culture des terres vaines et vagues, sur l'élève du bétail, sur l'amélioration de la race chevaline, sur la culture du ver à soie, sur le régime des eaux ; il fit composer sous ses yeux un plan général d'instruction primaire et d'enseignement professionnel, fondé sur le principe de l'application des sciences à l'industrie. Du 24 février au 4 mai, il créa neuf fermes-écoles, indiquant ainsi à ses successeurs les voies qu'il convenait d'ouvrir pour tirer le pays de l'ignorance et de la routine où on l'avait laissé depuis tant d'années, au grand détriment de la richesse publique, et pour améliorer l'état moral et matériel des populations rurales qui allaient peser, par le suffrage universel, d'un poids considérable dans les destinées de la France.

Le ministre de l'instruction publique et des cultes, M. Hippolyte Carnot, parut d'abord, avec M. Ledru-Rollin, le plus enclin de tous les ministres à s'abandonner au courant révolutionnaire. Son nom et ses antécédents donnaient à croire que les innovations ne lui feraient pas peur. Fils d'un homme que sa carrière scientifique avait porté au rang des Lagrange et des Laplace et que sa carrière politique conduisit en 1793 au comité de salut public, en compagnie de Saint-Just et de Robespierre, M. Carnot, saint-simonien ardent de la première période, par son nom seul était pour le clergé et pour l'Université une véritable menace. Le choix qu'il fit de M. Jean Reynaud pour remplir les fonctions de sous-secrétaire d'État, la nomination de M. Édouard Charton comme secrétaire-général du ministère n'étaient point de nature à rassurer. L'un et l'autre, ils avaient appartenu à l'école saint-simonienne. M. Reynaud avait été longtemps collaborateur de M. Pierre Leroux à l'*Encyclopédie nouvelle*, et les motifs de sa rupture récente avec le philosophe socialiste n'étaient pas suffisamment connus pour diminuer les préventions des catholiques et des universitaires. On s'attendait donc aux réformes les plus radicales, et les deux puissances ennemies qui s'étaient disputé depuis près d'un demi-siècle la domination des intelligences, l'Église et l'Université, se trouvaient tout à coup rapprochées par une même appréhension dans le sentiment d'un danger commun.

Contre toute attente, M. Carnot se donna une tâche de conciliation. Il fit surtout de sensibles efforts pour apaiser le clergé qu'il savait hostile à sa personne. Mais cette conciliation de l'autorité religieuse et de la liberté philosophique, dans un système d'éducation capable de satisfaire aux besoins d'une société aussi divisée contre elle-même que l'était la nôtre, était la plus chimérique des espérances. M. Carnot ne tarda pas à s'en apercevoir. L'animosité des deux partis, aussi longtemps qu'on le crut fort, le dédain, dès qu'on le connut faible, furent tout le fruit de ses tentatives. Quant au peuple, qui sollicitait l'enseignement d'une ardeur plus vive peut-être qu'il ne demandait du pain, il vit encore cette fois son attente trompée. Il vit ceux qui prétendaient diriger sa vie spirituelle dans l'impossibilité de tomber d'accord, ni sur le but à poursuivre ni sur le moyen d'en approcher ; de cette lutte perpétuée entre l'institution civile et l'institution ecclésiastique, il ne recueillit qu'un trouble moral plus grand, une désaffection plus complète pour ces gouvernements trompeurs qui, en le proclamant souverain, laissaient sur lui la pire des servitudes : la servitude de l'ignorance.

Il est certain, il est incontestable que la condition essentielle d'un établissement politique dont le suffrage universel forme la base, c'est l'instruction du peuple. La légitimité de l'état démocratique repose tout entière sur la supposition qu'aucun des membres de la société ne demeure dans l'ignorance de ses droits et de ses devoirs civils. Le principe du libre examen, dans l'ordre politique, ne se peut soutenir s'il ne se fonde, comme le libre examen religieux, dans les sociétés protestantes, sur l'instruction. Une démocratie ignorante est une force livrée au hasard, qui s'agite, se tourmente, se tourne contre elle-même, incapable de se comprendre, inhabile à se conduire, et qui devient, à la première occasion, un formidable instrument de despotisme. Cette vérité, encore trop peu comprise, n'avait pas échappé à l'instinct de la Révolution française. L'Assemblée constituante, en posant les assises du droit nouveau, déclarait en principe que l'instruction serait donnée à tous les membres de la société. Condorcet fit à l'Assemblée législative un rapport dans lequel il élevait la question à la hauteur d'une doctrine philosophique et dont les idées servirent plus tard de base aux discussions de la Convention sur l'organisation des écoles primaires. Les girondins, faisant un pas de plus, montrèrent la nécessité de la séparation de l'Église et de l'État, si l'on voulait arriver à constituer une éducation publique véritablement libérale. Puis, vinrent Robespierre, Saint-Fargeau, Lakanal, qui présentèrent successivement des projets inspirés par l'admiration des républiques antiques. Enfin, Babœuf, sacrifiant beaucoup plus complètement que ne l'avaient fait les Montagnards la liberté à l'égalité, traça, pour sa *Société des égaux*, un plan d'éducation où l'individu intellectuel et moral était considéré uniquement dans sa relation avec la chose publique[1].

Arrivé à ce terme extrême, il fallait de toute nécessité reculer. L'empereur Napoléon se sentit assez fort pour ramener la société en arrière. Toutefois, en rétablissant le

---

[1] On aura la mesure de cette manière de concevoir l'éducation sans faire acception de l'individu, par l'article de ce décret où il est dit que le jeune homme apprendra à danser *pour égayer les fêtes de la patrie*.

pouvoir sacerdotal, ennemi par nature de la liberté d'examen et conséquemment de l'instruction publique, il voulut préserver de toute atteinte l'enseignement laïque et créa l'Université, à laquelle il remit l'éducation nationale. A partir de ce moment, la société fut livrée à deux grands courants d'opinion qui, en se choquant perpétuellement sans jamais pouvoir se confondre, ruinèrent une à une les bases de l'ordre moral. Entre l'éclectisme de l'Université, qu'un prêtre illustre appelait le *vestibule de l'enfer*, et l'orthodoxie de l'enseignement catholique armé des peines éternelles, il ne pouvait s'établir aucune paix solide. Le clergé l'emporta sous la Restauration. Sous Louis-Philippe, l'Université ressaisit l'empire. Les inimitiés, refoulées et amassées de part et d'autre, n'en devinrent que plus vives.

La République, avertie par une aussi longue expérience, ne devait pas tenter une conciliation impossible. S'il était trop tôt encore pour imposer à la société l'unité de l'enseignement, si la sanction publique ne conférait pas aux *nouveautés* de la science et de la philosophie une autorité assez respectable pour qu'elles pussent se substituer pleinement au dogmatisme sacerdotal, il était temps du moins d'ouvrir un champ libre à la raison et de briser les liens qui rattachaient encore l'enseignement laïque à l'enseignement ecclésiastique. La séparation de l'Église et de l'État, généralement admise en principe [1], devait s'opérer immédiatement par le retrait de la dotation du clergé; alors la liberté de l'enseignement ne favorisait plus, comme elle le fait, dans les conditions actuelles, les empiétements et la domination du pouvoir clérical. L'enseignement laïque ne luttait plus avec désavantage contre l'enseignement ecclé-

[1] L'indépendance, considérée comme un moyen de régénération pour l'Église, était demandée par M. de Lamennais et par ses disciples, MM. Lacordaire, Gerbet, de Montalembert, etc., depuis 1830, dans le journal l'*Avenir*. M. de Lamartine affirme dans son *Histoire de la Révolution de* 1848, v. II, p. 461, qu'il « avoua avec franchise au souverain pontife que tel était son vœu. Rome et les hommes éminents du clergé, dit-il, ne paraissaient nullement effrayés de cette perspective. »

siastique ; le respect que tout gouvernement doit à la liberté de conscience, aux droits du père de famille, à la spontanéité de l'individu, s'accordait avec la sollicitude du législateur pour le progrès des générations à venir. Mais le gouvernement provisoire ne prit pas le temps d'examiner cette question capitale et le ministre de l'instruction publique, resté dans un cercle vicieux où les meilleures intentions devaient tourner à mal, n'apporta que des palliatifs là où il fallait un remède héroïque[1]. Il commença par former une commission qui prit le titre de haute commission des études scientifiques et littéraires. On lui remit le soin de préparer un projet de loi sur l'instruction primaire, conformément aux principes admis de la gratuité, de l'obligation et de la libre concurrence. Les écoles normale, polytechnique et de Saint-Cyr durent recevoir gratuitement leurs élèves. Par un décret du 8 mars, M. Carnot établit, sur des bases analogues à celles de l'école polytechnique, une école destinée à fournir des fonctionnaires capables aux diverses branches du service civil[2]. Les fonds manquaient pour donner à l'école d'administration un personnel de professeurs particuliers. Il l'annexa au Collège de France, dont les professeurs ordinaires se chargèrent du nouvel

---

[1] On est frappé, quand on relit les décrets et les discours de cette époque, de voir incessamment revenir ces locutions : *examiner les questions, étudier les problèmes, chercher les solutions*. Rien ne montre mieux combien la révolution avait été peu concertée, et combien elle prenait au dépourvu ceux-là mêmes qui l'avaient le plus ardemment souhaitée. Ce qui fit l'influence des hommes attachés à la rédaction du *National*, pendant la durée du gouvernement provisoire, c'est qu'ils arrivaient au pouvoir avec un programme exclusivement politique, restreint et défini à l'avance.

[2] « À plusieurs reprises, dit M. Carnot, dans sa brochure (*Le ministère de l'instruction publique et des cultes depuis le 24 février jusqu'au 5 juillet* 1848), sous la dernière législature de la monarchie, on a proposé de régler le recrutement et l'avancement dans les fonctions publiques. Les propositions, toujours accueillies comme nécessaires, ont néanmoins toujours échoué parce qu'elles manquaient de base. La véritable base devait être une école où se fît l'apprentissage de la science administrative. »

enseignement. Il proposa l'établissement d'un *Athénée libre,* où un grand nombre de chaires devaient être mises à la disposition de quiconque se sentirait la vocation et la capacité d'enseigner, sans autre contrôle que celui de l'opinion. C'était donner tout à la fois aux jeunes talents l'occasion de se produire et aux futurs ministres de l'instruction publique le moyen de choisir, pour les chaires de l'enseignement officiel, les hommes les plus dignes de les occuper. Il institua une série de chaires nouvelles, ayant pour objet de répandre l'enseignement administratif et politique, s'occupa de fonder des bibliothèques communales, demandées de toutes parts dans le but de mettre des livres utiles à la portée des populations rurales, et institua des lectures publiques du soir pour les ouvriers. Il indiqua des tendances favorables à l'éducation des femmes, en autorisant l'ouverture d'un cours au Collège de France qui leur serait plus spécialement destiné [1]. Il annonça l'intention de relever la condition matérielle et morale de l'instituteur primaire, proclama la nécessité de joindre aux écoles primaires l'enseignement agricole et celui des devoirs civiques. Il insista, dans ses circulaires, sur la nécessité d'éclairer les populations des campagnes et invita les instituteurs communaux à composer des manuels élémentaires de droit politique. Nous verrons plus tard comment la rédaction malhabile de quelques-uns de ces manuels et celle d'une circulaire que le ministre signa sans l'avoir lue alarmèrent l'opinion publique et donnèrent, avec l'impôt des 45 centimes et le langage dictatorial du ministère de l'intérieur, des prises trop faciles dont les partis vaincus profitèrent pour reprendre l'avantage dans les élections générales.

[1] « Considérant, dit le décret du 2 mars, qu'il est convenable d'éclairer l'opinion publique par des études et des discussions sérieuses sur une matière aussi importante et aussi agitée, etc. »
« Il est impossible de ne pas prévoir, a écrit plus tard M. Carnot (*Mémorial* de 1848), que le plus prochain mouvement social aura pour résultat de modifier la position des femmes et de les relever de l'état de minorité où elles sont maintenues. »

Mais entre tous les ministres, le plus chargé de responsabilité devant l'opinion, ce fut le ministre des travaux publics, à qui échut la tâche difficile d'organiser les ateliers nationaux [1].

L'idée première des ateliers nationaux n'appartient point à la République de 1848. Les ateliers nationaux étaient implicitement et explicitement dans les *cahiers* de 1789 où l'on demandait que « *le pauvre appartînt à la société comme le riche;* » que « *toute aumône particulière fût sévèrement défendue;* » qu'on « *assurât du travail à tous les pauvres valides;* » que « *l'on créât des ateliers de charité, publics, provinciaux, nationaux où les personnes valides ou invalides de tout âge et sexe, pussent trouver en tout temps une occupation convenable à leur état et à leur situation* [2]. » Dans

---

[1] Il n'est plus nécessaire aujourd'hui de réfuter la calomnie qui pendant si longtemps imputa à M. Louis Blanc la création et l'organisation des ateliers nationaux. L'esprit de parti qui accusait alors les chefs des écoles socialistes de tous les désordres, réussit cependant à donner le change pendant très-longtemps à l'opinion publique. Mais il a été authentiquement prouvé que M. Louis Blanc était resté étranger à toutes les délibérations qui ont eu trait aux ateliers nationaux, et que le système d'après lequel on les a organisés était de tous points contraire à ses théories. Voici comment M. de Lamartine a caractérisé les ateliers nationaux : (*Histoire de la révolution de Février*, t. II, p. 120). « Commandés, dirigés, soutenus par des chefs qui avaient la pensée secrète de la partie *anti socialiste* du gouvernement, les ateliers contre-balancèrent jusqu'à l'arrivée de l'Assemblée nationale les ouvriers sectaires du Luxembourg. Bien loin d'être à la solde de Louis Blanc, comme on l'a dit, ils étaient inspirés par l'esprit de ses adversaires » Dans sa déposition devant la commission d'enquête, M. Émile Thomas, directeur des ateliers nationaux, s'exprime en ces termes : « J'ai toujours marché avec la mairie de Paris contre l'influence de MM. Ledru-Rollin, Flocon et autres. J'étais en hostilité ouverte avec le Luxembourg. Je combattais ouvertement l'influence de M. Louis Blanc. » (Rapport de la commission d'enquête, v. II, p. 352). Enfin M. Garnier Pagès (*Un épisode de la révolution de* 1848, p. 48) dit : « Je dois à la vérité de déclarer que les ateliers nationaux ont été ouverts avec l'approbation de tous les membres du gouvernement provisoire sans exception, et que *du premier au dernier jour M. Louis Blanc est resté complètement étranger à leur direction.* »

[2] Voir les cahiers de la noblesse et du tiers état et en particulier ceux de Paris, de Metz, de Riom, de Dourdan, etc.

le mois de mai de l'année 1789, la commune de Paris avait ouvert à la butte Montmartre de vastes ateliers de terrassements. Trois mois plus tard, Malouet faisait à l'Assemblée une motion pour organiser ces ateliers et les acheminer vers les départements, selon les besoins de l'industrie. Un an après, le 30 mai 1790, l'Assemblée nationale rendait un décret qui ouvrait, dans Paris et dans les départements, des ateliers pour les hommes, pour les femmes et pour les enfants, « attendu, disait-elle, *que la société doit à tous ses membres et la subsistance et du travail.* » En 1791, les comités de mendicité, de constitution, d'imposition et le comité ecclésiastique, dans un rapport à l'Assemblée, proposaient de constituer un fonds de *secours général*, afin, disaient-ils, que la nation qui *reconnaît le droit du pauvre*, n'emploie plus le mot de *charité* ou *d'aumône*, et donne *du travail aux valides*, du secours aux enfants, aux malades, aux vieillards... » La Convention, en 1793, avait décrété que « *la société devait la subsistance aux citoyens malheureux, soit en leur procurant du travail, soit en assurant les moyens d'exister à ceux qui se trouvaient hors d'état de travailler.* » Enfin, sous le règne de Louis-Philippe, la plupart des économistes, aussi bien les catholiques et les philanthrophes que les socialistes, concluaient avec plus ou moins d'insistance à la nécessité de donner du travail à la classe laborieuse [1].

Il était donc de toute logique et de toute urgence que la République, qui venait reprendre et réunir, pour en faire la constitution de l'État, les idées de 89, étouffées sous l'Empire, reparues isolément dans quelques livres et dans quelques écoles sous les deux monarchies bourbonniennes, s'imposât de réaliser autant qu'il était en elle le vœu des *cahiers* et les promesses de la Convention. L'erreur du

---

[1] M. de Lamartine lui-même, qui fut toujours l'adversaire déclaré de la théorie de l'organisation du travail, disait, en 1844, dans le journal la *Presse :* « Nous voulons que la société reconnaisse le *droit au travail dans les cas extrêmes et dans des conditions définies.* »

gouvernement provisoire n'est pas d'avoir proclamé ce devoir et sa résolution de l'accomplir, mais d'avoir abusé le prolétariat par un vain appareil dans les conférences du Luxembourg et par une organisation vicieuse et stérile dans les ateliers nationaux [1]. Trompé lui-même par ces deux concessions très-grandes, en apparence, aux besoins du moment, il crut avoir dégagé sa conscience et négligea les ressources réelles que lui eussent présentées, sans alarmer personne, la réduction systématique des dépenses et la répartition judicieuse des travaux utiles par toute la France. J'ai indiqué ailleurs ce qui aurait pu se faire; il me reste à montrer ce qui a été fait.

On a vu que, le 25 février, le gouvernement provisoire rendait un décret par lequel il *garantissait l'existence de l'ouvrier par le travail*. Le décret qui instituait les ateliers nationaux fut rendu le 27; le 28, le ministre des travaux publics annonçait à tous les travailleurs sans ouvrage (ils étaient à ce moment au nombre de 7 à 8,000) que des travaux importants allaient être entrepris sur divers points, et que les maires des douze arrondissements seraient chargés de recevoir les demandes d'ouvrage et de diriger les ouvriers vers les chantiers. Les travaux en cours d'exécution et qui pouvaient fournir immédiatement de l'emploi, n'étaient pas considérables [2]; le nombre des travailleurs

[1] En 1846, les misères amenées par la mauvaise récolte et les désastres causés par l'inondation donnèrent l'idée à un ingénieur, M. Boulangé, d'établir pendant l'hiver des ateliers de secours sur plusieurs routes du département de la Loire. « Une meilleure exécution des travaux, un bien-être passager, eussent été, dit M. J. J. Baude (*Revue des Deux-Mondes*, 18ᵉ année, t. 23) les moindres résultats de cette mesure : la véritable utilité de cette expérience a consisté dans les idées nouvelles qu'elle a semées parmi ceux qui l'ont faite. »

[2] C'étaient: les travaux de déblaiement des terrains communaux et de nivellement de la place de l'Europe où l'on occupait 1,500 ouvriers; 2° les travaux de terrassement exécutés au quai de la Gare, qui employaient 5 à 600 hommes; 3° le remblai des carrières de Chaillot, la construction en rivière des chemins de halage, le redressement et le nivellement de quelques routes, l'empierrement des chemins de ronde où l'on pouvait occuper de 1,000 à 1,200 ouvriers; 4° l'atelier du

inoccupés augmentant dans une progression rapide, à mesure que l'ouvrage diminuait dans les ateliers particuliers et que les manufactures et les usines se fermaient, les mairies furent assiégées de demandes. Il arriva ce que la plus simple réflexion aurait prévu. Les maires et les directeurs d'ateliers, n'ayant plus de travail à distribuer, se renvoyèrent l'un à l'autre les ouvriers. Ceux-ci éconduits d'arrondissement en arrondissement, traînant leurs outils d'une extrémité de Paris à l'autre, de Chaillot à Saint-Mandé, de la barrière du Maine à Romainville, rentraient le soir chez eux, exténués de fatigue, se croyant joués, en proie à une irritation que la vue de leur famille en détresse, ou les plaintes de leurs camarades trompés comme eux, faisaient éclater en menaces. Des rassemblements se tenaient pendant tout le jour aux portes des bureaux; l'émeute s'organisait dans la rue.

Le gouvernement, averti de l'embarras où se trouvaient les directeurs d'ateliers et de l'agitation qui commençait à fermenter dans le peuple, crut y porter remède en faisant faire des distributions d'argent, à titre de secours, aux ouvriers sans travail. Chaque maire fut autorisé à délivrer à l'ouvrier, sur le vu d'un timbre constatant qu'il n'y avait pas de place dans les ateliers ouverts, la somme d'un franc cinquante centimes par jour. Cette mesure exorbitante produisit un effet désastreux. Le nombre des ouvriers oisifs s'accrut hors de proportion. Tous ceux à qui des professions sédentaires rendaient le travail du terrassement trop pénible, les ouvriers-artistes, fondeurs, graveurs, ciseleurs, mécaniciens, bijoutiers, etc., dont les mains délicates répugnaient à remuer la terre, les employés dans la librairie et dans les magasins, inhabiles à manier le pic ou la pioche, préférèrent à un labeur très-rude et peu rétribué une grève que payait le gouvernement.

Champ de Mars, ouvert par le ministre de la guerre concurremment avec la ville de Paris, réglé et organisé par le génie, qui employa dans l'origine 2,000 hommes.

L'appât d'un salaire assuré sans travail attira bientôt à Paris une masse énorme d'ouvriers des départements et d'ouvriers étrangers[1]. Le désordre arriva à un tel point que le 2 mars l'administration se déclara dans l'impuissance de contenir plus longtemps cette multitude oisive. Ce fut alors qu'un jeune ingénieur, M. Émile Thomas, témoin des scènes tumultueuses qui se renouvelaient chaque jour devant les mairies, conçut un projet de centralisation et d'organisation qu'il soumit au ministre. Celui-ci l'approuva et convoqua à l'Hôtel de Ville une réunion des douze maires, du conseil municipal et des ingénieurs en chef qui, sous la présidence de M. Garnier-Pagès, discutèrent et adoptèrent le plan de M. Émile Thomas[2]. Le lendemain, 6 mars, M. Émile Thomas fut nommé commissaire de la République et directeur des ateliers nationaux. On lui assigna pour résidence le pavillon de Monceaux, appartenant à la liste civile, et l'on mit sous ses ordres une administration nombreuse. Quoiqu'il relevât immédiatement du ministre des travaux publics, M. Émile Thomas devait se tenir à la disposition du maire de Paris et entrer en correspondance avec les maires des douze arrondissements. Le ministre lui promettait le concours actif des ponts et chaussées, qu'il allait mettre en demeure de fournir immé-

[1] On voit dans une instruction, en date du 20 mars, adressée par M. Ledru-Rollin aux commissaires de la frontière belge, qu'il se préoccupe vivement de cet accroissement de la population ouvrière et qu'il recommande les mesures les plus sévères pour « repousser de France les indigents étrangers dont la présence serait une charge pour les communes ou un sujet d'inquiétude pour les populations. » Le 4 avril il leur annonce que « des ordres formels vont être donnés pour qu'on n'admette désormais aux ateliers nationaux que les seuls ouvriers domiciliés à Paris avant le 24 février, et qu'on va aviser à amener les autres ouvriers à retourner dans leurs départements respectifs. » (Voir le *Rapport de la commission d'enquête*, v. II, p. 170.)

[2] Cette réunion était composée de vingt-quatre personnes, dont aucune n'éleva la voix contre le projet de M. Émile Thomas. C'étaient le maire de Paris, M. Garnier-Pagès; le maire adjoint, M. Buchez; M. Flottard, secrétaire général; M. Barbier, chef du personnel; M. Trémisot, chef du service des eaux et du pavé de Paris, etc.

diatement les projets des travaux le plus rapidement exécutables. Il y avait donc lieu d'espérer que la situation critique où l'on s'était si témérairement engagé ne se prolongerait pas et qu'une sérieuse reprise des travaux mettrait fin à des désordres dont le caractère devenait de jour en jour plus alarmant pour la paix publique. L'état dressé, dans la réunion de l'Hôtel de Ville, du nombre approximatif des ouvriers sans travail, donnait 17,000 hommes. Personne alors ne pensait que ce chiffre dût beaucoup s'accroître; généralement on le tenait pour exagéré. Cependant, vers le 15 mars, le chiffre réel s'élevait déjà à plus de 49,000 hommes.

L'organisation adoptée par M. Émile Thomas était toute militaire. L'administration, divisée en quatorze arrondissements correspondant aux quatorze municipalités de Paris et de la banlieue, se composait de quatre sous-directeurs. Huit commissaires spéciaux étaient chargés de maintenir l'ordre; quarante-huit agents de recensement révisaient les listes; douze inspecteurs, sous les ordres d'un inspecteur général, surveillaient chacun un arrondissement. On inventa pour les artistes nécessiteux, peintres, sculpteurs, comédiens, dessinateurs, qui étaient venus demander le bénéfice du décret par lequel le gouvernement provisoire garantissait le travail à tous les citoyens, l'emploi d'agents payeurs rétribués à raison de 4 francs par jour[1]. M. Émile Thomas eut aussi la pensée de former à Monceaux une garde spéciale composée des anciens gardes municipaux, au nombre de mille environ, qui n'avaient point cessé de toucher leur solde. Mais le projet ayant transpiré, les ouvriers murmurèrent; pour prévenir des rixes fâcheuses, on décida d'envoyer les gardes municipaux à Beaumont-sur-Oise où ils formèrent, sous le commandement de leurs anciens officiers et sous-officiers, quatre compagnies que l'on occupa à l'extraction du minerai et qui, après les

---

[1] Il y eut jusqu'à 800 de ces agents.

journées de juin, où on les employa, furent organisées par les ordres du général Cavaignac en corps de gendarmerie mobile.

Quant aux ouvriers, voici quelle fut leur organisation : Onze hommes appartenant au même arrondissement formaient une escouade, dont le chef était élu par les ouvriers et touchait une solde de 2 fr. 50 cent. par jour; cinq escouades composaient une brigade de 56 hommes, dont le chef était également élu par le suffrage direct et touchait une solde de 3 francs.

Quatre brigades formaient une lieutenance. Quatre lieutenances composaient une compagnie qui, avec le chef de compagnie, comprenait neuf cents hommes. Les chefs de compagnie et les lieutenants étaient nommés par l'administration.

En signe de ralliement, chaque service avait son étendard, chaque compagnie son drapeau, chaque brigade son guidon.

Un chef de service avait trois chefs de compagnie sous ses ordres et commandait ainsi à 2,708 hommes. Pour être embrigadé, le travailleur devait faire constater à la mairie de son arrondissement qu'il était âgé de plus de seize ans et se présenter avec un bulletin indiquant son nom, sa profession, sa demeure. La dépense, comme on le voit, même sur une base que l'on s'assura bientôt avoir été très-mal établie, s'élevait à un chiffre considérable, car, indépendamment des ouvriers employés aux travaux de terrassement qui touchaient 2 francs, il y avait des ouvriers en non-activité auxquels on continuait de compter 1 fr. 50 c., et ceux qui travaillaient à la tâche, chacun dans sa profession, recevaient un salaire plus élevé. Les bureaux de secours continuaient, d'ailleurs, à distribuer des bons de pain, de viande et de bouillon aux familles des ouvriers inscrits[1]; pour surcroît d'embarras, les

---

[1] En dehors de l'administration de Monceaux, il y eut aussi des ate-

travaux en cours d'exécution étaient insuffisants. Les ingénieurs n'envoyaient aucun projet. A défaut de travaux sérieux, dans le seul but de ne pas laisser les brigades inoccupées, M. Émile Thomas décida de les employer aux travaux de plantation et de dessouchement des boulevards; mais ces travaux n'occupaient pas plus de 400 hommes à la fois. Plutôt que de laisser les autres dans l'oisiveté, M. Émile Thomas les envoya chercher des arbres dans les pépinières et des outils dans les forts. Ce système de transport n'était pas économique. Les ouvriers, comprenant tout ce que ce travail avait de dérisoire, n'y apportaient ni zèle ni conscience. On les voyait passer par longues bandes, aux Champs-Élysées, sur les boulevards, chantant des chansons à boire, se moquant de leurs chefs et d'eux-mêmes, amusant les passants de leurs lazzi. Les plus honnêtes avaient la rage dans le cœur; les autres se riaient d'un gouvernement qui les payait pour se promener tout le jour; le plus mauvais esprit se répandait dans ces masses que l'on aurait pu si aisément conduire à d'utiles travaux et passionner pour de grandes entreprises.

Cependant, les demandes d'embrigadement continuaient toujours[1]. Les ateliers nationaux, considérés par les membres du gouvernement comme une espèce d'exutoire, leur servaient à se débarrasser des solliciteurs incommodes. Chacun d'eux, dans la prévision des élections prochaines, était bien aise d'y pratiquer des intelligences. Ces ateliers devinrent au bout de peu de temps, un assemblage hétérogène d'artistes et d'artisans honnêtes, mais démoralisés[2],

---

liers de femmes, compris dans les ordonnancements du Trésor pour 1,720,000 fr.

[1] D'après le recensement opéré le 7 juin 1848, la progression des embrigadements fut : du 9 au 15 mars, 5,100 hommes ; du 16 au 31 mars, 23,250 hommes; du 1er au 15 avril, 56,520 hommes ; du 16 au 30 avril, 54,550 hommes. La dépense, du 5 mars au 23 mai, sous la gestion de M. Émile Thomas, s'est élevée à 7,240,000 francs. (*Rapport de la commission d'enquête*, v. II, p. 156.)

[2] « J'ai découvert, dans l'affligeante statistique que j'ai maintenant

d'hommes que leur position mettait au-dessus du besoin[1], d'aventuriers, de vagabonds qui, sous des professions et avec des domiciles d'emprunt, venaient demander le subside de l'oisiveté et se faisaient les agents des divers partis politiques, dont ils tiraient un supplément de salaire. Et le travail, qui aurait discipliné et moralisé cette masse incohérente, n'arrivait pas. Chaque jour M. Émile Thomas se rendait au ministère pour demander qu'on fît hâte ; chaque jour il recevait cette invariable réponse que les ingénieurs n'avaient rien apporté encore. Enfin, le 15 mars, M. Marie, indigné de cette lenteur, convoque une réunion des ingénieurs. Après leur avoir exposé le péril pressant, il les somme de fournir sur-le-champ des travaux sérieux ; les ingénieurs ne répondent que par un profond silence. Alors, M. Trémisot, chef du service des eaux et du pavé de Paris, leur reproche avec force leur inertie volontaire ou involontaire dans un moment où il y va du salut de tous ; il propose une série de travaux immédiatement réalisables. M. Émile Thomas appuie les plans de M. Trémisot ; il les complète par d'autres propositions[2]. En congédiant les ingénieurs, M. Marie leur recommande de faire à l'avenir preuve de plus de zèle, car le nombre des ouvriers croissant à chaque heure, leur mécontentement, leur irrita-

sous les yeux, dit M. Marie, dans son rapport à l'Assemblée nationale, sur les ateliers nationaux (*Moniteur*, 8 mai 1858), le secret de bien des misères, dont je ne soupçonnais pas, dont vous ne soupçonnez pas l'existence. »

[1] On y voit, dit un rapport de police, en date du 7 avril 1848, des marchands de vin, des logeurs et même des propriétaires. (*Rapport de la commission d'enquête*, v. II, p. 178.)

« Il arrive, dit M. de Falloux, dans son rapport à l'Assemblée nationale (28 mai 1848), que des individus exerçant un état lucratif dans le sein de Paris, vont néanmoins au jour et à l'heure de la solde toucher un salaire aux ateliers nationaux. »

[2] M. Émile Thomas, dans une note adressée le 4 août 1848 au ministre des travaux publics, avoue que ces travaux, *parfaitement inutiles*, dont le résultat est un *capital mort*, n'ont occupé que 14,000 ouvriers par jour. (*Rapport de la commission d'enquête*, v. II, p. 157.)

tion croissant avec leur nombre, il faut les occuper sur-le-champ, ou bien s'attendre aux plus grands désastres.

Après que les ingénieurs se furent retirés, le ministre resta en conférence avec M. Émile Thomas, M. Buchez et M. Boulage, secrétaire général du ministère. M. Buchez exposa au ministre que les frais des ateliers nationaux devenaient trop considérables pour que les revenus de la ville y pussent suffire [1]. Il serait urgent, disait-il, de faire supporter par le Trésor une partie de cette dépense extraordinaire. En tous cas, il fallait commencer à réduire la paye de non-activité, afin d'arriver insensiblement à une suppression totale. Le ministre redoutait l'effet de cette mesure et n'osait en prendre la responsabilité. On commençait à s'alarmer sérieusement de cette armée fainéante, dont on avait cru tirer un si bon parti. On sentait qu'elle échappait à ses chefs et qu'il serait bientôt aussi difficile de la maintenir que de la dissoudre.

M. Émile Thomas rassura le ministre et se fit fort d'opérer la réduction du salaire et, dès le lendemain, 16 mars, il annonça dans une proclamation [2] que la paye ne serait plus dorénavant que d'un franc par jour pour les ouvriers sans ouvrage. Sa confiance ne fut point trompée. Le sentiment de la justice et la honte de retenir un salaire immérité parlèrent plus haut que le besoin dans ces masses troublées, mais non corrompues. Les prolétaires montrèrent une fois encore combien, même dans les circonstances les plus cri-

---

[1] Dans ces premiers temps la comptabilité des ateliers nationaux fut à peu près nulle. On mentionnait la recette et la dépense sur un simple carton. Les fonds destinés à la paye se distribuaient sans garantie, sans contrôle, sans responsabilité sérieuse, sur un reçu des agents chargés de la répartition; un grand nombre de doubles payements et même de fausses signatures résultèrent de cette absence de contrôle et d'administration régulière. La dépense du premier mois fut de 1,400,000 francs environ. Le 25 mars, un inspecteur des finances, M. Roy, fut envoyé pour organiser la comptabilité. Malgré un complet désordre, il ne constata cependant qu'un déficit de 600 francs.

[2] Voir aux *Documents historiques*, à la fin du volume, n° 16.

tiques, ils étaient accessibles à la voix de la raison. Aucun murmure ne s'éleva contre une mesure rigoureuse qui diminuait un salaire déjà insuffisant[1]. Les ouvriers se soumirent. C'était le jour même où l'élite de la garde nationale donnait l'exemple de la rébellion, par une démonstration d'hostilité envers le gouvernement et de répugnance pour l'égalité démocratique ; démonstration à laquelle le bon sens railleur du peuple a infligé le sobriquet caractéristique de *manifestation des bonnets à poil*.

En dehors des ministères, trop peu subordonnés au conseil du gouvernement provisoire pour lui créer une forte unité d'action, deux pouvoirs indépendants s'étaient élevés : la mairie de Paris et la préfecture de police. Dans les temps ordinaires, ces deux administrations considérables relevaient du ministère de l'intérieur qui tenait ainsi dans ses mains le gouvernement de Paris ; mais l'établissement révolutionnaire du 25 février scinda en trois et divisa profondément cette action commune.

Obsédé par les souvenirs de la première révolution, le conseil, dans sa première séance de l'Hôtel de Ville, avait ratifié l'élection d'un maire de Paris, faite, comme je l'ai raconté plus haut, dans l'assemblée tumultueuse du conseil municipal et il avait conféré à M. Garnier-Pagès des pouvoirs extraordinaires. On a vu de quelle manière, pendant ce temps, l'un des agents de la *Réforme*, M. Marc Caussidière, ancien président de la *Société des Droits de l'homme* à Saint-Étienne, condamné à la prison perpétuelle après la dernière insurrection de Lyon, s'était installé à la préfecture de police. Les deux grandes rivalités du parti démocratique se trouvèrent ainsi en présence, retranchées chacune dans un poste important, en mesure de se combattre à armes égales. La lutte ne tarda pas à s'engager. Dès le 26 février dans la soirée, M. Garnier-Pagès, affectant de traiter M. Caussidière comme un subordonné, lui

---

[1] Les ouvriers ne travaillaient déjà plus qu'*un* jour sur *quatre*.

envoyait, par M. Bethmont, l'ordre de faire enlever les barricades qui gênaient l'arrivée des subsistances. Celui-ci reçut à la préfecture de police un accueil qui lui fit comprendre à quels esprits insubordonnés le gouvernement allait avoir affaire, et combien il serait malaisé de les plier à une autorité quelconque. Entouré déjà d'un bataillon intrépide d'hommes rassemblés au hasard par un instinct commun d'aventures, M. Marc Caussidière jouait avec un sérieux imperturbable un personnage à demi bouffon, à demi tragique. Tout était évidemment calculé à la préfecture de police pour grandir son importance. Frapper l'imagination des bourgeois par un contraste fortement tranché entre un appareil toujours menaçant pour les classes riches et des actes de protection individuelle, entre des discours insensés et une administration prudente, c'était là le but de M. Caussidière, ou plutôt c'était le moyen par lequel il espérait se rendre indispensable, prolonger indéfiniment son autorité et la soustraire au contrôle du gouvernement provisoire. Comme il était favorisé dans ses desseins par la perturbation des esprits et par les cabales des partis rivaux, Caussidière réussit, pendant la crise révolutionnaire, à se maintenir en équilibre en s'appuyant, non sans habileté, tout à la fois sur les bas-fonds du prolétariat, dont il savait flatter les instincts, et sur la bourgeoisie qui se divertit bientôt de sa verve excentrique et lui sut un gré infini de l'ordre si vite rétabli dans la ville. A une première insinuation de M. Garnier-Pagès pour lui faire accepter le commandement du château de Compiègne, M. Caussidière avait répondu en homme résolu à ne pas se laisser éconduire. Quand M. Bethmont s'aventura, le lendemain, à la préfecture de police, elle était déjà occupée militairement; il n'y avait plus moyen de songer à en expulser personne. A travers les fumées de la poudre, du tabac et du vin qui faisaient des salons récemment quittés par madame Delessert une tabagie armée, M. Bethmont, apostrophé, injurié, traité de monarchiste et de traître à la République, parvint à grand'peine jusqu'à M. Caussidière; et, malgré la politesse du préfet de police [1], qui s'empressa d'accorder à l'intercession du ministre la grâce d'un malheureux chef de patrouille qu'on se disposait à fusiller pour avoir oublié le mot d'ordre, il ne se dissimula pas la difficulté de ranger à l'obéissance une administration pareille. L'impression qu'il rapporta de sa visite et qu'il communiqua à plusieurs de ses collègues, leur donna l'éveil. Déjà l'on était convenu de la nécessité de reconstituer le gouvernement provisoire sur de meilleures bases.

En entendant le récit de M. Bethmont, on résolut de se presser. Mieux valait, pensait-on, commencer immédiatement une lutte inévitable que de la remettre à une époque indéterminée. Laisser aux forces ennemies le loisir de se mieux reconnaître, serait une faute capitale; il fallait réduire les factieux de l'Hôtel de Ville et ceux de la préfecture de police, avant qu'ils se fussent mis complètement d'accord. Selon le plan de ces conjurés de la République conservatrice, on devait faire une proclamation nouvelle de la République et former un nouveau gouvernement provisoire dont M. de Lamartine, qu'on ne prit pas la peine de consulter, serait président.

La hâte était grande; le rendez-vous fut pris pour le 27, dans la nuit, chez M. Marie, afin de combiner les moyens d'exécution. M. Bethmont, chargé de rédiger la proclamation, fut exact au rendez-vous; mais il se trouva que M. Marie, l'âme du complot, l'avait oublié. Harassé des fatigues du jour, il s'était jeté sur son lit et dormait profondément. Néanmoins, comme la chose en valait la peine, on se décida à le tirer du sommeil et à lui faire connaître

[1] Une politesse recherchée fut dans ces premiers jours l'ostentation de M. Caussidière. Des lettres de M. Delessert attestent sa courtoisie. M. Caussidière se conduisit à son égard comme M. de Lamartine l'avait fait à l'égard de M. Guizot. Il refusa d'entrer dans les appartements particuliers que madame Delessert avait quittés précipitamment et ordonna que tous les objets qu'ils contenaient lui fussent remis. (Voir aux *Documents historiques*, à la fin du volume, n° 17.

que MM. Marrast, Carnot, Pagnerre et Bethmont l'attendaient dans la pièce voisine pour affaires majeures. La délibération, ainsi entamée, ne prit ni une tournure bien sérieuse ni un accent bien vif. On se voyait, d'ailleurs, en trop petit nombre pour procéder avec une apparence de légalité. M. Garnier-Pagès envoyait ses excuses ; MM. Arago et de Lamartine ne paraissaient pas. Sur l'observation de M. Marrast, on décida aussi qu'il était indispensable de s'assurer le concours du général Courtais. Au bout d'une heure, les différents émissaires dépêchés de côté et d'autre n'ayant trouvé personne, on remit au lendemain la conférence. Le lendemain, d'autres soucis la firent encore oublier ou ajourner. Sur ces entrefaites, M. Caussidière, qui ne conférait ni ne délibérait, s'était fortifié de telle manière avec ses montagnards que c'eût été folie de l'attaquer de vive force. On essaya bien encore, à diverses reprises, de subordonner la préfecture de police à la mairie de Paris ; on évita de reconnaître officiellement Caussidière ; on tenta de lasser sa patience par mille tracasseries ; mais la résistance, appuyée par M. Ledru-Rollin, se montra plus opiniâtre que l'attaque et, le 13 mars, celui-ci fit décider que non-seulement Caussidière resterait à son poste, mais encore qu'il ne relèverait que du ministère de l'intérieur. Pendant ce temps, M. Caussidière mettait la préfecture de police sur le pied de la commune de Paris en 93. Il réunit autour de lui un véritable corps d'armée qui, sous le nom de *gardes du peuple* et de *montagnards*, lui formait une garde personnelle redoutable. Il la divisa en quatre compagnies composant ensemble environ 2,700 hommes à pied et à cheval, qui touchèrent une solde exceptionnelle de 2 francs 25 centimes par jour et portèrent, en guise d'uniforme, la blouse bleue, la ceinture et la cravate en laine rouge. Pour se faire admettre dans cette garde du peuple, il fallait avoir combattu aux barricades, être affilié aux sociétés secrètes, ou tout au moins avoir été détenu politique. Un fanatisme extraordinaire pour leur chef, qu'ils appelaient le *Soleil de la*

République, régna longtemps parmi ces hommes de coups de main; mais peu à peu, malgré une surveillance soupçonneuse, des agents secrets d'un autre chef de bande, des espions aux gages des partis se glissèrent dans leurs rangs, si bien que Caussidière n'en fut plus absolument maître et rencontra plus d'un délateur dans ce bataillon de renommée incorruptible.

M. Caussidière était activement secondé dans ses menées par un jeune homme nommé Sobrier, qui exerçait un ascendant très-étrange sur les plus violents d'entre les terroristes. A le voir, cela n'eût pas paru possible. Son visage pâle et délicat, la douceur de sa physionomie, la politesse de ses manières, ne semblaient pas le désigner pour ce rôle de chef de sectionnaires. Les plus singuliers contrastes se montraient en lui. Originaire de Lyon, fils d'un épicier chargé de famille, M. Sobrier avait été adopté par un de ses oncles, percepteur d'un village du département de l'Isère. Mais, au bout de peu de temps, il s'ennuya de la vie de bureau et partit un matin pour Paris, sans savoir le moins du monde ce qu'il allait y faire. Il était alors âgé de vingt ans, frêle de corps, timide d'esprit, royaliste et bon catholique, d'une bravoure naturelle extraordinaire.

Pendant le trajet de Lyon à Paris, la diligence où il avait pris place s'arrêta de nuit au bas d'une côte, dans le voisinage d'un puits profond et découvert; M. Sobrier, en descendant de voiture, y tomba. On fut longtemps avant de l'en retirer. Il était évanoui, saignant, la tête meurtrie. On le tint pour mort. Quant il revint de la longue maladie qui fut la suite de cette chute, son cerveau, déjà faible, s'était affaibli encore; il s'exalta. Bientôt, sous l'influence de ses compatriotes lyonnais, tous affiliés aux sociétés secrètes, Sobrier tourna à une sorte d'illuminisme républicain dont ses nouveaux amis surent tirer avantage, quand, par suite de deux héritages opulents, il fut devenu l'un des champions les plus riches de la cause démocratique. Entré, en 1834, dans la *Société des saisons*, Sobrier se trouva compromis dans le complot d'avril. Le 21 février, il combattait bravement aux barricades, et il fut désigné, dans les bureaux de la *Réforme*, pour aller, de concert avec M. Caussidière, prendre possession de la préfecture de police. Deux jours après, M. Caussidière, soit pour éloigner un concurrent incommode, soit plutôt pour créer un autre centre révolutionnaire qui resterait, à l'insu de tout le monde, sous sa direction, envoyait M. Sobrier s'établir rue de Rivoli, n° 16, dans un appartement dépendant de l'ancienne liste civile et lui remettait le soin d'y organiser, au plus vite, un club et un journal. Protégé par M. de Lamartine qui espérait se servir de lui et qui, sans l'avis de ses collègues, lui fit délivrer des armes par la préfecture, Sobrier forma, sur le pied des montagnards de Caussidière, un corps de trois à quatre cents hommes qui, ainsi campé au milieu du quartier le plus paisible et le plus riche de Paris, y causa un étonnement et une frayeur immodérés. Le ton donné rue de Rivoli était celui de la préfecture de police. On y parlait à tous propos de brûler Paris, d'*en finir avec les bourgeois*. La vue ne s'y reposait que sur des pistolets, des sabres ou des carabines. On se tutoyait en se qualifiant de brigands ou de traîtres. On n'arrivait jusqu'au chef qu'à travers une haie d'estafiers armés jusqu'aux dents et demandant, d'un air sinistre, le mot de passe. Pour compléter le tableau, une table de trente couverts recevait à toute heure quiconque se targuait de patriotisme, tandis qu'un carrosse de la liste civile, attelé de deux beaux chevaux des écuries royales, stationnait en permanence dans la cour, pour porter sur tous les points de Paris les ordres de Sobrier et de ses acolytes. Ce fut un véritable carnaval révolutionnaire, mené par le fou de la République. On en sourit aujourd'hui; alors il faisait peur. On le croyait redoutable, il n'était qu'extravagant. Le Sobrier républicain restait ce qu'avait été le Sobrier royaliste : le meilleur cœur du monde et le plus faible esprit qui, au fond, n'en voulait à rien ni à personne.

La majorité du conseil, voyant l'impossibilité d'évincer M. Caussidière et craignant que M. Ledru-Rollin, servi par la préfecture de police, n'usurpât, comme il paraissait y viser, la dictature, voulut du moins s'assurer, au cœur de Paris, un point d'appui solide.

La mairie de Paris, vacante par la nomination de M. Garnier-Pagès au ministère des finances, fut donnée à M. Marrast, c'est-à-dire au *National*, personnifié dans l'homme le plus capable, par son esprit et par sa tactique, de lutter avec avantage contre la ruse et la popularité de M. Caussidière, l'homme de la *Réforme*. Cette lutte n'était pas nouvelle. Depuis sa rentrée de l'exil, en 1840, M. Marrast avait pris, dans le *National*, la direction de l'opposition républicaine; et, du jour où la *Réforme* était venue lui disputer ce gouvernement de l'opinion en quittant la polémique politique, qui ne passionnait guère les masses, pour celle des questions sociales, il avait tourné contre elle sa verve railleuse et le trait acéré de ses épigrammes. Né à Saint-Gaudens, dans le département de la Haute-Garonne, d'abord élève puis maître de classe au collége de Pont-le-Voy, M. Marrast s'ennuya de cette profession obscure, vint à Paris et chercha dans la politique du journalisme une activité plus conforme à la nature de ses talents. Après 1830, il devint rédacteur en chef de la *Tribune*, fut impliqué, en 1834, dans le procès d'avril, s'évada de la prison de Sainte-Pélagie avec Godefroy Cavaignac et se réfugia à Londres, d'où il adressa au *National* une correspondance sur la politique de l'Angleterre. A son retour à Paris, il prit la direction de ce journal, dont il fit la fortune et qui le porta au pouvoir.

M. Marrast n'était point un ambitieux. Ses vues ne portaient ni haut ni loin. C'était un homme désireux de parvenir. Il souhaitait le pouvoir et la richesse, non pour élever son nom ou agrandir sa vie, mais pour se procurer des jouissances plus nombreuses. Esprit vif, habile à serrer les liens d'une coterie, à deviner, à capter, à tourner à ses fins des caractères supérieurs, il manquait cependant des qualités essentielles pour cimenter un parti. Inconséquent, railleur, léger, désordonné en affaires, il perdait en un jour, par un mot, par une inadvertance, l'avantage conquis par de longues menées. Toute son action, pendant la durée du gouvernement provisoire, ne fut qu'une action de police ou de diplomatie. Ses préoccupations personnelles et le scepticisme de son esprit réduisirent à une influence négative la part d'autorité que lui faisaient ses antécédents, la persécution soufferte pour la cause républicaine et sa rare capacité.

Nous avons vu qu'à son entrée dans le conseil, M. Marrast s'était contenté du titre modeste de secrétaire. Il n'appuya point les réclamations de M. Louis Blanc et demeura étranger à la substitution qui se fit, dès le 26, au *Moniteur*[1]; il n'attachait pas d'importance aux marques extérieures du pouvoir et croyait d'autant mieux s'en assurer la réalité qu'il entrerait moins directement en lutte avec ses collègues. Mais une fois installé à l'Hôtel de Ville, le 10 mars, il sut prendre ses mesures. Son premier soin fut de congédier le conseil municipal, après quoi il fortifia la garde de l'Hôtel de Ville portée, sous le commandement du colonel Rey, à 2,700 hommes; puis il mit sur pied une police active et nombreuse[2], chargée principalement de surveiller la police de M. Caussidière, celle de M. Ledru-Rollin et celle de M. de Lamartine. Il eut bientôt des agents au ministère de l'intérieur, dans tous les clubs, dans tous les ateliers, et fut de tous les membres du gouvernement le plus exactement renseigné sur les intrigues des chefs de

---

[1] Cette substitution se fit dans l'*Office de publicité* établi le 24 au soir, dans un bureau de l'Hôtel de Ville, sous la direction de M. Charles Blanc, frère de M. Louis Blanc.

[2] D'après l'évaluation de M. Adam, adjoint à la mairie de Paris, cette police, pendant l'administration de Marrast, n'a pas dû coûter moins de 50,000 francs. Les frais énormes de cette police et la négligence de M. Marrast en matière de comptes ont créé au budget de la mairie un déficit dont il a été impossible de rendre compte.

parti. En même temps, il prenait pour adjoint un homme d'une grande énergie dans l'opinion modérée, M. Edmond Adam, plaçait auprès de lui, à titre de secrétaires, un révolutionnaire ardent, nommé Daviaud, et l'un de ses anciens compagnons de captivité, ami intime de M. Barbès, le cordonnier Schilmann. De la sorte, il se ménageait des intelligences de différents côtés, se tenait prêt à tout événement et, pendant qu'il rassemblait avec activité des éléments de résistance, il ne négligeait pas de prévoir le succès possible de ses adversaires. Exempt de passions, il croyait pouvoir conduire les passions d'autrui parce qu'il les savait pénétrer et se flattait de dominer ainsi la révolution. L'erreur était profonde. Si la finesse de l'esprit suffit à déjouer les individus, pour maîtriser les événements il faut la puissance du génie ou la grandeur du caractère.

Nous venons de passer en revue les forces diverses qui, au sein du gouvernement, s'efforçaient de saisir la direction des affaires. Il nous reste à prendre connaissance des différentes actions exercées en dehors de lui sur le peuple par la presse, par les clubs et par l'influence personnelle des agitateurs.

FIN DU TOME PREMIER.

DOCUMENTS HISTORIQUES

I

PROGRAMME DU JOURNAL la Réforme, RÉDIGÉ PAR M. LOUIS BLANC.

Tous les hommes sont frères.

Là où l'égalité n'existe pas, la liberté est un mensonge.

La société ne saurait vivre que par l'inégalité des aptitudes et la diversité des fonctions; mais des aptitudes supérieures ne doivent pas conférer de plus grands droits : elles imposent de plus grands devoirs.

C'est là le principe de l'égalité : l'association en est la forme nécessaire.

Le but final de l'association est d'arriver à la satisfaction des besoins intellectuels, moraux et matériels de tous, par l'emploi de leurs aptitudes diverses et le concours de leurs efforts.

Les travailleurs ont été *esclaves*, ils ont été *serfs*, ils sont aujourd'hui *salariés;* il faut tendre à les faire passer à l'état d'*associés*.

Ce résultat ne saurait être atteint que par l'action d'un pouvoir démocratique.

Un pouvoir démocratique est celui qui a la souveraineté du peuple pour principe, le suffrage universelle pour origine, et pour but la réalisation de cette formule : LIBERTÉ, ÉGALITÉ, FRATERNITÉ.

Les gouvernants, dans une démocratie bien constituée, ne sont que les mandataires du peuple : ils doivent donc être responsables et révocables.

Les fonctions publiques ne sont pas des distinctions; elles ne doivent pas être des priviléges : elles sont des devoirs.

Tous les citoyens ayant un droit égal de concourir à la nomination des mandataires du peuples et à la formation de la loi, il faut, pour que cette égalité de droit ne soit pas illusoire, que toute fonction publique soit rétribuée.

La loi est la volonté du peuple formulée par ses mandataires. Tous doivent à la loi obéissance, mais tous ont le droit de l'apprécier hautement, pour qu'on la change si elle est mauvaise.

La liberté de la presse doit être maintenue et consacrée comme garantie contre les erreurs possibles de la majorité et comme instrument des progrès de l'esprit humain.

L'éducation des citoyens doit être commune et gratuite. C'est à l'État qu'il appartient d'y pourvoir.

Tout citoyen doit passer par l'éducation de soldat. Nul ne peut se décharger, moyennant finances, du devoir de concourir à la défense de son pays.

C'est à l'État de prendre l'initiative des réformes industrielles propres à amener une organisation du travail qui élève les travailleurs de la condition de salariés à celle d'associés.

Il importe de substituer à la commandite du crédit individuel celle du crédit de l'État. L'État, jusqu'à ce que les prolétaires soient émancipés, doit se faire le banquier des pauvres.

Le travailleur a le même titre que le soldat à la reconnaissance de l'État. Au citoyen vigoureux et bien portant, l'État doit le travail; au vieillard et à l'infirme, il doit aide et protection.

II.

LETTRE DE M. LE PRINCE DE JOINVILLE A M. LE DUC DE NEMOURS, 1847.

Notre situation n'est pas bonne. A l'intérieur, l'état de nos finances, après dix-sept ans de paix, n'est pas brillant. A l'extérieur, où nous aurions pu chercher quelques-unes de ces satisfactions d'amour-propre si chères à notre pays, et avec lesquelles on détourne son attention de maux plus sérieux, nous ne brillons pas non plus.

L'avénement de Palmerston, en éveillant les défiances passionnées du roi, nous a fait faire la campagne espagnole et nous a revêtus d'une déplorable réputation de mauvaise foi. Séparés de l'Angleterre au moment où les affaires d'Italie arrivaient, nous n'avons pas pu y prendre une part active, qui aurait séduit notre pays et été d'accord avec des principes que nous ne pouvons abandonner; car c'est par eux que nous sommes. Nous n'avons pas osé nous tourner contre l'Autriche, de peur de voir l'Angleterre reconstituer immédiatement contre nous une nouvelle Sainte-Alliance. Nous arrivons devant les Chambres avec une détestable situation intérieure et, à l'extérieur, une situation qui n'est pas meilleure. Tout cela est l'œuvre du roi seul, le résultat de la vieillesse d'un roi qui veut gouverner, mais à qui les forces manquent pour prendre une résolution virile.

Le pis est que je ne vois pas de remède. Chez nous, que faire et que dire, lorsqu'on montrera notre mauvaise situation pécuniaire? Au dehors, que faire pour relever notre situation et suivre une ligne de conduite qui soit du goût de notre pays? Ce n'est certes pas en faisant en Suisse une intervention austro-française, qui serait pour nous ce que la campagne de 1823 a été pour la Restauration. J'avais espéré que l'Italie pourrait nous fournir ce dérivatif, ce révulsif dont nous avons tant besoin; mais il est trop tard, la bataille est perdue ici.

Nous n'y pouvons rien sans le concours des Anglais; et chaque jour, en leur faisant gagner du terrain, nous rejette forcément dans le camp opposé. Nous ne pouvons plus maintenant faire autre chose ici que de nous en aller, parce qu'en restant, nous serions forcément conduits à faire cause commune avec le parti rétrograde; ce qui serait, en France, d'un effet désastreux. Ces malheureux mariages espagnols! nous n'avons pas encore épuisé le réservoir d'amertume qu'ils contiennent.

Je me résume : en France, les finances délabrées; au dehors, placés entre une amende honorable à Palmerston, au sujet de l'Espagne, ou cause commune avec l'Autriche pour faire le gendarme en Suisse et lutter en Italie contre nos principes et nos alliés naturels. Tout cela rapporté au roi, au roi seul, qui a faussé nos institutions constitutionnelles. Je trouve cela très-sérieux, parce que je crains que les questions de ministres et de portefeuilles ne soient laissées de côté, et c'est un grave danger, quand, en face d'une mauvaise situation, une assemblée populaire se met à discuter des questions de principes. Si encore on pouvait trouver quelque événement, quelque affaire à conduire vivement et qui pût, par son succès, rallier un peu notre monde, il y aurait encore des chances de gagner la bataille; mais je ne vois rien.

III

DÉCLARATION PUBLIÉE PAR LES JOURNAUX DE L'OPPOSITION LE 22 FÉVRIER 1848.

A TOUS LES CITOYENS.

Une grande et solennelle manifestation devait avoir lieu aujourd'hui en faveur du droit de réunion, contesté par le gouvernement. Toutes les mesures avaient été prises pour assurer l'ordre et prévenir toute espèce de trouble. Le gouvernement était instruit depuis quelques jours de ces mesures, et savait quelle serait la forme de cette protestation. Il n'ignorait pas que les députés se rendraient en corps au lieu du banquet accompagnés d'un grand nombre de citoyens et de gardes nationaux sans armes. Il avait annoncé l'intention de n'apporter aucun obstacle à cette démonstration tant que l'ordre ne serait pas troublé, et de se borner à constater par un procès-verbal ce qu'il regarde comme une contravention et ce que l'opposition regarde comme l'exercice d'un droit. Tout à coup, en prenant pour prétexte une publication dont le seul but était de prévenir les désordres qui auraient pu naître d'une grande affluence de citoyens, le gouvernement faisait connaître sa résolution d'empêcher par la force tout rassemblement sur la voie publique, et d'interdire, soit à la population, soit aux gardes nationaux, toute participation à la manifestation projetée. Cette tardive résolution du gouvernement ne permettait plus à l'opposition de changer le caractère de la démonstration. Elle se trouvait donc placée dans l'alternative de provoquer une collision entre les citoyens et la force publique, ou de renoncer à la protestation légale et pacifique qu'elle avait résolue.

Dans cette situation, les membres de l'opposition, personnellement protégés par leur qualité de députés, ne pouvaient pas exposer volontairement les citoyens aux conséquences d'une lutte aussi funeste à l'ordre qu'à la liberté. L'opposition a donc pensé qu'elle devait s'abstenir et laisser au gouvernement toute la resposabilité de ses mesures. Elle engage tous les bons citoyens à suivre son exemple,

En ajournant ainsi l'exercice d'un droit, l'opposition prend envers le pays l'engagement de faire prévaloir ce droit par toutes les voies constitutionnelles. Elle ne manquera pas à ce devoir; elle poursuivra avec persévérance et avec plus d'énergie que jamais la lutte qu'elle a entreprise contre une politique corruptrice, violente et antinationale.

En ne se rendant pas au banquet, l'opposition accomplit un grand acte de modération et d'humanité. Elle sait qu'il lui reste à accomplir un grand acte de fermeté et de justice.

En conséquence de la résolution prise par l'opposition, un acte d'accusation contre le ministère sera immédiatement proposé par un grand nombre de députés, parmi lesquels MM. Odilon Barrot, Duvergier de Hauranne, de Maleville, d'Aragon, Abatucci, Beaumont (Somme), Georges de Lafayette, Boissel, Garnier-Pagès, Carnot, Chambolle, Drouyn de l'Huys, Ferdinand de Lasteyrie, Havin, de Courtais, Vavin, Garnon, Marquis, Jouvencel, Taillandier, Bureaux de Puzy, Luneau, Saint-Albin, Cambacérès, Moreau (Seine), Berger, Marie, Bethmont, de Thiard, Dupont (de l'Eure), etc.

IV

ACTE D'ACCUSATION DÉPOSÉ PAR M. ODILON BARROT, DANS LA SÉANCE DU 22 FÉVRIER 1848, SUR LE BUREAU DE LA CHAMBRE DES DÉPUTÉS.

Nous proposons de mettre le ministère en accusation comme coupable :

1° D'avoir trahi au dehors l'honneur et les intérêts de la France ;

2° D'avoir faussé les principes de la Constitution, violé les garanties de la liberté et attenté aux droits des citoyens ;

3° D'avoir, par une corruption systématique, tenté de substituer à la libre expression de l'opinion publique les calculs de l'intérêt privé, et de pervertir ainsi le gouvernement représentatif ;

4° D'avoir trafiqué, dans un intérêt ministériel, des fonctions publiques ainsi que de tous les attributs et priviléges du pouvoir ;

5° D'avoir, dans le même intérêt, ruiné les finances de l'État et compromis ainsi les forces et la grandeur nationales ;

6° D'avoir violemment dépouillé les citoyens d'un droit inhérent à toute constitution libre, et dont l'exercice leur avait été garanti par la Charte ;

7° D'avoir, enfin, par une politique ouvertement contre-révolutionnaire, remis en question toutes les conquêtes de nos deux révolutions et jeté dans le pays une pertubation profonde.

MM. BARROT (Odilon), DUVERGIER DE HAURANNE, DE THIARD, DUPONT (de l'Eure), ISAMBERT, DE MALLEVILE (Léon), GARNIER-PAGÈS, CHAMBOLLE, BETHMONT, LHERBETTE, PAGÈS (de l'Ariége), BAROCHE, HAVIN, FAUCHER (Léon), DE LASTEYRIE (Ferdinand), DE COURTAIS, DE SAINT-ALBIN, CRÉMIEUX, GAULTHIER DE RUMILLY, RAIMBAULT, BOISSEL, DE BEAUMONT (Somme), LESSEPS, MAUGUIN, CRETON, ABBATUCCI, LUNEAU, BARON, DE LA FAYETTE (Georges), MARIE, CARNOT, BUREAUX DE PUZY, DUSSOLIER, MATHIEU (Saône-et-Loire), DROUYN DE LHUYS, D'ARAGON, CAMBACÉRÈS, DRAULT, MARQUIS, BIGOT, QUINETTE, MARCHAIN, LEFORT-GONSOLLIN, TESSIÉ DE LA MOTTE, DEMARÇAY, BERGER, BONNIN, DE JOUVENCEL, LARABIT, VAVIN, GARNON, MAURAT-BALLANGE, TAILLANDIER.

V

DÉCLARATION DU COMITÉ ÉLECTORAL DÉMOCRATIQUE PUBLIÉE LE 24 FÉVRIER 1848.

Le ministère est renversé : c'est bien.

Mais les derniers événements qui ont agité la capitale appellent sur des mesures, devenues désormais indispensables, l'attention de tous les bons citoyens.

Une manifestation légale, depuis longtemps annoncée, est tombée tout à coup devant une menace liberticide lancée par un ministre du haut de la tribune. On a déployé un immense appareil de guerre comme si Paris eût eu l'étranger, non pas à ses portes, mais dans son sein. Le peuple, généreusement ému et sans armes, a vu ses rangs décimés par des soldats. Un sang héroïque a coulé.

Dans ces circonstances, nous, membres du comité électoral démocratique des arrondissements de la Seine, nous faisons un devoir de rappeler hautement que c'est sur le patriotisme de tous les citoyens organisés en garde nationale que reposent, aux termes mêmes de la charte, les garanties de la liberté.

Nous avons vu sur plusieurs points les soldats s'arrêter, avec une noble tristesse, avec une émotion fraternelle, devant le peuple désarmé. Et, en effet, combien n'est pas douloureuse pour des hommes d'honneur cette alternative de manquer aux lois de la discipline ou de tuer des concitoyens ! La ville de la science, des arts, de l'industrie, de la civilisation, Paris enfin, ne saurait être le champ de bataille rêvé par le courage des soldats français. Leur attitude l'a prouvé, et elle condamne le rôle qu'on leur impose.

D'un autre côté, la garde nationale s'est énergiquement prononcée comme elle le devait en faveur du mouvement réformiste, et il est certain que le résultat obtenu aurait été atteint sans effusion de sang, s'il n'y eût pas eu, de la part du ministère, provocation directe, provocation résultant d'un brutal étalage de troupes.

Donc, les membres du comité électoral démocratique proposent à la signature de tous les citoyens la pétition suivante :

Considérant :

Que l'application de l'armée à la compression des troubles civils est attentatoire à la dignité d'un peuple libre et à la moralité de l'armée ;

Qu'il y a là renversement de l'ordre véritable et négation permanente de la liberté ;

Que le recours à la force seule est un crime contre le droit ;

Qu'il est injuste et barbare de forcer des hommes de cœur à choisir entre les devoirs du militaire et ceux du citoyen;

Que la garde nationale a été instituée précisément pour garantir le repos de la cité et sauvegarder les libertés de la nation;

Qu'à elle seule il appartient de distinguer une révolution d'une émeute :

Les citoyens soussignés demandent que le peuple tout entier soit incorporé dans la garde nationale.

Ils demandent que la garde municipale soit dissoute.

Ils demandent qu'il soit décidé législativement qu'à l'avenir l'armée ne pourra plus être employée à la compression des troubles civils.

A. Guinard, électeur, délégué du 8ᵉ arrondissement;

Louis Blanc, électeur, délégué du 2ᵉ arrondissement;

David (d'Angers), électeur, délégué du 11ᵉ arrondissement, membre de l'Institut;

Martin (de Strasbourg), électeur, délégué du 10ᵉ arrondissement, ancien député;

Durand-Saint-Amand, électeur, délégué du 1ᵉʳ arrondissement;

Pyat (Félix), électeur, délégué du 8ᵉ arrondissement;

Greinheiser, capitaine de la 3ᵉ légion, délégué du 5ᵉ arrondissement;

Vasnier, capitaine de la 4ᵉ légion, délégué du 4ᵉ arrondissement;

Haguette, électeur municipal, délégué du 4ᵉ arrondissement;

Recurt, capitaine de la 8ᵉ légion, électeur, délégué du 8ᵉ arrondissement;

O. Gellée, électeur, délégué du 9ᵉ arrondissement;

Chaumier, électeur, délégué du 9ᵉ arrondissement;

L. Monduit, électeur, délégué du 11ᵉ arrondissement;

M. Goudchaux, électeur, délégué du 2ᵉ arrondissement;

Barbier, électeur, délégué du 10ᵉ arrondissement;

Lauveau, capitaine de la 7ᵉ légion, électeur, délégué du 7ᵉ arrondissement;

Dauphin, capitaine de la 7ᵉ légion, électeur, délégué du 7ᵉ arrondissement;

Destourbet, capitaine de la 7ᵉ légion, électeur, délégué du 7ᵉ arrondissement;

Bastide (Jules), électeur, délégué du 7ᵉ arrondissement;

Hovyn, chef de bataillon de la 3ᵉ légion, électeur, délégué du 3ᵉ arrondissement;

Masson (Victor), électeur, délégué du 11ᵉ arrondissement;

De la Chatre, électeur, délégué du 1ᵉʳ arrondissement;

Cercueil, capitaine de la 8ᵉ légion, électeur, délégué du 8ᵉ arrondissement.

VI

PROCLAMATION DE M. ODILON BARROT, TROUVÉE DANS LE CABINET DU MINISTRE DE L'INTÉRIEUR, LE 24 FÉVRIER 1848.

Paris le 24 février 1848.

Citoyens de Paris,

Le roi a abdiqué. Désormais la couronne donnée par la révolution de Juillet repose sur la tête d'un enfant protégé par sa mère. Ils sont sous la sauvegarde de l'honneur et du courage de la population parisienne. Plus de cause de division parmi nous. L'ordre est donné aux troupes de ligne de se retirer dans leurs casernes; notre brave armée a mieux à faire qu'à verser son sang dans de funestes collisions.

Mes chers concitoyens, désormais l'ordre est confié au courage et à la sagesse du peuple de Paris et de son héroïque garde nationale; ils n'ont jamais failli à notre belle patrie, ils ne lui manqueront pas dans cette grave circonstance.

Signé : Odilon Barrot.

VII

FRAGMENTS D'UNE LETTRE DE M. LOUIS BLANC, ADRESSÉE A L'AUTEUR.

..... Le livre de M. Garnier-Pagès contient mainte erreur d'affirmation, mainte erreur d'omission, et mainte erreur d'appréciation. Je remarque, entre autres choses, qu'il a présenté la scène qui eut lieu lorsque, pour la première fois, je me trouvai en présence des membres du gouvernement provisoire, de manière à faire penser que mon insistance à ne pas accepter le titre de *secrétaire* était l'effet d'une ambition *personnelle* qu'irrita la résistance. Je lui rends la justice de croire que, s'il eût été à ma place, il n'eût pas été capable d'agir, dans des circonstances si propres à élever l'âme, par le motif qu'il semble me supposer. La vérité est — et si je me souviens bien, je parlai de façon à lever tout doute à cet égard, — qu'il y avait là une question d'une gravité extrême, et dans laquelle les petits calculs d'une petite ambition et d'une petite vanité ne pouvaient avoir place. - arrast, Flocon et moi, nous avions été élus, non pas à la *Chambre*, mais à l'*Hôtel de Ville;* nous n'étions pas, comme ces messieurs, des *députés;* il s'agissait donc de savoir si la Révolution serait considérée comme *parlementaire* ou comme *populaire*. Il était d'une importance énorme que le caractère du grand mouvement qui venait de s'accomplir fût bien précisé, et le fût dès l'abord. Comme je ne suppose pas, moi, que M. Garnier-Pagès cédât à un sentiment de vanité et d'ambition, en nous voulant, Marrast, Flocon et moi, à la seconde place, son motif ne pouvait être que la crainte de voir enlever à la Révolution, par notre admission, ce caractère *parlementaire* auquel il tenait. Eh bien! ce fut par un motif contraire que j'insistai, moi qui, dans la Révolution, n'entendais saluer qu'un mouvement franchement démocratique. C'était le droit *révolutionnaire* d'élection que je voulais faire reconnaître. Le nier dans son résultat, c'eût été le nier dans son principe; et ce principe, les ouvriers qui avaient confiance en moi ne m'auraient point pardonné d'en avoir fait si bon marché.

Il y avait, de plus, un intérêt suprême à ce que Marrast, Flocon et moi, nous eussions voix délibérative dans les premières mesures à adopter : la proclamation de la République par le gouvernement provisoire pouvait en dépendre. La République, en effet, effrayait MM. Arago et Dupont (de l'Eure) : cela n'était que trop manifeste; M. de Lamartine jusqu'alors avait passé pour légitimiste; des bruits avaient couru sur l'adhésion de M. Garnier-Pagès à la cause de la duchesse d'Orléans : trois voix de plus dans le plateau de la République pouvaient faire pencher la balance de ce côté; sans ces trois voix, au contraire, la décision risquait d'être telle qu'elle eût mis la place publique en fureur. Et que serait-il arrivé alors? C'étaient là des considérations d'intérêt public, s'il en fut jamais; et mettre à la place de ces considérations puissantes de misérables prétentions ayant leur source dans l'orgueil d'un homme, c'est rapetisser l'histoire des grandes choses de ce temps au delà de tout ce qu'il est possible d'imaginer...

Vous savez, du reste, que cette qualification de *secrétaires* disparut le jour même où elle fut, pour la première fois, employée dans le *Moniteur*, et qu'elle ne nous empêcha pas d'avoir voix délibérative dès la première discussion qui eut lieu, et que notre vote compta si bien qu'il fit en grande partie la République, et que *dès la matinée du* 25 il ne fut plus question d'une distinction qui n'aurait pu effectivement exister qu'à la condition d'*ôter à la Révolution son caractère*.

Je vous ai demandé dans une de mes précédentes lettres si vous aviez sous la main mes *Révélations historiques?* Je vous demanderai aujourd'hui s'il est à votre connaissance que M. Crémieux a écrit des Mémoires sur la révolution de Février? Ces Mémoires, d'après ce qu'il a dit lui-même à mon frère, sont, point par point, la confirmation de mon récit

..... Je ne vous ai point parlé, à propos de *sources*, de l'*Histoire de la Révolution*, par M. de Lamartine. C'est un roman inconcevable, et d'autant plus inconcevable qu'il a été écrit, j'en suis sûr, de très-bonne foi. M. de Lamartine est trop honnête homme pour avoir la triste puissance de tromper, mais il a la puissance de se tromper (*self-deceit*, comme disent les Anglais) à un degré qui tient du prodige.

VIII

Le gouvernement provisoire nomme M. Saint-Amant, capitaine de la 1re légion, commandant du palais des Tuileries.

Fait à l'Hôtel de Ville, le 24 février 1848.

Les membres du gouvernement provisoire :

Ad. Crémieux, Garnier-Pagès, Ledru-Rollin, Dupont (de l'Eure).

Le colonel Dumoulin, ancien aide de camp de l'Empereur, est chargé du commandement supérieur du Louvre et de la surveillance particulière de la Bibliothèque du Louvre et du Musée national. M. Félix Bouvier lui est adjoint.

Le 24 février 1848.

Par délégation du gouvernement provisoire,

Le ministre provisoire de l'instruction publique,

Carnot,
Lamartine, Ad. Crémieux.

Tout ce qui concerne la direction des Beaux-Arts et des Musées, autrefois dans les attributions de la liste civile, constituera une division du ministère de l'intérieur.

Le jury, chargé de recevoir les tableaux aux expositions annuelles, sera nommé par élection.

Les artistes seront convoqués à cet effet par un prochain arrêté.

Le salon de 1848 sera ouvert le 15 mars.

Signé : Ledru-Rollin.

IX

PROCLAMATION DE M. BLANQUI.

Au gouvernement provisoire,

Les combattants républicains ont lu avec une douleur profonde la proclamation du gouvernement provisoire qui rétablit le coq gaulois et le drapeau tricolore.

Le drapeau tricolore, inauguré par Louis XVI, a été illustré par la première République et par l'Empire : il a été déshonoré par Louis-Philippe.

Nous ne sommes plus, d'ailleurs, ni de l'Empire ni de la première République.

Le peuple a arboré la couleur rouge sur les barricades de 1848. Qu'on ne cherche pas à la flétrir.

Elle n'est rouge que du sang généreux versé par le peuple et la garde nationale.

Elle flotte étincelante sur Paris, elle doit être maintenue.

Le peuple victorieux n'amènera pas son pavillon.

X

PROCLAMATION A L'ARMÉE.

Généraux, officiers et soldats,

Le pouvoir, par ses attentats contre les libertés, le peuple de Paris, par sa victoire, ont amené la chute du gouvernement auquel vous aviez prêté serment. Une fatale collision a ensanglanté la capitale. Le sang de la guerre civile est celui qui répugne le plus à la France. Le peuple oublie tout en serrant les mains de ses frères qui portent l'épée de la France.

Un gouvernement provisoire a été créé ; il est sorti de l'impérieuse nécessité de préserver la capitale, de rétablir l'ordre et de préparer à la France des institutions populaires analogues à celles sous lesquelles la République a tant grandi la France et son armée.

Vous saluerez, nous n'en doutons pas, ce drapeau de la patrie, remis dans les mains du même pouvoir qui l'avait arboré le premier. Vous sentirez que les nouvelles et fortes institutions populaires qui vont émaner de l'Assemblée nationale ouvrent à l'armée une carrière de dévouements et de services que la nation, libre, appréciera et récompensera mieux que les rois.

Il faut rétablir l'unité de l'armée et du peuple un moment altérée.

Jurez amour au peuple, où sont vos pères et vos frères. Jurez fidélité à ses nouvelles institutions, et tout sera oublié, excepté votre courage et votre discipline. La liberté ne vous demandera plus d'autres services que ceux dont vous aurez à vous réjouir devant elle et à vous glorifier devant ses ennemis!

Les membres du gouvernement provisoire,
GARNIER-PAGÈS, LAMARTINE.

XI

LETTRE DU GÉNÉRAL CHANGARNIER.

MONSIEUR LE MINISTRE,

Je prie le gouvernement républicain d'utiliser mon dévouement à la France.

Je sollicite le commandement de la frontière la plus menacée. L'habitude de manier les troupes, la confiance qu'elles m'accordent, une expérience éclairée par des études sérieuses, l'amour passionné de la gloire, la volonté et l'habitude de vaincre, me permettent sans doute de remplir avec succès tous les devoirs qui pourront m'être imposés.

Dans ce que j'ose dire de moi, ne cherchez pas l'expression d'une vanité puérile, mais l'expression du désir ardent de dévouer toutes mes facultés au service de la patrie. CHANGARNIER.

XII

LETTRE DU PRINCE LOUIS-NAPOLÉON BONAPARTE.

MESSIEURS,

Le peuple de Paris, ayant détruit par son héroïsme les derniers vestiges de l'invasion étrangère, j'accours de l'exil pour me ranger sous le drapeau de la République qu'on vient de proclamer.

Sans autre ambition que celle de servir mon pays, je viens annoncer mon arrivée aux membres du gouvernement provisoire, et les assurer de mon dévouement à la cause qu'ils représentent, comme de ma sympathie pour leurs personnes.

Recevez, messieurs, l'assurance de ces sentiments.

LOUIS-NAPOLÉON BONAPARTE.

XIII

PROCLAMATION ET ORDRE DU JOUR DU DUC D'AUMALE.

HABITANTS DE L'ALGÉRIE,

Fidèle à mes devoirs de citoyen et de soldat, je suis resté à mon poste tant que j'ai pu croire ma présence utile au service du pays.

Cette situation n'existe plus. M. le général Cavaignac est nommé gouverneur général de l'Algérie : jusqu'à son arrivée à Alger, les fonctions de gouverneur général par intérim seront remplies par M. le général Changarnier.

Soumis à la volonté nationale, je m'éloigne; mais, du fond de l'exil, tous mes vœux seront pour votre prospérité et pour la gloire de la France, que j'aurais voulu servir plus longtemps.

Alger, 3 mars 1848.

H. D'ORLÉANS.

En me séparant d'une armée modèle d'honneur et de courage, dans les rangs de laquelle j'ai passé les plus beaux jours de ma vie, je ne puis que lui souhaiter de nouveaux succès. Une nouvelle carrière va peut-être s'ouvrir à sa valeur; elle la remplira glorieusement, j'en ai la ferme croyance.

Officiers, sous-officiers et soldats, j'avais espéré combattre avec vous pour la patrie. Cet honneur m'est refusé; mais, du fond de l'exil, mon cœur vous suivra partout et vous rappellera la volonté nationale; il triomphera de vos succès; tous ses vœux seront toujours la gloire et le bonheur de la France.

H. D'ORLÉANS.

XIV

ADRESSE DES OUVRIERS IMPRIMEURS SUR ÉTOFFE. — REMERCIMENTS DU GOUVERNEMENT PROVISOIRE.

AU GOUVERNEMENT PROVISOIRE.

Citoyens,

A son appel la France voit mourir ses enfants; à sa voix maternelle ses enfants répondent par leur amour et leurs sympathies filiales. Lorsqu'ils la croient en danger, ils accourent offrir à leur patrie, tête, bras, cœur, biens et courage, car c'est surtout dans les moments difficiles qu'il faut être courageux; c'est dans les circonstances extrêmes qu'il faut trouver les voies de salut.

Ouvriers nous-mêmes, imprimeurs sur étoffe, nous vous offrons notre faible concours, nous vous apportons deux mille francs pour aider à la réussite de votre noble création. Le seul regret que nous ayons est de ne pouvoir centupler notre modique offrande, que nous vous donnons avec bonheur.

Pour suppléer à notre impossibilité, nous engageons tous les citoyens qui veulent la prospérité de la République, du commerce, de l'industrie, de la confiance, de l'ordre, et qui veulent que les ouvriers aient du travail pour vivre, à nous imiter chacun suivant sa fortune, comme nous imitons ceux qui ont eu l'heureuse idée de nous devancer dans cette voie salutaire.

Par ce moyen, nous rassurerons ces êtres pusillanimes qui se sauvent de la capitale et de la France, emportant avec eux les valeurs qui sont nécessaires à leur patrie. Qu'ils se rassurent, ces hommes qui peuvent aider à rétablir le crédit et nos finances! que nos actes de dévouement inspirent des sentiments d'honneur à ceux qui voudraient suivre l'exemple de l'émigration, que nous regardons comme une lâcheté! Qu'ils se rassurent, tous ceux qui pourraient croire au retour des scènes sanglantes qui sont tracées dans notre histoire! Qu'ils se rassurent! ni la guerre civile, ni la guerre de l'étranger ne viendront déchirer les entrailles de notre belle France! Qu'ils se rassurent aussi sur notre assemblée nationale, car il n'y aura ni montagnards ni girondins! Oui, qu'ils se rassurent enfin, et qu'ils aident à donner à l'Europe un coup d'œil magique : qu'ils aident à faire voir à l'univers qu'en France il n'y a pas eu de violence dans la révolution, qu'il n'y a eu qu'un changement de système; que l'honneur a succédé au système de la corruption; que la souveraineté du peuple et de l'équité a succédé à un despotisme odieux; qu'à la faiblesse ont succédé la force et l'ordre; qu'aux castes a succédé l'union; qu'à la tyrannie a succédé cette devise sublime : *Liberté, Égalité, Fraternité*, progrès, civilisation, bonheur pour tous, et tous pour le bonheur.

Nous saisissons cette occasion pour demander au gouvernement provisoire ou à l'Assemblée nationale, lorsqu'elle sera convoquée, pour tous nos frères de toute la France, que la durée de leur travail soit fixée à dix heures par jour, comme pour nous. Nous le demandons, parce que le mot *égalité* se trouve dans la devise républicaine. Puisqu'on a aboli les priviléges, est-il juste qu'il y ait des priviléges dans notre République?

Nos frères des départements se plaignent de ce que leur temps est absorbé par le travail, sans cependant qu'il leur soit à charge. Ils voudraient aussi rendre leurs facultés intellectuelles, en les cultivant, dignes de notre ère nouvelle; eux aussi ils méritent d'avoir une heure au moins, une heure pour vivre de la vie intelligente et du cœur et de l'âme.

Mais, disons-nous à nos frères, prenons patience, ne soyons pas trop exigeants à la fois; demandons graduellement, avec prudence, avec ordre, dans toute la voie de la justice et de l'humanité, et nous obtiendrons. Le gouvernement veille sur nous, il se sacrifie pour nous : on ne peut pas être heureux du jour au lendemain. Nous avons beaucoup souffert sous un despotisme cruel; eh bien! souffrons encore un peu pour la liberté. Le moment de la récolte n'est pas encore arrivé; labourons le champ de la liberté, semons l'égalité, et nous recueillerons la fraternité, qui nous donnera infailliblement le bonheur intellectuel ou moral. Du courage donc, du courage, de l'énergie, et gardons nos armes. Si toutefois quelques ambitieux voulaient tourner la Révolution à l'égoïsme, nous leur dirions : Il est trop tard; de même que nous avons dit aux tyrans : Assez! il est trop tard!

Constituons la République, grande, pure, forte, dans toute son extension, telle qu'elle a été proclamée; faisons-la digne des hommes actuels et du siècle. L'Europe a les yeux sur nous; elle compte nos mouvements; elle aspire à notre émancipation; mais servons de modèle à tous les peuples...

Recevez, citoyens membres du gouvernement provisoire, nos vœux et nos sympathies républicaines, ainsi que nos salutations fraternelles. *Vive le gouvernement provisoire! Vive la République!*

PROCLAMATION DU GOUVERNEMENT PROVISOIRE.

Citoyens,

Les dons patriotiques affluent à l'Hôtel de Ville. Chaque jour, tous les corps d'état rivalisent d'abnégation et de générosité. Des ouvriers qui peuvent à peine, par de trop rares travaux, nourrir leurs familles, savent encore prélever de civiques offrandes sur un salaire insuffisant. La pauvreté même, oubliant ses besoins, se fait un devoir et un bonheur d'une privation nouvelle, quand il s'agit de subvenir aux besoins de la République, notre mère commune.

Vous aurez donné au monde un sublime exemple! L'Hôtel de Ville, ce palais du peuple, en est tous les jours le silencieux témoin, mais si votre modestie veut cacher ces héroïques vertus, le gouvernement provisoire doit les révéler à la France et à l'Europe qui vous contemplent!

La monarchie brisée par vous en Février avait corrompu bien des âmes; mais le mal n'a point encore pénétré jusqu'au cœur de la nation; vous le prouvez tous les jours. Il est beau de combattre et de vaincre pour la liberté; il est encore plus beau de fonder la liberté sur l'inébranlable base d'un désintéressement et d'un patriotisme que ne découragent point les épreuves les plus poignantes.

Le gouvernement provisoire doit le proclamer hautement : la France est fière de vous; et la République, appuyée sur des cœurs tels que les vôtres, peut regarder sans crainte son avenir.

Au nom de la patrie, au nom de la France, au nom de l'humanité, le gouvernement provisoire vous remercie.

30 mars 1848.

XV

CONSIDÉRANTS SUR L'ABOLITION DE LA CONTRAINTE PAR CORPS ET DE L'EXPOSITION PUBLIQUE.

RÉPUBLIQUE FRANÇAISE.

LIBERTÉ ÉGALITÉ, FRATERNITÉ.

Le gouvernement provisoire de la République;

Sur le rapport du ministre de la justice;

Considérant que la contrainte par corps, ancien débris de la législation romaine, qui mettait les personnes au rang des choses, est incompatible avec notre nouveau droit public;

Considérant que, si les droits des créanciers méritent la protection de la loi, ils ne sauraient être protégés par des moyens que repoussent la raison et l'humanité; que la mauvaise foi et la fraude ont leur répression dans la loi pénale; qu'il y a violation de la dignité humaine dans cette appréciation qui fait de la liberté des citoyens un équivalent légitime d'une lettre pécuniaire;

Décrète :

Dans tous les cas où la loi autorise la contrainte par corps, comme moyen pour le créancier d'obtenir le payement d'une dette pécuniaire, cette mesure cessera d'être appliquée jusqu'à ce que l'Assemblée nationale ait définitivement statué sur la contrainte par corps.

Fait à Paris, le 9 mars 1848.

Les membres du gouvernement provisoire,

Dupont (de l'Eure), Lamartine, Marrast, Garnier-Pagès, Albert, Marie, Ledru-Rollin, Flocon, Crémieux, Louis Blanc, Arago.

Le secrétaire général du gouvernement provisoire,

Pagnerre.

RÉPUBLIQUE FRANÇAISE.

LIBERTÉ, ÉGALITÉ, FRATERNITÉ.

Au nom du peuple français.

Le gouvernement provisoire ;
Sur le rapport du ministre de la justice ;
Vu l'article 22 du Code pénal ainsi conçu :

« Quiconque aura été condamné à l'une des peines des travaux forcés à perpétuité, des travaux forcés à temps, ou de la réclusion, avant de subir sa peine, sera attaché au carcan sur la place publique ; il y demeurera exposé aux regards du peuple durant une heure ; au-dessus de sa tête sera placé un écriteau portant, en caractères gros et lisibles, ses noms, sa profession, son domicile, sa peine et la cause de sa condamnation. »

Considérant que la peine de l'exposition publique dégrade la dignité humaine, flétrit à jamais le condamné et lui ôte, par le sentiment de son infamie, la possibilité de la réhabilitation ;

Considérant que cette peine est empreinte d'une odieuse inégalité, en ce qu'elle touche à peine le criminel endurci, tandis qu'elle frappe d'une atteinte irréparable le condamné repentant ;

Considérant, enfin, que le spectacle des expositions publiques éteint le sentiment de la pitié et familiarise avec la vue du crime ;

Décrète :

La peine de l'exposition publique est abolie.

Fait en séance du gouvernement provisoire, le 12 avril 1848.

Les membres du gouvernement provisoire,

Dupont (de l'Eure), Lamartine, Ledru-Rollin, Garnier-Pagès, Louis Blanc, Albert, Arago, Flocon, Armand Marrast, Crémieux, Marie.

Le secrétaire général du gouvernement provisoire,

Pagnerre.

XVI

PROCLAMATION DE M. ÉMILE THOMAS.

RÉPUBLIQUE FRANÇAISE.

ATELIERS NATIONAUX. — ORDRE DU JOUR.

Aux ouvriers du bureau central des ateliers nationaux.

Le gouvernement provisoire fait des sacrifices énormes pour procurer des moyens d'existence aux ouvriers sans travail; vous comprendrez facilement qu'il doit ménager ses ressources, s'il veut continuer à vous venir en aide.

En conséquence, à partir de demain vendredi, 17 de ce mois, les journées des ouvriers non travaillant seront réduites à 1 fr. au lieu de 1 fr. 50 c.

Le directeur peut affirmer aux ouvriers, qu'à partir de ce jour, ils seront occupés au moins de deux jours l'un; dans ce cas leur paye sera de 2 francs.

Les ouvriers comprendront la sollicitude du gouvernement provisoire pour eux, et la République compte sur leur sagesse et leur patriotisme.

Qu'ils sachent, qu'ils comprennent tous que les fonds qui nous sont alloués, que nous leur distribuons, sont le pain des pauvres, leur pain quotidien; qu'ils nous aident à le leur dispenser, qu'ils n'admettent dans leurs rangs que ceux qui véritablement ont *droit* à un secours parce qu'ils en ont *besoin*.

Le Commissaire de la République,
directeur du bureau central.

ÉMILE THOMAS.

Paris, le 16 mars 1848.

XVII.

LETTRE DE M. DELESSERT A M. CAUSSIDIÈRE.

Londres, le 29 avril 1848.

Monsieur le Préfet,

Je viens d'apprendre, par mes amis de Paris, la bienveillance avec laquelle vous vous êtes exprimé au sujet du très-petit séjour que madame Delessert a été faire à Passy, et le regret que vous avez témoigné de ce qu'elle ne s'était pas adressée à vous. Permettez-moi de vous offrir mes remercîments.

Je le fais avec d'autant plus d'empressement, que c'est pour moi une occasion de vous dire combien j'ai été sensible à tous les bons procédés dont vous avez usé envers nous, en permettant, avec tant de bonne grâce, la sortie de la Préfecture de Police des effets, chevaux et autres objets qui nous appartenaient personnellement, à ma femme et à moi; je suis heureux, monsieur le Préfet, de vous exprimer ma gratitude bien franche et bien cordiale.

J'ai l'honneur de vous prier de recevoir mes sentiments de haute considération.

Gabriel Delessert.

FIN DES DOCUMENTS HISTORIQUES

ERRATA

Introduction, page 7, ligne 3, au lieu de : *compris de tous;* lisez : *compris de tous :*

Page 17, ligne 17, au lieu : de *sceptisme,* lisez *scepticisme.*

Page 63, note 2, première ligne, au lieu de : *progressites,* lisez : *progressistes.*

Première partie, chap. I, page 64, ligne 6, au lieu de : *Epitaphe,* lisez : *Epigraphe.*

Chap. X, page 217, ligne 23, au lieu de : *au fabricant un, papier,* lisez : *au fabricant, un papier.*

Chap. VII, page 142, au lieu de : chapitre VI, lisez chapitre VII.

Au lieu de : *Malleville,* lisez partout : *Maleville.*

TABLE DES MATIÈRES

Préface de la seconde édition v
Avant-Propos 1
Introduction 3

PREMIÈRE PARTIE.

Chapitre Premier. Les conservateurs et les réformistes 61
Chap. II. Les banquets. — MM. de Lamartine, Odilon Barrot, Ledru-Rollin, Louis Blanc 73
Chap. III. Situation extérieure. — Famille royale. 90
Chap. IV. Ouverture des Chambres. — Discussion de l'adresse à la Chambre des pairs. 100
Chap. V. Discussion de l'adresse à la Chambre des députés . . . 110
Chap. VI. Suite et fin de la discussion de l'adresse 129
Chap. VII. Préparatifs du banquet. — Imminence de la catastrophe 142
Chap. VIII. Première journée. 164
Chap. IX. Deuxième journée 177
Chap. X. Troisième journée. 205

Chap. XI. Suite de la troisième journée 226
Chap. XII. Le peuple aux Tuileries 250
Chap. XIII. Le peuple à la Chambre des députés 268
Chap. XIV. Le peuple à l'Hôtel de Ville. 296
Chap. XV. Le peuple maître de Paris. 325

DEUXIÈME PARTIE.

Chapitre XVI Considérations générales. — L'Hôtel de Ville. — Le drapeau rouge. — Auguste Blanqui. — Abolition de la peine de mort en matière politique. 341
Chap. XVII. Droit au travail. — Ministère du progrès. — Adhésion générale au gouvernement de la République. 376
Chap. XVIII. Ministère de l'intérieur. — M. Ledru Rollin. — Ministère des affaires étrangères. — Manifeste de M. de Lamartine. . . 401
Chap. XIX. Ministère de la guerre et de la marine. — M. Arago. — Le général Cavaignac. 428
Chap. XX. Ministère des finances. — M. Goudchaux. — M. Garnier-Pagès. 448
Chap. XXI. Ministère de la justice. — M. Crémieux. — Ministère de l'instruction publique. — M. Carnot. — Ministère des travaux publics. — M. Marie. — Ateliers nationaux. — Préfecture de police.— M. Caussidière. — Mairie de Paris. — M. Marrast 470
Documents historiques 501

FIN DE LA TABLE DES MATIÈRES

www.ingramcontent.com/pod-product-compliance
Lightning Source LLC
Chambersburg PA
CBHW051353230426
43669CB00011B/1630